Geschichtsschreibung als Legitimationswissenschaft 1918-1945

ナチズムと歴史家たち

P・シェットラー 編
Herausgegeben von Peter Schöttler

木谷 勤・小野清美・芝 健介 訳

名古屋大学出版会

本書をジークムント・ヘルマン、フリードリヒ・ミュンツァー、
エルンスト・ペレルス、ゲオルク・ザッケ、
その他ドイツの強制収容所で亡くなった
ドイツ人・非ドイツ人の歴史家たち、すべての犠牲者に捧げる

ナチズムと歴史家たち

目　次

序　章　権力を正当化する学問としての歴史学……………………ペーター・シェットラー…… I
一九一八—一九四五年
第2章　敗北のあとで……………………………………………ベルント・ファウレンバッハ…… 21
ワイマル共和国時代の歴史学における現代史の諸問題と右翼弁護的傾向
第3章　「修正主義的」歴史家と青年運動……………………インゴ・ハール…… 37
ケーニヒスベルクの例
第4章　歴史、民族および理論……………………………………ヴィリィ・オーバークローメ…… 77
『国境地域・外国在住ドイツ民族ハンドブック』
第5章　「諸民族と青年の教師」…………………………………カレン・シェンヴェルダー…… 95
政治的解説者としての歴史家たち、一九三三—一九四五年

第6章 オットー・ブルンナー……ガーディ・アルガージ…… 125
「具体的秩序」と時代の言葉
第7章 歴史学の「西方研究」……ペーター・シェットラー…… 155
「防衛闘争」と領土拡張攻勢のはざまで
第8章 ハイドリヒの大学教授……カール・ハインツ・ロート…… 199
「民族強化」と大量殺戮の歴史学――ハンス・ヨアヒム・バイアーの場合
訳注・参考図版 259
訳者解説 277
団体名索引 巻末6
人名索引 巻末2

序章 権力を正当化する学問としての歴史学
——一九一八—一九四五年

ペーター・シェットラー

歴史記述は学問的基準を完全に守っていてもまったく役に立たないことがある

——フランティシェク・グラウス(1)

「権力を正当化する学問(2)」としての歴史学——この言葉には常にいくらか挑発的な響きがともなう。とりわけ、それが「第三帝国」だけでなく、ワイマル共和国もふくむとすれば、この感は否めない。まして表題に掲げられた第二の暦年が「第三帝国が滅んだあとの」「一九四五年」をもふくむ場合、この挑発はいっそう大きくなろう。事実、ドイツ史学史の——あらゆる体制を通じての——連続性が本当にあったかどうかをめぐって、今日なお活発な議論が続いている(3)。

国家の是認か打倒か、愛国主義か敗北主義か——このたぐいの不条理なイデオロギー上のあれかこれかから、ドイツの学者は長い間、彼が自発的に大学教授をやめないかぎり、逃れられなかった。そうでなければいったいだれが、たとえばルートヴィヒ・クヴィッデ[一]が一八九四年にやったようにカイザーを批判し、またファイト・ヴァレンティン[二]のように第一次世界大戦中、無制限潜水艦戦に異議を唱えて職を失い、烙印を押されて、後に亡命の憂き目をみる危険をおかしたであろうか(4)。ヴィルヘルム二世の君臨する帝国が崩壊した後も、ドイツの歴史家ツンフトは国家主義者や共和国嫌いによって牛耳られ、左派自由主義者や社会民主党系の大学教師は一握りの少数派にとどまった(5)。君主による上からの圧力がなくても、権威主義的な大学組織や保守派の正教授集団は、職業としての歴史学が愛国的な男たちの独壇場でありつづけるよう心がけた。その後、ヒトラーとナチ党が権力を握ると、多くの教授たちはびっくり仰天するより、歓びにわきかえった。すなわち彼らは、とうとう待ち望んだ——そして期待をもって語られた——独裁が実現して、ドイツを民主主義の「カオス」から救い出してくれる、と思ったのである。諸大学、とりわけ歴史学研究室での、自発的な「均質化《グライヒシャルトゥンク》」はほとんど何の摩擦もなしに行われた。どこでも著名な歴史家たちがこぞって「国民革命」への奉仕をかってで、若手は、反民主主義ないし反ユダヤ主義の強制措置によって空いた教授ポスト目指して殺到した。(6) さらに至るところで愛国的で民族至上主義的な論調が高まった。すでにワイマル時代にも、ヴェルサイユ条約に反対する議論や「国境地域および外国在住ドイツ人」のため、歴史学からの「援護射撃」が歴史記述の広い領域で幅をきかせていた。しかし――「ゲルマン人の西方進出を強調する」先史時代研究から「ナチ的」「民族社会学」に至るまで――進んで侵略政策に奉仕する歴史学が可能になったのはヒトラーの政策の展開をまってであった。そしてついに戦争が始まったとき、歴史家ツンフトはほとんど一丸となって精神総動員に加わった。一九四一年小規模な歴史家大会ともいうべき集会の後、テオドーア・マイアーとヴァルター・プラッツホフは「われわれ歴史家は、現下の戦争と来たるべきヨーロッパ新秩序の中心問題に歴史学の立場から寄与し、過去の発展を今日の視点から考察し、解釈することを義務と確信する」と高らかに宣言した。(7) 初期の体制支持者のうち戦争がもたらすテロと破局を目のあたりにして沈黙した学者は稀で、大多数は幻想に固執し、戦争に協力し続けた。

今日の研究では、歴史家の協力について大筋の評価にもはや異論はない。意見が分かれるのはこの不幸な係わりの規模とそれが果たした役割をどう見るかである。そしてもちろんこれをどう説明するかでも対立がある。ここで微妙なのは、他の人文科学とくらべて歴史家の協力が実際どれほどの効果をあげたかという問題である。それはただつけたりの宣伝材料を提供しただけなのか。彼らが書いたものは、関係者を体制の干渉から守るほかには何の実害も及ぼさぬ「口先だけの是認」だったのか。(8) それとも、この協力、当時の表現で「任務遂行」は、たとえば文化生活での「均質化」やさらに強制移住や絶滅政策の実施で、ナチ政策の重要な支えを意味したのだろうか。それどころか、何人かの歴史家は出版や講演、覚書や鑑定書をつうじて征服戦争や「ユダヤ人追放」政策を意識的に支持し、正当化したのかもしれなかった。この新事実は、もし実証されるなら、人間的弱さからなされた口先だけの協力にすぎないという従来の見方とはちがう結論をもたらすだろう。その場合、当然のことながら、道義的・学問的責任、いや共犯の罪さえ問われねばならない。

だれもが知るように、ナチ政権とその犯罪に対する歴史家ツンフトのこのような責任ないし共犯関係について、一九四五年以後――たとえば歴史家団体からは――一言も語られなかった。(9) 歴史学界の共通認識によれば、もともと国民社会主義的歴史家なるものは存在せず、せいぜいヴァルター・フランク(三)のような一握りの狂信者が体制に奉仕し、そして体制とともに滅んだだけだった。ハンス・ロートフェルスは「おかしくなったギムナジウム教師や非専門家たち」について軽蔑的に語った。(10) 他方、彼は保守派亡命者という希少価値のもつ権威をあげて、一九三三年から四五年の間ドイツに留まった専門歴史家の大多数はだまされた同調者かひそかな反対派のどちらかで、彼らがナチスの政治や犯罪に責任を負うことはまったくない、(11)

と保証した。

このような常套句、すなわち圧倒的多数の勤勉、正気で、無実の学者たち——ロートフェルスのいわゆる「中道派[12]」——の間に一握りの狂信者がいただけという希望図は、その後三—四〇年にわたって西ドイツ歴史家集団の外向けの顔および自己理解を支配しつづけた。これにあえて疑いをさしはさむものは、厳しく戒められた。それがどんな調子でなされたかは、フランツ・シュタインバッハが一九六三年に語った、ちょっと長い自伝的述懐からもうかがい知れよう。

今日ドイツで、ある党派、たとえば——口にするのも忌まわしい——あの攻撃的で不平屋の「グループ四七年」にとり気にいらぬ意見をあえて、あるいはうっかりいった者にふりかかる疑惑を避けるため、私は保証するが、自分はナチ党員だったことはない。一九四〇年、西部進攻の開始直前、私は自らの意志に反して召集され、オランダ・ベルギー仮軍政長官レーダー付き幕僚部に配属された。ところがわずか三日後、SD［親衛隊保安本部］の策謀で私は軍務を解かれ、さんざん苦労した後、またレーダー幕僚部の専門担当官、元全ドイツ省次官テディークの親切に助けられて、やっとわが軍団の補充部隊に加わることができた。部隊は私を遠くヨーロッパの外、北の北極圏にまで連れて行ったとはいえ、これは私にとって「国内亡命」だった。そこで私は政争の圏外にいた。だから法廷で誓ってもよいが、他の何百万人もの兵士はどうあれ、私が実際ナチスのあの驚くべき蛮行について初めて知ったのは一九四五年降伏後のことであった。われわれが「水晶の夜」とともに始まったユダヤ人迫害に対して黙っていたとでもいうのだろうか。それは本当ではない。ドイツ人の大多数はこれを見てびっくりした。私も含め、多数がこれに公然と嫌悪感を示し、身の破滅を招かぬかぎり、被害者を助けた。ドイツ人が一部の犯罪者集団の行った蛮行のため皆悔い改めねばならないというのは裏返しのナショナリズムで、われわれが若いときに注ぎこまれたまともなそれよりいっそう悪いくらいだ。それゆえいかなる歴史家もざんげ説教師も、われわれに「克服されざる過去」を背負っているなどと信じさせることはできない。私はいかなる政党にも属したことがなければどんな学生団体で活動したこともなく、さらに何らかの団体の助けを求めたこともけっしてない[13]。

ボン大学の有力教授が自分を正当化するために語ったこの攻撃的な文言にはすべての典型的徴候が見られる。すなわち、辱められたことへの怒りの口吻、第三帝国を無害化するゆがんだ弁護論（ユダヤ人迫害はやっと一九三八年に始まったとか、残虐行為は一握りの「犯罪者集団」の仕業で、だれも知らなかったとか、等々）、左翼知識人（「グループ四七年」）へのルサンチマン、そしてとりわけこの際限のないひとりよがり。「他の何百万人はどうあれ」ここでは一人の人物が自分に好都合な歴史をでっち上げ、あらゆる負い目となる事実を消し去ったのであった。

シュタインバッハが自分の学問上の遺稿類を――一九六四年彼の死の前か後かに――破棄したことも、彼が自分の生涯を批判者の目にさらすことを望まなかったことを物語っている。しかし現存する史料だけでも彼が自分の生涯を美化している――これはきわめて人間的なことで、それをとやかくいう権利は歴史家にない――だけでなく、意識的に誤った情報を流していることを証明できる。たしかに彼は一五〇パーセントの確信的ナチではなかったが、この体制の公然たる批判者でもけっしてなかった。そして、ましてや「国内亡命者」などでは、この言葉が意味をもち、比較の物差しとしてたとえばリカルダ・フーフ[四]の勇気ある態度を思いうかべるなら、けっしてなかった。[14]かえってシュタインバッハは一二年間きわめて積極的に、進んで政権に協力し、ナチ的「民族研究」や「西方研究」の代表者の一人であった――しかもあの「水晶の夜」の後も、また彼が「在外ドイツ民族研究振興会」の一員として「民族の入れ替え」や強制移送について聞き知ったにちがいない後も、そうであった。一方、彼がナチ党員でなかったことも彼の「反対派的心情」の十分な証拠にはならない――周知のようにヴァルター・フランクのような狂信的ナチさえ一度も党員でなかったのだから。とにかくシュタインバッハが一つの団体、「国民社会主義教員同盟」のメンバーだったことは確かで、彼はそれに一九三四年に参加している[15]。

「他人向けの嘘から自己欺瞞へのひそかな移行」（プリモ・レヴィ）を良しとする[16]このような自己免責は、この世代のドイツの歴史家たちの自伝的述懐では残念ながら例外ではなく、むしろ通例である。[17]ある歴史家の体制への協力が積極的であればあるほど、この暗い一二年間について彼の記憶は短くそっけないものになった。少数の歴史家だけが自分たちがヒトラーに感激して支持したことを認める勇気をもち、[18]そしてもっとわずかな人々、たとえばヘルマン・ハインペル[19]やラインハルト・ヴィットラム[20]あるいはフライブルクの中世史家ゲルト・テレンバッハ――彼は一度も体制に協力したことがなかったにもかかわらず[21]――が自らの責任について語った。しかしこの少数の例外もけっして抵抗運動の闘士ではなく、自分の職業に専心しながら一歩一歩キャリアの梯子を登っていった。これとまったくちがったのはベルリンの女性東欧史家ヒルデガルト・シェーダー（一九〇二―八四）で、彼女はユダヤ人の子供たちをかくまい、逃亡者のため偽の証明書をつくった。このため一九四三年彼女は捕らえられ、ラーフェンスブリュック強制収容所に送られた。[22]ゲオルク・ザッケ、ハインリッヒ・シェールやヴァルター・マルコフら若干の若手歴史家が抵抗運動で活躍したとはいえ、正教授の参加は知られていない。要するにドイツにマルク・ブロック[五]に相当する歴史家は一人もいなかったのである。[23]

こうしたすべての――好んで使われた表現によれば――「絡み合い」を批判的に検討するのが長い間難しかったのは、西ドイツの大学での、戦前からの多様な人脈・制度の持続を見れば驚くにあたらない。一九四五年に長期的に職を失ったのはほんの少数のナチ歴史教授だけだった。[24]「体制べったりを非難された」歴史家すらツンフトではその後も尊敬され続けた。ナチ党員あるいは親衛隊に属した歴史家の「ドイツ歴史家協会」[六]からの排除が公けに議論されたことは一度もなかった。旧党員学者の圧力団体として作られた「ランケ協会」さえ少しもいかがわしいとみなされなかった。この協会の出す冊子や雑誌、たとえば『歴史・政治叢書』に執筆しても少しも危くなかった。[25]ほとんどのナチ正教授は遅かれ早かれ年金を受け取っただけでなく、そのときどきに記念論集も贈られた[26]（アーヘンの元親衛隊員でドイツ語学教授シュナイダー／シュヴェアテ[七]をめぐりごく最近明らかになった事件は、旧党員たちのネットワークがいかに有効に機能したかをあらためて示した）。[27]フランクの「新生ドイツ史帝国研究所」をのぞけば、一九四五年以後「清算」はもちろん、公けの審査を受けた研究所すら一つもない。変わったのは名前だけだった。そのメンバーが「東方総合計画」[八]作成に加わったことで知られる[28]「北部在外ドイツ民族研究振興会」はすでに一九五〇年、かつてのナチ歴史家エーリヒ・カイザーを代表に「ヨハン・ゴットフリート・ヘルダー研究協議会」の名で甦った。[29]もう一つ例を示せば、大戦中最後までフランス、ベルギーに対する「民族闘争」をつづけた「西方在外ドイツ民族研究振興会」のメンバーは今度は「西ドイツ地域民族研究団体」の名で集まった。「東方研究」や「西方研究」であれ、さらに「地域研究」「地方誌」または「人口学」であれ、あらゆる昔のネットワークや副専門諸領域が競って新しい共和国への奉仕をかってでた。西方とヨーロッパが一つとみなされた冷戦のなかで、だれそれが一九四五年以前に何をやっていたかを問う者はいなかった。そして大学の外でも、たとえば文部官僚や出版社（オルデンブルク、コールハンマー、ヴァンデンヘック社や新規にナチ歴史家アンリヒのつくった「学術図書協会」のような）でも「ナチ同調者」が活動していたので、まもなく最現代史の批判的研究を一切タブー視する広範な同意が生まれた。

　ときには当惑しつつ、ときには攻撃的な仕方で守られたこの沈黙は、第三帝国時代の歴史家についての最初の大著によっても事実上破られなかった。ここで私は、一九四六年ニューヨークの「ユダヤ科学研究所」（YIVO）から出版されたマックス・ヴァインライヒの先駆的業績『ヒトラーの教授たち』[30]――もしドイツ語に訳されていたら教授たちの行動や発言の列挙によってたくさんの「潔白証明書請求者たち」をいたたまれなくしたであろうに――を指しているのではない。私がいいたいのはヘルムート・ハイバーのヴァルター・フランクと彼の「新ドイツ歴史帝国研究所」にかんする浩瀚な研究（一九六六年[31]）のことで、この本はその信じがたいほどの詳しさにもかかわらず、いやむしろそのためにこそ、本来初めて発見され、扉を開かれたばかりの研究領域をふたたびすぐ閉ざしてしまった。すなわち、ハイバーがつくり出した印象によれば、ナチ歴史学とは果てることのない宣伝合戦プラス人事争いで、それ以上の何物でもなかった。そのほかフランクのまわりに戦後史学を代表する何人かの著名歴史家の名が浮かんだことも少しばかり興味を引いたとはいえ、「帝国研究所」の鍵穴から覗いたナチ歴史学の像はまったくグロテスクで、またそれゆえ——何の害もなさそうに映った。一二〇〇ページにおよぶ大著でハイバーはナチ歴史家グループのばかばかしさを徹底的に描いたので、その後だれも問題を真剣に受けとめられなくなるか、あるいはその必要もないと思うに至った。それ以上の研究は余計に見え、それとともにナチ歴史学の問題は長い間とるにたらぬ逸話と決まり文句の山に埋もれてしまったのである。

この少し後に出たカール・フェルディナント・ヴェルナーの小著もこの事態を少しも変えられなかった。この本は思想史の平面にとどまり、それゆえ具体的な大学その他諸機関の政策を無視したまま、無数の留保をつけながら、とりわけ何人かの中世史家のナチスとの「絡み合い」を追った。だが結局ほとんどすべての歴史家がことなきをえた。なぜなら、ヴェルナーの主張によれば、「ドイツの大学で専門分野としての歴史学の強制的均質化は失敗に終わった」のだから。[32] そしてさらに「ドイツの大学がますます権力者のいいなりになったという見方は歴史のように重要な専門領域には当てはまらない。むしろまったく逆の展開がそこには見られ、体制が初期に収めた成果は長くは続かなかった」とさえいった。[33] しかし誤解してはならないが、ヴェルナーの本は当時としては書くのに勇気を要し、内容も重要だった。——そして周知のようにこの著者はもう一度八〇年代に同じテーマを取り上げ、「ドイツ史学史における一大災厄」について「その方法論的・精神的原因を同僚専門家たちはまだ十分に反省・検討していない」が、「その理由はもっぱら、彼らが、公然とナチ党を支持したマージナルな似非歴史家だけでなく、当時の多くの有力歴史家に係わるこの忌まわしい事実をまだ本当に深刻には受けとめていないからだ」と語った。[34] だがこうした試みにもかかわらず「ナチズムと歴史学」の問題は一九六〇・七〇年代にほとんど進捗を見なかった——それは何よりもこの問題が「すでに片づいた」とみなされたためだった。[35]

やっと最近になって事態は変わった。「第三帝国」との時間的隔たりも大きくなった。ほとんどすべてのナチ歴史家たちは、やっと戦後に教授になり、権力の座についた比較的若手も含めて、そのうちに亡くなった。象徴的な「父親殺し」を犯すおそれをいだく直接の弟子たちの数はめっきり減りつつある。たしかにいまなお、狂信的なナチ学者の名前さえ微妙に匿名でほのめかす出版物がある一方、[36] ナチ歴史学とその研究諸機関の歴史を体制の他の分野と同じように批判的に考察しようとする姿勢も強まっている。また今日では、ナチズム研究もそこでドイツの歴史家がおのずと音頭をとるわけにはいかない国際的研究の対象になり、このこともあらたな刺激となって、研究の方向をよりラディカルにしている。たとえばナチ体制の支配の実態や絶滅政策があらたに調べられ、解釈されることにより、学問的・技術的知識の、ひいては知識人の実践的活動領域もあらたに視野に入ってきた。大学・研究所史の批判的研究はナチ体制の管制中枢とのさまざまな結びつきを暴いた。さらに「絶滅政策の先駆け」を調べるときも、それはもはやかつてのようにホロコーストのイデオロギー的先導者や背景の思想史研究を目指すのでなく、著名な学者もふくむ大卒知識人が文筆や計画立案を通じ、ときには実際の行動でもって絶滅戦争に参加した具体的事実をとらえていた。[37]

歴史家にかんしていえば、とりわけいわゆる「在外ドイツ民族研究振興会」の研究が衝撃的な新情報をもたらし、それまでの見方を一変させた。[38] というのは、注目すべきことに一九四五年以後まったく言及されなくなった、この多岐にわたる研究ネットワークで一九三一年から四五年までの間、教授・助手・奨学生など何百人もの歴史家が活動していた。ベルリンから与えられたのは資金だけでなく、その研究目標もライヒ内務省と外務省でつくられ、戦争中には指令が直接国家保安本部からくることさえあった。この研究振興会は、アルバート・ブラックマン、フランツ・シュタインバッハ、テオドーア・マイアーやオットー・ブルンナーのような著名な学者たちに「率いられ」、あたかも均質化された歴史家協会か何かのように、「民族研究」がこの国で行われるべき枠組みを決定した。博士論文のテーマも中央から指示され、多くの専門雑誌や叢書が間接的にせよ振興会によって統制された。大規模な研究プロジェクトとして二〇年代から計画された『国境地域・外国在住ドイツ民族ハンドブック』は何百人もの協力者を動員した。[39] また多くの政治的覚書の作成が中央政府によって諸地域研究振興会に委託された。だがとりわけ重要だったのは、地域の研究振興会がそれぞれ定期的に内輪の会合をもち、そこで研究成果が議論される一方、学問的、政治的共通見解がくり返し確認されたことだった。これらの会合で「認められ」なかった研究者に、それ以上出世のチャンスはなかった。これは、その人物が「党」や「ローゼンベルク機関」〔九〕あるいは親衛隊の「祖先の遺産《アーネンエルベ》」〔一〇〕と特別の関係をもつかどうかに係わりなかった。事実、大学でのナチ的研究と外向けの政治宣伝との間には一種の分業あるいは二本立てが存在した。このことは、大学に職をもつ歴史家たち（およびその他の人文科学研究者、すなわち地理学者、民俗学者、美術史家等々）が体制の知的正当化に果たした目立たぬとはいえ絶大な寄与が長い間見過ごされる一方、ヴァルター・フランクのような若干の半公的ナチ歴史家にばかり追及の目が向けられるのを助けた。実際はさまざまな横の結びつきがあったにもかかわらず、たとえばハイバーの本で主役を演じたこの一握りのナチ歴史家たちは研究振興会と表向きほとんど接触せず、したがって研究振興会に結集した学者たちはナチスの戦士的史学に対して最後まで自律性を失わなかったような印象をつくり出した。この残された自律性が実際どれほどのものであったか、またそれにどの程度の行動・判断の自由が結びついていたかはさらに厳密に調べる必要があろう。[40] しかし「在外ドイツ民族研究振興会」が体制に従順な歴史学を権力に橋渡しする伝導装置の役割を果たしたこと、そしてこの事実の発見が均質化は失敗したという例の伝説をいまや完全に覆したことはだれも疑えない。いいかえれば、カレン・シェンヴェルダーも書いているように、均質化の成否をはかる尺度は「歴史の学問的活動を、制度でも内容でも、完全に改変するという、もともと無かった構想が実現したかどうかではない」。むしろ問われるべきは、「どれだけ歴史学が主観的にも客観的にもナチスの支配体制全体——そのイデオロギーだけでなく——を支え、正当化するのに貢献したか」である。[41]

「主観的にも客観的にも」——実はこの点でわれわれは解釈上のディレンマにぶつかる。そして、とりわけナチズムの場合、それは体制に参加した人間の数を、実際は膨大であったのに、できるだけ小さく見積もらせるよう作用する。もちろん一九三三年から四五年までの間、ドイツ帝国の全住民が反ユダヤ主義者や「自発的な死刑執行人[42]」だったわけではない。しかし一方すべての党員が「無害な同調者」にすぎなかったのでもない。まして、かつて激越な民族主義を唱え、均質化された雑誌に論文を書き、戦争中に宣伝講演を行った歴史家たちが、自分と家族を守ろうとしただけで、それゆえまったく「無罪」とみなされてよいナイーヴな学者だったとはけっしていえない。だが、とりわけ責任を確かめるのが難しい知識人の世界では、ナチ・イデオロギーを思想史上ヒトラー、ローゼンベルク、あるいはゲッベルス等のたわごとにかぎることが簡単になされ、それが不幸な、すなわち早すぎる免責という結果をもたらした。これこそ学者の政治責任をめぐる戦後の議論の本当の意味だったといえよう。というのはこれらナチ指導者は死んでいたし、他方ナチ知識人たちは生き延び、立ち直ろうとしていた。ナチ指導者と他の「保守革命」イデオローグたち、ナチ的人種主義とフェルキッシュ〔二〕なそれ、ゲルマン至上主義のあれやこれやの変種の間のちょっとした差異が、一九一八年から四五年までの間くり返し橋渡しされたにもかかわらず、いまや越えがたい深い溝に変えられた。同じく、時代状況を無視した手法が現在から過去を振り返って「悪意の」歴史家と「善意の」歴史家を分けるのに用いられた。すなわち、第三帝国で褐色のナチ制服を着て教壇に立った学者さえ、彼のフェルキッシュな熱情がある日突然「国民社会主義的」なそれではなく、単に高揚した愛国心の発露だったと推奨されるのを期待できたのである。また、ある学者が単に宣伝文としてでなく、学問的体裁で書いたすべての文章は、その仕事の本当の狙いが体制を合理的に見せかけることでなかったかと問う前に、それだけですでに体制に距離を置いていた証拠とみなされた。[43]いずれにせよ多くの歴史家が、良心の呵責を感じないまま、自分が昔書いた文章をほとんど何の変更も加えず——せいぜい「人種的」といった耳ざわりな言葉を時代により合った言葉「人類学的」に断りなくおきかえたくらいで——再刊した。[44]もちろんオットー・ブルンナーのように言葉の意味変化にとくに鋭い感覚の持ち主の場合、彼が一九三九年に出して、戦時中二度の再版でそのつど表現をいっそう激越にした著書を、戦後、短縮や概念のすり替え（「民族」を「構造」に！）によって、新思潮にうまく合わせることもできた。[45]当時学界でこの概念詐欺に抗議するものがだれもいなかったのはいまもって驚きである。[46]それどころか反対に、つい最近これをもって第三帝国でも何か新機軸を考え、それを公けにすることが可能だった証拠と見る人さえいる[47]。

これとともにわれわれは、数年来活発に議論され、以下本書でも一応答えが出されている一つの問題に係わることになる。すなわち、いったいナチ期になされ、公表された歴史研究の成果は学問的にどの程度真剣に受けとめられるべきだろうか。これらはすべて宣伝や政治的おしゃべりに過ぎなかったのか、それとも若干の著作は今日なお――あるいは今日ふたたび――史学史の重要な、無視できない一駒と見なされてよいのだろうか。またたとえば、いわゆる「民族研究」の若干の仕事が――時代の制約を受けた愛国的あるいは国民社会主義的偏向にもかかわらず――それらは当時も新鮮で、いまなおわれわれを魅了する問題提起・概念・方法を用いているという理由から、今日の視点からも革新的、いな創造的とさえみなされてよいものだろうか[48]。

一見するところ、この論争には二つの立場しかないように見える。すなわち、ナチ史学の体制の枠にはまった偏狭さを強調する急進的批判者と、若干の「例外」を認め、それによって一九四五年以後のドイツ歴史記述も規定する連続性に理解を示すより穏健な批判者の二つである[49]。しかしより詳しく見ると、ここでの問題は単に若干の歴史家の政治的立場の評価や、ましてや彼らへの政治的レッテル張りなどではないことがわかる。かえって、ここでは一方でナチ史学、他方ドイツ史学史のはらむさまざまな萌芽やそれをめぐる論点が交錯している。たとえば、「民族史」の革新性をめぐる問題はほとんどおのずからナチズムの特殊な近代性をめぐる周知の議論に導く。この体制の一見「近代的」な諸特徴は単に看板だけだったのか、それとも独裁や人種主義その他の諸条件にもかかわらず、そこに今日の尺度でも進歩的で近代的とみなされる諸変化が生まれていたのだろうか。

本書でも一章を書いているヴィリィ・オーバークローメも、一九二〇・三〇年代に書かれ、フェルキッシュな傾向をもつ若干の研究に相対的進歩性を認める歴史家の一人であるが[50]、とりわけ彼の著書『民族史』および論文「両大戦間期ドイツ歴史学に現れた改革の諸萌芽」――後者は『ナチズムと近代化』という明確に意図的な表題をもつ論文集に入っている[51]――は激しい批判の嵐をまき起こした。たとえばカール・ハインツ・ロートは、彼がナチ史学の反動的本質を危険なくらい過小評価していると非難した。「オーバークローメが革新的と名づけているものは――たとえば同時期にフランス語圏で生まれた社会史と比べても――、最後は異民族大量殺害の目的に奉仕する『創られた伝統』(エリック・ホブズボーム)のがらくた道具の一つにすぎなかった[52]」。ロートによれば、汚れたナチの覆いと学問的中身をあまりに手取り早く分ける者は、それによってドイツ史学史の罪隠しに手を貸すことになる。「組みあわせのなかの一つの品を全体から切り離し、汚れた『残り』を片づけたあと『近代化』という新しい陳列ケースの目玉にしようとするあらゆる試みは、結局ペテンである[53]」。

もちろんわれわれはオーバークローメに腹黒い政治的下心があるなどと疑っているのではない。しかし彼の分析からは――すべての革新性強調論者の場合と同じく――実際、その進歩的可能性なるものが関連する文章のなかで具体的に指摘されることなく、ただできあいの基準に照らしてほのめかされるだけという問題が浮かびあがる。たまたまあるナチ歴史家が社会理論を駆使して議論すると、また彼が国際的な比較、いや単に地域間の比較をするだけで、あるいは数量的方法を採用するだけでも、人は彼が「革新的な」研究方法を用いたことが証明されたとする。われわれの受ける印象では、まるで強調論者は「民族史」と「戦後社会史」の間の人的、思想的連続性を種に災いを転じて福となし、現在から過去を見る逆向き目的論のやり方で「改革の萌芽」を探し求めているかのようである。[54] そのさい、本文と脈絡、概念と方法、言語と思想を分離し、それぞれを「選り分ける」ことを必須の課題と受けとめていない。結局、彼らの遣り口は、新保守主義的修正主義者が第三帝国の歴史で「肯定的なもの」と「否定的なもの」をふり分け、なんとかこの体制について救いのない最終評価を避けるため用いる方法と同じである。

これに反し本書では、ナチ歴史家の書いたものに対して常に二重の方法的補正が加えられる。それには、まず彼らの記述をそれが書かれた具体的関連のなかに置き、次いでテキストをよりまじめに受けとる、すなわち実際に読むことが不可欠である。現実と係わりのない思想史や平板な社会学至上主義の扱いはともに避けるべきである。たとえばフランツ・ペートリやヴェルナー・コンツェあるいはオットー・ブルンナーのような学者の一見革新的な文章は、それらが「西方」や「北東」あるいは「南東ドイツ民族研究振興会」との関係あるいは委託で書かれ、著者たちはこれによって政治的プロジェクトに正式に参加したことを知れば、またちがったふうに読まれよう。さらに、人がそれらの文章を外部から批判するだけでなく、内側からメスを入れ、文章、議論、概念、史料を一つ一つその真意にさかのぼって検討するならば、またちがった読み方ができよう。[55] あの時代の書物でそれだけ手間のかかる「対症療法的読みこみ」に値するものは少ないというかもしれないが、革新性を強調する者はそれくらいの労を惜しむべきでない。要するに、大切なのは、ナチ体制が教授たちや大卒知識人たちにも、いやまさに彼らにとって、特別のイデオロギー的魅力をもったことをこれからいままでよりずっと真剣に受けとめることである。これをするためには、フェルキッシュな学者の間でかわされた話しあいや論争をすべて「言説《ディスクール》」に仕立てる[56]――それゆえこのハーバーマス的概念でもって、そこにはさも正常で合理的なコミュニケーションの仕組みがあり、したがっておのずから「革新的」な思考がなされていたかのように思わせる――のではなく、――フーコー的言説概念の意味で――第三帝国期の学問での言説的手法と非言説的それとの違いをできるだけ厳密に調べる必要がある。[57]

これによって本書が目指す研究の地平線が示される。もちろん本書はあらかじめ決まった計画に従って作られたものではなく、最近専門家の間でかわされた論争から生まれた。本書の執筆者は一人一人だれからも掣肘を受けずに自らの主張や解釈を述べている。寄稿された四つの章（アルガージ、オーバークローメ、ロート、シェットラー）は一九九四年九月ライプツィヒで開催された歴史家大会の一部会で発表された報告にさかのぼり、他の章はその後書かれたものである。本書は一応、第一次世界大戦からナチ政権の滅亡までいくつかの時代をカヴァーしているとはいえ、その重心は明らかに第三帝国、すなわちドイツの大学同様ドイツ歴史学の無力が記憶に残るあの時代、にある。この問題を正面からとり上げ、すなわち当時のネットワークを再構成し、諸決定過程を明らかにし、そして責任者の名前まであげることとは学問固有の使命、あるいはテロ政権に迫害され、亡命したり、殺害された人々に対するモラルないし公正の問題にとどまらず、歴史学という一専門分野の尊厳に係わる問題でもある。この破局の意味を理解し、検討しようとするものは、自分の属する「ツンフト」を自己の「民族」（もともとこれらの共同体概念は批判を受けつけなくする傾向をもつが）と同じく、寛大に扱ってはならない。しかし五〇年代、六〇年代に広まった「ねぐら汚し」――あるいは「裏返しのナショナリズム」（三ページに引用したシュタインバッハの言葉）――といった非難は今日では右翼急進派の世界でしか聴けないが、批判や批判者の道徳的資格を問う反論は昔と同じくいまもまじめな抗議とみなされている。そして「第三帝国における学問」について書く歴史家はほとんど例外なく、「われわれも、もし一九四五年以前に生きていたなら、多分同じように行動しただろう」と付け加えるのを忘れない[58]。この仮定の言葉は正直な告白と受けとられ、尊敬される[59]。しかし結局のところ、それが意味するのはたいてい、過去の再検討をあまり厳しくやりすぎないようにという忠告であろう。じつは、これとまったく逆に、われわれのうち何人くらいちがったふうに行動し、民主的行動のゆえに罷免されたり（職業禁止）、逮捕されたりしただろうか、という仮定も考えられるにもかかわらずである。だが、先の仮定はまともに受け取られるのに、後の問いかけがアナクロニズムとみなされるのはなぜだろうか。いずれにせよやりきれないことに、批判を「度しがたい反ファシズム論」と斥けるこの種の議論[60]は、当時すべての同時代人に好まれた、本来「その場に」居合わせた者にしか本当のことはわからないはずだという主張を思い起こさせる。当事者である犠牲者にとって、これはまったく冷酷なシニシズムである。だが、歴史家が自分の学問を成り立たなくさせるこの主張をそれと知りながら採用するとすれば、本当は弁明が目的かと疑わざるをえない[61]。これに反し、批判的歴史学は「犠牲者」と「犯人」を同列において研究、いや「身元確認」するわけにゆかない。というのは、歴史家の役割は最終判決を下すことではなく、歴史家は――予審判事のように[62]――公共を代表して、あらゆる関連情報を集めるのが役目だからである。だが、知的でかつ道徳的な判断基準なしにこれはとうていできない。歴史家は弾劾もしなければ有罪判決も下さないが、それだからといって事を美化してはならない。とくにもっとも慎むべきは、自らの同業者を美化することである。

（1） “Geschichtsschreibung und Nationalsozialismus”, in: *Vierteljahreshefte für Zeitgeschichte* 17 (1969), S. 94f. フランティシェク・グラウス František Graus（1921-89）、最後はバーゼル大学の中世史学教授、彼はテレージエンシュタット、アウシュヴィッツそしてブーヘンヴァルト強制収容所で囚人だった。

（2） 「〔権力や体制を〕正当化する学問」“Legitimationswissenschaft” は本書では、国家による決定を、その内容がまだ明確でない段階で、ある程度の許容範囲内であれば、何でも受け入れないし弁護する姿勢を生む学術的言説（ディスクール）を意味する。Niklas Luhmann, *Legitimation durch Verfahren*, Neuwied 1969, S. 28 を参照。それゆえこれでもって、今日なお多くの歴史家たちに「正当」とみなされているごとき全面的奉仕が考えられているだけではない。これについてはたとえば Karl-Ernst Jeismann（Hg.）, *Geschichte als Legitimation? Internationale Schulbuchrevision unter der Ansprüchen von Politik, Geschichtswissenschaft und Geschichtsbedürfnis*, Braunschweig 1984 の議論を参照せよ。

（3） 広範な文献のなかからとくに以下を参照。Bernd Faulenbach, *Ideologie des deutschen Weges. Die deutsche Geschichte in der Historiographie zwischen Kaiserreich und Nationalsozialismus*, München 1980; Wolfgang Weber, *Priester der Klio. Historisch-sozialwissenschaftliche Studien zur Herkunft und Karriere deutscher Historiker und zur Geschichte der Geschichtswissenschaft 1800-1970*, Frankfurt a. M. u. a. 1984; Ernst Schulin,（Hg.）, *Deutsche Geschichtswissenschaft nach dem Zweiten Weltkrieg (1945-1965)*, München 1989; Winfried Schulze, *Deutsche Geschichtswissenschaft nach 1945*, München 1989; Karen Schönwälder, *Hitoriker und Politik. Geschichtswissenschaft und Nationalsozialismus*, Frankfurt a. M./New York 1992; Hartmut Lehmann u. James van Horn Melton（Hg.）, *Paths of Continuity. Central European Historiography from the 1930s to the 1950s*, Cambridge 1994; Martin Kröger, Roland Thimme, *Die Geschichtsbilder des Historikers Karl Dietrich Erdmann. Vom Dritten Reich zur Bundesrepublik*, München 1996. この他個別研究として、Herbert Obenaus, “Geschichtsstudium und Universität nach der Katastrophe von 1945: das Beispiel Göttingen”, in: Karsten Rudolph, Christl Wickert（Hg.）, *Geschichte als Möglichkeit. Über die Chancen von Demokratie. Festschrift für Helga Grebing*, Essen 1995, S. 307-337.

（4） Ludwig Quidde, *Caligula. Schriften über Militarismus und Pazifismus*, hg. von Hans-Ulrich Wehler, Frankfurt a. M., 1977 を参照。ファイト・ヴァレンティンについては Hans Schleier, *Die bürgerliche deutsche Geschichtsschreibung der Weimerer Republik*, Berlin / DDR, 1975, S. 346-398.

（5） Schleier（注4の文献）S. 257ff. を参照。

（6） Bernd Faulenbach, “Die ‘nationale Revolution’ und die deutsche Geschichte. Zum zeitgenössischen Urteil der Historiker”, in: Wolfgang Michalka（Hg.）, *Die nationalsozialistische Machtergreifung*, Paderborn u. a. 1984, S. 357-371; Schönwälder（注3の文献）S. 20ff. を参照。

（7） Theodor Mayer, Walter Platzhof, “Vorwort”, in: Fritz Hartung, Theodor Mayer, Walter Platzhof, Paul Ritterbusch, Fritz Rörig, Carl Schmitt, Hans Übersberger, Hans Zeiß, *Das Reich und Europa*, Leipzig 1941, S. VII. もっとも、この種の「宣言」を出世をめ

ざす一人一人の学者の「信条告白」とみなせるかどうかは、クラウス・シュライナーもいうように、疑わしい。Klaus Schreiner, "Führertum, Rasse, Reich, Wissenschaft von der Geschichte nach der nationalsozialistischen Machtergreifung", in: Peter Lundgreen (Hg.), *Wissenschaft im Dritten Reich*, Frankfurt a. M. 1985, S. 183.

（8）このような主張を、たとえばハルトムート・ボークマンが、彼の小冊子 *Der Historiker Hermann Heimpel*, Göttingen 1990 でしている。

（9）注3で紹介したシュルツェ、シュリーン、レェーマン／ヴァン・ホルン・メルトンの諸書を参照。ゲッツ・アリィは正当にも一九九五年、ドイツ歴史家協会が歴史家のナチ民族虐殺政策への荷担責任と犠牲者・遺族への謝罪をいまなおどんな形でも行っていないのはなぜかと問いかけた（Götz Aly, "*Endlösung*", *Völkerverschiebung und der Mord an den europäischen Juden*, Frankfurt a. M. 1995, S. 17.）［山本尤・三島憲一訳『最終解決』法政大学出版局、一九九八年、三二八ページ］。

（10）Hans Rothfels, "Die Geschichtswissenschaft in den dreißiger Jahren", in: Andreas Flitner (Hg.), *Deutsches Geistesleben und Nationalsozialismus*, Tübingen 1965, S. 99. なお、後年ヴェルナー・コンツェのいった言葉「私はナチ歴史学との対決は必要ないものと思う。なぜならあの少数のナチ歴史家たちは当時死ぬか、失職するかして公共の場から消えたのだから」（"Der Weg zur Sozialgeschichte nach 1945", in: Christoph Schneider Hg., *Forschung in der Bundesrepublik Deutschland. Beispiele, Kritik, Vorschläge*, Weinheim 1983, S. 73). ロートフェルス同様、自らも「東方研究」グループに属したコンツェはこの言葉が嘘であることを知っていたにちがいない。あるいはこれも記憶の自己免責機能が生んだロマンの一つだろうか。注16、プリモ・レヴィからの引用を参照。

（11）たしかに、すでに一九三三年、エッカート・ケーアはロートフェルスが歴史家ツンフトと右翼急進学生団体との間で問題の多い仲介役を演じていると指摘した。しかし戦後世代の肯定的すぎるロートフェルス像が疑問視されるようになったのはやっと最近になってからである。これについては以下を参照。Schönwälder（注3の文献）S. 53ff.; Willi Oberkrome, *Volksgeschichte. Methodische Innovation und völkische Ideologisierung in der deutschen Geschichtswissenschaft 1918-1945*, Göttingen 1993, S. 95ff. u. 133ff.; Lothar Machtan, "Hans Rothfels und die sozialpolitische Geschichtsschreibung." in: ders. (Hg.), *Bismarcks Sozialstaat. Beiträge zur Geschichte der Sozialpolitik und zur sozialpolitischen Geschichtsschreibung*, Frankfurt a. M./ New York 1994, S. 161-208. およびインゴ・ハール執筆の本書第3章を参照。

（12）Rothfels（注10の文献）S. 104.

（13）Franz Steinbach, "Bürger und Bauer im Zeitalter der Industrie" (zuerst 1963), in: ders., *Collectanea, Aufsätze und Abhandlungen zur Verfassungs-, Sozial- und Wirtschaftsgeschichte, geschichtlichen Landeskunde und Kulturraumforschung*, hg. v. Franz Petri u. Georg Droege, Bonn 1967, S. 867f.（なお、ここでシュタインバッハに感謝されたティーディケは一九四五年以前および以後も報復政策と民族研究の橋渡しで重要な役割を演じた人物だが、彼も戦後自分を抵抗者に仕立てようとした。一九四八年彼は連合軍に虚偽の申し立てをしたかどで一年の禁固刑に処せられた）。［シュタインバッハについては、第7章注90を参照］。

（14）リカルダ・フーフ、この保守派とみなされる女性作家・歴史家は（ナチの）「権力獲得」に抗議してプロイセン芸術アカデミーから脱退したが、その後もドイツに留まり執筆を続けることができた。解放後ただちに彼女は抵抗闘争者の顕彰に努力した。

（15）具体的事実と詳細については、歴史家の「西方研究」について筆者が執筆した本書第7章を参照。

(16) Primo Levi, *Das Erinnern der Wunde*, in: ders., *Ist das ein Mensch ?*, München 1988, S. 8. レヴィは、いやな過去を忘れたい人間がいかに自分および他人を欺くかを痛烈に描いている。「彼らは自分のした行いを嫌悪し、それゆえそれを何か他のことで置き換えたいと望む。それは場合によっては、現実の状況を十分知りつつも、まったくねつ造された、――しかし実際より苦痛でない――行動の記述になりうる。彼がそれを他人や自分自身にあまりしばしば語っていると、真実と虚偽の間の境目がしだいにぼやけ、ついには彼自身その物語を完全に信ずるようになる。物語がくり返される間に、彼はそのやや疑わしい、あるいはたがいにうまく符合しない細部をならしたり、あらたに変更したりする。そのうち、はじめの『後ろめたさ』は『良心にかけての確信』にとって代わられる。他人向けの嘘から自己欺瞞へのこのように静かな移行は有益である。すなわち、このような『確信』をもって嘘をつく者は、よりうまく嘘をつき、上手に役柄を演じ、さらに裁判官や歴史家や読者、また自分の家族や子供たちによりたやすく信じこませることができるからである」。

(17) Hans-Erich Volkmann, "Deutsche Historiker im Umgang mit Drittem Reich und Zweitem Weltkrieg 1939-1949", in: ders. (Hg.) *Ende des Dritten Reiches – Ende des Zweiten Weltkriegs. Eine perspektivische Rückschau*, München / Zürich 1995, S. 880ff. に述べられた概観を参照。また個別事例については Kröger / Thimme（注3の文献）を参照。

(18) Günther Franz, "Das Geschichtsbild des Nationalsozialismus und die deutsche Geschichtswissenschaft", in: Oswald Hauser (Hg.), *Geschichte und Geschichtsbewußtsein*, Göttingen / Zürich 1981, S. 91-111. もちろん、一九三四年に親衛隊に加わったフランツは、ヒトラーとローゼンベルクだけがナチ・イデオロギーを「正式に」代表できたのだから、真正のナチ歴史家なるものは存在しない、と主張する。そして彼の達した結論は要するに「ナチズムが歴史学に及ぼした影響は比較的小さかった」である（S. 110）。他に、テオドーア・マイアーやエーリヒ・マシュケのようなれっきとしたナチ歴史家の自伝的文章では、彼らがナチズムに賛成したことなど一言も語られていない。この点およびナチべったりだった中世史研究をフランティシェク・グラウスは厳しく批判した：František Graus, "Verfassungsgeschichte des Mittelalters" in: *Historische Zeitschrift* 243 (1986), S. 568ff.

(19) Hermann Heimpel, *Der Mensch in seiner Gegenwart. Sieben historische Essays*, Göttingen 1954, S. 12.; ders., *Kapitulation vor der Geschichte ? Gedanken zur Zeit*, Göttingen 1956, S. 90 を参照。

(20) Volkmann, "Deutsche Historiker"（注17の文献）S. 884f. を参照。

(21) Gerd Tellenbach, *Die deutsche Not als Schuld und Schicksal*, Stuttgart 1947; ders., *Aus erinnerter Zeitgeschichte*, Freiburg 1981, S. 23ff. u. 109ff. なお、Hagen Keller, "Das Werk Gerd Tellenbachs in der Geschichtswissenschaft unseres Jahrhunderts" in: *Frühmittelalterliche Studien* 28, 1994, S. 374-397, bes. S. 387ff. を参照。

(22) Hildegard Schaeder, *Ostern im KZ*, o.O. 1947. erneut in: Gerlind Schwöbel, *Leben gegen den Tod. Hildegard Schaeder: Ostern im KZ*, Frankfurt a. M. 1995, S. 49-94. なお背景については Michael Burleigh, *Germany Turns Eastwards. A Study of "Ostforschung" in the Third Reich*, Cambridge 1988, S. 237f. を参照。

(23) ゲルハルト・リッターやアレクサンダー・シュタウフェンベルク伯が一九四四年七月二〇日事件との係わりで逮捕されたことは彼らの評価にとって有利な材料である。しかし忘れてはならないのは、この二人の歴史家はそれまで民主主義のため、また侵略的ドイツ外交に反対して何らかの意志表示ないし行動を起こしたことが一度もなかったことである。リッターについてはクラウス・シュヴァーベおよびトマス・A・ブラディの論争的記述を参照。Klaus Schwabe und Thomas A.

Brady in: Lehmann / Van Horn Melton（注3の文献）S. 83ff.

（24）シュルツェによれば「全体として、一時休職あるいははっきり免職になった歴史家たちのツンフトへの急速な復帰は驚くばかりであった」。Schulze（注3の文献）S. 127.

（25）Schulze（注3の文献）S. 203ff. 同じくManfred Asendorf, “Was weiter wirkt. Die ‘Ranke-Gesellschaft-Vereinigung für Geschichte im öffentlichen Leben’”, in: *1999. Zeitschrift für Sozialgeschichte des 20. und 21. Jahrhunderts* 4 (1989), H. 4, S. 29-61を参照。五〇年代に「連合国史観」に対し歴史学の「抵抗」を呼びかけたこの協会を徹底的に調査することが望まれる。

（26）この代表的例としてKarl Bosl (Hg.), *Land und Volk, Herrschaft und Staat in der Gesellschaft und Geschichtsschreibung Bayerns. Karl Alexander von Müller zum 80. Geburtstag*, München 1964を参照。これに先立ち、この有力ナチ歴史家の生誕六〇歳を祝う記念論集はクルト・フォン・ラウマーとテオドーア・シーダーによって編纂された。一般に一九五〇年代と六〇年代のこの種の記念論集は古い「人脈」の継続という視点からも検討する値打ちがある。

（27）これについては雑誌『文学における言語』の特別号*Sprache in der Literatur* 77 (1996), H. 1, ならびにHelmut König u. a. (Hg.), *Vertuschte Vergangenheit. Der Fall Schwerte und die NS-Vergangenheit der deutschen Hochschulen*, München 1997を参照。

（28）Burleigh（注22の文献）S. 165ff. を参照。なおとくにAngelika Ebbinghaus, Karl Heinz Roth (Hg.), “Vorläufer des ‘Generalplan Ost’. Eine Dokumentation über Theodor Schieders Polendenkschrift vom 7. Oktober 1939”, in: *1999. Zeitschrift für Sozialgeschichte des 20. und 21. Jahrhunderts* 7 (1992), H. 1, S. 62-94を見よ。

（29）Burleigh（注22の文献）S. 300ff. を参照。なお最近の研究ではJörg Hackmann, “‘An einem neuen Anfang der Ostforschung’. Bruch und Kontinuität in der ostdeutschen Landeshistorie nach dem Zweiten Weltkrieg”, in: *Westfälische Forschungen* 46 (1996), S. 232-258を見よ。「東方研究」全般についてはWolfgang Wippermann, *Der Ordensstaat als Ideologie. Das Bild des Deutschen Ostens in der deutschen Geschichtsschreibung und Publizistik*, Berlin 1979; ders. *Der “deutsche Drang nach Osten” Ideologie und Wirklichkeit eines politischen Schlagworts*, Darmstadt 1981; Christoph Kleßmann, “Osteuropaforschung und Lebensraumpolitik im Dritten Reich”, in: Lundgreen（注7の文献）S. 350ff.; Gabriele Camphausen, *Die wissenschaftliche historische Rußlandforschung im Dritten Reich 1933-1945*, Frankfurt a. M., u. a. 1990; Hans-Erich Volkmann, “Von Johannes Haller zu Reinhard Wittram. Deutschbaltische Historiker und der Nationalsozialismus”, in: *Zeitschrift für Geschichtswissenschaft* 45 (1997), S. 21-46を見よ。

（30）Max Weinreich, *Hitler’s Professors*, New York 1946.

（31）Helmut Heiber, *Walter Frank und sein “Reichsinstitut für die Geschichte des neuen Deutschland”*, Stuttgart 1966.

（32）Karl Ferdinand Werner, *Das NS-Geschichtsbild und die deutsche Geschichtswissenschaft*, Stuttgart u. a. 1967, S. 61.

（33）Ebenda, S. 67.

（34）Ders., “Machtstaat und nationale Dynamik in den Konzeptionen der deutschen Historiographie 1933-1940”, in: Franz Knipping, Klaus Jürgen Müller (Hg.), *Machtbewußtsein in Deutschland am Vorabend des Zweiten Weltkrieges*, Paderborn 1984, S. 327-361, この個所はS. 356.

（35）このことは重要な個別研究が現れるのを妨げはしなかった。たとえばVolker Losemann, *Nationalsozialismus und Antike. Studien zur Entwicklung des Faches. Alte Geschichte 1933-1945*, Hamburg 1977を参照。

(36) その例として、かつてはヴェルナー（注32の文献）、また最近ではシュルツェ（注3の文献）を見よ。これに対しすでにカール・オットー・コンラディはナチ的ドイツ語学を弁護して「匿名では残念ながら何も記録され、議論されたことにならない」と強調した（Eberhard Lämmert u. a., *Germanistik — eine deutsche Wissenschaft*, Frankfurt a. M. 1971, S. 78所収）。弟子世代の、ナチ派教授を批判し、いわゆる「父親殺し」を行うのに消極的な姿勢を見て、アメリカの歴史家チャールズ・メイヤーは一九九〇年にドイツ史学史を書く仕事はむしろ歴史家以外に任すべきでないかと問いかけた。Charles Mayer, "Comment: Theodor Schieder", in: Van Horn-Melton / Lehmann（注3の文献）S. 394f.

(37) とくに刺激的だったのはゲッツ・アリィとズザンネ・ハイムの研究だった。Götz Aly u. Susanne Heim, *Vordenker der Vernichtung. Auschwitz und die deutschen Pläne für eine neue europäische Ordnung*, Hamburg 1991. これについてはWolfgang Schneider (Hg.), "*Vernichtungspolitik*". *Eine Debatte über den Zusammenhang von Sozialpolitik und Genozid im nationalsozialistischen Deutschland*, Hamburg 1991を見よ。その後アリィは自分のテーゼをさらに発展させ、かつ修正した。Ders., "Endlösung"（注9の文献）; ders., *Macht-Geist-Wahn. Kontinuitäten deutschen Denkens*, Berlin 1997, bes. S. 153-183. 社会科学に携わる知識人のナチ政権へのとりこみはとくに次の二書によって明らかにされた。Karl-Heinz Roth, *Intelligenz und Sozialpolitik im "Dritten Reich"*, München 1993およびCarsten Klingemann, *Soziologie im Dritten Reich*, Baden-Baden 1996. 大戦中の大学教師や大卒知識人による政権への奉仕についてはKarl-Heinz Roth, "Die Sozialpolitik des europäischen Großraums im Spannungsfeld von Okkupation und Kollaboration (1938-1945)", in: Werner Röhr (Hg.), *Okkupation und Kollaboration (1938-1945). Beiträge zu Konzepten und Praxis der Kollaboration in der deutschen Okkupationspolitik*, Berlin / Heidelberg, 1994, S. 461-565をも参照せよ。親衛隊に深く係わった大卒知識人の一例として、現在のところUrlich Herbert, *Best. Biographische Studien über Radikalismus, Weltanschauung und Vernunft 1903-1989*, Bonn 1995を見よ。

(38) 右に引用したバーリィ（注22の文献）、シェンヴェルダー（注3の文献）、オーバークローメ（注11の文献）ならびにルディ・ゴーグエルの未刊行博士論文Rudi Goguel: *Über die Mitwirkung deutscher Wissenschaftler am Okkupationsregime in Polen im Zweiten Weltkrieg, untersucht an drei Institutionen der deutschen Ostforschung*, Humboldt-Universität zu Berlin, 1964を参照せよ。歴史との境界が流動的な地理学についてはMechtild Rössler, "*Wissenschaft und Lebensraum*". *Geographische Ostforschung im Nationalsozialismus. Ein Beitrag zur Disziplingeschichte der Geographie*, Berlin-Hamburg 1990を見よ。Guntram Henrik Herb, *Under the Map of Germany. Nationalism and Propaganda 1918-1945*, London 1997. ミヒャエル・ファールブッシュ（バーゼル／ボン）は目下在外ドイツ民族研究振興会の総合的研究を準備している［Michael Fahlbusch, *Die Wissenschaft im Dienst der nationalsozialistischen Politik. Die "Volksdeutschen Forschungsgemeinschaften" von 1931-1945*, Baden-Baden 1999］。

(39) オーバークローメの執筆した本書第3章を参照。

(40) 今日でもすでに両グループの間に頻繁な交流があったことが指摘されている。たとえば、カール・アレクサンダー・フォン・ミュラー、ハインリヒ・リッター・フォン・ズルビクやクレオ・プライアーのように、フランクの「帝国研究所」と密接な係わりをもった少なからざる著名歴史家が、民族研究振興会の大会にも参加していた。

(41) Schönwälder（注3の文献）S. 82.

(42) Daniel J. Goldhagen, *Hitlers willige Vollstrecker. Ganz gewöhn-*

liche Deutsche und der Holocaust, Berlin 1996.

(43)　そのかぎりで私はナチ歴史学を「非合理的なもの」とみなすのは、あまり役に立たないどころか、人を誤解させるものと考える。平均的に見てナチ歴史学は一九世紀の並みの歴史叙述と同じ程度に「合理的」であり、まさにそのことにこの歴史学の危険性がひそんでいた。正当化の役割を演じた学者は、底の浅い宣伝家たちではなく、体制に学問的にも正常な見せかけをあたえつつ、その異常な目的に奉仕した連中であった。

(44)　たとえばいわゆる「ボン学派」による以下のいずれも浩瀚な諸論文集を見よ：Steinbach, *Collectanea*（注13の文献）; Hermann Aubin, *Grundlagen und Perspektiven geschichtlicher Kulturraumforschung und Kulturmorphologie. Aufsätze zur vergleichenden Landes- und Volksgeschichte aus viereinhalb Jahrzehnten*. hg. v. Franz Petri, Bonn 1965; Franz Petri, *Zur Geschichte und Landeskunde der Rheinlande, Westfalens und ihrer westlichen Nachbarländer. Aufsätze und Vorträge aus vier Jahrzehnten*, hg. v. Edith Ennen u. a., Bonn 1973.

(45)　ガーディ・アルガージ執筆の本書第6章を参照。

(46)　ヴォルフガング・モムゼンは、ブルンナーを直接名指して批判したのではないが、なぜ彼が自分の概念史的方法を「自分自身にも適用しなかった」のかと問うた最初の歴史家である。*Die Geschichtswissenschaft jenseits des Historismus*, Düsseldorf 1971, S. 23.

(47)　たとえば Reinhart Koselleck, “Sozialgeschichte und Begriffsgeschichte” in: Wolfgang Schieder, Volker Sellin (Hg.), *Sozialgeschichte in Deutschland. Entwicklungen und Perspektiven im internationalen Zusammenhang*, Göttingen 1986 Bd. 1, S. 89-109, とくに S. 109. 同様な見解はシュライナー（注7の文献）S. 208ff. にも見られる。しかし近年ブルンナーは国際的にもっともしばしば議論されるドイツの歴史家の一人になっている。こうした歴史家にとって——カール・シュミットやハイデガーの場合と同じく——ナチズムへの接近と受容は一種独特のスリルを伴ったように見える。本書第5章、アルガージの引用した諸文献を見よ。

(48)　こうした魅惑への共感はたとえばシュルツェ（注3の文献）、オーバークローメ（注11の文献）やレーマン／ヴァン・ホーン・メルトンの編書（注3の文献）所収の諸論考にも見られる。

(49)　注3を参照。

(50)　注48ならびにオーバークローメのあげる史料に依拠するユルゲン・コッカの二論文を参照せよ。Jürgen Kocka, “Ideologische Regression und methodologische Innovation. Geschichtswissenschaft und Sozialwissenschaften in den 1930er und 40er Jahren”, in: *Historiographie als Methodologiegeschichte. Zum 80. Geburtstag von Ernst Engelberg*, Berlin 1991, S. 182-186; ders., “Geschichtswissenschaft und Sozialwissenschaft. Wandlungen ihres Verhältnisses in Deutschland seit den 30er Jahren”, in: Konrad Jarausch u. a. (Hg.), *Geschichtswissenschaft vor 2000. Perspektiven der Historiographiegeschichte. Festschrift für Georg Iggers*, Hagen 1991, S. 345-359.

(51)　Willi Oberkrome, “Reformansätze in der deutschen Geschichtswissenschaft der Zwischenkriegszeit”, in: Michael Prinz, Rainer Zitelmann (Hg.), *Nationalsozialismus und Modernisierung*, Darmstadt 1991, S. 216-238. この論文集に対しては次の批判を参照。Hans Mommsen, “Noch einmal: Nationalsozialismus und Modernisierung”, in: *Geschichte und Gesellschaft* 21 (1995), S. 391-402.

(52)　Karl-Heinz Roth, Rezension von Oberkrome, *Volksgeschichte*（注11の文献）in: *1999. Zeitschrift für Sozialgeschichte des 20. und 21. Jahrhunderts* 9 (1994), S. 129-136 とくに S. 135. 同様に、インゴ・ハールの書評 in: *Internationale Wiss. Korrespondenz zur Geschichte der Arbeiterbewegung* 30 (1994), S. 444-447 を参照。

(53) Roth（注52の文献）S. 135.

(54) 注51に引用したオーバークローメの論文を参照。後に書いた著書でも彼はくり返し「史学史上の改革」について語っている（注11の文献、S. 52 u. 60)。ナチ史学の特殊性から目をそらし、「民族史」に普遍妥当性を認めさせる近ごろ流行のもう一つの手段は、フランスの初期アナール史学の方法との「類似」を指摘することである。しかしこれも十把ひとからげに、十分な証拠もあげないでなされている。たとえばレーマン／ヴァン・ホーン・メルトン（注3の文献）S. 6f. u. 294f. を参照。この似て非なる類似性強調に対する批判については Peter Schöttler, "Das 'Annales-Paradigma' und die deutsche Historiographie (1919-1939). Ein deutsch-französischer Wissenschaftstransfer?", in: Lothar Jordan, Bernd Kortländer (Hg.), *Nationale Grenzen und internationaler Austausch. Studien zum Kultur- und Wissenschatstransfer in Europa*, Tübingen 1995, S. 200-220; ders., "Marc Bloch et le xive Congrès international de Sociologie, Bucarest 1939", in: *Genèses* 6 (1995) 20, S. 143-154 を参照。

(55) このような検討の手本として、ガーディ・アルガージ執筆の本書第6章を参照。

(56) たとえばオーバークローメは「シュタインバッハとライプツィヒの社会学者グンター・イプセンの間の言説」について語っている。ders. *Volksgeschichte*（注11の文献）S. 71.

(57) このような厳密で分析的な検討だけが、ヴィクトーア・クレンペラーがかつて警告したあの「混同」を避けるのに役立つ。すなわち、「二人が同じ表現を用いても、それらがけっして同じ意図で使われているとはかぎらない」からである〔*LTI. Notizbuch eines Philologen*,〔zuerst 1947〕, Leipzig ^{14}1996, S. 167f.〕。なお官庁文書の場合、そこに述べられているのが順応か日和見主義か反対かを見分けるのは難しいというテレンバッハの指摘（注21の文献）S. 39f. も参照せよ。

(58) Peter Lundgreen, "Hochschulpolitik und Wissenchaft im Dritten Reich", in: ders., *Wissenschaft*（注7の文献）S. 28. 同様の見解は Schreiner（注7の文献）S. 233 にも見られる。

(59) ルドルフ・フィアハウスは一九六八年、次のように注意を喚起した。「他の人たちより三〇年遅れて博士号をとり、研究や講義を行うというのは何の手柄でもない。……これら若手の学者たちが、もし当時（三〇年前）すでに一人前の学者であったなら、同じように感激して体制に協力したり、ヴェルサイユ条約の修正を求め、第三帝国をドイツ史の成果とあがめ……生存圏の要求やドイツ中心のヨーロッパ新秩序という政治的ロマン主義のとりこにならなかったとだれが断言できよう」。("Walter Frank und die Geschichtswissenschaft im nationalsozialistischen Deutschland", in: *Historische Zeitschrift* 207, 1968, S. 617). 今日なら、このフィアハウスの言葉は少しばかり感情移入がすぎるのではないかと問うこともできよう。加えて「感激」と「合理性」を対立させることは人をむしろ誤らせる。なぜならこの問題で「合理性」の欠如と同じくらいショッキングなのは追放されたり迫害された人々への共感の欠如だからである。さらに、こうした共感がとくに危険でなくなった一九四五年以後こそ、それがますます必要だったであろうに。そのうえ、この共感から、正義のためにも客観性のためにも、歴史学自身の歴史の完全かつ仮借なき再検討の要求が出てしかるべきであった。もっとも国際世論の圧力のもと、個々のケースについてこうした再検討が行われることもあった。たとえば Paul Egon Hübinger (Hg.), *Thomas Mann, die Universität Bonn und die Zeitgeschichte. Drei Kapitel deutscher Vergangenheit aus dem Leben des Dichters 1905-1955*, München 1974.

(60) Wolfgang Fritz Haug, *Der hilflose Antifaschismus. Zur Kritik der Vorlesungsreihen über Wissenschaft und Nationalsozialismus an deutschen Universitäten*, Frankfurt a. M. 1968 を参照。

(61)　このような免責論の一例として、かつて「在外ドイツ民族研究振興会」事務局長だったハンス・シュタイナッハーの文集にハンス・アドルフ・ヤコブセンが書いた序文を見よ。Hans-Adolf Jacobsen, (Hg.), *Hans Steinacher. Bundesleiter des Vereins für das Deutschtum im Ausland 1933-1937. Erinnerungen und Dokumente*, Boppard 1970. そこでは結論として次のようにいわれている。「当時同じような教育を受けて成長し、同じ経験をくぐり抜け、責任ある立場で決定を下さざるをえなかった者しか、あの時代の行動をまともに評価できないことが認められるべき〔!〕にせよ、過去を評価することは依然学問の仕事である。それゆえ、真実を求める声にできるだけ応えると同時に、かつてラインハルト・ヴィットラムが見事に定式化したように、その人々の栄誉を守ること、すなわち『彼らの罪と悲運への係わり、悪と暗黒への荷担を一人一人について明らかにする一方、良きことをも隠さないこと』が大切である」（五五ページ）。

(62)　Marc Bloch, *Apologie pour l'histoire ou Métier d'historien* (1941) neu hg. v. Etienne Bloch, Paris 1993. [讃井鉄男訳『歴史のための弁明　歴史家の仕事』岩波書店　一九五六年]

第2章

敗北のあとで

——ワイマル共和国時代の歴史学における現代史の諸問題と右翼弁護的傾向

ベルント・ファウレンバッハ

フリードリヒ・マイネッケの『世界市民主義と国民国家』第二版（一九一一年）まえがきには、次のような有名な一節がある。すなわち、ドイツの歴史研究は、その方法的作業の貴重な伝統を放棄することなしに、しかもまた、国家生活＝文化生活のもろもろの重要な力とともに自由に活動し、またそれらの力と自由に接触するまでに、高められなくてはならない。ドイツの歴史研究は、「自己の固有の本質と目的をそこなうことなしに、もっと大胆に、哲学のみならず政治に深く係わってもよいのである。それどころか、それは、普遍的であると同時に国民的であることによってはじめて、自己の固有の本質を発展させることができるのだ」[1]。こうマイネッケが述べたあとの時代、すなわち第一次世界大戦とワイマル共和国の時代に、ドイツの歴史学が、「大胆に政治に深く係わっ」たことはまさにまちがいなかった。しかしその結果はいかなるものだったろうか。

ワイマル共和国時代、歴史学は現代史の異常なブームを経験した。洪水のように出る歴史関連文献が対象にしたテーマは、現代史であった。（近代を扱う）歴史家の研究執筆能力の重要な部分が、いわゆる「現在史」（現在直前の歴史）に吸引されていたのであるが、この場合、世界大戦とその結末についての経験が、歴史家を叙述に駆り立てたのであった。この最新の時代を取り扱うため、あらたにいくつもの特別機関が作られた[2]。一九一九年には国立《ライヒ》文書館が創設され、その任務も、一八七一年［ドイツ帝国創立］以後のドイツ史、わけても第一次大戦の前史および大戦史に係わる文書の、収集のみならず研究・記述と定められた。一九二八年からは「歴史家全国委員会」が、この最新の時代にかんする委託研究の配分を行った。さらに、現代史叙述のための重要な（今日から見れば問題を多くはらんでいたにせよ）組織・企画として打ち出されたものには、ドイツ外務省戦争責任問題担当部局「大戦原因研究センター」、ならびに外務省の公刊史料シリーズ『グローセ・ポリティーク、一八七一―一九一四年のヨーロッパ列強諸内閣の政策』があり、これは、一九一九―二七年の八年間にじつに四〇巻も刊行されたのであった[3]。また一九二三年には『政治・歴史アルヒーフ』

発刊によって独自の専門誌も出ることになった。他方で『史学雑誌』のように権威ある史学専門誌も、当時、現代史という分野が、第二次世界大戦後とはちがって、まだ歴史学講座の一専門分科としては認められていなかったにもかかわらず、それをけっして無視していたわけではない。さらに、数々の文学・政治雑誌のなかでも現代史の問題は相当部分を占めていた。

「現代史」——ハンス・ロートフェルスの定義によれば「同時代に生きている人々の歴史」——は、基本的に三〇年から六〇年の時間をカバーするものと考えられる。あるいはまた、ヘルマン・ハインペルがいうように、歴史上の最新の大変動とその一つ前の大変動との間の時間を現代史とすることもできよう。(4) ワイマル共和国時代にあてはめてみれば、この時代の人々にとって現代史は、およそ五〇年前にさかのぼるドイツ帝国創立から第一次世界大戦までの時代ということになろう。

一方、ハインペルの、最新の破局というテーゼは、ワイマル期によくあてはまる。この破局は「全存在を根本的に決定づける事件」ということになるが、これは、——シュリーンの定式化では——「現在直前の歴史を疑わしくするか、もしくは正当化する」契機となったり、「断罪するないしは逆に賛美する」契機に、あるいはさらに「その本質を認識する」契機となるものである。(5) 一九二一年、この意味でファイト・ヴァレンティンは、第一次世界大戦について次のように述べた。「歴史を書く者にとって、先の大戦は今後長期にわたって大事件でありつづけ、出来事のあらゆる流れが長い時間をかけてそこに行きつき、また今後、想像もつかないさまざまな出来事がそこから始まることになろう(6)」。事実、この事件は、何にもまして現在史(とその前史)を見る視角を決定づけたし、部分的には、さらにドイツ史全体の見方さえ規定した。中世末期以降の全ヨーロッパ史を背景として、ヴィルヘルム時代のドイツ外交を扱ったヘルマン・オンケンの『ドイツ帝国と世界大戦前史』はこの好例である。(7)

あらゆる現代史記述がもつ「それぞれの」現在との決定的な関係性は、現代史が考察される中心的視座や歴史像を構成するカテゴリーについて、さらにその前の時代とは変わってしまった視点や概念についても、それらをよく吟味するよう問いかける。現在史(とその前史)を再構成することは現在そのものともっとも密接に結びついているため、過ぎ去ったばかりの時代を扱う現代史への取り組みは、現代を成り立たせている政治的・社会的状況を度外視することを許さない。むしろこの状況をこそ問題にすべきなのである。したがって、現代史研究を振り返って評定する場合、とりわけ次のような問いかけが基準になるかもしれない。すなわち、現代史記述は、それぞれの現在のため、その前史について人々を啓蒙しただろうか。現代史記述は、その前史を再生することを通じて、社会の歴史的方向づけと現在の問題克服に貢献しただろうか。あるいはまた、それは歴史の動因を的確にとらえていただろうか、という問いかけである。

I

ワイマル期の歴史家にとって、一八七一―一九一四年の歴史は、なかんずく政治史であり、とりわけそれはヨーロッパ列強の競合とそれぞれの世界政策の衝突によって特徴づけられた。しかもこの対立は政治空間への大衆の流入によっていっそう尖鋭化していた。この時代全体は二つの時期、すなわちビスマルク時代とポスト・ビスマルク時代とに分かたれ、両時代の政策も対照的な違いをもつものとして描かれた。ビスマルクの失脚――いわば時代の転換点とみなされた――は、当時の現代史研究が集中的に明らかにしようとした事件の一つであった(8)。

ドイツ帝国創立については、帝国崩壊の後で、一部はそれまで意識的に排除され、また一部は原則的に解明済みとみられていた問題が、歴史家たちによって、あらためて俎上にのせられた。それは、国家と民族の合致問題、大ドイツ主義・小ドイツ主義問題、中東欧に住むドイツ人の状況、また自由主義・民主主義と帝国創立の関係いかんの問題であったが、最後の場合、ドイツ帝国の没落は、当然ながら一九一八年の不幸の起源、ドイツ帝国およびハプスブルク帝国の瓦解の原因は、すでに帝国創立期に求められるのではないかという問題を投げかけた。しかし総じて問題をめぐる論議は、ビスマルクの帝国創立に替わる選択肢が事実上存在しなかったという結論に到達したのであった。

こうして歴史学の支配的な潮流では、ビスマルク的な解決にかわるものとしての大ドイツ主義的な選択肢が、時代とドイツの状況に適合したとは考えられないというのが代表的見解となった。もっとも、ビスマルクの政治の特殊プロイセン的な国家主義という次元――とくに六〇年代の問題――も、この見解によっていっそう浮き彫りにされた。これとともに国民自由党による調和的な帝国建設像は掘り崩され、ドイツ国民国家の完成が不十分なものであった点が強調された。この見方はすでに大戦において準備されていたものであった(9)。

いまや少なからぬ歴史家にとって新しい状況のもつ「意義」は、何よりドイツとオーストリアの合邦（アンシュルス）にあるように思われた。ドイツ国民国家の完成がふたたび現在の責務となったのである(10)。もっとも、パリ郊外で結ばれた講和諸条約をめぐる対立を見れば、国家と民族を合致させる困難はすでに明らかだった。その後、ワイマル時代には、――とくにハンス・ロートフェルスによって定式化された――一つの見方が形づくられた。それは、「西欧流の」国民国家原理を中東欧に移しかえられない現実を直視して、国民国家を完成できないモメンドを、むしろ特別な利点とみなし、「帝国東部の自律性」を必然的と強調する見方であった(11)。帝国《ライヒ》の伝統が理想の一つである大ドイツ主義的歴史観を、オーストリア側から見るかたちで発展させたのは、ハインリヒ・リッター・フォン・ズルビクであった(12)。もちろん、こうした新しい見方には、中東欧の在外ドイツ民族史、ドイツ「民族・文化分布地域」史の研究が結びついた。こうして伝統的な国民自由主義的・国家主義的歴史記述を一部は超越する民族史叙述が成立した。(13) 民族史の歴史家もまた、ラインラントの防衛や東部国境の修正をめぐって、いわゆる「国境闘争」［三］に積極的に係わっていたのである。(14)

要するに、ワイマル期の国民問題にかんする議論は、これとともに新段階に入った。西欧流の国民国家原則に疑いをさしはさむ場合でさえ、この歴史観の民族へのこだわりは明らかであり、こうした歴史家の視座からすれば、超国家的帝国《ライヒ》構想・中欧計画においてもドイツの支配・文化的使命はつねに自明であった。

II

これと平行して自由主義・民主主義と帝国創立の関係についても少なからず議論がかわされた。帝国創立は時代の精神に逆らい、したがって、特有の誤った道を歩むことになり、ついにもちこたえられなかったのだ、というヨハネス・ツィークルシュのテーゼは、歴史家の大多数によって厳しく拒絶された。彼らにとって、帝国創立はたぐいまれな進歩であったし、ドイツのおかれた状況に適合し、また歴史の機運にもかなっていた。(15) 一八七一年のドイツ帝国憲法――したがってまたビスマルク時代の憲法政治上の勢力配置――は、まさに規範的な質をもっていた。憲法が自律的な国家行為を、わけても対外政策の面で可能にしたから、というのである。こうした見方はしばしば、一九世紀のドイツ市民層の政治能力に対する懐疑的な評価、しかもある意味では、平服の市民文化に対する全般的に低い評価と結びついていた。一方、プロイセンとビスマルクが特別な役割を果たしたドイツの発展は、必然かつ意義深い発展とみなされたのであった。

しかしいつも、とくにワイマル共和国時代の初期には、少なからぬ歴史家によって、ビスマルクの内政の影の部分が指摘されていた。この影に属したのは、とりわけ工業プロレタリアートの統合の失敗だった。もちろんその原因については、社会民主党に影響力をもちながらドイツの発展を認めなかったマルクス主義にも同じくらい責任が帰せられた。(16) 他方、ビスマルクの社会政策の未来を指し示すプラスの側面には、当時の現代史研究――たとえばロートフェルスの仕事――によって、光があてられた。(17) またビスマルク国家の構造的諸問題は、一九一八年以後にたびたび議論されたビスマルクのクーデタ計画によってもあらためて認識させられた。もっとも、この問題をめぐる議論は、一九二〇年代末以降、特徴的な変質をとげ、そこではビスマルクを引きあいに出しながら反議会主義を特徴とする新しい政治構想が追求されたのであった。(18) ここでも研究関心が、政治的路線によって左右されたことが明らかである。

ヴィルヘルム時代の内政の展開が歴史研究の中心になること

はなかったものの、それへの歴史家の関心はしだいに増大した。こうしてたとえば、帝国［＝連邦］とプロイセンの関係が――圧倒的に制度・組織構造の問題としてであるが――研究された。さまざまな形でヴィルヘルム時代の統治構造が統一性を欠いていた事実が明らかにされ、批判が集まった。問題のこの政治体制については、フリッツ・ハルトゥング〔三〕のような右翼に位置していた歴史家でさえ、ドイツの社会全体の発展にますます不適合になっていた体制と呼んだ(19)。これらを背景に、プロイセンの三級選挙法〔四〕の問題も――プロイセン保守派に理解を示しながらとはいえ――論じられた(20)。しかし、［実際には革命直前までなされないままだった］必要な諸改革が実施されねばならなかったのはいったいどの時期だったのか、という問題についてさえ、議論は大きく分かれた。たとえば、テオドーア・エッシェンブルクは、ビューロ・ブロックの時期を岐路・分かれ道とみて、「ドイツ帝国はおそらく……この時期に内政改革の最後のチャンスを逃したのかもしれない。もしこの改革が行われていれば、ライヒの国政の発展も、きっと別の経路を辿ったことであろう」(21)と述べた。まして、初期の段階での議会制統治形態への移行を、仮定にせよ理想の筋書きと見た歴史家はほんの少数で、明確にそのような見解を述べる歴史家はさらに少なかった(22)。この場合も、政治的議論の流れと歴史研究はぴったり呼応していたのである。

　現代史の叙述が政治史の枠を超えたのは、急速な工業化の必要性やその影の部分が、あらたに論じられたときにかぎられていた。もっともその場合でも現代史は文明批判的・文化ペシミズム的動機に導かれ、しかもやはり政治の世界と結びついていた。フリードリヒ・マイネッケは、文明の進展による、また近代化・民主化の進行による、文化の危機を論じた。またヘルマン・オンケンも、ヴィルヘルム期ドイツの欠陥・メダルの裏側という言葉を用いて問題を指摘し、そのさい「時代の精神的道徳的態度全般」、すなわち「生の世俗化・機械化」にうながされた「表面的な享楽願望」のたえざる増大を批判した(23)。他の歴史家たちも多かれ少なかれ似たような議論をしていた。たとえば、歴史学でリールやフライタークの伝統を継ぐゲオルク・シュタインハウゼンは、一八七一年以降の文化史を文化的堕落の歴史として描いた(24)。とりわけ第一次世界大戦の「前線世代」の歴史家たちは、ヴィルヘルム期の時代精神に、はっきり反市民主義、反個人主義、また一部は反自由主義にさえ向かう批判攻撃を浴びせていた(25)。しかし、「物質主義・唯物主義」と大衆化の批判では大部分の歴史家が一致できた。またこうした文化批判を育て――部分的には狭義の政治史を超える――さまざまな動機もたしかに歴史学のあらたな潮流、たとえば在外ドイツ民族史や村落定住史といった、おもに前産業社会に関心を向ける新傾向の誕生に少なからず貢献した(26)。

　帝政ドイツの内政の進展にかんする考察も、とりわけヴィルヘルム時代について、歴史の批判的考察の刺激になったが、それは歴史の引照基準として、ワイマル共和国を無視する傾向と結びついていた。それにかわり、いつも持ち出されたのはビスマルクやフォン・シュタイン男爵といったドイツ史上の偉人たちだった。したがって、ワイマルの現実の、真の前史に関心を向けた視点は、ワイマル共和制支持の歴史学派においてのみ貫かれたのであった。(27)

III

一九一八年の敗北、戦争責任問題に直面し、ビスマルク時代、ヴィルヘルム時代の対外政策が、現代史研究の関心の的、中心テーマになった。そこでは、戦争の深因とともに、どうして「ドイツが包囲されるような状況が生じたのか」といった問題も注目された。[すでに触れた]ヨーロッパ列強諸内閣の政治をめぐる一連の史料集刊行も、「世界大戦の原因は、……ずっと以前に遡り、サライェヴォのオーストリア皇位継承者夫妻暗殺事件で始まるものではない」という前提から出発していた。(28)多くの外交史研究において、諸同盟の発展ないしドイツがおかれた立場の進展は、こうした枠組みのなかできわめて集中的に、またいくらかの鋭い洞察とかなりの偏見をもって取り扱われた。一八七一―一九〇年[ビスマルク時代]についてしばしば強調されたのは、たとえばエーリヒ・ブランデンブルクの場合、政治の最高目標としてのヨーロッパの平和の維持であった。(29)ハンス・ヘルツフェルトも、ルール闘争を念頭におきつつ、いかにして真の平和を実現しうるかの模範例として、独仏戦争後のフランスに対するドイツの寛大な扱いを強調した。(30)同時にヘルツフェルトは、ドイツがたえずヨーロッパの勢力均衡を脅かしたという非難をきっぱり斥ける。(31)かえって歴史家たちの眼からすれば、ビスマルクの対外政策は、ドイツがヨーロッパの中央に位置することの危険をたえず意識しつつ、そのかぎりで、つねに自己主張の政治、一度獲得したものを防衛する政治を必要としたのであり、それは、たえず変化する権力政治のダイナミズムに柔軟に対応したものであった。

以上の見方は、連合国の批判を斥けるだけでなく、――もちろんそれぞれのニュアンスは異なるにせよ――ヴィルヘルム時代の対外政策に対する批判をも含んでいた。ヴィルヘルム時代の対外政策がこのように評価された場合、しばしばそこで問われたのは、ビスマルクなら同じような状況にどう対応しただろうかという問題――これ自体、ドイツの歴史主義の伝統を背景にしてみればまったく異例の注目すべき問いかけ――であった。これとともにもちろん、ビスマルク期の同盟政策もヴィルヘルム期の対外政策をめぐる論争に巻きこまれないわけにゆかなかった。

一方、歴史家たちは基本的に「世界政策」を疑わなかった。「遅れてきた」ドイツ国民は、オンケンが定式化したように、「絶望的な状況に取り残されたくなければ」、帝国主義および世界政策に参加せざるをえない、という点がむしろ強調された。(32)それでもやはり世界政策自体もその具体的な形成について徹底的に検討された。しかも、外務省の観点からすれば、ドイツの立場を不利にするような判断に達した歴史家も少なくなかった。たとえば、エーリヒ・ブランデンブルクは、ドイツの世界政策を自らのビスマルク理解にもとづいて次のように批判した。「わが国の建設を、確たる限定されたプランにしたがって、しかもイギリスとの了解に立って進め、そのための個々の歩みを政治状況全体に従わせることこそ、ビスマルクの政治の精神にかなっていたはずなのだ。わが国の権益拡大、またそれに伴う摩擦の増大にそなえて、世界政治上のさまざまな危険に対する安全保障体制として、もはや単にヨーロッパに限定されない新しい同盟システムを、時期を失せず構築するためには、慎重の上にも慎重が求められたはずだったのだが[33]」。

他方、マックス・レンツとヨハネス・ハラーは問題を別の観点から批判した。両者はドイツの世界政策があまりにも経済的な利害・工業の利害によって規定されていると見た。いわばそれが「非政治的でありすぎた」という[34]——この点ではブランデンブルクと一致していた。レンツによれば、平和のうちに始まった世界政策は、あまりにもパワー・ポリティックスの前提を無視しすぎていた。「われわれは、自分たちの立場を真に確かめることもなく、またかかる大胆な企ての成功をもたらしうる条件を十分吟味することもなく、ただもう血眼になって地球分割をめぐる列強の競争に参入することによって、われわれの力を超えた仕事を企てたのだ[35]」。この見方によれば、とりわけ内政において、パワー・ポリティックスの必要性がとくに政党によって無視されたということになる。「この世界で生き抜いていくすべての前提をなすのが、能力、権力であることを、われわれはほとんど忘れていた[36]」。一九一三年の陸軍大拡張案についてのヘルツフェルトの研究もこうした論拠にもとづいて展開されていた[37]。けっして権力追求が過ぎたのではなく、ドイツの強国としての地位を首尾一貫して築かなかったことが問題だったのである。

さらに周知のように、戦中、平和主義に尽力したファイト・ヴァレンティンさえ、その著作『ビスマルク退陣から世界戦争終結までのドイツの対外政策』で、世界強国の仲間入りを目指すドイツの政治目標は正当だったとして、「われわれの対外政策の目標それ自体が間違っていたわけでもないし、非難さるべきものでもない。致命的な問題は、むしろ目標追求の仕方にあった」といった[38]。この関連でヴァレンティンはドイツの戦闘艦隊建設をとりわけ厳しく批判している。

同盟政策にかんして、わけても独露・独英関係を、歴史家たちは熱心に調べ論じたが、それをめぐって二つの解釈の流れが生まれた。一つは、ゲルハルト・リッター、グスタフ・ローロフ、ハンス・ロートフェルスらに代表される解釈で、ドイツを孤立させたもっとも重大な判断ミスを、対露再保障条約の非更新に見ている。いま一つは、フェリックス・ラハファール、フリードリヒ・マイネッケ、ヴィルヘルム・プラッツホフ、さらにエーリヒ・ブランデンブルクらが属する流れで、彼らは世紀の変わり目にイギリス側からなされた同盟提案にドイツが応じなかった点を批判していた[39]。その上さらに、ドイツ外交がもつさまざまな選択肢も、それをめぐる解釈は資料の不足もあって大きく揺れながら、一部はビスマルク時代にまでさかのぼって求められ、そのためビスマルクが引きあいに出されることもしばしば起こった。たとえば、ラハファールは、すでに一八七〇年代以降ビスマルクの政策が親英・反露に向かい、彼は英独同盟を追求していたという結論にさえ達した。ワイマル期の政治がこのような偏向をあえてさせたのかもしれないが、このテーゼには十分な根拠をあげて反論できる。同じ脈絡から、とりわけゲルハルト・リッターは「一八九八－一九〇一年にそれまで良好だった英独関係をドイツが悪化させたという伝説」をくり返し批判していたが[40]、大陸型のパワー・ポリティックスとイギリス・島国型のそれとの間に横たわる深い相違を強調した。リッターによれば、後者は内政の変化に大きく影響されてきた、したがって、現在もイギリスの政策に幻想を抱いてはならない、ということになった[41]。これに反し、過去を振り返りイギリスとの協力に賛成した解釈の流れには、当時のロカルノ政策を肯定する契機が認められるだけでなく、西欧型政治秩序全体への親近感も認められる。とはいえ、二〇年代の外交政策をめぐる、たとえばゼークトとシュトレーゼマンの対立に、歴史解釈における上記の対立を重ねあわせることには慎重でなければならない[42]。

　国民国家としての利害が、ヴィルヘルム期の対外政策の評価基準になるかぎり、ドイツの政策をとりわけオーストリア＝ハンガリー帝国にあまり緊密に結びつけるのは問題と映らざるをえなかった。たとえばエーリヒ・ブランデンブルクは以下のように指摘した。「ドイツは……その歴史をまさにオーストリア＝ハンガリー帝国と結びつけ、長期にわたりオスマン・トルコの維持・強化を支持することによって――歴史を発展とみる視点からすれば――重大かつ致命的な誤りをおかした。ドイツは、フレッシュであふれんばかりの国民的エネルギーを、没落に瀕した脆い過去の残滓に結びつけて、破局に巻きこまれたのである[43]」。オットー・ベッカーも、ビスマルクが大国オーストリアのために死活に係わる犠牲を払うつもりはまったくなかったことを強調しながら、「時代全体に対する広い視野に立てば、ビスマルクの外交は、後継者たちのそれと異なり、時代の指導的理念に真っ向から対立するものではなかったことがわかる。……ビスマルクの対外政策は、時代の進歩的理念と歴史の生成に根ざした不動の力とを現実政治の上で総合したものであった」と述べた[44]。もちろんズルビクのような全ドイツ史観に立てば、こうした評価は容認できなかったであろうが。

　以上全体として、ワイマル期の歴史家たちが、とりわけドイツの大国化を正当化する立場を前提に、ヴィルヘルム期の外交をきわめて批判的に回顧していたことが明らかになった。とはいえ、同盟政策についての議論は年とともに、世界大戦を連続する歴史の長期的流れのなかに組みこもうとする――いわば新ランケ派〔五〕的――傾向・手法に覆われていった。リッター、ロートフェルス、ケラー、オンケンらは、大戦勃発の――またその根底にある、列強の勢力配置が生まれた――真の原因を、ドイツ帝国の創設・台頭と折りあいをつけることができなかった他の列強の無能に見るという、大戦中すでに成立していたテーゼをあらためてくり返したのであった。[45]したがって彼らの見解では、問題は大陸中央［ドイツ］に対する特殊な利害状況に規定された他の列強の政治にあったわけで、それはヴィルヘルム時代にフランスの対独復讐熱、ロシアの敵意、対独包囲網の形成に血道をあげるイギリスの動きのかたちをとり、これらに、ドイツに本来そなわっていた平和への関心が対峙したのである。しかし、つまるところ世界大戦を、強化された中欧に対抗する他列強の政治が残した悪影響の帰結にすぎなかったとすれば、オンケンが定式化したように、「起こったことはすべて、一つの目的に貫かれた意味ある連鎖」ととらえられる。[46]さらにこうした因果連関を背景に考えれば、ヴェルサイユ条約も統一強化されたドイツ国家に対し一八七一年以来くり広げられたヨーロッパの権力闘争の終着駅にすぎなかった。それ自体ヨーロッパの［主権］国家システム論の伝統に沿ったこうした解釈が、戦争原因をめぐる議論に新しい地平を開き、あらゆる具体的な分析をこの地平に沿って進めさせるのに適していたことは明らかである。

ワイマル共和国期の戦争責任問題にかんする研究のなかで、ウルリヒ・ハイネマンは、当時の歴史学が、真の戦争原因の解明にいかにわずかしか貢献しなかったかを明らかにした。[47]実際歴史家たちは、七月危機と戦争勃発という肝腎の複合問題にほとんど取り組まなかった。時間的近さとか利用できる史料の制約もあったかもしれないが、「大戦原因研究センター」に対する懸念もあったのであろう。しかし歴史家にとって——いわばより高い見地から——個々の列強にとり、また政治的勢力配置状況の展開にとって重要な長期傾向を明らかにすることがより重要であった。そのさい戦争責任問題が最近の歴史考察の一般的視座を規定した。また歴史叙述もそれによってしばしば弁明的な傾向を帯びた。こうしてすべての歴史家がドイツに「戦争責任」があるという非難を断固として拒否した。ヴィルヘルム期ドイツの対外政策が拙劣だったとはいえ、開戦の「責任」はまったくないか、仮にあったとしてもほんのわずかだ、[48]というのが歴史家たちの見方であった。

IV

大多数の歴史家にとって、諸大国とその政治家たちが依然主役であり、すべての政治がこの主役たちの働きにかかっていた。しばしば政治に対する経済的利害の影響や大衆の圧力ということもなるほどいわれはしたが、抽象的に語られたのであって、こうした問題を具体的に追究した歴史家はきわめて稀だった。ヴィルヘルム期のドイツ政治の社会的条件を研究したのは、エッカート・ケーア、ジョージ・ハルガルテン、あるいはまたアルトゥア・ローゼンベルクといった歴史学界のアウトサイダーたちであった。[49]当時ゆきわたっていた対外政策優位の考え方、いわゆる「外政の優位」に「内政の優位」を対置したケーアは、とりわけ艦隊政策を内政での現状維持の試みとみなしたが、それによって国際政治の均衡が危険にさらされることになったのであった。ヴィルヘルム期の世界強国を目指す努力は、ケーアには、ドイツ社会の民主化傾向に対する権力エリートの反動と映ったのである。(50) ハルガルテンも大著『一九一四年以前の帝国主義』のなかで、歴史の発展をうながす社会的経済的諸力に光をあてようとつとめた。(51)

いずれにせよ歴史家の関心はとくに一九一八年のドイツ帝国瓦解の原因に注がれていた。終戦直後すでに、「外見的立憲主義」体制の問題、たとえば、政府と議会の結びつきが不十分なのは何ゆえか、あらゆる社会的勢力を統合した戦時内閣がなぜ形成できなかったのかといった問題に、たしかに注意が向けられはしたが、議会制に対する伝統的な懐疑もまたすぐ膨らみ、共和国のさまざまな経験によりかき立てられたあらたな疑いは、歴史学の立場にも影響を及ぼしたのであった。(52)

とにかく政治的に右向きの歴史家は、帝国崩壊を、道徳の衰退、「西欧的理念」による権力への意志・勝利への意志の衰弱、政党の争い、社会主義者の煽動、わけても一九一八年一〇月の議会制への転換によって説明しようとした。たとえば、ゲオルク・フォン・ベーロは、戦争中確固とした国民感情が存在しなかったこと、労働運動やユダヤ人といった国際的要素が帝国解体の方向へ作用したことを強調した。(53) ハンス・ヘルツフェルトも著作『ドイツ社会民主党と世界大戦中の統一戦線の解体』[一六]のなかで、帝国指導部の弱体性に、多数派社会民主党の信頼できない態度、独立社会民主党、スパルタクス・グループ、革命的オプロイテ等の計画的な「撹乱工作」、大衆向けアジテーションが結びついた、と主張した。(54) いわゆる「匕首」伝説[一七]も、けっしてあらゆる歴史家によって斥けられたわけではなかった。

歴史家たちは、大戦前史、大戦中や戦後の経験から内政上の結論を導き出した。ドイツが大陸の中央に位置することと結びついた外政の優位は、帝国の内政構造も対外勢力伸張という目標に沿って形成することを求めているように思われた。それゆえ責任ある政治家たちが、国家理性の基準にしたがって行動でき、また国内の対立を抑えこめる国制が不可欠であった。したがって対外勢力伸張の目標は権威主義的国家モデルへの復帰や大衆に国民意識の貫徹を強制する趨勢を生んだ。一九三〇年にゲルハルト・リッターは断定的口調で次のようにいった。ドイツの未来は「すべての階層が国民的信条にみたされるか否か、具体的には、ドイツがヨーロッパの国々の間で同じ権利を持つ大国として自己主張するのを望むようになるかどうか」にかかっている、と。(55) ほとんどの国民主義的歴史家と同じく、リッターにも国民の意思を戦闘的な勢力伸長に向け強化することが重要だった。

V

歴史叙述がワイマル共和国でのさまざまな政治的社会的立場や論争・対立といくえにもリンクしていたのは自明のことであった。ドイツの大国への復帰、ヴェルサイユ条約の修正を追求するという点で、歴史家の大多数は一致していた。しかし歴史家たちと共和国および共和国をになっている政治的社会的勢力との関係はしっくりしなかった。

ワイマル体制にはっきり距離をとる歴史家が多かったのである。その一部――とくに古い世代――は、直接ドイツ帝国へ復帰することを望んでいた。また新保守主義の立場に近かった別の一部は、旧帝国に代わるあらたな権威主義的・「有機的」・身分制的国家秩序、しかもさまざまな反議会主義、反多元主義に向かう新秩序を模索していた。こうしたあらゆる構想が、ドイツの歴史と現在の特別な問題によってのみならず、特殊ドイツ的伝統によっても根拠づけられていた。

さらに、そのもっともよく知られた代表者がフリードリヒ・マイネッケだった有力歴史家グループが存在したが、彼らは「理性の共和派」という立場をとっていた。彼らはワイマル共和国の必然性を承認したが、それは共和国がもっともはやく、労働運動をも含めあらゆる政治勢力を統合しうると思われたからである。しかし同時に、彼らはその前の時代との政治的・社会的・文化的連続性を最大限維持しようとも努めた。これはしばしば、諸政党から独立した国政指導を大統領権力の強化によって達成しようという目標を含み、この目標は共和国の最終局面でとくに強く主張された(56)。

歴史家のなかで断固たる民主主義者は比較的稀だった。彼らは少数派にすぎなかったにせよ、その結束の中心の一つとして注目されたのは、エッカート・ケーア、ハーヨ・ホルボーン、ハンス・ローゼンベルクなど、マイネッケ学派の若手研究者たちであった。一方、社会民主党系の歴史家はほとんどいなかった。グスタフ・マイアーはたしかに社会民主主義者であったが、党員だったわけではない。稀な女性歴史家のなかでは、ヘートヴィヒ・ヒンツェが断固たるリベラル左派に属していた(57)。民主主義に賛成した歴史家はすべてドイツ帝国の歴史を同僚より批判的に見ていただけでなく、部分的にせよ、ドイツ史が独自の民主的伝統をそなえていることを示そうと努めた。この伝統は、これまであまりにも長く過小評価されてきたが、彼らの努力により、わけても一八四八年の革命に多くの視線が集まるようになった(58)。

しかし大多数の歴史家によって「緊急避難のひさし」か危機の時代の一過現象くらいにしか受けとられなかった共和国は、彼らの認識関心にごくかぎられた地歩しか占められなかった。歴史家の多数派は右翼ナショナリストと少なくとも両立できる立場をとっていた。それゆえ誇張したいい方をすれば、歴史家の大部分は一九三三年に本来「ナチ体制へ」「均質化」される必要もなかったし、また「ナチ体制が主張し、期待したものと歴史家が教え、書いたこととの間に衝突を引き起こすものは驚くほど少なかった」のである。[59]

以上述べてきたことは次のように要約できよう。

(1) 明らかに歴史家のかなりの部分が、ためらうことなく現代史をテーマに取り上げた。それどころか現代史は、まさに政治的な意図をもって書かれさえした。すでに大戦前に顕著になり、大戦によっていっそう促進された現代史の復権は、ワイマル時代の歴史家にとってもはや議論の対象ではなく、その理由づけさえ必要なかったのである。もっとも現代史はなお独立した専門学科ではなく、近代史、最近代史を構成する一分野にとどまっていた。

(2) 現代史はとりわけ政治史であり、その推進力を時代の諸経験から、とくに第一次世界大戦、ドイツ帝国の瓦解、革命、共和国の発展から受けとった。原則的にいって、現代史に特別の方法論はなく、ただ扱う問題がちがっていただけだった。これと同様に、現代史研究も圧倒的に伝統的方法の枠内にとどまるか、あるいは研究方法を発展させるのにほんのわずか貢献したにすぎなかった。大戦原因の研究にかんしては、関心が列強内閣の政治に集中した点が目をひくが、総じて社会の発展と外交の間の相互作用に光が当てられることは稀であった。当時始まったばかりの政党史の記述も、なおたいてい人物史や思想史の視角に限定されていた。他方、経済史の研究は、本来「普遍史」を任務とする歴史家の課題とはみなされていなかった。

(3) 本質においてドイツ歴史学の伝統的公理・判断基準は継続、維持された。ワイマル共和国時代になっても「連続性」と「個性」が依然として政治的主導概念であった。「列強」という公準は、部分的に国家間や民族間の社会ダーウィニズム的闘争という意味に読みかえられた。国家や民族を超えた秩序の必要性と可能性を強調する意見は、周辺的なものにとどまった。国際連盟や連盟の理念に対しては懐疑ないし拒否の姿勢がはるかに優勢だった。たしかにドイツの国民国家にひそむ問題についての認識は深まったが、それはしばしば関心を国民から民族に移すことと結びついていた。このフォルク概念は多義的ではあったが、そこにはたいてい共和国に敵対的な論旨が含まれていた。判断形成の基準は大国ドイツの自己主張にあった。どちらを優先させるかで意見の分かれた、東への固執か、それとも西進かの問題は、とりわけこの大国の自己主張の手段としてどちらが有利かという問題であった。この場合、大戦前の植民地主義的世界政策への単純な復帰が第一の目標ではなかった。ヴェルサイユ条約の修正にとどまらず、たいていそれを超えてヨーロッパ大陸全体にわたる修正主義が目標とされ、それはドイツに新しい覇権的地位をもたらすはずであった。

(4) 当時とくに歴史家たちの間に広まっていたのは、西欧的な政治理念およびそれをドイツの現実へ適用することへの疑念であった。たいていの歴史家は、ドイツの「特有の道」の継続を望んでおり、議会制デモクラシーに対して懐疑ないし拒否の姿勢が支配的だった。たしかに君主制の再興とそれを支えた権力構造の復活を要求していたのは少数派だったが、非民主ないし反民主の権威主義的モデルが広く信奉され、そこには西欧の体制も革命ロシアをも超えたドイツに特有の発展のイメージが姿を現していた。[60]

こうして現代史は——少なくとも［客観性重視の］ランケや新ランケ派の伝統を背景にしてみれば、いかに予想外の驚くべきことであるにせよ——ほとんど直接、政治的議論の媒体になってしまった。このような現代史は、歴史のあらたな勢力配置や情勢の合理的把握にほとんど役立たなかった。歴史の役割を過去の再構成と伝統批判とみるならば、ワイマル期の歴史学がその前史に対して伝統批判の課題を果たしたとはとうていいえないだろう。[61]この確認はもちろん、一九一八年以降歴史学があげた業績の全面的否定を意味するものではない。とはいえ、ドイツの歴史家は「ドイツの破局」に導いたあの過程の上に超然と立っていたのではなく、そのまっただ中にいたのである。[62]

（1）Friedrich Meinecke, *Weltbürgertum und Nationalstaat* (= Werke, Bd. V), Darmstadt 1969, S. 1f.［訳文は、矢田俊隆訳『世界市民主義と国民国家 I』（岩波書店、一九六八年）による。一部訳文に変更を加えた。］

（2）Hans Schleier, *Die bürgerliche deutsche Geschichtsschreibung der Weimarer Republik*, Köln 1975, S. 128ff.

（3）Ulrich Heinemann, *Die verdrängte Niederlage. Politische Öffentlichkeit und Kriegsschuldfrage in der Weimarer Republik*, Göttingen 1983, S. 54ff., 74ff., 95ff. を参照。

（4）Hans Rothfels, *Zeitgeschichtliche Betrachtungen*, Göttingen 1959, S. 10.

（5）Hermann Heimpel, *Der Mensch in seiner Gegenwart*, Göttingen 1957, S. 12; Ernst Schulin, *Traditionskritik und Rekonstruktionsversuch. Studien zur Entwicklung von Geschichtswissenschaft und historischem Denken*, Göttingen 1979, S. 67.

（6）Veit Valentin, *Deutschlands Außenpolitik von Bismarcks Abgang bis zum Ende des Weltkrieges*, Berlin 1921, S. 1.

（7）Hermann Oncken, *Das Deutsche Reich und die Vorgeschichte des Weltkrieges*, 2 Bde., Leipzig / München 1933.

（8）主題についての文献を本章で包括的に紹介することはできない。詳しくは、以下を参照。Bernd Faulenbach, *Ideologie des deutschen Weges. Die deutsche Geschichte in der Historiographie zwischen Kaiserreich und Nationalsozialismus*, München 1980, S. 234ff.

（9）ナショナルリベラルな見方をあらわすものとしては、Erich Brandenburg, *Deutsche Reichsgründung*, 2 Bde., 2. Aufl., Leipzig 1922; 一連の新しい解釈をあらわすものとしては、とくにEgmont Zechlin, *Bismarck und die Grundlegung der deutschen Großmacht*, Berlin 1930; Rudolf Stadelmann, *Das Jahr 1865 und das Problem deutscher Politik* (= Beiheft 29 der HZ), München 1933; Hans Rotfels (Hg.), *Otto von Bismarck, Deutscher Staat*, München 1925. あわせてFaulenbach, *Ideologie des deutschen Weges*, S. 60ff. も参照のこと。

（10）代表的な事例としてはHermann Oncken, *Nation und Geschichte. Reden und Aufsätze* 1919-1935, Berlin 1935 のとくにS. 15ff., 45ff., ("Die Wiedergeburt der großdeutschen Idee") の章の、S. 71ff.

(11) Hans Rothfels, "Bismarck und die Nationalitätenfragen des Ostens", in: *Historische Zeitschrift* 147 (1933), S. 89-105; ders., *Bismarck und der Osten*, Leipzig 1934; ders., *Ostraum, Preußentum und Reichsgedanke. Historische Abhandlungen, Vorträge und Reden*, Leipzig 1935.

(12) Heinrich Ritter von Srbik, "Gesamtdeutsche Geschichtsauffassung", in: *Deutsche Vierteljahrsschrift für Literaturwissenschaft und Geistesgeschichte* 8 (1930), S. 1-12; ders., "Zur gesamtdeutschen Geschichtsauffassung. Ein Versuch und sein Schicksal", in: *Historische Zeitschrift* 159 (1937), S. 229-262; ders., *Geist und Geschichte vom deutschen Humanismus bis zur Gegenwart*, 2 Bde., München / Salzburg 1950 / 51, ここでとくに係わる部分は、Bd. II, S. 337ff.

(13) Willi Oberkrome, *Volksgeschichte. Methodische Innovation und völkische Ideologisierung in der deutschen Geschichtswissenschaft 1918-1945*, Göttingen 1993 を参照。

(14) たとえば、Hermann Oncken, *Nation und Geschichte*, S. 71-90, 135-184, 201-217 u. passim.

(15) Johannes Ziekursch, *Politische Geschichte des neuen deutschen Kaiserreiches*, Bd. I: *Die Reichsgründung*, Frankfurt a. M. 1925, S. 1f. 学界の反応については、Faulenbach, *Ideologie des deutschen Weges*, S. 219ff. を参照されたい。

(16) 同書のS. 106ff., 163ff. を参照のこと。

(17) Hans Rothfels, *Prinzipienfragen der Bismarckschen Sozialpolitik. Rede, gehalten bei der Reichsgründungsfeier am 18. Januar 1929*, Königsberg 1929; ders., *Theodor Lohmann und die Kampfjahre der staatlichen Sozialpolitik* (*1871-1905*) (= Forschungen und Darstellungen aus dem Reichsarchiv 6), Berlin 1927.

(18) これについて、とくに参照すべきは、Egmont Zechlin, *Staatsstreichpläne Bismarcks und Wilhelm II. 1890-1894*, Stuttgart / Berlin 1929. あわせてFaulenbach, *Ideologie des deutschen Weges*（注8の文献）S. 236ff. も参照のこと。

(19) Fritz Haltung, *Deutsche Geschichte von 1871 bis 1914*, Bonn / Leipzig 1920, S. 213-215.

(20) Ders., "Preußen und das Reich", in: *Grenzboten* (1921), Nr. 80, S. 52-60; ders., *Preußen und das Reich seit 1871. Rede, gehalten bei der Reichsgründungsfeier der Friedrich-Wilhelms-Universität am 18. Januar 1932*, Berlin 1932.

(21) Theodor Eschenberg, *Das Kaiserreich am Scheideweg. Bassermann, Bülow und der Block*, Berlin 1929, S. XVI. この研究の成立背景については、同じ著者による *Also hören Sie mal zu. Geschichte und Geschichten 1904 bis 1933*, Berlin 1995, S. 196ff.

(22) Faulenbach, *Ideologie des deutschen Weges*（注8の文献）S. 246f. を参照のこと。

(23) Friedrich Meinecke, *Die Idee der Staatsräson in der neueren Geschichte*, München ^{3}1963, S. 482ff.; Hermann Oncken, *Das Deutsche Reich und die Vorgeschichte des Weltkrieges*（注7の文献）Bd. II, S. 659.

(24) Georg Steinhausen, *Deutsche Geistes- und Kulturgeschichte von 1870 bis zur Gegenwart*, Halle 1931.

(25) この前線世代歴史家の代表は、わけてもハンス・ロートフェルス、ジークフリート・ケーラー、ゲルハルト・リッターである。

(26) Faulenbach, *Ideologie des deutschen Weges*（注8の文献）S. 91ff.; Oberkrome, *Volksgeschichte*（注13の文献）の各所を参照せよ。

(27) この「ワイマル的視点」を確認できる歴史家としてはとくに、ファイト・ヴァレンティン、ヨハネス・ツィークルシュ、ハーヨ・ホルボーン、ヘートヴィヒ・ヒンツェの名をあげることができよう。

(28) フリードリヒ・ティメ宛のハンス・フライターク書簡。注3の、ハイネマンの文献のS. 78から間接引用。

(29) Erich Brandenburg, *Von Bismarck zum Weltkrieg. Die deutsche Politik in den Jahrzehnten vor dem Krieg*, Leipzig 1924, S. 2, さらにS. 456f.

(30) Hans Herzfeld, *Deutschland und das geschlagene Frankreich 1871-1873. Friedensschluß, Kriegsentschädigung, Besatzungszeit*, Berlin 1924.

(31) 同著者の *Die deutsch-französische Kriegsgefahr von 1875*, Berlin 1922を参照のこと。

(32) Hermann Oncken, *Das Deutsche Reich und die Vorgeschichte des Weltkrieges*（注7の文献）Bd. II, S. 659. *Nation und Geschichte*（注10の文献）も参照されたい。

(33) Brandenburg, *Von Bismarck zum Weltkrieg*（注29の文献）S. 456f. 参照。

(34) Max Lenz, *Deutschland im Kreis der Grossmächte 1871-1914*, Berlin 1925; Johannes Haller, *Die Ära Bülow. Eine historisch-politische Studie*, Stuttgart / Berlin 1922.

(35) Lenz, *Deutschland im Kreis der Großmächte*（注34の文献）S. 187f. 参照。

(36) 同右。

(37) Hans Herzfeld, *Die deutsche Rüstungspolitik vor dem Weltkriege*, Bonn / Leipzig 1923.

(38) Veit Valentin, *Deutschlands Außenpolitik von Bismarcks Abgang bis zum Ende des Weltkrieges*, Berlin 1921, S. 14.

(39) Gerhard Ritter, *Die Legende von der verschmähten englischen Freundschaft 1898-1901*, Freiburg 1929; Gustav Roloff, *Die Bilanz des Krieges. Ursprung, Kampf, Ergebnis*, Königstein / Ts. 1921; ders., "Die Bündnisverhandlungen zwischen Deutschland und England", in: *Berliner Monatshefte* 7 (1929), S. 1167-1222; Hans Rothfels, *Bismarcks englische Bündnispolitik*, Stuttgart 1924; ders., "Zur Geschichte des Rückversicherungsvertrages", in: *Preußische Jahrbücher* 187 (1922), S. 265-292; Felix Rachfahl, *Die deutsche Außenpolitik der Wilhelminischen Ära*, Berlin 1924; ders., *Vom Dreikaiserbündnis bis zum Zweibund. Die Entente und die Einkreisung Deutschlands*, in: Gustav Anschütz u. a. (Hg.), *Handbuch der Politik*, Bd. II, Berlin ³1930, S. 90-107; Friedrich Meinecke, *Geschichte des deutsch-englischen Bündnisproblems 1890-1901*, München 1927; Walter Platzhoff, *Bismarcks Reichsgründung und die europäischen Mächte. Rede zur Feier des 18. Januar 1925*, Frankfurt a. M. 1925.

(40) リッターの著作のタイトル、参照注39。

(41) リッターをはじめとする歴史家の観点からみた大陸国家型と島国国家型の対立については、Faulenbach, *Ideologie des deutschen Weges*（注8の文献）S. 181ff. および Michael Matthiesen, *Gerhard Ritter. Studien zu Leben und Werk bis 1933*, Engelsbach / Köln u. a. 1993, S. 340ff. を参照されたい。

(42) Peter Krüger, *Die Außenpolitik der Republik von Weimar*, Darmstadt 1985, S. 166f., 269ff. を参照。

(43) Brandenburg, *Von Bismarck zum Weltkrieg*（注29の文献）S. 463

(44) Otto Becker, *Bismarck und die Einkreisung Deutschlands*, 2 Bde., Berlin 1923-25, ここでとくに係わる部分は、Bd. II, S. 251.

(45) 参照、Oncken, *Das Deutsche Reich und die Vorgeschichte des Weltkrieges*（注7の文献）および Siegfried A. Kaehler, *Vom geschichtlichen Erlebnisgehalt der Versailler Schuldthese*, Breslau 1929, S. 12; Hans Rothfels, *Die Universitäten und der Schuldspruch von Versailles*, Königsberg 1929, S. 9. さらに Wolfgang Jäger, *Historische Forschung und politische Kultur in Deutschland. Die Debatte 1914-1980 über den Ausbruch des Ersten Weltkrieges*,

Göttingen 1984, S. 81ff.

(46) Oncken, *Das Deutsche Reich und die Vorgeschichte des Weltkrieges*（注7の文献）Bd. II, S. 824.

(47) Heinemann, *Die verdrängte Niederlage*（注3の文献）S. 105f.

(48) 同右。

(49) 三人の歴史家については、参照、Schleier, *Die bürgerliche deutsche Geschichtsschreibung*（注2の文献）S. 452ff., S. 482ff.; Hans-Ulrich Wehler, "Eckart Kehr", in: ders. (Hg.), *Deutsche Historiker*, Bd. I, Göttingen 1971, S. 100-113 Helmut Berding, "Arthur Rosenberg", in: Wehler (Hg.), *Ebenda*, Bd. IV, Göttingen 1972, S. 81-96.

(50) Eckart Kehr, *Schlachtflottenpolitik und Parteipolitik. Versuch eines Querschnitts durch die innenpolitischen, sozialen und ideologischen Voraussetzungen des deutschen Imperialismus*, Berlin 1930.

(51) すでに一九三三年には完結していた彼の以下の著作参照、Georg W. F. Hallgarten, *Imperialismus vor 1914. Die soziologischen Grundlagen der Außenpolitik europäischer Großmächte vor dem ersten Weltkrieg*, 2 Bde., München 1951.

(52) 参照、Faulenbach, *Ideologie des deutschen Weges*（注8の文献）S. 213ff.

(53) Georg von Below, "Sinn und Bedeutung des deutschen Zusammenbruchs", in: *Deutschlands Erneuerung* 3 (1919), S. 77-84.

(54) Hans Herzfeld, *Die deutsche Sozialdemokratie und die Auflösung der nationalen Einheitsfront im Weltkriege*, Leipzig 1928.

(55) Gerhard Ritter, "Nationale Gesinnung und politisches Führertum. Akademische Rede bei der Langemarckfeier der Freiburger Studenten am 26. November 1930", in: *Freiburger Studentenzeitung* v. 16. 12. 1930, Sp. 3.

(56) Faulenbach, *Ideologie des deutschen Weges*（注8の文献）S. 265ff. 参照。

(57) マイアーについては、参照、Gustav Mayer, *Erinnerungen. Vom Journalisten zum Historiker der Arbeiterbewegung*, Hildesheim u. a. 1993. ヘートヴィヒ・ヒンツェについては、Bernd Faulenbach, "Hedwig Hintze — Historikerin der Französischen Revolution und republikanische Publizistin", in: Barbara Hahn (Hg.), *Frauen in den Kulturwissenschaften*, München 1984, S. 136-151.

(58) とくに、Veit Valentin, *Geschichte der deutschen Revolution von 1848 / 1849*, 2 Bde., Berlin 1931 を見られたい。

(59) Rudolf Vierhaus, "Walter Frank und die Geschichtswissenschaft", in: *Historische Zeitschrift* 207 (1968), S. 617-627. 引用は S. 619. 参照、Bernd Faulenbach, "Die 'nationale Revolution' und die deutsche Geschichte. Zum zeitgenössischen Urteil der Historiker", in: Wolfgang Michalka (Hg.), *Die nationalsozialistische Machtergreifung*, Paderborn u. a. 1986, S. 357-371.

(60) Bernd Faulenbach, "'Deutscher Sonderweg'. Zur Geschichte und Problematik einer zentralen Kategorie des deutschen geschichtlichen Bewußtseins", in: *Aus Politik und Zeitgeschichte* (1981), Nr. 33, S. 3-21 を参照。

(61) 「伝統批判」と「再構成のこころみ」という概念については、注5のシュリーンの研究を参照。

(62) Friedrich Meinecke, *Die deutsche Katastrophe. Betrachtungen und Erinnerungen*, Wiesbaden 1946［矢田俊隆訳『ドイツの悲劇』中公文庫、一九七四年］を参照されたい。

第3章

「修正主義的」歴史家と青年運動

――ケーニヒスベルクの例

インゴ・ハール

念入りな調査――ハンス・ロートフェルスと「若き世代」

一九三四年、重苦しい空気がケーニヒスベルク・アルベルトゥス大学の歴史教室を支配していた。ハンス・ロートフェルス〔一八〕スの講座に属する学生や講師たちが一貫して――ときには反対行動、ときには宣伝活動で――憎むべきワイマル体制の打倒や新しい、フェルキッシュな学問の導入に尽力したにもかかわらず、彼らはにがい失望を味わわねばならなかった。彼らの尊敬する教師ハンス・ロートフェルスがナチ党による粛清の犠牲になったのである。ユダヤ人として彼は、「職業官吏再建法」第五条にもとづき、ケーニヒスベルク大学での教授職を奪われた[1]。ロートフェルスの父親が「上級ラビ」だったとか、彼自身も第一次大戦中前線で闘ったのではなく、兵たん部隊にいただけだ[2]という「学生グループ」の中傷は、この勲章をもらった前線将校をめぐり個人的論議を引き起こしていた。このため、ロートフェルスの助手エーリヒ・マシュケやルドルフ・クレーマーは「ドイツ学生団体」に抗議して次のように訴えた。君たちの攻撃は見当違いだ。ロートフェルスは「時代の破壊的諸傾向や人間を堕落させる個人主義」と常に闘い、「学問的新精神の開拓者」として広く知られている。彼こそは「倦むことをしらず、ナショナルな民族理念の創造力を唱道する稀なドイツ史家の一人」である。彼は他のどの歴史家とくらべても「諸国民の偉大な政治家たちを世界史の本来の推進者とみなす」立場を固く守ってきた、と。またケーニヒスベルク大学の「若き世代」を代表して、ロートフェルスの弟子たちも「世界大戦に参加できなかった」彼らにとって、ロートフェルスは「国境内外を問わず、およそドイツ人の住む全領域でのあらゆる民族問題」に気づかせてくれた[3]「同志」であると主張した。大学事務局長フリードリヒ・ホフマンや「ドイツ学術交流会」が送った同じく好意的な弁護の書簡も事態をいっそう悪くしただけだった[4]。こうしてロートフェルス事件はナチスの大学政策の原則に係わる大問題になった。ダンツィヒ大管区[二九]のナチ党指導部には、ロートフェルスを職にとどめておくなど問題外だった一方、同市長ヘルマン・ラウシュニングはロートフェルスの解職がドイツの「東方政策全般」にゆゆしい害をもたらすことを恐れた[5]。最後の断を下したのはミュンヘンのナチ党最高指導部だった。彼らには、東方で「ドイツの新未来」を目指す闘いの指導者養成機関として、ケーニヒスベルク大学で後継者が順調に育つことがなによりも大切だった。もしロートフェルスがこれ以上研究室を指導し続ければ、「若き世代」は法律で定められたナチスの反ユダヤ主義とロートフェルスへの忠誠心の間の矛盾に苦しむことになる。党の全国指導部は配慮を求めた。「もちろん人種思想そのものは正しい。しかしここでは例外を認めねばならない。なんといっても彼は一かどの人物だからだ[6]」。結局、副総統ルドルフ・ヘスの幕僚たちがロートフェルスの解職に賛成しながら、個人的迫害を許さなかったのは、急進右派の歴史家として彼が民族主義政治運動に挺身してきた実績のおかげだった[7]。

一九三四年、第三帝国でロートフェルスの経歴が、その絶大な功績にもかかわらず、閉ざされたのに対し、彼の弟子たちは学界でナチ・エリートへの道をたいした障碍もなく歩むことができた。彼らの学者としての成長にロートフェルスが手本になる必要はなかった。すでに一九三三年より前にケーニヒスベルクには著しく政治的なサブカルチャーが生まれ、それは大学より、あるいはハンス・ロートフェルスの講座とさえよりも、保守革命運動の地方ネットワークと固く結ばれていた。テオドーア・シーダー[三〇]、ヴェルナー・コンツェ[三一]やルドルフ・クレーマーは学者や文筆家を目指す他のフェルキッシュな若手研究者・学生たちとともに同盟系学生組合「ドイツ・アカデミック・ギルド」（DAG）に参加した。この団体は一九三〇年代までに、ミュンヘンからケーニヒスベルクまで、反共和国で一致しながら、政治路線ではばらばらな民族主義的諸学生運動をほとんどすべて覆っていた。この青年運動的学生組合の影響力はすこぶる大きかったので、それへの所属が一九三三年にナチ国家で出世するのに最善の手づるであることは明らかだった[8]。

ワンダーフォーゲルから義勇軍《フライコール》へ[三二]――「ドイツ・アカデミック・ギルド」の政治的役割

DAGの設立メンバーにまずはじめに共通していたのは「一九一四年世代」に特有の原体験だった。彼らは帝政ドイツの一握りの、大部分プロテスタントからなる教養市民層に属していた。これは、一八八五年から一九一一年までこの国で高等教育を受ける資格を得たのが毎年一九歳になるすべての若者の〇・八ないし一・二パーセントにすぎなかったことからも明らかであろう[9]。そのうえ、かつてのワンダーフォーゲル仲間は自分たちを新しい民族共同体の前衛とみなしていた。彼らはさまざまな市民的青年運動に参加したが、青年たちは高揚した愛国の情熱と動きのとれないヴィルヘルム社会に対する嫌悪との矛盾に挟まれたまま、ひそかな救済思想と急進的な近代文化批判につき動かされて、第一次大戦の塹壕に赴いた。この世代は一九一八年以後、新共和国と心の底から和解することがなかった[10]。大部分自発的に軍務についた約九千人のワンダーフォーゲル会員のうち、戦後生きて帰ったのは四分の一足らずだった[11]。この若い軍務を解かれたばかりの前線将校たちは戦争の終わりに思いがけず社会秩序の崩壊、「旧いヴィルヘルム体制の破産」に出会った[12]。自らギルドの一員だった歴史家ギュンター・フランツはこれら無名の、しかしラディカルなエリートたちの置かれた状況を描いて、「四年間も兵士としてさまざまな試練に耐え、また前線将校として責任を果たしてきた男たちの前に虚無が立ちはだかった」といった[13]。彼らは戦後自分の資格にふさわしい職業が容易に見つからなかったために、市民的な日常社会への復帰を零落と受け取った。このグループに中産的市民生活への復帰の道はまだ開かれていたとはいえ、自分たちは教養市民出身の高級官僚という特権層からもはや閉め出されたと思いこんだ。彼らは、帝国建設期［一八七〇年代前半］世代をやや馬鹿にしていうビスマルクやトライチュケ[三]の追随者《エピゴーネン》[14]たちに心理的距離を置くようになり、自由主義の明確な拒絶、共和国に対する激しい敵意そして階級対立を社会政策によって解決することの否定が彼らの信念になった[15]。学生組合としてのギルド仲間はワンダーフォーゲル運動の遺産によりどころを求め、昔どおり、「自由学生」系青年運動の野党的、反ブルジョア的ジェスチュアが守られた。さらにキャンプファイヤーや民族賛美のロマン主義、大都会への敵意そしてワンダーフォーゲルの徒歩旅行体験もそれに付け加わった。こうしてギルド運動の最初の公式宣言にうたわれたスローガンは「青年の決起」を求め、グループの「団結」、キャンプファイヤーでの男の友情や徒歩旅行のスポーツとしての効果を強調していた。これはまさにギルド構成員に共通する権威主義・戦士的な意識構造を綱領的に表すものであった。

　すでに一九一九年以来、ギルド設立者たちは「青年ドイツ同盟」系ワンダーフォーゲルとして自分たちと改革派で共和国支持の「自由ドイツ青年」との間に一線を画していたが[16]、それは組織から女性を閉めだす他、指導者原理の唱導や義務づけられた国防スポーツ訓練に軍事教練を導入することによって果たされた。一九二一年八月にハンメルブルクで催された諸地域ギルドの第三回全国大会でギルドの多数はいままでのゆるい人間関係での同盟組織に代わり厳格な組織原則にもとづく学生組合に生まれ変わることを決議し、「ドイツ！　国防！　正義！」をスローガンに選んだ。もはや青年運動らしい夢想、すなわち「青い花の追求」がギルドの人生観的背景をなすのではなく、その教育・集団理念は次のような新しい男性をつくり出すことにおかれた。すなわち「鋭い鷹の眼と強い腕力をもって、国家機構の歯車のすき間、工場の騒音のなか、あるいは軍隊の先頭であれ、どこにあっても与えられた使命に雄々しく立ち向かう男たち」である。[17]

　これらのギルドは、一九一九年以来急速に、戦闘的で、同時に知的に非常に活発な学生団体に成長した。初期に南独の諸ギルドは一九一九年と二三年の間に半ば軍事的団体としてバルト諸国、オーバーシュレージエンやケルンテンの国境をめぐる戦闘に参加した。[18] 義勇軍指揮者フランツ・フォン・エップに率いられ、南独出身の学生戦士たちは一九一九年に「南バイエルンの秩序回復」を強引にやりとげる一方、一九二三年、彼らはとりわけ「オーバーラント同盟」員としていわゆる「将軍廟への進撃」、すなわちヒトラー一揆に参加した。[19] ギルドの比較的短い存続を歴史的にもっともらしく理由づけるため、ギルド会員は原ブルシェンシャフトの伝説をつくりだした。[20] 二つの団体への二重加盟によって、一般にギルド会員は戦闘的な反共和主義者のうちフェルキッシュで急進的な部分と一体化した。獣医のフリードリヒ・ヴェーバーや農業経済学者テオドーア・オーバーレンダー〔二四〕はミュンヘン・ギルド「グリフィン」〔体が獅子、頭と翼が鷲のギリシア神話の怪獣〕と「オーバーラント同盟」の双方で指導的メンバーとなり、二人とも一九二三年にヒトラーのミュンヘン一揆に加わった。[21] 東プロイセンのギルド「スクルド」〔ゲルマン神話の運命の女神〕の創立者世代はほとんど全員共和国に反対する国防団体に参加していた。これらの国防団体には「黒色国防団」、東プロイヤンの「郷土防衛団」や「オーバーラント同盟」が数えられる。[22] 当時はギルドと国防団、とくにフリードリヒ・ヴェーバーに率いられた「オーバーラント同盟」への二重加盟が普通だった。〔一九二二年に外相ラーテナウを暗殺した〕ハンス・ゲアート・テッヒョウ（一九三三・三四年に全国で二二もの青年ギルドを指導した）はそれぞれのギルド運動の枠から離れることなしに、ほとんどすべての反共和主義国防団体に広く係わっていた。彼はまた一九二七／二八年頃、「エルハルト旅団」の後継団体として禁止されながらも、団員三千人を擁した「ヴァイキング同盟」に指導的メンバーとして参加した。三〇年代のはじめからテッヒョウはエルンスト・ニーキッシュのまわりの抵抗グループに共感を寄せ、この協力関係はテッヒョウが三〇年代はじめギルド運動を突撃隊や親衛隊の隊列に組み入れるまで続いた。[23]

　一九二〇年九月、プロイセン教育省次官カール・ハインリヒ・ベッカーの発案で「一般学生委員会」が学生の利益代表法人として認められて以来、大学でギルド運動が政治的な学生同盟として登場した。[24] 一九一八年から二三年までの間、反共和主義国防諸団体のなかでもっとも活動的な伝統的学生組合やブルシェンシャフトとくらべても、[25] ギルド運動はその急進的でフェルキッシュな行動で際だっていた。[26] 個々のギルドは大ドイツ建設を目指し闘う新しい前衛派の大学教育団体とみなされた。その任務は、さまざまな自治組織から教員の教育活動にいたるまで大学の内部構造を国家と社会の来たるべき新秩序に向け準備することであった。大学の「大衆化」を防ぐため、ギルドメンバーはエリート教育やユダヤ人学生を閉め出す人種差別的な入学制限慣行に固執した。加えて彼らは階層制と指導者原理にもとづく身分制的・社団的大学秩序を求めた。「精神的な目的共同体」また「競技で心身を鍛える体育団体」として、この男性ばかりの学生団体は新しい戦士的学問を目指した。[27]

「ドイツ・アカデミック・ギルド」（DAG）を創立した前線帰りや義勇軍戦士の世代が一九二五／二六年頃職業生活に入るため運動から離れた後、ギルド運動は「ワンダーフォーゲル学生組合」的集団から高度に政治化し、全国的組織をもつ大学同盟へ変身をとげた。この過程は一九〇〇年より後に生まれ、戦時中若者だった世代が運動に加わったことによっていちじるしく促進された。「余計者の」世代として彼らの精神状態は不安定であり、あらゆる急進主義に惹かれやすかった。戦争を彼らもまた民族共同体の愛国的情熱のなかで体験した。一九一八年に革命が起こると、市民社会の安定は彼らの目前で、「革命、インフレーション、経済困難」の波間に砕け散った。これらの若い大卒者たちが二〇年代末に労働市場で彼らにふさわしい仕事を探さねばならなくなったとき、扉は閉ざされたままだった。[28] ただ一つ、愛国的な学生同盟諸団体のなかでの、「脚踏み固め、眼《まなこ》輝かせて」「勢力圏を失った民族」にあらたな力と誇りをもたせた[29]あの実りある生活体験だけが、彼らに「若者共同体」[30]のもつ社会的安定だけでなく、「若き世代」として「右翼革命」[31]を積極的に推進するイデオロギー的確信をも与えたのであった。[32] DAGのスポークスマンでベルリン・ギルド「ヴェアヴォルフ」［人狼］のメンバーだったギュンター・パチーナは、一九二七年、若い世代のギルド運動への参入が、青年運動の「同盟化」およびヴェルサイユ条約の修正を求める反共和主義陣営への接近過程と密接に結びついていたことを認めた。[33]

実際、こうした「若者同盟」の結成は比較的自立した独特の小世界をつくり出した。ギルド仲間は生活共同体として古代ゲルマンの慣習から受け継がれたさまざまな文化的儀式によって結ばれていた。彼らの地方ないし全国的指導者集会は「民会」（ティング）と呼ばれた。そしてギルド仲間の集いで祝祭の中心になったのは酒宴、すなわちブルシェンシャフト的ばか騒ぎではなくて「夏至と冬至の祭り」だった。テオドーア・シーダーによれば、ミュンヘンの大学ギルド「グリフィン」は「毎年、学期の真ん中に、山上で」かがり火を焚いたが、この祭りはギルド仲間のグループとしての結束を固めるのが目的だった。「われわれは岸辺から、ヴァルヘンゼーの湖面を流れる霧を通して、いくつもの光が輝き、木陰のない草原に薪の山が燃えあがるのを仰ぎ見た」。そのとき、「歌声は下界の市街でよりもはるかに高らかに」響き、「感動は深く魂を貫いた」ので、われわれが「共通の世界観の担い手、同じ心情の戦友として、小さいながら一つの盟約団体に属している確信が強まった」。[34] ギルドの共同体としての効果は、ギルドの寮に住むことや他の学生同盟との二重加盟によっていっそう強められた。おおむねバルト地域からクロアチアまでの、国境外でドイツ語が話されている村々を訪れた定期旅行もグループの結束を強めたが、この旅行で民族主義に凝り固まった若い学生や大卒者は、戦闘服や鋲うち編み上げ靴、集団ごとに色の決まった縁なし帽といういでたちで、ドイツの「若者たち」の歌を高らかに歌いながらバルト諸国を行進した。(35) とりわけ厳しい団体規則を通してフェルキッシュな考えを自覚的に抱くエリートの育成を目指していた。すなわちハンス・ゲアート・テッヒョウを中心に組織された全国的な軍事スポーツ訓練行事、エリートが参加するグループをあげての活発な論争、アルブレヒト・ハウスホーファーが実施した在外ドイツ人を対象とする講習会、週ごとの射撃・レスリング訓練やその他のスポーツ行事が規則正しくくり返された。一九二九年までにギルド運動は目覚ましい行動力を備えた愛国的政治同盟に大きく変身した。組織の外向け、内部向け雑誌や情報紙の定期刊行を通じて、ギルド仲間は情報のネットワークでたがいに固く結びついていた。(36) 一九二九年までにギルド運動は、アルミン・モーラーが一九五〇年にすでに分類していたように、(37) 保守革命を目指す多様な運動の流れをすべて含むようになっていた。すなわちエルンスト・ニーキッシュ[三五]のまわりの国民革命派、テオドーア・オーバーレンダーやフリードリヒ・ヴェーバーのもとの若い民族主義者でフェルキッシュな学生・大卒知識人、さらにエルンスト・アンリヒの率いるナチ派といった諸グループが、一九二九年まで続いた路線闘争の舞台での主役であった。

「ヤング案」、「中欧《ミッテル・オイローパ》」そして「大勢力圏秩序」——「若き世代」の政治化、諸結社への分裂そして東方政策に特化する道での諸階梯

一九二九年以降、ワイマル右翼が急進化するにつれギルドに属する若い同盟系学生たちも、日常の政治闘争に加わるようになった。(38) ヤング案に反対し国民投票の実施を求める全国委員会に、国家国民党、全ドイツ連盟、全国農村同盟からナチ党まで反共和国の諸政党、諸団体が初めて結集した。ヤング案には、とりわけラインラントから連合軍の早期撤退や賠償支払条件の改善など、それ以前の賠償・平和条約規定にくらべ格段の利点があったにもかかわらず、「国民反対派」はこれをきっかけにワイマル共和国そのものに闘いを挑んだ。国民投票と組みあわされたいわゆる「自由法」（「ドイツ民族の奴隷化阻止法」）は、首相、閣僚や政府全権たちを、彼らがもしヤング案に賛成すれば、祖国への裏切りとして懲役刑を科すと脅した。それに代わって「反対派」が求めたのは、帝国時代の旧領土の無条件回復やヴェルサイユ条約の修正であった。(39) この反対運動は共和国に対する攻撃開始ののろしで、青年民族運動の指導者たちによれば、そこには不屈の「八千万同朋」の「国土防衛・抵抗・自由を求める意志」が表明されていた。(40) 国民投票実施に必要な賛成は得られたものの、「自由法」への賛成は有権者の

一三・八パーセントしか得られず、反ヤング案運動が失敗した後、ギルドの学生メンバーは目立って急進化していった。エルンスト・ユンガー〔三六〕、エルンスト・ニーキッシュ、ヴェルナー・ラースやハンス・エーバリングのまわりにいた「新人会」の超民族主義グループのスポークスマン、カール・パルテルはヤング案に反対する「青年行動団」を発足させた。若い世代を代表して、抗議文がヒンデンブルクに送られた。多くの反ヴェルサイユ集会では、ドイツに賠償支払いの証文をもとめる外国に対し、若者はいかなる支払いにも応じない、と警告が発せられた。一九三〇年三月二〇日の行動団結成は約五万人の若者に支持された。ヒンデンブルクに宛てられたペーテルの声明には次の諸団体が賛同した。すなわちドイツ・アカデミック・ギルド、遍歴若者集団、シル義勇団、ナチス生徒・学生同盟、ヒトラー・ユーゲント、誓約同盟、青年鉄兜団、鉄兜学生リング、ドイツ大学リング、キフホイザー・ドイツ学生自治会団体、ドイツ国民学生連合、ドイツ・ボーイスカウト同盟、青年国家同盟、ヴェアヴォルフ、アドラー、ファルケンやドイツ・ブルシェンシャフト祖国委員会である。[41]「ドイツ・アカデミック・ギルド」の半公的機関誌『ユング・ナチオナール・シュティンメン』［若きナショナリストの声］の三月号で民族保守主義者のハインツ・デーンハルトは「若き世代」をヴェルサイユ条約の修正を目指す闘いの味方にするため、ランゲマルクの神話〔三七〕をもちだした。多くのギルド仲間が抱いた、戦後秩序で得をした戦勝諸国にたいする国民的解放戦争の先頭に立ちたいという、いまでは実感として理解しにくい期待や、高等教育を受けた知識層として卓越した民族のアイデンティティを西欧デモクラシーの諸潮流の浸透から守らねばならないという確信こそが、「ドイツ・アカデミック・ギルド」がそのなかでますます急進化していった時代の政治的雰囲気であった。これら若い民族主義指導者は、自分たちが「右翼革命」のイデオロギー的先駆け、アルトゥーア・メラー・ファン・デン・ブルック〔三八〕とまったく一致していると信じこんでいた。彼らはあらたな第三帝国を声高に求め、この帝国は若い諸民族と手を組んで中欧での覇権を勝ち取るはずだった。[42]

若い大卒エリートは国民的反対派のなかで孤立していなかったうえ、伝統的諸利益団体の指導者やスポークスマンも彼らの政治的新秩序構想を、つとめてギルド運動での議論の枠組みにあわせた。カール・ヘップはこの問題でドイツ外交の「履行政策」を非難し、エリート交代の必要を説いた。この「全国農村同盟」会長の確信によれば、ヴェルサイユ条約はドイツをその自然な経済圏「中欧」から切り離した。ヨーロッパの「バルカン化」を阻止するため、ヘップは自給自足の広域圏経済なるものに賭けた。その前提はいうまでもなく「中欧でドイツのもつ自然な優位の完全な回復」と「ドイツ農業の健全化」である。彼はもちろん東欧の新生諸国家に対し、その領土を農業の助けを得て開発される「自然なドイツ生存圏」に組み入れることによって、国際法で認められる国家としての存在を否認した。[43]こうした空想的な新秩序構想のなかで国家《ライヒ》〔三九〕に対し占めるプロイセンの地位が中心的意味をもった。ゲッティンゲンの歴史家カール・ブランディは、「プロイセンがドイツでもつ偉大な使命」を果たすため「国家《ライヒ》内でプロイセンの国家権力」を維持することを若い世代の使命とみなした(44)。プロイセンの「国家《ライヒ》化」と同じくその東部諸州の確保が、彼にとって強力な中央集権国家確立のための不可欠な前提であった。もちろん、このことはさまざまな経済的利益代表団体と職業身分組織の社団的結合を含んでいた。フェルキッシュな帝国《ライヒ》像、広域経済圏にもとづく覇権幻想、そしてプロイセンがとりわけ東欧でヨーロッパ文化を広める使命をもつという学者政治に特有な夢想、これらが男性学生組合の活動家たちが「ヴェルサイユ条約の修正」を求めて政治化するとき、それを正当化し支えた骨組みであった。

それにもかかわらず、「若き世代」が集団的に政治にのめりこんでいったこの過程につづいて激しいイデオロギー上の分裂が訪れた(45)。とくに一九三〇年以来ナチ党がおさめた一連の選挙での衝撃的勝利——秋には[得票率]一八・三パーセントで国会の第二党に躍進した——は同盟系諸学生組合の間に政治路線をめぐる激しい論争を引き起こした。ハインツ・デーンハルトのまわりの「青年国家同盟」のメンバー[三〇]は、ゴットフリート・ラインホールト・トレヴィラーヌスが率い、テオドーア・シーダーも属した国家国民党分派の「民族保守連合」に接近した。とりわけ大統領緊急令内閣が始まって以来、「青年国家同盟」のスポークスマン、ルドルフ・クレーマーも書いたように(46)、「議会主義そのものの息の根を止める」好機が訪れたことが、ギルド幹部たちの運動の指導権をめぐる争いをいっそう激化させた。すでにナチスに移っていたエルンスト・アンリヒは有力ギルド「エルンスト・ヴルシェ」の幹部として、ギルドがナチス運動に対してとる方針についての活発な論争を引き起こしていた。ギルドは同盟系学生組合の仲間でありつづけるか、それとも学生・大卒者団体として「ナチス学生同盟」に参加するか。ミュンヘン・ギルド「グリフィン」の幹部で民族保守派だったテオドーア・シーダーには、「ドイツ・アカデミック・ギルド」の同盟系学生組合としての路線はそう一朝一夕には捨てられなかった(47)。彼はギルドを全面的に一政党の尖兵に変えてしまうことを拒否した。シーダーの意見では、指導者たるべき「学生組合」は国家の中枢で「世界観の支配をめぐる闘い」に挑まねばならなかった。指導権を握るため、なによりまずさまざまな学生組合間の入り組んだネットワークが利用されるべきだった(48)。規律の厳しい軍団めいた闘争集団と一線を画すことは将来大卒者向け労働市場により有利に参入したいという希望を反映していた。「大卒者身分」の維持は「指導者層を自ら育てる、大勢の、自立した職業諸集団」をもつことにかかっていることが確認された(49)。そのかぎりで、シーダーも書いたように、一つのイデオロギーに縛られた集団として将来の職業生活に備えるのではなく、「ひそかにさまざまなイデオロギーに門を開きながら、各人は外の日常闘争に参加できる」一種の精神共同体をつくるほうがより賢明だとされた(50)。

テオドーア・シーダーの意見は、一九三〇年から人口学・農学［農業経済学］者テオドーア・オーバーレンダーおよび「青年国家同盟」と結んでギルド運動の東方への転換を進めた「青年国家同盟」系のフェルキッシュな学生・若手研究者グループを代表していた[51]。この待機中のエリートたちにとっての不満は、第一にナチ党に外交政策への影響力が欠けていたこと、および党のインテリ敵視の態度であった。すでに一九三〇年二月にシーダーは「青年国家同盟運動」が東欧で果たすべき使命についてその輪郭を描いた。それによれば、ドイツの右翼が中欧での政治的優位をめぐる西欧との闘いに成功を収めたいなら、彼らは「思想的によく練られた対抗システム」をよりどころにしなければならない。ナチズムはこの点でただ「シオンの賢者、すなわち全ユダヤ主義の秘密組織の支配」がドイツとヨーロッパを脅かしているという神話めいた決まり文句をくり返すだけである。ナチ運動の指導者たちが思うように、「ドイツ民族が散在する東欧地域」で「純粋な民族国家建設を宣言し、他の民族すべてに異民族としての権利を認める」なら、事態は絶望的な「バルカン化」に陥るであろう。「東欧を」ヨーロッパの旗印の下に「組織するドイツの使命」が成功するには、この地域の「政治的に未成熟な諸民族」を普遍的帝国理念を用いて大ドイツの味方にしなければならない[52]。

この大ドイツ帝国の夢は、アルフレート・フーゲンベルク〔三〕、カール・ヘップやトレヴィラーヌスといった国家国民党系政治家の周りに集まった「東エルベ」農業圧力諸団体の間の議論に根ざしていただけではなかった。これら反共和派の政治家たちはとくにブリューニング政権の閣内で、昔からの構造的弱みを抱えた東部に大規模な財政援助を行うよう迫った。もちろん彼らはこの大規模な東部救済計画の実施を、中欧でドイツの覇権の下に自給自足の大経済圏をつくる中・長期計画と結びつけていた[53]。しかし、これよりもずっと以前から、右翼急進派の騎士領所有者や非合法国土防衛組織に支えられ、国家から独立した下からの植民・労働者キャンプ設置運動が始まっており、それらはとくに青年同盟系「ドイツ義勇団」、「アルターム同盟」、「青年ドイツ騎士団」によって担われていた。農村労働力の都市への流失が目立つ東エルベ諸州では、スラヴ人に対抗する「［民族の］防護壁」を築き、収穫を手伝うポーランド人季節労働者の東エルベ諸州への定住の増加を防がねばならなかった[54]。こうした労働者キャンプ運動は農業ロマン主義に導かれ、「血と土」神話に鼓舞された不合理なものであったが、ギーゼルヘア・ヴィルジングはこれを厳しく斥けた。彼はギルドや、ハンス・ツェーラーの率いる有力な「タート・クライス」で国際問題のリーダーであったが、こうした無秩序な植民を終わらせるのに賛成し、国家の介入を求めることによって問題を国家の手で解決するよう、先頭に立って主張した[55]。民族保守派の国会議員およびブリューニング内閣の閣僚として「タート・クライス」に共感をよせていたトレヴィラーヌスは、すでに一九二七年にこれから展開すべき東方運動の政治・社会的枠組みをスケッチしていた。彼は新しい、社会政策機能もそなえた植民政策によって堕落した都市を再生させることを約束し、「大都市は民族の生命力の墓場だ」といった。彼は新しい東方運動を提唱したが、そのとき、手本と思えたのは一九一九年以降の国家植民立法や第一次世界大戦中の占領地で兵士の入植を進めた諸計画であった。「何千人もが文化の母なる耕作をつうじて、鋤耕や播種、収穫や土地の鋤返し体験をつうじて、戦後には武器を鍬に換えるよう天から呼びかけられていると感じた」。ドイツ人の「土地への飢渇」が彼にまったく正当に思えたのは、自分たちの「生存圏の狭さ」は外国への移住あるいは耕地の拡大によってしか克服されえなかったからである。[56]

「ドイツ・アカデミック・ギルド」のスポークスマンたちは、たとえばプロイセン諸州長官が努力してきたような、ドイツ東部の構造的弱点を解消するための制度内改革諸提案を拒否した。一例をあげれば一九三〇年はじめプロイセン東部諸州の首長たちはセンセーショナルな覚書を発表して、ヴェルサイユ条約の修正を要求することなしに、東部への大規模な財政援助実施を提案した。彼らはドイツの西部との「運命共同体」関係に訴え、東部を圧迫する「見えざる占領に等しい経済の窮状」の解消を求めた。彼らの主張によれば、ヴェルサイユ条約による領土割譲のためドイツ東部諸州は人口の二四パーセント、四三七万五千人と面積の二五パーセントにあたる五一〇万ヘクタールを失った。[巻末の参考図版3「割譲された地域を含むドイツ語圏」を参照]ドイツ西部は占領から解放されたのに、東部はいまなおたえず「広範な領土割譲」の結果と闘わねばならない。州長官たちはそれゆえ大規模な租税交付、援助・景気促進プログラムを要求した。[57]これらの訴えが戦後秩序の現状をはっきり否定していないのを、ケーニヒスベルクのギルド会員グスタフ・ギエーレは「恥ずべきこと」と非難した。「東部諸州はドイツ国家にとっていまなお巨大な経済的資産であり、それゆえ安易な打算で帳簿から落とされてはならないという」議論に彼はむしろ東欧の「政治的新秩序形成」という論拠を対置した。[58]

自分の大学グループで急進修正主義教育活動の責任者だった[59]シーダーはミュンヘン「グリフィン」の仲間をダンツィヒの東方政治集会とそれにつづく国境地域での徒歩旅行に参加させるよう熱心に準備した。内地植民の歴史や東方地域の地理・歴史に親しむため、彼らはトレヴィラーヌス、ハインリヒ・リッター・フォン・ズルビク〔三二〕、ヴァルター・レッケ、エルンスト・ニーキッシュやカール・ハウスホーファー〔三三〕といったフェルキッシュな、大ドイツ帝国を夢見る大物たちと交流した。[60]とくにハウスホーファーはギルド「グリフィン」が開いた「東欧経済の諸問題」にかんする第一回学習の夕べに出席した。このドイツ地政学の大長老はすでに一九二七年から「オーバーラント同盟」で広大な領域をもつ第三帝国の建設を唱道していた。ハウスホーファーの地政学的定義によれば、ヴェルサイユ条約でポーランドに与えられた東欧での旧ドイツ領は「そこでドイツ人の耕すべての土地が守られねばならない」「国境地帯」にほかならなかった。彼はドイツの現在の国家領域が人口過剰であることから出発し、この未来の帝国の境界内でも、彼が許容できる「集落密度では外国人の住む余地はない」ので、民族配置の整理統合によってのみ問題は解決されるだろうといった[61]。学習会の最後に取り上げられたのはヴァルター・レッケの「ポーランド問題」にかんする著書で、そのなかで、このダンツィヒ邦立文書館員はポーランド国民に自力で国家を維持する権利と能力のいずれをも認めなかった。ポーランド民族主義者は、ドイツの降伏とヴェルサイユでフランスが進めた国境線引き政策のおかげで、ドイツの領土を犠牲にやっと国家を造れたにすぎない。もし西側諸国がポーランドの少数民族抑圧政策を今後も支持し続けるなら、事態は破局に向かうだろう。遅かれ早かれポーランド国家の少数民族政策は非ポーランド諸民族の激しい反乱を引き起こすにちがいない、とレッケは警告した[62]。

フェルキッシュな学者たちが受け入れ、協力したのはギルドが東方向け運動の枠内で担った啓蒙・教育活動にとどまらなかった。一九三〇年以来、とくに「ドイツ・アカデミック・ギルド」の若い世代の歴史家、社会学者、政治学者たち、すなわちテオドーア・シーダー、ヴェルナー・コンツェ、グスターフ・ギエーレ、ギーゼルヘア・ヴィルジング、カール・ハインツ・プフェッファーはできるだけ学問的資格獲得を東方政策への関与と結びつけようとした。シーダー、コンツェ、ヴィルジングやクレーマーは東プロイセンのギルド「スクルド」に属する民族保守主義的若手学者グループのメンバーだったが、彼らは当時東欧社会の構造的諸問題への学問的で分析的な接近の必要を説いていた。たとえばヴィルジングはすでに一九三〇年八月『ユング・ナチオナール・シュティンメン』誌の東方政策特集号でフェルキッシュで修正主義的な歴史・政治学理解の原則なるものを初めて定式化していた[63]。「ヨーロッパのはざま」でのドイツの未回復地――これにはバルト諸国を含めポーランドの大部分が属した――奪回（イレデンタ）を夢見るヴィルジングはその領土併合の希望を同じくらい有効な、しかし相異なる二つの論拠で正当化した。彼のあげる論拠は第一に、中世以来、過去にドイツ人が東方植民活動でなしとげた理念的・物質的諸貢献であり、第二に、国家の境界は相争う人種間あるいは文化諸グループ間の生存闘争のなかで決まるというハウスホーファーのダイナミックな生気論的国境理論であった。この民族保守主義的学問理解の規範では、国民のアイデンティティを歴史的に形づくるのに、こうした解釈学的な手続きも、また社会学的・地政学的方法のいずれも用いることができた。一九三〇年八月ダンツィヒでの同盟大会で多数の同盟が結局、「ドイツ法的」すなわち各団体の個性を尊重するフェルキッシュな組織形態に賛成したことによって、対外方針として「学生らしい……東方活動」に専念する既定路線を続ける、青年国家同盟派の政治戦略がいっそう強く貫徹することになった[64]。バルト地域から参加した二つの国外ギルドとの間に活動協定が結ばれたことも「ドイツ・アカデミック・ギルド」の東方への使命という目標をさらに強めた。

中欧でドイツの覇権を確立する地政学上の夢が、ポーランドやバルト諸国におけるドイツ系少数民族の強さおよびその生存能力にかかっていることは、ギルド運動の修正主義的議論にとって共通認識であった。義勇団系ギルド会員ハンス・ラーデスはすでに一九三〇年七月、この中欧での「東方防衛線」を実際に引いて見せた。「ヨーロッパの北東から南西に大きな弧をえがき、東プロイセン、シュレージエン、オーストリアという三つの突出した主要橋頭堡をもつドイツの出撃陣地、およびそれに接して国境地域に住むドイツ系住民の、広狭の差はあれ長い帯が連なる。この帯状地域は明確にドイツ文化・経済圏に属し、その影響力は第一次大戦中ドイツ軍が築いた塹壕線の内側の地域をあまねく覆い、場所によってはそれを越えて外に及びさえした」。この「ブカレストからレーヴァル［現タリン］にいたる戦線」は、そのなかで「ドイツ民族の特性が諸異民族の成長の肥やし」になる民族間の熾烈な闘いの最前線とみなされた。[65]この点でバルト諸国のギルドが行う政治活動は手本と思われた。すなわち、彼らは知識人エリートとして、「点在する」ドイツ系少数民族の経済的・文化的優位を守る闘いを進める一方、この地の多数派民族ラトヴィア人と組んでヨーロッパの「東方に対する防壁」を築こうとしていた。[66]

昔のワンダーフォーゲルにならって、ギルド会員はまず一度目的地をくまなく歩いて調査した。一九三〇年八月「ディートリヒ・フォン・ベルン」（ベルリン）、「ヘルマン・バルク」（ケーニヒスベルク）や「アルツァイの民」（マールブルク）の諸ギルドは「バルト地域徒歩旅行」に出発した。事前に大急ぎで行われた教育活動の成果は現地でギルド・メンバーが、自らをまるで植民地を視察する「東方旅行者」のようにみなす言動に現れた。しかし彼らがこの旅行を通じて確認したのは、この地のドイツ人が「努力してやっと二、三人の議員を二つの地方議会に送りこめるだけ」の無力な「少数派」に過ぎないことだった。この観察は、そこで繁栄するドイツ人エリート社会に出会えるというフェルキッシュな夢を裏切るものだった。それどころかバルト諸国のドイツ系少数民族は「辛うじてもちこたえるだけ」という状況に追いこまれていた。にもかかわらず、ギルド青年たちは彼らの使命観が「わが同朋の、過去何世紀にもわたりこの地に進出し、精神的、政治的に支配してきたその力」によって、裏づけられたと考えた。そのなによりの証拠は「ドイツ語の挨拶がわかるすべてのラトヴィア人が、われわれ、かつてこの地に文化をもたらした民族の同胞にいまなお示す畏敬の念」だ、と彼らは信じた。これに反し、「隊列を組んで」リガ市内を行進したギルド青年たちは不満いっぱいにいった。「われわれは、よく気のつく警察が、たとえ平和的なものであっても、市民が勝手に寄り集まるのを一切禁止できる、ドイツの都市にいるのではなかった」――［不快だったのは］「ユダヤ行商人やその他の押しつけがましい連中」の存在で、彼らは「明らかに」われわれを「ヒトラーの私兵からなるパトロール隊かなにか」のように見ていた。[67]ヴァルター・フレックスが『世界をめぐるワンダラー』でその礎石をおいた、不屈の兵士で義勇軍戦士という神話がリガでも呼び覚まされた。若いギルド会員は熱心に「たった一門の軽砲で、追撃するドイツ軍のため」西ドヴィナ川にかかる橋を守り抜き、リガを「ボルシェヴィキ」の手から救った義勇軍指揮者アルバート・レオ・シュラゲーターを思い浮かべた。準軍事的団体として世間の注目を集めようという彼らの考えは、ギルド会員の自分たちを、たえず国を防衛する「若者集団」として目立たせようとする言動から生まれたものだった。

　自らを自己暗示で、「ドイツ的民族性」に根ざす、卓越したエリートからなる準軍事集団と思いこませるギルドの演出は、次のような自作の隊歌を歌うデモンストレーションによってさらに強められた。

そそり立つ始原の巨石、波さわぐ北海の渡し
そして聖なる河はどよめき流れる
ヴァイクセルのよどみ、ドーナウの広がり
永遠のラインは泉のささやきに始まり
滔々たる海原の満ちひきに注ぐ
されど、大いなる地球もつまりは卵の殻
広大な生命が降り注いでこそわれらは生きる！――
栄えよドイツ、人間の楽土となれ（……）
たとえわれらは倒るとも――ドイツよ永遠なれ(68)

あるいは

歩みつづけて、われらはついに帝国《ライヒ》に到る
われらは御身に願い、また礼をいおう
われらがいまここで享受するすべても御身のおかげだ
だが聴け、われらが願いを――たゆまず果たせ
バルトの地で伝統ドイツの守護者たることを！(69)

　しかし、このようにたえず自らを励まし、奮起させようと努めても、この徒歩旅行を通じて、バルト地域で「なんらかの使命を達成する可能性」はかぎられているという思いは消えなかった。「われわれの見るところ、この地でドイツの影響はほとんど無に等しく、昔の影響力を取り戻そうとときおりくり返される試みも何の成果も生んでいない(70)」これはまた、ヒルシェンホーフやハイムダール、またヴィルコヴィッシュケンやピルヴィッシュケンで、当時フェルキッシュな特殊用語で「民族の離れ小島」と呼ばれたドイツ系少数民族の開拓村落をその後訪れた多くの人々がもった印象でもあった。「東方旅行者たち」が政治や文化をめぐり直接交流した相手は、たいていドイツ系バルトの知識人や経済エリートにかぎられていたにもかかわらず、彼らはドイツ語を話す農民を人種の純粋性を守る戦士の代表に仕立てあげた(71)。そして、これら開拓村落の一部がうまれてずいぶん年をへながら、なお昔どおりプロテスタント信仰を集団アイデンティティの中核としていることを知り、この民族的特性が周りのスラヴ・ロシア文化の重圧のなかで生命力を維持してきた粘り強さについて想像力をかきたてられたので

ある。その結果、これら「ドイツ語の離れ小島」に大ドイツ的イレデンタ計画における明確な使命が課されることになった。

もちろん、彼ら「勇敢な前哨隊」――「民族の離れ小島」は「偉大な親民族の代表たち」によってこう呼ばれた――は、地政学的夢想の目標として自らに課された役目をギルド青年たちほど真剣に受けとめていなかった。ロートフェルスの弟子の一人は述懐した――「彼らは自分たちとラトヴィア人やエストニア人との関係をあらたな歴史的視点で見直すべきだということがよく判っていない、とわれわれが非難しても、その論拠は彼らには通じなかった」と。[72] 実際、若いギルド会員たちは青年同盟のさまざまな企画に参加して、ブカレストからレーヴァルまでの前線を支えるため全力を注いだ。この東方の使命へ向けての募集運動はケーニヒスベルク「国境大学」に行き場のない「学生プロレタリアート」の大群を生みだすだけだ――もっとも「若者の東方への殺到という決まり文句が本当に現実になる」結果をもたらすにせよ――ということを十分知りながら、リトアニアの農業・集落研究所に勤務するヴェルナー・エッセンは一九三一年三月、あらたに「プロイセンへの出撃！」を呼びかけた。明らかに彼は若い世代の力を借りて「ドイツ人とその文化的価値が［ヨーロッパの］南や西からプロイセン東部に向かった昔の流れの再現」をはかったのであった。東プロイセンの旧いドイツ都市ケーニヒスベルク、いやそれどころか自由都市ダンツィヒ、バルト諸国やプロイセンの失われた東部地域、さらにかつてオーストリア・ハンガリー領だった新興諸国家も含め、全「東方地域」がその「東方への出撃チャンス」でもって人々の心を引きつけた。[73]

学問政治としての東方への使命および民族概念のパラダイムへの上昇――もう一度ハンス・ロートフェルスと「若き世代」について

ケーニヒスベルク大学歴史教室の指導者としてロートフェルスは、一九二九年以来ギルド運動がバルト地方でくり広げる探検旅行の庇護者になった。彼は、国外に住むドイツ系少数民族に帝国《ライヒ》の前衛という非現実的な役割を担わせることこそ歴史学の任務だと固く信じていた。助手や弟子たちの助けをかりて、ロートフェルスは始まったばかりの民族政策に係わる研究の体系化を強力に推し進めた。[74] 彼自身も一九三〇年以降、バルト地方のドイツ系少数民族の名望家層の間で民族の特性を保つ運動の立役者として自他ともに認められるようになった。だが一九三一年二月リガで行われた講演をきっかけに彼の運動はエストニアのドイツ公使館が進めていた目標と衝突するに至った。ラトヴィアのドイツ領事M・ヴァルターはロートフェルスを非難して、彼がバルト・ドイツ人が「初めてラトヴィア・エストニアに文化をもたらした」と主張することによって当地の住民の感情を傷つけた、といった。その上、ロートフェルスは東ヨーロッパの地政学的再編にさいして、バルト諸国をロシア連邦の一部に組み入れ、将来彼らに備わった「ゲルマン」的資質によってロシア人を感化する役割を担わせる、ともいっていた。領事はこのような発言を独立した民主国家への内政干渉として斥け、それを「住民の神経を逆なでする反動的権勢欲のあらわれ」と決めつけた[75]。さらに領事がとくに遺憾としたのは、ロートフェルスがかつて［第一次大戦中］東部占領地域の行政長官だったフォン・ガイル男爵[二四]と一緒に登場したことだった。この人物は、ソ連とポーランドに対するドイツの立場を強化するため、各地に起こっている民族紛争を利用するよう公然と説いていた。ガイルは、文部省への弁明のためロートフェルスが編んだ『共同報告』において、領事の心配を「劣等感のあらわれ」と片づけ、その「左翼的傾向」を非難した[76]。外務省が求めたロートフェルスへの懲戒処分は、ケーニヒスベルク大学事務局長フリードリヒ・ホフマンも監督庁の文部省もともに歴史家を支持したため、結局実行されなかった[77]。ロートフェルスは幸福感にひたりつつ、学者政治の勝利を謳歌した。自分の行動を正当化する弁明書のなかで彼は大学事務局長に対し、「(バルト地域のゲルマン化が結局実現しなかったのは) このように……ナショナリズムの高揚する世界で後世に絶大な影響を及ぼす姿勢がとられ続けた」がゆえであった、と確言した。この姿勢が求めたのは、「同じ国のなかでもいくつかの文化が、それぞれ自分の根をもち、民族性をしっかり守りながら生きつづけられる」ことだった。ロートフェルスは、たとえ先住民族への教化が現在もなおバルト・ドイツ人の任務であるにせよ、ラトヴィア人は「汎スラヴ主義」の影響から免れているから、この教化があらたな民族紛争を引き起こすことはないと主張して、自分のバルト諸国への共感をさらに強調しようと努めたかに見える[78]。だがそれにもかかわらず、彼の民族的多様性の承認を求める主張はじつは［真実を隠した］判じ絵と見ることができよう。すなわち彼は一方で多数の民族が平和的に共存するヘルダー流の文化理念を語りながら、他方で彼の講演は、諸民族がある領域内で生き残りをかけた不断の闘争に巻きこまれているとみる、あのフェルキッシュでダイナミックな民族観を述べていた。ロートフェルスが彼の歴史的・政治的考察でよく用いる常套句を思い浮かべれば、このことは明らかだった。彼はラトヴィア人に彼らの文化に対するドイツの影響を軽視しないよう警告し、東方でのドイツとバルトの共同使命について語ったうえ、この地域のドイツ系農村住民の都市化の進行をいましめた。農業改革にともなう土地取り上げで所有地が原則として五〇ヘクタールにまで狭められた昔のバルト・ドイツ系大地主の国外ないし都市への移住にたいする警告は[79]、それにより失地回復運動の「前線」で尖兵の役割を果たす、バルト地域在住ドイツ人を失うことへの民族政治的恐れから生まれたものであった。

一九三〇年一月一〇日に「在外ドイツ民族強化委員会」の華々しい発会式で、ロートフェルスはすでに国境政策との係わりで緊急かつ重大ないくつもの研究課題を提案していた。そのカタログには農業改革や在外ドイツ人の少数民族としての権利の他、ポーランドやバルト地域に住む「ドイツ民族」の都市的・市民的文化に係わる諸問題も含まれていた。在外ドイツ人にかんする諸テーマの体系化は、ロートフェルスでは、得られた知識をフェルキッシュな視点での中欧の地政学的再編に役立てる必要に呼応していた。彼は、ドイツ人がドイツ人に支配されていない国々に住んでいる「不満足なヨーロッパ」に言及し、現状では「国家間の安定関係と民族間のそれ」とが乖離していると主張することによって、執拗に戦後秩序への異議申立てを行った。彼の意見では、本当の平和は少数民族問題についての国家間の取り決めによっては保証されず、「超国家的な民族共同体」の設立こそが望ましかった。(80) もちろん、この「超国家的民族共同体」の呼びかけはフェルキッシュな新保守主義者のうたい文句で、彼らは、いわゆるブカレストからレーヴァルまでの前線地域——じつは「中欧」——は将来その国境線の確定が諸民族の領域再編という試練をへてのみ満足しうるものになるだろう、と考えていた。

ケーニヒスベルクの歴史家たちの「若き世代」にとっていまやロートフェルスは政治ならびに学問の師となった。三〇年代以来たえず歴史学の急進化を進めてきたあの「闘う科学」の代表者としてロートフェルスは、学生たちとカリスマ的関係で結ばれていた。一九三一年六月二八日、ヴェルサイユ条約調印の記念日に起こった暴力的な抗議行動をきっかけに、警察により大学構内から力づくで追い出された学生たちに彼は味方した。(81) ケーニヒスベルク大学で盛大に催された「在外ドイツ人協会」(VDA)地域支部——ロートフェルスは一九三二年六月二三日学生の強い要望でその「名誉会長」を引き受けた——発会式のため、彼は「在外ドイツ民族研究」の前提と課題を要約した。「ドイツ民族研究」、それはマックス・ヒルデベルト・ベームによれば、競いあう複数の民族間で熾烈な闘争がくり広げられ、敗れた民族は同化されるか排除されるしかない「諸民族の混住地域」で学問的手続きをもって進められる「民族の保護」を示す標語だった。(82) この分野でケーニヒスベルク大学はとりわけバルト・ドイツ系「読書人層」を大学で育てる役割を引き受け、将来「自立した文化を保持する闘い」での「中核グループ」を築こうとした。VDAサークルは、ロートフェルスにとり、国境政策への献身を社団的構造をもつ大学の発想と結びつけるのにふさわしいと思われた。共同の闘争のなかでの相互義務という考えにもとづく「双務契約の法則」が、恩恵的な「戦前の社会福祉思想」にとって代わるべきだった。事実、ロートフェルスは、プロイセンの文化的使命実現のため民族間闘争で鍛えられた第三帝国の到来を待ち望む、メラー・ファン・デン・ブルックやベームに連なるあの闘士たちと同じ考えをもっていた。彼はいう。「今日、ドイツ人が少数民族として散らばり住むところではどこでも、われわれ一人一人にとっていわば代理戦争が闘われているのだ。その闘いでは、民族の生存に向けての心情告白がどんな犠牲をともなうかがこの上なく厳しく試されるが、この厳しい試練はまた、物質的零落が精神の窒息をもたらすかどうかを試すものでもある」。こうした呪文めいた発言はロートフェルスの、従来「私的団体が気楽に」行っていたバルト地域への徒歩旅行に「一定の制限」を課すべきだという求めを側面から支えていた。彼は現地での、学問的に手ほどきされた政治的学習訓練を提案した[83]。

一九三二年にヒルシェンホーフでの「学習キャンプ」設立で頂点に達したバルト旅行の制度化によって、ロートフェルスの助手や弟子たちは学生のドイツ民族研究を世話し指導した。バルト地域はこれら若手研究者にとって、「ドイツ・アカデミック・ギルド」の情報宣伝活動の対象から第一級の学問的実験場になった。コンツェはヴァルター・クーンが手がけたドイツ語の離れ小島研究を引き継ぎ、農民開拓村ヒルシェンホーフを素材に博士論文を書き上げた[84]。またダンツィヒのギルド会員ヴェルナー・エッセンも二〇年代末からバルト地域のドイツ系少数民族の人種や宗教にかんする実態調査を行い、統計資料を蒐集していた。国境地域や外国に住むドイツ人問題の研究拠点としてケーニヒスベルク大学の名声がひそかに上昇した後も、それが大学の制度では保証されず、ギルド内のヴォランティア活動として組織・運営されたことは、これら若手研究者が彼らのキャリアと研究方法を民族闘争のいわゆる北東翼で自ら切り拓く心構えであったことを示していた[85]。

ロートフェルス、ベームや他の新保守主義思想の持ち主たちは、ナショナリズムの国家本位のとらえ方、すなわち帝政期に有産市民や政界で支配的な伝統に従い国際法の諸規範を国家秩序の保証として認める考え方を拒否した。彼らの見解では東方での闘いは帝国や国家間の闘いではなく、ひたすら民族闘争として闘われるべきで、この考えは民族概念が当時急速に学問と政治のパラダイムに上昇するにともない広がっていった。国境紛争や東方でドイツの果たすべき使命に役立つカテゴリーとして、民族概念に備わるダイナミックで政治的な破壊力は、ベームやメラー・ファン・デン・ブルックが自然ないさかいと名づけた、非ドイツ諸民族に対するあのルサンチマンに根ざしていた。二人にとって、ドイツ人は文化をもたらす支配民族であり、これに対しスラヴ人はより劣った民族に属すと思われた[86]。ベームは一九三二年「自立せる民族」について彼の著作のなかでフェルキッシュな学問の包括的構想を提示していた。ベームを、生存圏ならびに民族政策的新秩序構想をめぐり先駆者の地位を争うライヴァルとみなしていたハウスホーファーも、この『自立せる民族』の出版後彼を「ドイツの師傅」と呼んだ[87]。「政治と歴史に働きかける自立した存在としての民族の発見」によって、ベームは自分が、学問にあらたな対象領域を開くことのできる、普遍史的意義をもつ歴史の潜勢力を見いだした、と考えた。彼ははっきりと、人種衛生学、歴史学、世論調査、人類学など諸研究手法の助けをかりて「民族の統一性」を把握するため、大学のできるだけさまざまな専門分野の方法を利用する必要を説いた[88]。「民族の統一性」への呼びかけは、ドイツ外交に「イデオロギー的スローガン」を用立てようとする人口政策上の目的と直接結びついていた。アイデンティティ確立を目指す新しいパラダイムとしてこのような民族概念は、オーストリア人やその他外国に住むドイツ人を大ドイツ的帝国に帰属させるのにとりわけ適していた。それゆえ、ハウスホーファーはベームの発案を高く評価しつつ、それをズルビクやハロルト・シュタイナッカー周辺の歴史家たちがすすめる、「小ドイツ主義的歴史記述の視野狭窄」克服の努力に組み入れた(89)。

実体的な「民族」「民族性」「民族基盤」「民族体」といった諸概念をつくり出すことによって、ズルビク、シュタイナッカー、ベームら民族主義学者は伝統的な、国家や国民にとらわれた精神諸科学や国家学の国家本位のナショナリズムに対し優位を確立しようとした。ブダペストに育ち、長じて民族闘争のいわゆる南東戦線で「マジャール化政策」の反対者として名をあげたシュタイナッカーは、大ドイツ主義的でフェルキッシュな歴史観を唱道した。彼にとって、国家本位の歴史理解を民族本位のそれに深めつつ、同時にドイツ国内に留まる民族の自覚を国外も含む全ドイツ的自覚に広げることが大切だった(90)。彼によれば、「民族」というカテゴリーこそ、血に根ざす人種共同体である民族への帰属を検証するもっとも自然な試金石として、本人の意思を重視する、合理的に解釈された国民理解に対抗して強調されるべきものであった。この民族概念でもってシュタイナッカーは、とりわけフリードリヒ・マイネッケ[三五]やヘルマン・オンケン[三六]に代表される国家ならびに文化的結びつきという二元的国民理解にとって代わろうとした。オンケンが国家ならびに文化という概念の組みあわせに与えたあやふやな優先性は、一方で「国家国民」を国境で仕切られた領域内に目に見えるかたちで存在する市民集団とみなすことによって、国境をめぐる争いでは国際法の規範を尊重する姿勢とつながっていた。他方、オンケンは「文化国民」を「ドイツ語で語られ、ドイツ的感性を帯び、内なる個性と血または歴史でつながるすべてのものと結ばれているとわれわれが感ずる、精神の見えざる国」と定義した(91)。ヴェルサイユ条約の修正にあたり、ビスマルクが帝国を建設したときの、せいぜいオーストリアも含む程度の境界でドイツ再興を求めるにすぎないオンケンの選択は、ベームやメラー・ファン・デン・ブルック流の大ドイツ主義的帝国ユートピアにとって、あまりにも臆病に思われた。オンケンのナショナリズム理解も反西欧、反民主主義で修正主義的ルサンチマンと根が一つだったにもかかわらず、彼の概念形成には、シュタイナッカーやズルビクのような歴史家がその大ドイツ主義的歴史観で追求したフェルキッシュな偏向は認められない。

日ごろ政治教育の実践を心がけていたロートフェルスは、歴史学の専門領域でも常に民族を強く意識した弟子たちに遠慮なく肩入れした。すでにナチの「権力獲得」の一年前に、彼は理性の共和派フリードリヒ・マイネッケとの最初の対決を演じていた。ロートフェルスはわざと派手なやり方で国《ライヒ》立文書館運営歴史委員会への出席をことわり、それによりファイト・ヴァレンティンとマルティン・ホボームが奨め、ワイマル共和国の成立過程を明らかにしようとした共和国擁護の企てに抗議した。ロートフェルスはヴァレンティンには歴史家の資格が欠けているとこきおろし、彼の提唱する共和国初期についての史料蒐集の企てを「いや、今日至る所で、ずっと緊急の学問的課題が手つかずのまま残っている」という指摘で斥けた。彼の主張では、このような仕事に着手すれば、「精神的国防の意味で外交政策上でも緊急不可欠であり、国民統合の機能をもつ、いや、もつべき諸問題（在外ドイツ人、東部の近代植民史など）をとりあげることが、ほとんど不可能になる」[92]。また、彼にとって、これにより「最上の能力を備えた若い研究者たち」——ロートフェルスはまぎれもなく自分の弟子たちのことを考えていた——に「あらゆる道が閉ざされてしまう」のも黙視できなかった[93]。一九三二年八月に迫ったゲッティンゲン歴史家大会の議長に予定されていたカール・ブランディに対し、ロートフェルスは新しい「ドイツ的歴史観」を提唱し[94]、「国家史と民族史」は密接に連携し、「いまなお正当なヘーゲル的国家尊重とドイツ的歴史学の古今にわたる諸伝統の調整を目指さねばならない」と説いた[95]。

一九三二年八月二日から五日までの歴史家大会では政治的危険をはらんだ「東方問題」が論議された。集会は、前年一一月にベルリン大学歴史学科でもたれた準備会議で予め決められたように、かつてない学問的「政治集会」[96]になったが、この経過はきわめてわかりにくいものであった。大会予定期日の一年前になって、歴史家協会はボンでの大会開催を取りやめざるを得なかった。というのはラインラントの占領解除がボンでの開催への関心を薄れさせたからである。ブランディは第一八回歴史家大会で論ぜられる議題を説明して「学問的営みが同時に国民的自覚に裏打ちされた民族全体への奉仕とならねばならない」といった。大会が「つくりだす全体的な雰囲気と意志」はドイツ国民の立場をよりくっきり浮かび上がらせるべきである。そのさい、歴史学は国民の間に「確固たる自覚を呼び覚ます」のに貢献せねばならない[97]。大会のなかで目立ったのは、歴史家たちがポーランド国家や、ヴェルサイユ条約が定めた「不当な」国境線に対しあからさまな敵意を示したことだった。エーリヒ・マシュケは「若き世代」の代表として、占領された東部の差し迫った「窮状」を救うため、「民族の連帯意識」を強く訴えた。彼の主張では、東部圏でのドイツ民族の「生存をかけた闘い」こそ「ドイツの死活問題」に他ならなかった[98]。ヘルマン・オーバン[三七]が「旧ドイツ帝国の東部国境」、またロートフェルスが「ビスマルクと東部の少数民族問題」についてそれぞれ行った基調講演は、ドイツ・ポーランド問題を急進的かつフェルキッシュな視点から論じていた。オーバンはドイツ帝国がヨーロッパの中央にあって伝統的にさらされ、かつ「帝国を何世紀もの間息つくひまもない」状態においてきた「二重の圧迫」を強調した[99]。国境をめぐる闘いに彼は異なる「民族性」の衝突を見た。オーバンはドイツの「固有の存在」を消滅させた責任はこのいわゆる少数民族闘争にあるとみなしたが、その理由は文明のヨーロッパと野蛮な東方を分ける文化の分水嶺が中世ドイツ帝国の真ん中を走っていたからに他ならない[100]。オーバンがフェルキッシュな、しかし同時に普遍史的広がりをもつこの仮説を証明するためもち出した概念体系は、もともと世界には二種の国境形態が存在するという考えにもとづいていた。彼の定義によれば、ドイツ帝国の西との国境は「内部境界」で、それは文化の分水嶺ではなく、同じ資格をもつ国家間に何世紀もの間に形づくられた行政の区画にすぎなかった。これに対し東部の国境を彼は「外部境界」と名づけた。そのとき彼が考えたのは、東方はそもそも何世紀にもわたりドイツ人が入植し、開拓したりキリスト教化した地域で、そこにはさまざまな民族や文化の混在する帯状地域が生まれ、「ドイツ人」はそこで「ヨーロッパの代理人」であることを自他ともに認められてきた、ということだった。カール大帝の帝国《ライヒ》思想はこのドイツ人の文化的使命を国家の課題へと高め、その歴史的結果としてスラヴ民族に対する開かれた境界は帝国《ライヒ》の内部境界になった。オーバンはこの種の大ドイツ主義的な歴史考察をまったく歴史にもとづかない一連の概念を用いて大きくふくらませた。たとえば彼はドイツがたえず野蛮なスラヴ人の「氾濫」にさらされてきたと語り[101]、東方でドイツ帝国にあたえられた川の流れによる境界を「前線」での昔から続く「防衛線」と定義し[102]、ドイツ騎士団により征服されるスラヴ人異教徒を「帝国の敵」とさえ呼んだ[103]。このような、正確さよりむしろ多様な解釈を許す概念の用い方から窺えるのは、疑いもなく、現代史のいま直面している諸問題、とくにいわゆる不当なヴェルサイユ条約の国境線に対し激しくフェルキッシュに反応する心理的先入観の存在である。このようにオーバンはドイツ文化の優越性やリヴォニアでのドイツ騎士団の伝道活動といった想像上の仮定から、中世以来帝国が東方でしてきた領土要求を理論的に根拠づけた[104]。もちろんそこには、リトアニアからシュレージエンをへてアドリア海に至る諸民族の混住地帯について、そこではかつてドイツ人が入植し文化をもたらしたがゆえに、現在それへの領土要求は正当だとする、この時代に特徴的な言及も見いだされた。

　オーバンの、民族や領域、国境闘争や「スラヴ人」[105]に対するゲルマン支配民族の優越を引きあいにだしての言説は、まだ構想のうえでだけ国家本位の、すなわち政治的・国民国家的歴史観の制約を完全に切り捨てようと試みたにすぎなかった。これに対し、ロートフェルスは、一方で学問を国境問題をめぐる民族闘争やヴェルサイユ条約で割譲させられた諸地域でのドイツ系少数民族の強化に役立てたいという歴史家の若い世代の要求に応えつつ、他方でビスマルクを崇拝する歴史主義の伝統的価値も維持する総合の企てを提案した。これを彼は一八七一年以来の帝国の内的統一の問題を、帝国宰相の東部少数民族政策問題と結びつけることによって、果たした。帝国の統一が、社会革命やあれ以上の戦争を引き起こすことなく、内政と外交の双方でうまくいったのはビスマルクの上からの革命と彼の巧みな外交手腕のおかげだという見方をロートフェルスは少数民族政策に重ねあわせた。彼の考えでは、家父長的な農場領主制《グーツヘルシャフト》にもとづく東エルベの生活環境とルター的官憲国家のなかで育ったビスマルクは、社会民主主義の「煽動家たちと闘う」なかで、「西欧的予定調和の教え」にもきっぱり反対しつつ、「対立の創造的原理」を信奉することによって、ドイツ帝国の国家的秩序を確保することができた。その議論のなかでロートフェルスは階級と国民をほとんど同一視した。彼の意見では、ポーランド人のナショナリズムは、とくにそれが西欧民主主義の理念と結びつく場合、もしビスマルクが「ポーランド農民と農業労働者を家父長的かつ社団的に帝国の連邦組織」に組み入れることに失敗していたなら、調和のとれた帝国と東方の諸国家秩序からなる、この安定の枠組みを粉砕してしまったことであろう。[106] ポーランド人のカトリック信仰に対する文化闘争、ポーランド農民の強制追放そして八〇年代の入植促進法によるポーランド人居住諸地域のゲルマン化についても、ロートフェルスはそれらをポーランド・ナショナリズムを防ぐために必要な措置という長期的展望にそって評価した。[107] 彼が請けあうところによると、ビスマルク自身はけっして民族闘争の推進者ではなく、むしろ東方での少数民族問題を王朝的・身分制的な原理にもとづき解決することに同意する現実主義者だった。そしてビスマルクは「統一・立憲国家としての内ライタ地域［＝オーストリア］」を生存可能とみなし、それを支える「有効な多人種結合論」に賛成していた、という。[108] ロートフェルスはビスマルクを民族多元主義の草分けとさえ呼んだが、彼にはビスマルクが、スラヴ人とゲルマン人の平和共存を説くヘルダー的文化理念を実現した政治家に思えた。民族史的解釈モデルと政治史的神話をたがいに結びつけるロートフェルスの手口は歴史学の成果を荒っぽい地政学の政治的要求の道具として使おうとするものだった。明らかにヴェルサイユ条約の国境線を意識しながら、ロートフェルスはゲッティンゲンで、そもそもポーランド国民国家の樹立は、ドイツ東方領土の喪失や何百万ものドイツ人が本来の帝国領の「外に残される」結果をともなうがゆえに、「あってはならないことだ」と明言し、それを元の自然な状態にもどすよう訴えた。ヨーロッパにドイツが率いる連邦制諸国家秩序を樹立し、未来のドイツ帝国の積極的少数民族政策を予告するこの心情告白は、西欧的な民主主義国民国家との闘いを前提としていた。[109] それはまたこの上なく明確に、東方に新しい諸民族・諸国民秩序を樹立するために不可欠な前提として、ポーランド国家の粉砕を説く告白でもあった。この歴史家大会の議事録には、ロートフェルスの講演が非常に「強い感銘」を与えたので、大会を終わるに当たってもはやいかなる発言も必要なかったと、記されている。

歴史家大会に続きロートフェルスは旧師マイネッケを初めて公然と攻撃することによって、自らの新しい歴史観をいっそう明確にした。マイネッケの編集する『史学雑誌』で、ケーニヒスベルクを代表するこの歴史家は、昔どおり国民国家至上主義の立場でドイツ歴史主義を理解する師の姿勢を、旧いビスマルク国家の遺物と決めつけた。それどころか、ロートフェルスは旧師の悲観的で隠鬱な概念構成を批判し、マイネッケがドイツ帝国の国民国家としての形成を倫理と権力のはざまにおき、しかもそのさい一方に倫理性豊かな文化国民、他方には冷酷で、権力国家を目指す国家重視の国民という二元主義を止揚しようとしていないと非難した。ロートフェルスはきっぱりと、「諸民族の闘い」という根元的概念はビスマルク以来ドイツの政治が依拠してきた権力国家の原則に勝る、と書いた[110]。

ゲッティンゲン歴史家大会ののろしとしての効果は、歴史家ツンフトにも、またこうした問題に関心を抱く世論にとっても絶大だった。八月九日の『ドイツ・アルゲマイネ・ツァイトゥング』紙は、ドイツの歴史家はポーランドに対し「攻撃配置」についたとさえ書いた[111]。実際、この歴史家大会は歴史家ツンフトの急進化と、あらゆる手段をつくしてドイツ国境をめぐる闘争に取り組み、待ち望んだヴェルサイユ条約の修正を達成しようとする彼らの努力をはっきり示した。この急進修正主義の方向での政治化は、すでにナチ独裁成立前夜に、新保守主義でフェルキッシュな歴史家たちの間に急進民族主義的結束の網の目が張られていたことを物語っていた。あらゆる機会をとらえて中心となる研究機関の設置が求められた。それは東方問題の専門家たちを実績のある共同研究集団に結集するはずだった。ハンス・ロートフェルスは自ら、歴史家大会のすぐ後、ヘルマン・ラウシュニングならびにヴィルヘルム・ヴォルツの周りの学者や民族政治家のサークルに加わった。ちなみにラウシュニングは［第一次大戦後その大部分がポーランド領になった］西プロイセンの民族グループ指導者、そしてポーランド出身在外ドイツ人民族史家たちの師でもあり、またヴォルツはライプツィヒの「民族・文化基盤研究財団」理事長であった[112]。ロートフェルスはまた、「フランスとポーランドの両国歴史学のうわべだけの同盟」に対抗するため、東方問題に係わるすべての歴史家の結束を目指して、民族史にたずさわる研究団体を設立した[113]。

ケーニヒスベルクの若手歴史家と北東在外ドイツ民族研究振興会——ある展望

ナチの「権力獲得」がもった統合力から、ロートフェルスも「ドイツ・アカデミック・ギルド」の「若き世代」も逃れられなかった。一九二九年以来、ワイマル共和国の除去を求めてきた国民的反対派の知識人活動家たちは、ドイツに出現した全体主義政権からヴェルサイユ条約の修正、とりわけ「中欧」での地政学的新秩序の樹立を期待した。ナチ政権の登場後、ロートフェルスはラジオ講演で訴えた。彼は、国家の優位——これで彼が意味したのは「諸利害関係者にたいする国家の自律性」だった——が「本来の姿」にもどる期待を語った。政党の形をとる「利害関係者たち」は国家を私物化し、乱用した。これに対し彼は、議会政治によってばらばらになった社会を、ふたたび民族共同体に融合する権威ある指導者の出現を望んだ。彼はヒトラーを偉大なプロイセンの伝統のなかに位置づけて、新しい総統国家に一段と輝かしい後光を添えた。「いまこそあらたに、国家思想がフリードリヒ大王やビスマルクの時代のように、豊かな人間性の融合によって立ち直るときがきた」。なんの疑いもさしはさまず、ロートフェルスは国民社会主義者たちに中欧で強い国家の建設を期待した。「ふりかかるあらゆる困難にもかかわらず、この新国家には、きわめて明瞭な目的、すなわちドイツの土地を異民族の手から解放し、自由に保つという目標がもたらす利点がある。こうして東と西の国境地域の受ける苦難は、われわれにいままでより自覚的にラインとヴァイクセルの両河を一体と感じさせる連帯感を生みだした。東部での住民投票をめぐる闘争や西での占領政策問題を通じて、帝国の持続的な性格は現在、一九一九年には望めなかったほど、根強いことが明らかになった」。彼は、帝国の再編にさいして「ドイツ国家思想の中欧的特色」を「国民感情の世界」に対し「秩序原理」として貫徹させねばならない、と主張したが、それは「一九一九年以来失われたドイツ帝国の世界政策で果たす役割」を取り戻すことこそ、「中欧という」「全領域に課された使命」だからであった。ロートフェルスはさらに独裁に「民族性」・「民族圏」の保持や「ドイツの土地を自由に保つ」ことを期待した。もちろん彼はナチスの人種イデオロギーとは厳しく一線を画したが、それは、歴史は「人種のようななにか始源的なものの産物」と解すべきでないからであった[114]。しかしこのことは、ロートフェルスが「レーヴァルからブカレストまでの前線」というあのフェルキッシュな中欧新秩序の構想を全面的に斥けたことを意味しなかった。むしろ逆に彼は、「タート・クライス」やギルド「グリフィン」の幹部シーダー、あるいは新保守主義運動のイデオロギー的先駆者メラー・ファン・デン・ブルックと一緒に主意主義的人種概念に賛成したにすぎなかった。彼の考えでは、人種の区分は東欧の非ドイツ諸民族グループが「第三帝国」に服するかどうかにかかっていた。このケーニヒスベルク史家はドイツに指導された国家連合的民族秩序を夢みていた。バルト地域の諸民族グループには、彼らがソ連でなくドイツを選ぶ決断をした場合に、援助と庇護が約束された[115]。もちろん人種の扱いでナチスとのこの微妙な差異は、ケーニヒスベルク民族史家が新体制のもとで積極的に活動しようとする姿勢を妨げるものではなかった。それどころか、ケーニヒスベルクで始まった「在外ドイツ人協会」（VDA）の「ドイツ民族研究」と地政学的秩序構想の歴史学による概念化の共同作業こそは体制に忠実な歴史学の建設に未来の進路をさし示すものであった。

すでに一九三三年二月一七日にVDA代表ハンス・シュタイナッハーはプロイセン邦立文書館館長アルバート・ブラックマンと会い、彼とともに東部ドイツ歴史家の「仕事をどこかベルリンの中央でまとめる」準備にとりかかった[116]。そして「北東在外ドイツ民族研究振興会」（NOFG）の設立が決まった[117]。プロイセン文書館長の提案は、ケーニヒスベルクを歴史学の関心をより多く「ポーランドやリトアニアに向ける」学問的拠点にしようというものだった。ケーニヒスベルクの若手歴史家たち――そこで考えられていたのはテオドーア・シーダー、ルドルフ・クレーマー、エーリヒ・マシュケとヴェルナー・コンツェだが——をひとまとめに扱うことが絶対必要だった。というのは、一方でロートフェルスは一九二二年ゲッティンゲンの歴史家大会以来、歴史学の急進化に彼の助手たちとともに大いに尽力してきたし、他方、民族史家の間でこの「若き世代」はすでにＶＤＡの一地方支部に組織され、シュタイナッハーの「在外ドイツ人のため積極活動の呼びかけ」、すなわち修正主義的政治戦略を社会で勇猛果敢に展開しようという行動主義スローガンに応えていたからである。[118]

歴史家と民族政治家が、ナチ政権のヴェルサイユ条約修正政策に役立つさまざまな計画を練る共同研究機関をつくろうという、ブラックマンの大胆な計画は、まだ当然世間には隠されたままだった。一九三二年のゲッティンゲン歴史家大会以来、ブラックマンは「年寄りの」お偉方たち、すなわち歴史家全国委員会の保守的「枢密顧問官」や理性の共和派学者たちを中央政府《ライヒ》のひそかな修正政策の味方にしようと努めていた。一九三三年八月ワルシャワで開かれた国際歴史家大会にさいし、ドイツ代表団はさしあたり一致団結を外に示さねばならなかった。ドイツ・ポーランド友好協定の存在を顧慮すれば、ドイツの歴史家が軍事的問題解決、いやそれどころか中欧東部でのフェルキッシュな新秩序に賛成していることを示す言動は一切避けねばならなかった。[119] ヘルマン・オンケンに対し、ブラックマンはすでに一九三三年二月四日、大会と同時に刊行される論文集『ドイツとポーランド』で「諸国民間の対立という視点」は追求されるが、「在外ドイツ人」や「［東部］入植」の問題はけっしてもち出さないと確約した。[120] ナチ政権の「ポーランドに対する」全面的支配要求を考えれば、こうした約束は、国民国家と権力政治を目指す旧エリートに許された政治に係わる学問の自律性が、それほど制約されていないことを示唆した。もちろんブラックマンは手のこんだ二股戦術をとっていた。闘う学問の原則に与するつもりのないフリードリヒ・マイネッケやヘルマン・オンケンの裏をかいて、彼は政権に忠実な研究体制を着々と築いていった。プロイセンの指導的歴史家をすべて集め、統一ある指導のもとに「スラヴの」敵に狙いを定めた大規模研究施設をつくる見通しは、同僚歴史家たちの間にかなり大きな期待を呼び覚ました。

一九三三年三月五日のあの最後の「半自由」選挙が行われ、ナチスが四三・九パーセントの票を獲得した[121]三日後に、「歴史家全国委員会」（ＨＲＫ）幹部会、すなわちマイネッケやオンケンは厳しい圧力にさらされた。ブラックマンおよび「ドイツ学術緊急振興会」メンバーで長年内務省予算委員会の国会向けレポーターを務めたゲオルク・シュライバーは、ＨＲＫは国家の政策に奉仕する「政治的啓蒙宣伝機関」に変わるべきだと要求した。[122] したがって幹部会もナチ政権の「個別諸組織」との交渉にはいるべきであった。全国委員会メンバーの多数が、ＨＲＫは「その活動の枠内で国家の外交ならびに境界闘争政策、とくにヴェルサイユ条約の修正やドイツの同権を求めての闘いをさまざまな提案や意見表明を通じて促進する」というブラックマンとシュライバーの決議に同意したにもかかわらず、マイネッケとオンケンは、「実際的な活動は個々の団体に」まかせ、HRKは「純粋に学術的委員会」に留まるべきだという立場に固執した。HRKがナチ政権の領土回復を目指す諸団体に思うままに操られるようになるという恐れには十分根拠があった。ブラックマンは、ナチ政権に新設された民族強化政策担当諸団体と協力して「東方研究」のため中央施設の設立を準備するのに、HRKのもつ名声と人材を利用しようと試みた。すでに一九三三年五月一五日に「歴史家全国委員会」は、「一九一八年から二一年までのドイツ東部諸州をめぐる闘争」問題に取り組む「戦後史研究所」を設立した。(123) これはさらにブレスラウとケーニヒスベルクに設けられる「地方支所」によって補強されるはずだった。マイネッケとオンケンはいわゆる「戦後史研究」の方針決定権を自らの手に握ろうとしたが、総指揮権は事実上ポツダムのライヒ文書館の上級文書官エーリヒ・オットー・フォルクマンに譲られてしまった。この人物が兼務で「ドイツ東部同盟」(BDO)の「学術研究局」で「近代東方史および戦後史研究」部長だったことは、(124)「歴史家全国委員会」内でもおそらくブラックマンしか知らなかったと思われる。公式にはBDOは「ドイツ東《オスト》マルク協会」やシュレージエン、ならびに東・西プロイセンの難民諸団体の後継者として「ドイツ民族に東方での精神史および領域史の諸問題を周知」させる任務を引き受けていた。しかし非公式にこの団体はすでに以前から――「在外ドイツ人協会」と密接に協力しながら――ナチ政権の東方での修正主義政策を秘密裏に進めていた。(125)

一九三四年末までマイネッケとオンケンが「東部同盟」の偽装研究所を「歴史家全国委員会」の枠内に設けようとするいかなる試みも受けつけなかったので、ブラックマンと「東部同盟」総裁でナチ党外交局部長のフランツ・リュトケは一九三三年の秋以降「東方研究」のため別の中央施設設立を目指した。(126) この計画はシュタイナッハーやカール・ハウスホーファーに支持された。「在外ドイツ人協議会」の代表として二人はルドルフ・ヘスから、ナチ政権の秘密少数民族政策を再組織するよう委託を受けた。(127) 計画中の中央研究施設の将来の協力者とみなされていたフリッツ・レーリヒにブラックマンが一九三三年七月一四日に述べたのによれば、将来東方史に係わるすべての学問的仕事は「ドイツ東部同盟の認可」を必要とする上、あらゆる資料を東部同盟が無制限に利用できるはずだった。(128) この研究施設は非公式にとはいえ、ライヒ諸官庁および民族問題に係わる諸団体に、ポーランドやバルト諸国の人口政策関係の統計、覚書、宣伝資料を用立てるはずだった。その代わりここで働く歴史家には、新ライヒ政府から、東部ドイツの研究諸施設、大学研究室や講座に対し学術政策上の支配権を漸次行使することが認められた。一九三三年一二月一九日「北東在外ドイツ民族研究振興会」の設立式典でブラックマンは宣言した。「われわれの目的は［ヨーロッパ］北東部のドイツ民族研究にたずさわる学者の総力を即時結集して、一つの目標に向けられた真に創造的活動を生みだすことだが、これは緊急必要事である。この構想の実現には、ヒトラー総統が新生ドイツの東方政策の目標を明らかにされて以来、もはやいかなる躊躇・逡巡もありえない」[129]。実際ブラックマンは一九三三年末までにベルリンからリガまで諸大学の歴史研究室や学科、「歴史家全国委員会」所属の研究諸施設、シュレージエン、東・西プロイセンの諸歴史家委員会、さらにダンツィヒやバルト諸国出身の歴史家たちを「北東在外ドイツ民族研究振興会」に統合することに成功した。

これとともに彼は「歴史家全国委員会」の解体に青信号を出し、一九三四年一月一二日マイネッケに「信頼関係」の終了を通告した。このときまた彼は「歴史家全国委員会」との協力や『史学雑誌』の共同編集も打ち切った[130]。一敗地にまみれたワイマル史学の最長老は、歴史学をナチ支配下に組みこもうとするブラックマンの努力をトライチュケがかつて『史学雑誌』をわがものにしようとした企てに比較し、あきらめをこめて、厳格な歴史学もナショナリズムの闘いの場に上らざるをえないことがある、たとえそれが「歴史像を不可避的にゆがめる」ことになっても[131]、と述べた。マイネッケの落胆は、「歴史家全国委員会」を政治の道具にしようとするブラックマンの企図が、けっして単にこの機関の抱える人材を確保するだけでなかったことを示していた[132]。ブラックマンの攻撃はむしろナチ党の有力組織によって擁護され、それは明らかに理性の共和派がにぎる学術政策上の支配権を打破し、歴史学になんとしても東部の民族闘争を支持させせようとしていた[133]。この闘いでは「ドイツ・アカデミック・ギルド」周辺のケーニヒスベルク民族史家の「若き世代」に指導的役割が与えられた。ブラックマンがプロイセンの学者政治家の年長世代の代表として、国家行政のなかで「歴史家全国委員会」がもつ制度的正統性にたえず疑義を唱えつづけたのに対し、「若き世代」は新生ドイツの未来のエリートとして自分たちの権力要求を強めた。

テオドーア・オーバーレンダーが「ドイツ東部同盟」の東プロイセン・地方指導者に任ぜられた——その直後彼は「在外ドイツ人協会」の地方支部長も引き受けた——後、シュタイナッハーは彼を「北東在外ドイツ民族研究振興会」幹部会に呼び入れた[134]。オーバーレンダーはまもなくケーニヒスベルクの若手歴史家たちの新しい師匠格にのし上がった[135]。ハンス・ロートフェルスは、ケーニヒスベルク民族史家の「若き世代」に求められた犠牲の羊だった。ブラックマンはロートフェルスを弁護したが、結局彼の解職を止められなかった。「私はあなたのことをたびたび考え、このどうしようもない事態を変えようと努力しました」[136]。落胆しながらロートフェルスはケーニヒスベルクの弟子たちの前で忘れがたい告別演説を行った。彼は学生や大学院生たちに「東方に新秩序を樹立するこの重要きわまりない課題は自分の解職にもかかわらず依然有効である」と保証した。彼は声をはり上げ、自分は「他の部署で」東方の新秩序のため働きつづけると約束した。その上、彼は学生たちへのはなむけに「わが歴史教室はこの闘いでいつも最前線に立つべきだ」という戒めをおくった[137]。

事実、一九三四年以降はりきって民族史のパラダイムの勝利とその貫徹につとめたのはとりわけハンス・ロートフェルスの弟子たちだった。このパラダイムには、テオドーア・シーダーがオットー・ヘッチュに対し一線を画して述べたように、以下のような発想と理論が含まれていた。すなわち民族闘争を人類史の原動力（血と土）として承認すること、ならびに「東方」のドイツ人植民活動の過程で「ティルジットからパッサウまで、スラヴ人の影響を免れた自由の前線」が形成されたとする認識、この二つである。[138] 一方、ルドルフ・クレーマーは、政治史をできるだけ客観的に書くというこれまでの理念を捨てる必要を、神話、英雄的精神、行為そして「領域空間に備わる使命」への独特な指摘でもって補強した。彼はマイネッケやゲルハルト・リッターに対する闘争宣言のなかでこの考えを、あらゆる「本物の民族史」は「民族の直接的運命から共通の領域内での諸国民の闘争と栄枯盛衰にいたる道」をたどらねばならない、という形でまとめた。[139]「東方」の諸民族をドイツに指導された国家連合に無理やり、しかし平和的に、統合するという、ケーニヒスベルクの「若き世代」の民族史家たちに共通の考えは結局無駄だった。ロートフェルスの弟子たちは、国民社会主義者が中欧の「新秩序」の概念を「民族の耕地整理（再配置）」と結びつけ、平和共存の必要をまったく認めないことを知っていたにもかかわらず、ナチ政権に近づこうとした。すでに一九三四年にエーリヒ・マシュケは「在外ドイツ人協会」の機関誌で、民族史研究を「東方」で民族闘争の信頼できる道具として用いる要求を一段と強めた。彼の考えでは、中世以来のドイツ東方植民事業の人口統計学的、社会的、文化的構造の綿密な分析を利用すれば、「ワルシャワがドイツ人のもので」、それを再ゲルマン化する可能性があることは容易に証明されよう。「しかし民族は、それが生命力ある世代として活動しているかぎり、われわれにとって単なる現象ではない。それは命にあふれる統一体として未来のまだ生まれていない世代同様、過去の世代をも含む。ドイツ民族――それはまた過去数百年、ポーランド国内でドイツ人として生き、成果をあげてきたあの何十万の人々でもある。ドイツ民族は永遠の統一体として、ポーランドの土地に何世代ものあいだ埋もれてきたドイツ人をいまやとり戻そうとしている[140]」。

（1）　ライヒ司法省よりナチ党総統代理および自由都市ダンツィヒ市長ヘルマン・ラウシュニング宛一九三四年八月九日付通告（ベルリン＝ダーレム国立文書館 GStA Berlin-Dahlem, Rep. 76 Va, Sekt. II, Tit. IV, Abt. IV, Nr. 21, Bd. XXXIV, Bl. 449）：なおハンス・モムゼンの基礎的研究、Hans Rothfels, in: Hans-Urlich Wehler (Hg.), *Deutsche Historiker*, Bd. IX, Göttingen 1982, S. 138f. を参照。

（2）　ロートフェルスよりケーニヒスベルク大学事務局長宛一九三三年四月四日付書簡（GStA Berlin-Dahlem, Rep. 76 Va, Sekt. II, Tit. IV, Nr. 21, Bd. XXXIV, Bl. 100）。

（3）　ルドルフ・クレーマーとエーリヒ・マシュケがケーニヒスベルク大学ドイツ学生団体宛に送った一九三三年四月三日付決議（Ebenda, Bl. 117ff.）。

（4）　ケーニヒスベルク大学事務局長の文部大臣宛一九三三年四月八日付書簡（ebd. Bl. 112）とコーンウェル・エヴァンスのヨアヒム・フォ

ン・リッベントロープ宛一九三四年七月一四日付書簡（ebd. Bl. 112f.）およびドイツ学術交流会（ベルリン）のプロイセン文部省宛の一九三四年八月一八日付申し入れ（ebd. Bl. 109）。

（5）自由都市ダンツィヒ市長のライヒ文部大臣宛一九三四年七月一八日付書簡（ebd. Bl. 448）。元親衛隊大佐ヘルマン・ラウシュニングは、保守革命陣営の民族主義運動とナチ党との仲介者の役割を果たしてきたが、一九三四年秋ダンツィヒ大管区長官で狂信的反ユダヤ主義者アルバート・フォスターとの個人的対立で失脚に追いこまれた。

（6）ナチ党全国指導部（ミュンヘン）より文部大臣ベルンハルト・ルスト宛一九三四年二月二三日付通告（ebd. Bl. 365）。

（7）第一次大戦の従軍将校ロートフェルスにはその後も給与の支給が保証されたうえ、一九三八年までプロイセン邦立文書館元館長および「北東ドイツ民族研究振興会」会長アルバート・ブラックマンの庇護のもと右記文書館で史料研究を続けることができた。この特典に与れたのは彼の他ハンス・ヘルツフェルトとベルンハルト・シュルツェの二人だけだった（GStA Berlin-Dahlem, Rep. 178v, Bd. 1, Nr. 13, Bl. 158ff.）。ロートフェルスについては次の最近の研究も参照せよ。Karen Schönwälder *Historiker und Politik. Geschichtswissenschaft im Nationalsozialismus*, Frankfurt a. M./ New York 1992, S. 53ff; Willi Oberkrome *Volksgeschichte. Methodische Innovation und völkische Ideologisierung in der deutschen Geschichtswissenschaft 1918-1945*, Göttingen 1993, S. 96. また、ビスマルク社会政策の起源という、二〇年代のロートフェルスにとり重要な問題については Lothar Machtan 'Hans Rothfels und die sozialpolitische Geschichtsschreibung', in: Ders. (Hg.) *Bismarcks Sozialstaat. Beiträge zur Geschichte der Sozialpolitik und zur sozialpolitischen Geschichtsschreibung*, Göttingen 1994, S. 161-208.

（8）従来の研究で軽視されてきたこの学生組合に初めて注目したのはユルゲン・ロイレッケである。Jürgen Reulecke, "Hat die Jugendbewegung den Nationalsozialismus vorbereitet?" Zum Umgang mit einer falschen Frage, in: Wolfgang R. Krabbe, (Hg.) *Politische Jugend in der Weimarer Republik*, Dortmund 1993, S. 222-243.

（9）Fritz K. Ringer, *Die Gelehrten. Der Niedergang der deutschen Mandarine 1890-1933*,［西村稔訳『読書人の没落』名古屋大学出版会、一九九一年］München 1987, S. 59f.

（10）これについては下記を参照。Hans Mommsen, *Die verspielte Freiheit. Der Weg der Republik von Weimar in den Untergang*, Frankfurt a. M./ Berlin 1990, S. 101-140; Richard Bessel 'Die Krise der Weimarer Republik als Erblast des verlorenen Krieges, in: Frank Bajohr (Hrsg. u. a.), *Zivilisation und Barbarei. Die widersprüchlichen Potentiale der Moderne*, Hamburg 1991, S. 98-111.

（11）Thomas Fenske, "Der Verlust des Jugendreiches. Die bürgerliche Jugendbewegung und die Herausforderung des Ersten Weltkrieges", in: *Jahrbuch des Archivs der deutschen Jugendbewegung* 16, 1986 / 87, S. 205f. フェンスケの計算によれば、出征した九千人の旧ワンダーフォーゲル団員の内――行方不明も含め――二二五〇名、すなわち約三分の一が死亡した。だが研究者によって数字のばらつきは大きい。たとえば Robert Wohl, *The Generation of 1914*, Cambridge / Mass. 1979, S. 48 によれば、ワンダーフォーゲル出征者は一万五千人にのぼり、そのうち三分の一だけが生還した。

（12）E. Günther Gründel, *Die Sendung der Jungen Generation. Versuch einer umfassenden revolutionären Sinndeutung der Krise*, München 1932, S. 30f., insbesondere S. 48. また Stefan Breuer, *Anatomie der Konservativen Revolution*, Darmstadt 1993, S. 113ff. をも参照。

（13）Günter Franz, "Jugendbewegung und Universität", in: Werner Kindt, *Die Deutsche Jugendbewegung von 1920 bis 1933. Die bündische Zeit* (= *Dokumentation der Jugendbewegung* III),

Düsseldorf / Köln 1974, S. 1316.

(14)　このいわゆる追随者非難はナチ宣伝家たちによって一九三三／三四年から大々的に利用されるようになったが（Ernst Krieck, “Schöpferliches Epigonentum”, in: *Volk im Werden*, 3, 1935, S. 322f. und Walter Frank, *Kämpfende Wissenschaft. Mit einer Vorrede des Reichsführers Baldur von Schirach*, Hamburg 1934を参照）、この言葉はすでに一九一七年以来「全ドイツ協会」の「勝利の平和」主張者たちのキャッチ・フレーズに入っていた（これについてはFriedrich Meinecke, “Reich und Nation seit 1971”, in: *Internationale Monatsschrift für Wissenschaft Kunst und Technik*, 11, 1917, S. 909-1116を参照）。

(15)　Stephan Breuer, *Anatomie der konservativen Revolution*, S. 25ff. を参照。

(16)　Sigrid Bias-Engel, “Studenten im Krieg. Zur Situation der studentischen Jugendbewegung im Ersten Weltkrieg”, in: *Jahrbuch des Archivs der deutschen Jugendbewegung*, 16, 1986 / 87 (241-250), S. 250; なおWerner Conze, “Jugendbewegung-politisch gesehen. Auf dem Wege zum politischen Realismus”, in: *Deutsche Studentenzeitung*, 5, Heft 19 vom 6. Oktober 1950, (8-10) S. 9f. (Archiv der deutschen Jugendbewegung, Witzenhausen, Personalmappe Conze.)を参照。

(17)　Hellmuth Mayer, “Deutsch! Wehrhaft! Fromm! Rede auf dem Bundestag Ernting 1921 in Hammelburg” (= *Flugschriften der Deutsch-Akademischen Gildenschaft*, Nr. 1), Würzburg 1921, S. 7. (Archiv der Deutschen Jugendbewegung, Witzenhausen A 2-107 / 1)

(18)　Kindt, *Die Deutsche Jugendbewegung*, S. 1371（注13の文献）.

(19)　Joseph Eugen Held, *Die Entwicklung der Deutsch-Akademischen Gildenschaft von den ersten Anfängen bis heute*, S. 4f. (= Flugschrift Nr. 2 der Deutsch-Akademischen Gildenschaft), Würzburg 1922 (Archiv der deutschen Jugendbewegung, Witzenhausen, A 2-10712, Nr. 2); Karl Thums, “Der Weg der Deutsch-Akademischen Gildenschaft, Grundsatz-Referat, gehalten auf dem Gildenschaftbundestag in Herborn vom 24. Mai 1958”, in: *Der neue Bund*, 7, 1958, S. 6f. (Sonderdruck), (Ebenda, Nr. 11).

(20)　以下を参照：“Die Gilden des Großdeutschen Gildenringes”, in: *Die Kommenden*, Folge 45, o. J. u. Ort, S. 537 (Archiv der deutschen Jugendbewegung, Witzenhausen, A 2-53 / 1, 5a); Theodor Schieder, Vom politischen Wesen der Gilde, in: *Jungnationale Stimmen* 5, 1930, S. 86ff. und Hans Gerd Techow, “Gildenschaft — einst und heute”, in: *Der neue Bund* 7, 1958 (Sonderdruck), S. 1f. (Archiv der deutschen Jugendbewegung, Witzenhausen, A 2-10712, Nr. 2); Werner Kindt, *Die Deutsche Jugendbewegung*,（注13の文献）S. 1371f.

(21)　フリードリヒ・ヴェーバーについてはKindt, *Die Deutsche Jugendbewegung*（注13の文献）S. 1371を参照。テオドーア・オーバーレンダーにかんしてはハインリッヒ・ヤンツェンの辞典参照：Heinrich Jantzen, *Namen und Werke. Biographien und Werke zur Soziologie der Jugendbewegung*, Bd. 4, Frankfurt a. M. 1977, S. 195-200. なお次の二つの文書館にあるオーバーレンダー関係個人資料も非常に有益である：Außenstellen des Bundesarchivs Berlin Document Center (0-2971, S. 189a) und Dahlwitz-Hoppegarten, Zwischenarchiv NS-Akten (ZA v 171).

(22)　以下を参照：*Chronik und Dokumentation der Deutschen Hochschulgilde Skuld / Hermann Balk zu Königsberg in Preußen für die Jahre 1921 bis 1935* von 1975 / 76, S. 1. およびdie “*Gründergeneration*” (Archiv der Deutschen Jugendbewegung, Witzenhausen, A 2-53 / 6, Nr. 3)の最初の記録を主とする付録。

(23) 以下を参照：Werner Kindt, *Die Deutsche Jugendbewegung*（注13の文献）S. 1374; Otto-Ernst Schüddekopf, *Linke Leute von Rechts. Die nationalrevolutionären Minderheiten und der Kommunismus in der Weimarer Republik*, Stuttgart 1960, S. 208f.; Hans Gerd Techow, *Der Gedankenkreis der Deutschen Gildenschaft. Weg und Bekenntnis Deutscher Burschen*, o. O. 1934, S. 33.

(24) Günther Franz, "Jugendbewegung und Universität", in: Kindt, *Die Deutsche Jugendbewegung*（注13の文献）S. 1316f.

(25) Michel H. Kater, *Studentenschaft und Rechtsradikalismus in Deutschland, 1918-1933*, Hamburg 1975, S. 20; なお注45も参照。

(26) これと並んで "die Darstellung des Großdeutschen Gildenringes", in: *Die Kommenden*, Folge 45, o. J u. O., S. 537（Archiv der deutschen Jugendbewegung, Witzenhausen, A 2-53 / 1, 5a）も見よ。

(27) *Hochschulpolitisches Programm der Großdeutschen Gildenschaft o. D.*（Archiv der deutschen Jugendbeweg ung, Witzenhausen, A 2-107 / 2）

(28) Detlev J. K. Peukert, *Die Weimarer Republik*, Frankfurt a. M. 1987, S. 94ff.［小野清美他訳、『ワイマル共和国』名古屋大学出版会、一九九三年］；なお同時代人ギュンター・グリュンデルの分析も的を射ていた：E. Günther Gründel, *Die Sendung der Jungen Generation*, München 1932. そしてグリュンデルはシュマールの書いた書評『若い世代』によって「タート・クライス」に受け入れられた："Die junge Generation"（von E. Schmahl, in: *Die Tat*, 24, 1932 / 33, S. 429-432）.

(29) Mathias von Hellfeld, *Bündische Jugend und Hitlerjugend. Zur Geschichte von Anpassung und Widerstand 1930-1939*, Köln 1987, S. 47f. を参照。

(30) Walter Kayser, Seht an, die Fahne weht! Zum Bundestag des Jungnationalen Bundes Pfingsten 1929 in Lüneburg, in: *Jungnationale Stimmen*, 4, 1929, S. 138.

(31) Theodor Schieder; Vom politischen Wesen der Gilde, in: *Jungnationale Stimmen* 5, 1930, S. 87.

(32) 以下を参照：Rudolf Craemer: Einsatz der jungen Nation, in: *Jungnationale Stimmen*, 4, 1929. S. 329-333; Karl Heinz Pfeffer: Hans Freyer, ein Deuter unserer Zeit, in: *Jungnationale Stimmen*, 6, 1931, S. 343-354 および Karl Troebs auf S. 12 des ersten "*Gildenschaftlichen Aussprachebriefes*" von Januar 1932: トレーブスはいう：「未来のため現在の民族と国家に奉仕するのには保守的であっても――政治の全般的変革のためには革命的に、われわれは道徳的秩序を実現する権力として政治を目指すことを公然と認める」。（Archiv der deutschen Jugendbewegung Witzenhausen, 400581 / 1）.

(33) キント（注13の文献）の人名付録中の項目 "Günther Pacyna" を参照：Kindt, *Die deutsche Jugendbewegung*, S. 1385f.

(34) Theodor Schieder, Deutsche Hochschulgruppe "Greif", München, Bericht der D. H. G. Greif, in: *Gemeinsamer Rundbrief der Gilden des Arbeitsabkommens*, I. Folge, Februar 1930, S. 9-12 (Archiv der deutschen Jugendbewegung, Witzenhausen, 400242 / 1).

(35) 「大ドイツ・ギルド」*Großdeutschen Gilden* のバルト旅行については次を参照：Dietrich von Bern / Berlin, Hermann Balk / Königsberg und Volker von Alzey / Marburg im August 1930 (Archiv der deutschen Jugendbewegung, Witzenhausen, A 2-53 / 1, Nr. 4e: "*Unsere Baltikumfahrt 1933—Fahrtenbericht der Deutschen Hochschulgilde Werwolf zu Berlin*", Archiv der deutschen Jugendbewegung, Witzenhausen, A 2-107 / 3, Nr. 3)

(36) 一九二六年から三三年まで月刊雑誌『ユング・ナチオナール・シュティンメン』が「青年国家同盟」と「ドイツ・アカデミック・ギル

ド」によって発行された。一九三〇年以降、諸ギルドは『協定（締結）ギルド間の合同廻章』を通じて情報、イデオロギー論争、スクーリング報告や日常のグループ動静を知らせあった。これについてはキント（注13の文献）所収、諸ギルドの「刊行物」をも参照：Kindt, *Die Deutsche Jugendbewegung*, S. 1387.

(37) Armin Mohler, *Die Konservative Revolution in Deutschland 1918-1932. Grundriß ihrer Weltanschauung*, Stuttgart 1950, S. 92f., 166ff., 172ff.; また Kurt Sontheimer, *Antidemokratisches Denken in der Weimarer Republik*, 3. Aufl., München 1992, S. 26f. をも参照。

(38) これについてはSchüddekopf, *Linke Leute von rechts*（注23の文献）S. 239を参照。

(39) Eberhard Kolb, *Die Weimarer Republik*, München / Wien 1984, S. 70f., 116.［柴田敬二訳『ワイマル共和国史』刀水書房、一九八七年］

(40) Erklärung der Jugend, in: *Jungnationale Stimmen*, 5, März 1930, S. 65 bis 66.

(41) また Schüddekopf, *Linke Leute von rechts*（注23の文献）S. 235 u. 466を参照。これについてはヤンツェン（注21の文献）所収「ペーテル」の人物描写を見よ：Jantzen, *Namen und Werke*, Bd. 3, S. 255ff.

(42) Heinz Dähnhardt, "Die Lage", in: *Jungnationalen Stimmen*, 5, März 1930, S. 66-68; Ernst Niekisch, "Deutsches Schicksal", in: *Jungnationalen Stimmen*, 5, März 1930, S. 69-72を参照。

(43) Karl Hepp, "Der deutsche Lebensraum", in: *Jungnationale Stimmen*, 4, 1929, S. 304-307.

(44) Karl Brandi, "Das Reichsproblem", in: *Jungnationale Stimmen*, 3, 1928, S. 287.

(45) これについてはMichael H. Kater, "Bürgerliche Jugendbewegung und Hitlerjugend in Deutschland von 1926 bis 1939", in: *Archiv für Sozialgeschichte*, 17, 1977, S. 139をも参照。カーターは彼の問題意識にひそむ視野の狭さから、すなわち彼が同盟指導者間の増大する意見の対立および彼らのヒトラー・ユーゲントとの競争現象を重視しすぎたため、この過程をもっぱら組織の分裂縮小と見ている。分裂縮小はたしかに「ドイツ・アカデミック・ギルド」には当てはまるが、それは条件付きである。すなわち同盟系の学生や大卒知識人の受け皿としてギルドはたしかに分裂しやすかったが、一方それは比較的自律的で強固なミリュー（小世界）をつくっていた。そのため反ヤング案運動の失敗は、一九二八／二九年以来始まっていた、ギルドの枠内での政治グループのイデオロギーならびに組織的強化過程を促進しさえしたのである。

(46) Rudolf Craemer, "Für Tag und Stunde", in: *Jungnationale Stimmen*, 5. November 1930, S. 322.

(47) テオドーア・シーダーは一九三〇年三月から一〇月までの間あの短命な民族保守連合のメンバーだった。（BA, Abt. Dahlwitz Hoppegarten, Zwischenarchiv NS-Akten, ZAV 157, S. 1ff.）「民族保守連合」は青年民族主義運動の政治的・組織的環境から出てフェルキッシュな保守政党をつくろうとしたはかない試みだった。Mathias von Hellfeld, *Bündische Jugend und Hitlerjugend*, S. 60も参照。

(48) Theodor Schieder, "Vom politischen Wesen der Gilde", in: *Jungnationale Stimmen*, 5, März 1930, S. 89. このときシーダーは自信をもって学生同盟の生活様式が強まるナチ党の支配下に陥るのを防ぐことができた。もっとも一九三〇年にはナチ党もナチ学生運動もまだ急進民族主義諸グループの小世界を思いのままに牛耳れるほど強力ではなかったが。この局面にかんしてはJürgen Reulecke, "Hat die Jugendbewegung den Nationalsozialismus vorbereitet?",（注8の文献）S. 227を参照。

(49) Hans Dombois, "Zehn Jahre Gildenschaft", in: Gemeinsamer Rundbrief des Arbeitsabkommens, 2. Folge, Mitte November 1930,

S. 14 (Archiv der deutschen Jugendbewegung, Witzenhausen, 400242 / 1).

(50) Theodor Schieder, "Gedanken über die Grundlagen unserer Gemeinschaft", in: Gemeinsamer Rundbrief des Arbeitsabkommens, 2. Folge, Mitte November 1930, S. 16 (ebd.).

(51) ヤング案以来、とりわけ同盟派の民族革命ないし青年民族主義グループの有力指導者たちならびに個々のギルド会員でヴェルサイユ条約の修正を求めて『ユング・ナチオナール・シュティンメン』誌上でくり広げる政治議論や態度表明がきわだって増加した。オーバーレンダー、シーダー、クレーマーのグループについては次を参照：*Kleine Chronik der Deutschen Hochschulgilde Skuld / Hermann Balk zu Königsberg von 1921 bis 1935*, S. 3 (Archiv der Deutschen Jugendbewegung, Witzenhausen, A 2-53 / 6, Nr. 3).

(52) Theodor Schieder, "Unsere Stellung zum Nationalsozialismus", in: Gemeinsamer Rundbrief der Gilden des Arbeitsabkommens, 1. Folge, Mitte Februar 1930, S. 19 (Archiv der deutschen Jugendbewegung, Witzenhausen, 400242 / 1).

(53) Hans-Erich Volkmann, "Deutsche Agrareliten auf Revisions- und Expansionskurs", in: Broszat, M u. a. (Hg.): *Die deutschen Eliten und der Weg in den Zweiten Weltkrieg*, München 1989, S. 334ff.

(54) Harry Pross, *Jugend Eros Politik. Die Geschichte der deutschen Jugendverbände*, Bern / München / Wien o. J., S. 305ff.

(55) Giselher Wirsing, Stadt und Land in Ostdeutschland, in: *Jungnationale Stimmen*, 5, Augsut 1930, S. 236f.

(56) Gottfried Reinhold Treviranus, "Volk und Siedlung", in: *Wirtschaftsfragen der Zeit*, 7, 1926, S. 2ff.; また彼の自伝も参照："*Das Ende von Weimar. Heinrich Brüning und seine Zeit*, Düsseldorf / Wien 1968, S. 95, 344.

(57) "Die Notlage der preußischen Ostprovinzen", in: *Zeitschrift für Kommunalwirtschaft*, 20, 1930, Sp. 313-320 を参照。

(58) Gustav Giere, Die Not der preußischen Ostprovinzen, in: *Jungnationale Stimmen*, 5, 1930, S. 94.

(59) ギルド・「グリフィン」が急進修正主義的な在外ドイツ人諸団体と提携して行った東方への転換は、あるいはミュンヘン・オーバーランド・クライスへの接近と関係していたかもしれない。「グリフィン」と「オーバーランド」はテオドーア・オーバーレンダーおよびフリードリヒ・ヴェーバーを通じてたがいに堅く結びついていた。しかし反ヤング案闘争の失敗の後、オーバーラント同盟の内部でニーキッシュ派とフリードリヒ・ヴェーバーの間で深刻なイデオロギー対立が起こった。オーバーラント同盟の、ニーキッシュのまわりの親ソ、ナショナル・ボルシェヴィキ派への接近はフリードリヒ・ヴェーバーの脱退とともに有力な同調者カール・ハウスホーファーの離反を招いた。ヴェーバーは一九三三年から「ドイツ・アカデミック・ギルド」の議長を引き受け、ニーキッシュは反修正主義抵抗戦線という点では依然「革命的」であり続けた。これに対しナチ指導部や国家国民党そして鉄兜団は合法路線に転換した。これについては以下を参照：Hans-Adolf Jacobsen, *Karl Haushofer. Leben und Werk*, Bd. 1, Boppard a. Rh., 1979, S. 201f. (Bd. 2. S. 94); Schüddekopf, *Linke Leute von Rechts* (注23の文献) S. 366ff. さらにテオドーア・シーダーやギーゼルヘア・ヴィルジング（「タート・クライス」の東欧専門家）そしてテオドーア・オーバーレンダー（「ドイツ東部同盟」および「在外ドイツ人協会」のポーランド・ロシア専門家）も「グリフィン」（ミュンヘン）および「スクルド」（ケーニヒスベルク）のメンバーだった。

(60) Theodor Schieder, "D. E. G. Greif", in: Gemeinsamer Rundbrief der Gilden des Arbeitsabkommens, 2. Folge, Mitte November 1930, S. 5f. (Archiv der deutschen Jugendbewegung, Witzenhausen,

400242 / 1).

(61) Karl Haushofer, Das Dritte Reich, in: *Wege und Ziele des Bund Oberland*, München 1926, S. 5-13; なおクラウス・シュヴァーベの示唆に富んだ分析を参照：Klaus Schwabe, “Deutsche Hochschullehrer und Hitlers Krieg (1936-1940)”, in: Broszat: *Die deutschen Eliten und der Weg in den zweiten Weltkrieg*（注53の文献）S. 308f.

(62) Walter Recke, *Die polnische Frage als Problem der europäischen Politik*, Berlin 1927, S. 323ff.

(63) Karl Haushofer, *Grenzen in ihrer geographischen und politischen Bedeutung*, Berlin 1927 を参照。

(64) Hans Dombois, Zehn Jahre Gildenschaft, in: Gemeinsamer Rundbrief des Arbeitsabkommens, 2. Folge, Mitte November 1930, S. 14 (Archiv der deutschen Jugendbewegung, Witzenhausen, Nr. 400242 / 1);「学生の東方活動」についてはなお：Helmut Laue, “Möglichkeiten studentischer Ostarbeit”, in: *Jungnationale Stimmen*, 5, August 1930, S. 253-255 を参照。

(65) Hans Lades, “Ostfront”, in: *Jungnationale Stimmen*, 5, 1930, S. 209.

(66) Otto von Huhn, “Die Gilde Freischar und die Aufbauarbeit in ihrer Heimat”, in: Gemeinsamer Rundbrief des Arbeitsabkommens, 2. Folge, Mitte November 1930, S. 10, 12.

(67) Baltikumfahrt der Großdeutschen Gilden Dietrich von Bern / Berlin, Hermann Balk / Königsberg und Volker von Alzey / Marburg im August 1930, S. 15 (Archiv der deutschen Jugendbewegung, Witzenhausen, A 2-53 / 1, Nr. 4e).

(68) So stehen wir auf für das Lebensrecht...（「かくてわれらは生存権をもとめて起つ……」), in: Liedertexte der Deutschen Hochschulgilde Werwolf aus Berlin (Archiv der deutschen Jugendbewegung, Witzenhausen, A 2-107 / 3, Nr. 7).

(69) Bericht über den letzten Abend der Baltikumfahrt, festgehalten von Wolfgang Funke im Juli 1980 in Brunn / Ruppin, in: Baltikumfahrt der Großdeutschen Gilden Dietrich von Bern / Berlin, Hermann Balk / Königsberg und Volker von Alzey / Marburg im August 1930 (Archiv der deutschen Jugendbewegung, Witzenhausen, A 2-53 / 1, Nr. 4e).

(70) Ebd., S. 16.

(71) Baltikumfahrt der Großdeutschen Gilden Dietrich von Bern / Berlin, Hermann Balk / Königsberg und Volker von Alzey / Marburg im August 1930 (Archiv der deutschen Jugendbewegung, Witzenhausen, A 2-53 / 1, Nr. 4e).

(72) Konrad Hoffmann, Was uns die Fahrten ins Baltenland und das Studium seiner Geschichte bedeuteten, aus: Hans Rothfels gewidmete Retrospektiven, S. 34ff. (BA Koblenz, NL Rothfels, 142).

(73) Werner Essen, in: *Jungnationale Stimmen*, 6, März 1931, S. 65f.

(74) Konrad Hoffmann, Was uns die Fahrten ins Baltenland und das Studium seiner Geschichte bedeuteten, S. 34ff. (BA Koblenz, NL Rothfels, 142).

(75) M. Walter, “Was man aus uns im Auslande macht”, in: *Janaukas Stimmen*, Nr. 52 vom 6. 3. 1931. Anlage zum Bericht der deutschen Gesandtschaft in Estland, gez. von Duckwitz (GStA Berlin-Dahlem, Rep 76 Va, Sekt. II, Tit. IV, Abt. IV, Nr. 21, Bd. 23, Bl. 298 ff.).

(76) 一九三一年五月三一日、ハンス・ロートフェルスからケーニヒスベルク大学事務局長へ(GStA Berlin-Dahlem, Rep 76 Va, Sekt. II, Tit. IV, Abt. IV, Nr. 21, Bd. 23, Bl. 299ff.)。

(77) 一九三一年八月一五日、文部大臣（ベルリン）から外務省へ(GStA Berlin-Dahlem, Rep 76 Va, Sekt. II, Tit. IV, Abt. IV, Nr. 21,

Bd. 23, Bl. 302)。

(78) 注76を参照。

(79) Klaus Blicke, "Deutscher Besitz in lettischer Hand", in: Unsere Baltikumfahrt 1933 / Fahrtenbericht der Deutschen Hochschulgilde Werwolf zu Berlin, S. 7f.（Archiv der deutschen Jugendbewegung, Witzenhausen, A 2-107 / 3. Nr. 3).

(80) Hans Rothfels, "Das Auslandsdeutschtum des Ostens", in: Ders.: *Ostraum, Preußentum und Reichsgedanke. Historische Abhandlungen, Vorträge und Reden*, Leipzig 1935, S. 121ff.; ロートフェルスの主張はリガのドイツ系バルト出身学生向けスクーリング集会でさらに明確にされた。そこで彼は中欧思想についての講演で初めて「ブカレストからレーヴァルまでを弧でつなぐ」新秩序構想を打ち出した。そのさい彼はヴィルジングの二つのヨーロッパ概念に依拠した。H. Rothfels, "Das Werden des Mitteleuropagedankens. Ein Vortrag", in: ders.: *Ostraum, Preußentum und Reichsgedanke*, S. 228-248, insb. S. 232を参照。

(81) Emil Popp, *Zur Geschichte des Königsberger Studententums 1900-1945*, Würzburg 1955, S. 161を参照。

(82) Max Hildebert Boehm, "Die Reorganisation der Deutschtumsarbeit nach dem Ersten Weltkrieg", in: *Ostdeutsche Wissenschaft. Jahrbuch des Ostdeutschen Kulturrates*, 5, 1958, S. 9.

(83) Hans Rothfels, "Universität und Auslandsdeutschtum", in: Ders.: *Ostraum, Preußentum und Reichsgedanke*, S. 124ff.

(84) コンツェは一九二九年から三四年までマールブルク、ライプツィヒ、ケーニヒスベルクで学んだだけでなく、リガのヘルダー研究所でも農業・村落史を研究した。（BA, Außenstelle Dahlwitz-Hoppegarten, Zwischenarchiv NS-Akten, ZA5 / 137, S. 149); Werner Conze, Hirschenhof — die Geschichte einer Sprachinsel in Livland, Berlin 1934. VDAの枠内での村落史研究のはじまりについては Walter Kuhn, "Eine Jugend für die Sprachinselforschung", in: *Jahrbuch der Schlesischen Friedrich-Wilhelms-Universität zu Breslau*, 23, 1982, S. 238, insbesondere S. 241を参照。

(85) そのさいこの学生組合は自明のことだが、政治的機能を超えて、「乏しい仕送り」しかえられない「若いギルド会員」が「豊かで声望のある先輩たち」の宅で「一度はたっぷり」食べられるよう計らう実際的な必要をも満たした。これについては die Chronik und Dokumentation der Deutschen Hochschulgilde Skuld / Hermann Balk zu Königsberg in Preußen für die Jahre 1921 bis 1935 von 1975 / 76, S. 6（Archiv der Deutschen Jugendbewegung, Witzenhausen, A 2-53 / 6, Nr. 3)を参照。

(86) これについては以下も参照。Breuer, *Konservative Revolution*（注12の文献）S. 86ff.; Wolfgang Wippermann, *Der Ordensstaat als Ideologie*, Berlin 1979.

(87) Jacobsen, *Karl Haushofer. Leben und Werk*（注59の文献）Bd. I, S. 105.

(88) Max Hildebert Boehm, *Das eigenständige Volk. Grundlegung der Elemente einer europäischen Völkersoziologie*, Göttingen 1932, Reprint Darmstadt 1965, S. 9.

(89) 一九三一年二月八日、ハウスホーファー（ベルリン）からベームへ。Jacobsen, *Karl Haushofer: Leben und Werk*（注59の文献）Bd. I, S. 105f. から引用。

(90) Harold Steinacker, Österreich und die deutsche Geschichte. Vortrag auf dem Deutschen Historikertag 1927 zu Graz, in: ders.: *Volk und Geschichte. Ausgewählte Reden und Aufsätze*, Brünn / München / Wien, 1943, S. 6.; なお Herbert Dachs, *Österreichische Geschichtswissenschaft und Anschluß 1918-1930*, Wien /Salzburg 1974, S. 210 und Gerhard Oberkofler, *Die geschichtlichen Fächer an der Philosophischen Fakultät der Universität Innsbruck 1850-*

1945, Innsbruck 1969, S. 122-132を参照。

(91) Hermann Oncken, "Staatsnation und Kulturnation. Elsaß-Lothringen und die deutsche Kulturgemeinschaft", in: ders.: *Nation und Geschichte, Reden und Aufsätze 1919-1935*, S. 251-265, insbesondere S. 252.

(92) 一九三二年三月二日、ハンス・ロートフェルス（ケーニヒスベルク）より歴史学全国委員会議長宛書簡：(Bundesarchiv, Abteilung Potsdam, 15. 06, 249, Bl. 68).

(93) Ebenda (Bl. 68 RS).

(94) ロートフェルスはこの講演を自らドイツ史解釈への貢献とみなした。Hans Rothfels, Bismarck und der Osten, ein Beitrag zu einigen Grundfragen deutscher Geschichtsauffassung, in: *Bericht über die 18. Versammlung Deutscher Historiker in Göttingen*, S. 42を参照。実際、同時代のビスマルク像にロートフェルスが付け加えた学問政策上の新解釈をこのように自ら好んで貢献と名づけるのもあながち不当とはいえない。というのもロートフェルスは当時有能な弟子グループを擁し、弟子たちがおおむね民族史の方法論と概念形成の発展に協力して成果をあげたからである。

(95) 一九三二年三月三日、ロートフェルスからブランディへ(UB Göttingen, NL Brandi, Nr. 49).

(96) *Bericht über die 18. Versammlung Deutscher Historiker in Göttingen. 2.-5. August 1932*, München / Leipzig 1933, S. 5を参照。

(97) *Bericht über die 18. Versammlung Deutscher Historiker*（注96の文献）S. 9f.; なおHans Schleier, *Die bürgerliche deutsche Geschichtsschreibung in der Weimarer Republik*, S. 75およびPeter Schumann, *Die deutschen Historikertage von 1893-1937. Die Geschichte einer fachhistorischen Institution im Spiegel der Presse*, Marburg 1974, S. 399f.をも参照。

(98) ゲッティンゲンの歴史家大会での講演・議論を特徴づけていたのはことごとに強調された現実との係わり、ならびに反スラヴ主義イデオロギーと結びついた、荘重なまでに強調された攻撃的ナショナリズムであった。たとえばエーリヒ・マシュケが公刊された自分の講演：Erich Maschke, "*Das Erwachen des Nationalbewußtseins im deutsch-slawischen Grenzraum*", Leipzig 1933, S. 3に付した前文を参照。

(99) Hermann Aubin, "Die Ostgrenze des alten Deutschen Reiches. Entstehung und staatsrechtlicher Charakter", in: *Historische Vierteljahrschrift*, 28, 1933, S. 225.

(100) Ebenda, S. 225ff.

(101) Ebd., S. 240.

(102) Ebd., S. 234.

(103) Ebd., S. 255.

(104) Ebd.

(105) Ebd., S. 238.

(106) Hans Rothfels, "Bismarck und die Nationalitätenfrage des Ostens", in: *HZ*, 147, 1932, S. 104f.

(107) Ebenda, S. 100f.

(108) Ebd., S. 96f.

(109) Hans Rothfels, "Bismarck und der Osten, ein Beitrag zu einigen Grundfragen deutscher Geschichtsauffassung", in: *Bericht über die 18. Versammlung Deutscher Historiker in Göttingen*, S. 42.

(110) ロートフェルスの論文への彼自身の「まえがき」を参照：Hans Rothfels, "*Bismarck und die Nationalitätenfrage des Ostens*"（注106の文献）S. 89.

(111) *Deutsche Allgemeine Zeitung* vom 9. 8. 1932, zit. nach Schumann, *Die deutschen Historikertage*（注97の文献）S. 399f.

(112) Hermann Rauschning, "Die Eindeutschung Westpreußens und

Posens", in: Stiftung für deutsche Volks- und Kulturbodenforschung Leipzig. Tagung in Glogau von 4.-6. Oktober 1928, S. 42-43 (GStA Berlin-Dahlem, Rep 178, xvi. 3, 3AB 4, fol. 342-343) を参照。ラウシュニングはポーランドにおける「ドイツ図書館」(die deutsche Bücherei) の代表で学術雑誌 *Deutsche Blätter in Polen* の編集者だった。彼はマンフレート・ラウベルトと共同で一九二八年以来、「民族・文化基盤研究ライプツィヒ財団」のワイマル共和国に忠実な路線を急進修正主義の方向に転換させようと無駄な努力を続けた。

(113) Hans Rothfels, "Korridorhistorie". Einige Glossen zu dem Buch "La Pologne et la Baltique", in: *HZ* 147, 1932, S. 294. ラウシュニング、ロートフェルスとヴォルツ——一九三三年からはアルバート・ブラックマンも——は、外務省か内務省から資金を受ける東方研究所の設立を目指して努力した。この計画は最初まったく進まなかった。両省ともライプツィヒ財団が急進化したり、旧帝国領にたいするポーランドの要求を防ぐため東方研究所を設立したりする必要を認めなかった。この複雑な問題にかんしては外務省の政治文書館およびプロイセン邦立文書館（ベルリン＝ダーレム）所収の内務省公文書中の「ライプツィヒ民族・文化基盤研究財団」の文書や通信記録を参照されたい。とりわけ有益なのは：*die* "Derkschrift über die Notwendigkeit der Behandlung der polnisch-wissenschaftlichen Propaganda-Literatur" (PA Bonn, R 60353. ohne fol.) および一九二八年一〇月九日付プロイセン内務省（ベルリン）のヴィルヘルム・ヴォルツ宛書簡 (GStA Berlin-Dahlem, Rep 178, xvi, 3, 3 AB 4, fol. 347f.) である。ライプツィヒ財団については、この問題は扱っていないが、情報豊かな Oberkrome, *Volksgeschichte*（注7の文献）S. 28ff. をも参照。

(114) Hans Rothfels: Der deutsche Staatsgedanke von Friedrich dem Großen bis zur Gegenwart. Vortrag für die Deutsche Welle (1933), S. 8f. (NL Rothfels, BAK, 12).

(115) シーダーが「国民社会主義に対するわれらの立場」(im "Gemeinsamen Rundbrief der Gilden des Arbeitsabkommens" von Mitte Februar 1930) で述べた反ユダヤ主義についての彼の立場は、彼が——青年保守派と国民社会主義者の間に一連のプログラム上の一致があったにもかかわらず——純粋なナチズム国家理念とは一線を画していたことを示していた。これについては Hans Rothfels, "Die Geschichtswissenschaft in den dreißiger Jahren", in: Andreas Flitner (Hg.), *Deutsches Geistesleben und Nationalsozialismus. Eine Vortragsreihe der Universität Tübingen*, Tübingen 1965, S. 97; また Sontheimer, *Antidemokratisches Denken*（注37の文献）S. 249 を参照。ゾントハイマーによれば、「異文化の影響力の行きすぎへの闘い」や「ドイツ民族の本質にたいする義務感」には「民族の実体を維持せよという要求」が続く。実際、民族イデオロギーは人種理論と結びつき、「そこでは民族の神話が血と人種の神話に変わる」。

(116) 一九三三年一月一七日にカール・ハウスホーファーが三つの「在外ドイツ民族」研究振興会にかんしアルバート・ブラックマンとかわした談話（"Besprechung mit Brackmann vom 17. Januar 1933 über die drei Forschungsgemeinschaften"）についてハンス・シュタイナッハーが書きとめた史料メモ (BA Koblenz, NL 11 84, 49, ohne fol.) を参照。「在外ドイツ人協会」が学生および大卒知識人の地域グループと協力して進めた大ドイツ民族政策の目標については H. Steinacher, "Volks-deutscher Aktivismus", in: *Deutsche Arbeit*, 7, 1932, S. 169-173 を見よ。

(117) とりわけ以下を参照：Michael Burleigh, *Germany turns Eastward*, Cambridge 1988 und ders.: Albert Brackmann (1871-1952) Ostforscher. The Years of Retirement, in: *Journal of Contemporary History*, 23, 1988, S. 573-588. 同様に Mechtild Rössler, "*Wissenschaft und Lebensraum*" *Geographische Ostforschung im*

Nationalsozialismus, Hamburg / Berlin 1990.

(118)　Hans Steinacher, “Volksdeutscher Aktivismus”, in: *Deutsche Arbeit*, 32, 1933, S. 170ff. を参照。「在外ドイツ人協会」が東ドイツの姉妹組織「ドイツ東部同盟」（Bund Deutscher Osten: BDO）とともにナチ政権の修正主義外交支持にまわるにつれ、シュタイナッハーの一九三三年四月発表の論述――すでに一九三二年一二月二二日に「在外ドイツ人協会」の選ばれた地域グループ代表の前で公表したもの――は体制に忠実な民族史の建設にとりパラダイムとしての性格をもつに至った。

(119)　Karl Dietrich Erdmann, *Die Ökumene der Historiker. Geschichte der Internationalen Historikerkongresse und des Comité; International des Sciences Historiques*, Göttingen 1987, S. 199 を参照。これについては、またブラックマン、外務省、ライヒ内務省によって作成された代表団への政治的訓令を参照：一九三二年一一月二六日付ブラックマン（ベルリン＝ダーレム）よりヘルマン・オンケン宛書簡（NStA Oldenburg, NL Oncken, 50）および一九三三年八月一二日付ベルリン＝ダーレム広報部極秘便覧（BA Koblenz, NL Rothfels, 66）。

(120)　一九三三年二月四日付ブラックマンよりヘルマン・オンケン宛書簡（NStA Oldenburg, NL Oncken, 50）を参照。

(121)　Klaus Hildebrand, *Das Dritte Reich*, 2. Aufl, München / Wien 1980, S. 5.

(122)　一九三三年三月八日の「歴史家全国委員会」（ＨＲＫ）定例会議の議事録（NStA Oldenburg, NL Oncken, 672, ohne fol., Quelle Seite 3f.）および一九三三年三月八日の全国委員会年次会議について一九三三年三月九日外務省派遣団書記ツェルヒ Dr. Zoelch が書き留めた手記（Pol. Arch. des AA, R 26972, Bl. 453569ff.）。

(123)　一九三三年年五月一五日付「戦後史研究所」の基本方針にかんする「歴史家全国委員会」草案（NStA Oldenburg, NL Oncken, 674, ohne fol., S. 1ff.）。

(124)　このことは「ドイツ東部同盟」の学術政策構想にかんする「基本方針」文書から明らかになる（BA Koblenz, R 153, 1706, ohne fol.）。

(125)　「ドイツ東部同盟」in: *Lexikon zur Parteiengeschichte. Die bürgerlichen und kleinbürgerlichen Parteien und Verbände in Deutschland (1789-1945)*, Bd. 1, Leipzig 1983, S. 308ff. を参照。

(126)　「ドイツ東部同盟」の学術研究局長も同指導部も知識人で組織能力をもつ人材をかかえていなかったので、ブラックマン、リュトケとオーバーレンダーは、体制に忠実な北東方研究に組織的に協力することに賛成する歴史家たちが、「ドイツ東部同盟」の政治的統制を受けずに、いままでどおり自主的研究を続けられるようにすることで一致した。

(127)　一九三三年一〇月一八日の極秘指令でヘスは彼の旧師カール・ハウスホーファーに「すべての国境地域・外国在住ドイツ人問題」が「在外ドイツ人協議会にまとめられる」ことを告げ、彼をただちに「会員」に任じた（BA Koblenz, R 153, 1270, ohne fol.）。

(128)　一九三三年七月一四日付アルバート・ブラックマンからフリッツ・レーリヒ宛書簡（BA Koblenz, R 153, 1701）。

(129)　一九三三年一二月一九日、ベルリンの旧貴族院で開催されたＮＯＧ設立集会でのアルバート・ブラックマンの開会演説から引用（BA Koblenz, R 153, 1546, ohne fol.）。歴史家の主席者中にはヘルマン・オーバン、オットー・ヘッチュ、ルドルフ・ケチュケ、エーリヒ・カイザー、マンフレート・ラウベルト、エーリヒ・マシュケ、ヴァルター・レッケとヴァルター・クーンがいた。民族グループ政治家としてはシュタイナッハー、クラーマー＝メレンベルク（ドイツ財団と国会東方委員会）とフランツ・リュトケ（ＢＤＯ指導者）が出席していた。政府各省の担当官ではテオドーア・ヴァーレン（ライヒ文部省）、外務省代表、エルンスト・クリーク（ライヒ宣伝省）、エルンスト・フォラーとマクス・ドネフェルト（ライヒ内務省）がいた。

(130) 一九三四年一月一二日付アルバート・ブラックマン（ベルリン＝ダーレム）からフリードリヒ・マイネッケ宛書簡（GStA, NL Brackmann, Nr. 21, Bl. 10)。

(131) Friedrich Meinecke, "Geleitwort zum 150. Jahre der Historischen Zeitschrift und zum 100. Geburtstage von Heinrich von Treitschke", in: *HZ*, 150, 1934, S. 1-9.

(132) Peter Walther, *Von Meinecke zu Beard? Die nach 1933 in die USA emigrierten deutschen Neuhistoriker*, Ph. D, SUNY Buffalo 1989, S. 228f. ヴァルターはこの問題でマイネッケのとった態度を正確に評価している。ただマイネッケの責任を軽減する根拠として、ブラックマンが彼の［学者と政治家の］「二役の使い分け」でマイネッケを巧みに窮地に追いこんだことが忘れられてはならない。

(133) 東欧でドイツが進めた民族政策の枠内で「北東在外ドイツ民族研究振興会」の活動を再構成するにはさまざまな困難を克服せねばならない。「在外ドイツ人協会」／「ドイツ東部同盟」という複雑きわまりない現象の表面をなぞっただけの従来の研究は私見ではまったく不十分である。その一例がハンス・アドルフ・ヤコブセンが注釈したハウスホーファーとシュタイナッハーの史料集であろう。東欧でドイツの行った絶滅およびゲルマン化政策、いわゆる「民族の耕地整理」のイデオロギー的、組織的起源についてわれわれの認識をより完全にするためには、一九三三年から四五年までドイツの少数民族政策の研究が依然必要である。カレン・シェンヴェルダー（*Historiker und Politik*, Frankfurt a. M./ New York 1992）やヴィリィ・オーバークローメ（Volksgeschichte, Göttingen 1993）の最近の研究も、全般的にナチ政権下で歴史家の果たした役割について重要な新評価を提起したとはいえ、この点での貢献は少ない。筆者の完成間近の博士論文（*Historiker im NS-Regime. Die deutsche Geschihtswissenschaft und der "Volktumskampf" im Osten*, Universität Halle-Wittenberg［本論文は *Historiker im Nationalsozialismus. Deutsche Geschichtswissenschaft und der "Volkstumskampf" im Osten*, Göttingen 2000 として公刊された］）では、ナチ政権下の歴史学と民族政策の関係が解明される。そこではまた、人口政策的選択肢がナチ政権下の歴史学に方法論、組織またイデオロギー的にどこまで影響を及ぼしたかという問題も扱う。この関連ではゲッツ・アリィの研究（*"Endlösung". Völkerverschiebung und der Mord an den europäischen Juden*, Frankfurt a. M. 1995）［山本尤・三島憲一訳『最終解決』法政大学出版局、一九九八年］が重要である。

(134) 一九三七年二月二六日にオーバーレンダーは「在外ドイツ人協会」と「ドイツ東部同盟」の地方支部長としてナチ党人事局により「国境地域・大管区庁幹部」の地位が確認された（BA, Außenstelle BDC, O-297 I und Ordner 222)。

(135) 一九三三年七月二八日付オーバーレンダーのブランディ宛書簡（GStA Berlin-Dahlem, Rep 76 Vc, Sekt. I, Tit. XI, Teil. VI, Nr. 13, Bl. 81)。

(136) 一九三四年七月三一日付ブラックマンのロートフェルス宛書簡（GStA, Berlin-Dahlem NL Brackmann, 29, ohne fol.)。

(137) 一九三四年七月二五日にユーディッテンでの歴史教室との別れの集いでロートフェルスが述べた別離の辞（BA Koblenz, NL Rothfels, 142)。シーダーは当時ロートフェルスを囲むささやかな集まりだったこの「別離の宴」を、「自分が若者として大学で経験したもっとも感動的な事件」と呼んでいる。これについては「テオドーア・シーダー、一九三四—四五年に自ら体験したケーニヒスベルク大学について語る」(in: *Filmdokumente zur Zeitgeschichte*, hrsg. vom Institut für den wissenschaftlichen Film, Göttingen 1979, S. 15ff.)。

(138) Theo(dor) Schieder, "Rezension von Otto Hoetsch, Osteuropa und Deutscher Osten", in: *Volk und Reich*, 10, 1934, S. 958f.

(139) Rudolf Craemer, "Gedanken über die Geschichte als politische Wissenschaft der Nation", in: *Geistige Arbeit*, 5. Jan. 1934, S. 5f. ク

レーマーについてより詳しくは：Karl Heinz Roth, Die nationalsozialistischen Bemühungen um Bismarcks Erbe in der Sozialpolitik, in: Machtan, L. (Hg.): *Bismarcks Sozialstaat. Beiträge zur Geschichte der Sozialpolitik und zur sozialpolitischen Geschichtsschreibung*（注7の文献）S. 399ff.

(140) Erich Maschke, "Deutsches Volk in der Geschichte Polens", in: *Deutsche Arbeit*, 34, 1934, S. 489-493.

第4章 歴史、民族および理論
——『国境地域・外国在住ドイツ民族ハンドブック』

ヴィリィ・オーバークローメ

国民史のさまざまの画期、たとえば国家の没落や異なる支配体制への転換は、歴史研究の組織のされ方や歴史像にたいてい遅ればせに、だが、その後長期にわたり影響を及ぼすものだ。これは、生活レヴェルの体験からだけでなく、いわば学問的な洞察をもとにいえることである[1]。

例を挙げよう。七〇年前［一九二四年］にドイツ歴史学の代表者たちが第七回歴史家大会の開催地にフランクフルト・アム・マインを選んだとき、この決定は明らかに現実的な政治的主張に規定されていた。これによって歴史家たちは、フランス・ベルギー軍のラインラント進駐への抗議の意志を示し、さらにヴェルサイユ条約による戦後秩序の原則的に「非歴史的な」性格に反対しようとしたのだ。ドイツの歴史家たちは、いわゆる「戦争責任のデマ」、領土割譲や連合国の賠償要求に対し、これ見よがしに結束してみせることによって、帝政没落以後、歴史学という専門分野に世界観の上でも理論的にも作用している深刻な「意味の危機」を覆い隠すことができた。しかし、それはうわべだけのことにすぎなかった[2]。「最高の生命財を育成する人倫的な施設《アンシュタルト》としての」、権力《クラートス》と倫理《エートス》[3]の理想的な媒介機関としての国家に対する歴史家たちの信頼は、第一次大戦における中欧勢力の敗北によって根底から揺さぶられ、その影響は長く残った。帝国の永続性と権力国家の効率への幻想を奪われることによって、歴史学はパラダイム的な焦点を失ったのであり、そうでなくとも「歴史主義の危機」によって動揺していたこの専門分野は、その方向性に係わる新機軸を強いられていると、多くの歴史家たちは考えた。

過去のなかに隠されている、「われわれの存在の」真の「深さ」にみごと光を当て、それを認識することからドイツの「健全な再興」のための力を得ようとするならば、歴史学は、国家を中心に据えた伝統的なドグマからも個性記述と解釈学を核とする方法基準からも解放されねばならない——ライプツィヒの地方史家ルドルフ・ケチュケは、一九二四年の歴史家大会でこう言明した[4]。

国家というもろい血管壁が歴史学の準拠枠として役に立たな

くなった後に、そのなかを流れている生命力ある、歴史を超えて作用する内実に学問的に集中することが可能になるように思われた。その中心にあったのが――一九一八年以後多くの歴史家がそのことを確信していたのだが――民族ないし民族性であり、これは民族の生活空間の潜在的な形成者、ネイションの発展過程に貫徹する本質的なものの守り手、純粋なもろもろの共同体形態の保証とみなされた。そして、この民族ないし民族性の探究が、ドイツの力と世界的威信を建て直すための明々白々の前提へ仕立てられたのである。

民族を歴史の主体として、過去の現実の本来的担い手として明示するために、ケチュケ、ヘルマン・オーバン、アドルフ・ヘルボークは、彼らがそれぞれ率いるまだ創立まもない地方史研究所でなされていた試みや方法を推奨した。ライプツィヒ、ボン、インスブルックでは、方法からして革新的な地域史の研究が、民族史的な明確な意図から推進されていた。すなわち、「歴史学の方法の」比較的古い慣習や準則に背を向けて、地方中心的、民族中心的な歴史学という構想を実現することが企てられていたのである。さまざまの専門分野からリクルートされたこれらの研究センターの共同研究者たちは、カール・ランプレヒト、アウグスト・マイツェン、ライムント・フリードリヒ・カインドゥルのいずれ劣らぬすぐれた着想を参考にして、歴史的構造研究のプログラムを発展させ、広範な「民族大衆」のそれぞれの入植地域における「生活表現」にかんして、一般化できる調査結果を得ようとしていた。このような意図にはもちろん、歴史学のテーマの序列を露骨に入れ替えることが含まれていた。すなわち、第一次的に文字による伝承の解釈にもとづく国家政治上の出来事、個々人の行動、理念史的偉業の叙述に代わって、いまや、地方や時代ごとに多種多様な「恒常的状態」、名もなき住民諸層の生活に変わることなく続くものの地図学的・統計的な叙述が前面に出てきたのである。利用できるようになった広範な資料基盤をもとに、ある地方の現在にいたるまでの「民族性」を典型的に表し、地域に特有であるような、農業制度、建築・定住・耕地形態、方言の特色や慣用句の定着過程、生殖行動における常態や逸脱、大衆的日常文化の表現様式が調査研究された。この研究努力の最終的目標は、オーバンによれば、データを地図と図表にまとめて「地政学的、人口政策的」な比較を行うことにあった。「実践的には透写図を何枚も重ねるところまで行かねばならない、非常に多様な現象にかんする地図の比較によってのみ」、「地方の文化的構造の十分な洞察」が可能になる。非正統的な「民族史家・領域史家たち」が種々の結果を比較・概観して得ようとしたものは、――ヴィルヘルム・ハインリヒ・リールの言葉をかりれば――「不変不動の諸力」、つまり、民族の基底的存在における恒常的なもの、真なるものについての情報であり、したがってまた、古くから継承されてきた伝統の変化、変容、変形、異化の誘因にかんする情報である。(5)

こうした試みが「文化史的な」刷新力をもっていたこと、またその解釈能力が増大したことは、郷土史編纂の歴史に係わる多数の専門家によって記録され、指摘されている。[6]

これに対して、この新しい歴史学の趨勢が一九二〇年代、三〇年代の青年保守主義的・民族至上主義的ミリューのなかにしっかりと定着したことは、最近になってようやく明らかにされた。それが定着したことこそ、ドイツのプロフェッショナルな歴史研究の周知のような守旧的風土のなかで、民族史的な考え方がほとんど例外なく勝利をおさめた理由である。この新しい潮流は反文明的、反都市的、反多元主義的な傾向をもつ、「愛郷心に突き動かされた」ワイマル共和国の復讐ナショナリズムのなかに統合された。このことによってまた、そうした潮流は地方史的な種々の束縛から徐々に解放され、エーリヒ・カイザーとともにいうならば、「ドイツ歴史学の家のなかに」民族史が一般に承認されたものとして侵入してくる事態を助長したのである。[7]

ライプツィヒの「ドイツ民族・文化基盤研究財団」は、多くの点で歴史的・地理学的な民族研究・領域研究の影響力ある調整センターだったのだが、この財団を一瞥すれば、若い地方史の政治的傾向が明らかになる。地理学者ヴィルヘルム・フォルツが率い、その同僚アルブレヒト・ペンクを代表者としたこの財団は、その鑑定書をもってオーバーシュレージエンをめぐる「闘い」に参加した。財団は、西欧や東欧の古いドイツ人入植地域の範囲にかんする地図や資料を提供し、ブレスト・リトフスクの大陸帝国主義的な支配幻想をいっそう急進化させたような、ほとんどすべての東部中欧諸国を包括する「ドイツ的文化基盤」の存在を空想した。財団は、共和国諸省の助成と体制順応的なジャーナリズムの側面援助を受けて、「国境闘争」、「少数派紛争」、「自決権」といった日常政治的スローガンや、「ヴェルサイユ体制」反対の政策に用いる他の隠喩《メタファ》の、学問的・範疇的有効性の改善につとめた。[8] 没落したハプスブルク王国におけるドイツ歴史家の経験が、ハインリヒ・フォン・ズルビク、ハロルト・シュタイナッカー、ヘルマン・ヴォプフナー、アドルフ・ヘルボークによって伝えられ、それらの経験がこの有効性改善のために著しく有益であること、それどころか、まさに模範的であることが判明した。オーストリアで数十年来つづいた歴史学的論争では、カール・レンナーのあみだした民族的利害調停の驚くほど「巧みに釣りあいのとれた体制」[9]とはっきりと違って、スラヴ・マジャール人の主権要求とドイツ人の覇権要求が妥協不可能な厳しさで対決していた。ここではとっくに、時間を超えて有効な徳の源泉、「あらゆる歴史の基礎にあり、それぞれ特殊な使命をもつ（……）超歴史的《メタ》な仮説としての」自己の民族性を志向することが、歴史学にとって不動の真理発見の規範になっていたのである。[10]

とりわけ、一九一八年以後ドイツでも――とくにライプツィヒ財団およびこれと結びついていた地方史叙述にとって――方向を示すものとなる紋切り型の考えが、この脈絡のなかに先取りされていた。すなわち、目下争われている帝政の国境諸地域には、またバルト三国とバナト［ルーマニア、ユーゴスラヴィア、ハンガリーにまたがる歴史的な地方名］との間のドイツ人少数民族の定住諸地域には、西欧近代の上積みによって汚されていない歴史的民族的にほんとうの生活様式が凝集しており、これは新しい国民的再生の核になりうる、という観念がそれである。

ワイマル共和国の民族史・領域史研究の相当な部分は、そうした解釈モデルを真剣に受容することによって、ドイツで——また槍の穂先を逆さにしてポーランド、リトアニアやその他のオーストリア・ハンガリー帝国解体後に生まれた諸国でも[11]——急激に幅をきかせるようになるエスノナショナリズムを推進し、これに理念を供給することになった。「集団的な不安」によって「解き放たれ」、わけても「国内諸問題の克服のために投入され」るこのエスノナショナリズムは、——合理性をはなはだしく欠いているにもかかわらず——不透明になった現実を単純な敵か味方かの二分法によって概観でき理解できるようにする。これは最近、ホルム・ズンドハウゼンが、ヨーロッパ文明に対する血なまぐさい警告であるユーゴスラヴィアを例に明らかにしたとおりである[12]。

以下において、『国境地域・外国在住ドイツ民族ハンドブック』を例にして、第一次大戦後の大ドイツ的ないし全ドイツ的エスノナショナリズムの、歴史学に現れた変種の素描を試みるが、それはとりわけこのハンドブックが同時代人の民族誌的努力のいわば結晶だったからである。このハンドブックをよりどころにすることによって、多面的で多様な形態の民族史叙述を、アカデミックな歴史研究における独自の傾向として描き出し、たとえば「外国学」、経済的「東方研究」、「国土計画」、親衛隊の「祖先の遺産《アーネンエルベ》」、およびその他のフェルキッシュな霊感を吹きこまれた科学研究機関にみられる、種々の同系の萌芽からそれを区別することが可能になる。ハンドブックの歴史を扱った諸章の編纂者たちは、地方史研究所やライプツィヒ財団、ないしはそれらの後継施設である地域ごとの「在外ドイツ民族研究振興会」のネットワークのなかでしばしば協力し、それぞれの専門機関誌に論文を発表し、招聘・採用人事において相互にリクルートしあい、たいていは歴史学の他の学派とは一線を画した引用や書評を行い、仲間内での多少のいさかいにもかかわらず共同の学術政策的利害を主張した[13]。

このハンドブックの執筆者たちは、自分たちを、相対的に均質な研究共同体、一九二〇年代末期以来ますます「民族史記述」と呼ばれるようになったものの創始者であり正統な代表者だと理解していたのだが、それはその通りである。

出版史、史料処理の技法、テーマや意図を表すもろもろの指標について、簡単に概要を描いてみよう。それらは——現在についての記述が勝っているにもかかわらず——在外ドイツ民族百科事典のとくに民族史的な特徴を指し示している。

「ドイツ民族・文化基盤研究財団」は、一九二五年以来、すぐれて「文化地理学的」傾向の強い『ドイツ民族ハンドブック』の編纂計画を練っており、それによれば、はっきりドイツ的特徴をもつ文化空間のグローバルな広がりの度合いが描かれることになっていた。この野心的なプロジェクトの背景にあったのは、とりわけ二つの意図である。すなわち、筆頭編集者たるエミール・マイネンとフリードリヒ・メッツはともに地理学者であったが、彼らは、第一に、地図学的叙述によって、ドイツの政治の参考書という形で、連合国と対決するための「より鋭い武器」を提供できると考えた。第二に彼らが目指したのは、方向喪失した世論に、「在外ドイツ民族同胞」を、「中心地域（ライヒ）ではたいてい浸食」されている「民族生活の古い諸形式の守り手」として、はっきり提示することだった[14]。

ミヒャエル・ファールブッシュは、ライプツィヒ財団の調査を行い、いつのまにか『国境地域・外国在住ドイツ民族ハンドブック』と題されるようになった便覧の予定どおりの出版をくり返し妨げたもろもろの個人的対立、組織上および編集上の欠陥を浮き彫りにした。第三次中央編集部が一九三三年から三五年の間に、ついに手応えある出版上の成功を収めたのだが、この編集部は北ドイツの地方史家・民族史家であるオットー・シーレとカール・ペーターゼンによって――彼らの助手パウル・ヘルマン・ルートおよびハンス・シュヴァルムとともに――指導され、その活動はライプツィヒ財団から独立しており、資金はとくにライヒ内務省から出ていた[15]。

ペーターゼンとシーレはきわめて野心的な学術組織者として実力を発揮した。彼らは、四六にものぼる編集支部やゆうに一ダースをこす個別専門分野からの約八百人の協力者たちの間で膨れ上がる対立を解決し、関与したもろもろの研究所やアカデミーとの権限争いを大幅に処理することができた。さらに彼らは、メッツを中心とする地理学者グループの頑強な妨害を防ぐことに成功した。このグループは、プロジェクト全体の構想のなかで自分たちの専門が押さえこまれていることに、どうしても我慢ならなかったのだ。実際、ハンドブックがこの間にすぐれて歴史に比重をおいた民族研究の路線をとるに至ったのは紛れもないことであり、編集者たちは、活動に着手してまもなく総括的にこう述べた。「われわれは、統一的な精神的基礎のない、事実を寄せ集めただけの本をつくる計画には意識的に、かつ断固として背を向け、まず何よりもこの統一的な精神的基礎を獲得し、貫徹することに努力を傾注した（……）。こうしていまや、圧倒的に記述的で、地理学的観点にしたがって見境なく素材を細分化し複雑にするレファレンスブックは、あらゆる点で歴史的、精神史的、社会学的に規定された基礎をもつ、精神的根拠づけからして統一性のある国民・政治的な読本・教育書へと変身した[16]」。

したがって、筆頭編集者たちは、「われわれの民族史の見方とわれわれの国民的な発展の死活的法則との統一」を意図していたのである。このようにはっきりと法則定立的な目標を達成するために、「地理学と統計学から歴史的過去や現在における経済、社会、法、政治の個別問題にいたるあらゆる事実素材が、スペシャリストたちによって、最良の資料にもとづいて、そして幾重にも検証されたうえで（……）叙述」されるべきであった。彼ら筆頭編集者たちは、全体を拘束する方法的原理と叙述テクニックへの指針によって、編集支部の細部にわたる調査が『ベデカー』［定評のある都市・地域ごとの旅行案内叢書］程度の学問水準しかない、単なる「製本用寄せ集め」に堕してしまうという、起こりうる危険を防ごうとした。任意の事実素材を単に実証主義的に寄せ集めて纏め上げる時代は最終的に過ぎ去ったと、ペーターゼンは一九三三年にやや大時代な愛国的せりふで論じた。学問、とりわけその頂点に立つ「外国在住ドイツ民族研究」は、いまや、新しい「民族秩序」［の創造］に奉仕しているのであり、したがって一九世紀の自由主義的方法は役に立たない。民族という存在の時宜にかなった分析は、その関心、範疇、方法を、とくに「個々の地域を比較する体系的考察によって国境地域・外国在住ドイツ人の核心問題を総括する」明確な秩序へと練り上げねばならない、というのである(17)。

筆頭編集者たちの考えによれば、民族科学の種々の概念や公準は、できるだけ社会科学が提供する理論を取り入れて構造化されるべきであり、それでいて同時に、経験的に突き止められた事実が、社会学的抽象の灰色ゾーンのなかに見失われてはならなかった。すなわち、「歴史的なものの見方から獲得された諸概念が、理論的思考によって深められる必要があるように、他方で、理論的な体系の構築は、生の多様性の前では役に立たないということがないよう、つねに現実に照らして検証されねばならないのである(18)」。

理論を基礎にした歴史学を目指すこの明確な意志表示でもって、民族史の試みはその認識論的・綱領的な頂点に達した。調査結果を認識を導く理論にあわせて整序することは、歴史学上の革新を意味したのであり、数世代にわたりドイツの歴史家たちはこれを古典的歴史主義に対する侮辱、したがって即刻処断されるべき冒瀆だと考えた。こうした背景からすれば、ハンドブックの公刊された三巻は、われわれの専門の学問史的な脈絡における二重の画期を意味している。すなわち、一方では、編集者たちが選んだ方法、理論、構成図式、つまり数量化的、学際的、地域比較的な、その「下位の諸層」をも含む「民族体の構造史」は、彼らが一見のちの社会史の本質的な基礎を先取りするような、民族至上主義《フェルキッシュ》的な全体史を企図していたことを示している(19)。他方で——この所見もまた全体としての民族史を特徴づけるものなのだが——、ハンドブックの多数の事項には、じつに類例のない認識論的な非妥協性と道徳的歯止めを欠いた創造性が反映されており、民族史の潮流が早くから「第三帝国」のため何の支障もなく役立つことできたのは、そのためであった。たとえばマイケル・バーリィとカレン・シェンヴェルダーは、歴史学とさまざまなナチ当局ないしナチ党組織との協力関係を描いているが、こうした協力関係が、ハンドブックに係わる活動の広範な部分を特徴づけていたのである(20)。

民族誌の研究は、以前からそのフェルキッシュな復讐主義によって歪められていたのだが、『在外ドイツ民族百科事典』のなかで規範的な意義を獲得した二つの社会学理論から重要な刺激を受けた。ハンス・フライヤー[三八]のトランス・ナショナルな「民族生成」論と——それ以上に——グンター・イプセン[三九]の

「農民《ラントフォルク》」という人口学的構想がそれである。

フライヤーは、すでに一九二〇年代以来――オーバン、フランツ・シュタインバッハ、ヘルボーク、エーリヒ・カイザーなどのはっきりとした同意のもとに――専門としての歴史学と社会学を融合させることを唱えていた人物だが、「民族性」という根源的な力によって担われる「右からの革命」を呼びかけた彼の周知のアピールをもって、「在外ドイツ民族百科事典」の知的助言者を自任していた。彼の学問的努力は主に、文明過程によっても「市民的」――原則的に時代遅れだと攻撃された――文化形態によっても冒されていない「本源的な原基」を探り当てることに向けられていた。そのなかに、「ドイツの国民性の捉えがたい本質」をその核心において特徴づける、あの「永遠の」価値や徳目があるように思われたのである。フライヤーは一九三四年に、そのような健全な「民族性の根源」がとりわけ「農民層」のなかに連綿と残っているという見解を公然と主張し、この見解が「イプセン学派」の社会科学的定理への架橋をなしたのである。[21]

イプセンはその論文のなかで、政治や社会経済の不安定を招く、致命的な――と彼には思われた――工業的現代の「人口法則」の克服を論じ立てた。「工業システム」は、なるほどその当初には「ゲルマン的・ヨーロッパ的な」経済的勤勉の不滅の業績をもたらしたが、しかし、一九世紀半ば以来不自然なものになり、あらゆる「自然的な民族秩序」を破壊する、「支配に敵対的な」モロク［すべてを犠牲にしてやまない恐るべき怪物］に変じた。「それ［＝工業システム］はいたるところで人格的な支配に刃向かい、国家と社会における支配のない状態という目標を宣言するが、それによって実際には、人間の姿をとらない暴君への即物的な『関係』を打ち立て、したがって原則的に無責任な権力を創出する。だがそれと同時に、工業システムは、受益者および搾取者としてのユダヤ人の侵入に不可欠なカムフラージュを提供するのだ」。イプセンの歴然たる人種差別的体質は、彼が当時の社会的経済的対立をかなりの程度ユダヤ人の影響のせいにしていることからも明らかである。「ユダヤ人の人種的本能は、下等人間の低級な憎悪を動員することによって、プロレタリアートの階級闘争のなかに第二の成功可能性を育む。（……）そして、それ（ユダヤ性――引用者）は敵味方双方で破壊を原則にまで高めることによって、服従とは気づかずに服従させられている者たちの自己疎外、自己嫌悪、本性喪失につけこんでそれを意のままに操る」。[22]近代は民族を「退化させ」、社会を分裂させ、人口動態を「制御できないものにした」が、このような近代に対する理想的な別の選択肢は、彼の見解によれば、ドイツの農民層、とくに東部の農民層のなかに開けていた。農民層は、「ユダヤ的・資本主義的分解」にさらされることなく、「現実生活の変わることなき諸形態の統一的な構造連関」を守ってきており、――スラヴの隣人たちとはちがって――単独相続の慣習と伝統的な婚姻関係を遵守することによって、「種族として当然の」、「確実な世代の連続」を達成している、というわけである。[23]

強迫観念にまで高じたイプセンの農業中心主義は、方法的に斬新な地方史の手法に忠実でありつづけた多数の寄稿論文の知的な基質をなしていた。それらの論文は、地図学や図表を用いる地方史の利点に、さらに人口動態の数量表示や、政治的に著しく評価の高まった「民族集団統計」を付け加えた。ハンドブックの諸問題を古典的・政治史的手法で扱うことは、ハンドブックの枠組みのなかでは――より広い遠近法的視野をもつ若干のエッセイや伝記的なスケッチを度外視すれば[24]――引き続き拒否された。そのことは次の例から明らかである。一九四二年六月にズルビクのある門弟が、百科事典の第五巻への収録を予定していた「ハンガリー史」の草稿を中央編集部に提出したとき、ルートは、「政治的指導層」の考察に比重が置かれ過ぎているとクレームをつけた。彼は「一般的な状態」の分析が欠けているとして、この若い執筆者にこう言明した。「われわれの叙述はこうした政治史的考察方法を克服して、政治的に能動的でない住民諸層もまた考察の対象とする、ほんとうの民族史を優先（原文のまま！）するように努めねばならない」。それゆえ、「社会の下層をも含むマジャール民族全体を対象にして、彼らの歴史なき存在がありありと描かれ」ねばならない。「なぜなら、そのようにしてのみ、現実の完全な像を会得できる」からだ[25]。具象性ある歴史学が望まれるが、これには、主に地方の住民諸集団のエスニックな構成、工業や農業の所有規模・経営規模、ないしは居住形態と法形態にかんする統計調査を用いて到達できるとされた[26]。

ハンドブックのなかで歴史学の実践的活動が広がったのだが、この拡大はとにかくどこまでも、「ドイツ民族」の、他民族とくらべて常により高い「民族的」尊厳に対する揺るぎない信頼と結びついていたのである。それゆえ、ラインハルト・ヴィットラム、オットー・ブルンナー、マンフレート・ヘルマン、ヴァルター・クーン、ルドルフ・ケチュケ、および西欧に矛先をむけたフランツ・ペートリたちは、――部分的には社会を生物学の視点から見た言葉づかいで――外国在住ドイツ人の過去を再構成した。その伝統は歴史の試練をくぐったものとみなされ、現在において「さらに活かされる」べきであった。なによりも――ヴェルナー・コンツェが一九三七年に確認したように――、「（……）ヨーロッパに対抗するアジア的東方の破壊的な勢力との古くからの闘い、今日おそるべき姿でますます差し迫っている闘い」が継続されねばならない、とされた[27]。

「第三帝国」は、その学問史にかんする最近の研究が裏づけているように、このような意図をもつ研究を、とくにその学問的にしっかりした諸部分を、軍事的な拡張主義やレジームに適合的な「民族政策」構想を基礎づける道具として利用することができた[28]。このことは、ナチズムのヨーロッパ「再編」の知的同伴者となり、これを正当化したすべての専門分野、したがってまたハンドブックに参加した歴史学にも当てはまる。ペーターゼンが述べているように、歴史学はその本務を「つねに若いナチ的な民族研究への政治的奉仕とみなし」、この使命をライヒ諸官庁、親衛隊の中央諸機関、占領出先機関と協議しつつ進んで果たしたのである。[29] その限りでは、フライヤーの弟子カール・ハインツ・プフェッファーが、ハンドブックの諸論文を「その周辺地域に向けられた、闘う民族のまなざし」だと特徴づけたのは、実際、的を射ていた。[30]

このように評価すれば当然次の問題が出てくる。すなわち、寄稿諸論文の学問的な質は、政治的に強制された奉仕としての執筆や農業中心主義的なイデオロギー化によって、基本的に損なわれているのではないか。これは真剣に考慮されるべき問題である。だがともかく、民族史の方法論は、解釈学的な正統派歴史学の砦の一角を壊し、これまで省みられなかった史料に学問的視線を向け、専門分野としての歴史学のテーマを劇的に拡大したのであった。民族史の際立った特徴は、伝統的体制派の権威や長老学者層の解釈独占に刃向かう、戦闘的でダイナミックな研究風土であり、この雰囲気がとりわけ比較的若い歴史家たちを長い間、部分的には一九四五年以後も、魅了しえたのである。しかしながら、経験的にみて実り豊かな成果は、一九三〇年代にはまれにしか生まれなかった。そうした成果がみられたのは、とりわけドイツ国内の種々の文化領域、たとえばラインラント、ヴェストファーレン、中部ドイツなどの文化領域の研究、ならびに、イプセンなどの農村偏重理論の型にはまることを免れた若干の研究においてのみであった。このようにいうとき、私が念頭においているのは、第一にハンス・リンデの「プロイセンの国土強化」を扱った著作、および――クラウス・ツェルナックとの関連で――リヴォニアのドイツ語の離れ小島ヒルシェンホーフにかんするコンツェの叙述である。この叙述でコンツェは、ケーニヒスベルクの農業社会学的ドグマに、若干の局面で公然と異議を唱えた。[31] ここには、あえていうならば、ドイツの初期改革歴史学がもつ真理発見に寄与する可能性が示されていた。

もっともコンツェの例も、上述のいくつかの出版物がなぜ孤立した例外とみなされねばならないのか、ということの示唆となっている。すなわち、ケーニヒスベルクで活動したこのハンス・ロートフェルスとイプセンの門弟は、学問上の師匠たちの排外的でイデオロギーにしばられた学問体系から、きっぱり断絶してはいない。師らは硬直した民族間の友・敵図式に固執していたが、コンツェもこの偏狭な固執を広範囲に共有していたし、師らと同様、社会的対立と「諸民族の競合」とを同一視し、伝統的な農業ミリュー〔20〕に対する、とくに「ドイツ民族の血の源泉」としての「遺伝的に健全な農民層」のあのミリューに対する、科学的に説明のつかない共感を持ちつづけていた。[32] コンツェは、彼の主たる研究対象、東欧の農業制度に照らして、ドイツの経済的社会的繁栄を保証したのは、そのフーフェ制度だと言明した。スラヴ諸民族はその「小農的本能」に固執しつづけたせいで、そうした繁栄にあずかれないでいる、というのである。ポーランドの農業で普通に行われている均分相続は、彼の考えでは、「生活空間」の持続的な縮小、すなわち国土の慢性的な「人口過剰」をもたらした。したがって、若いポーランド共和国がこのジレンマから脱する道は、一つだけしか残されていない。つまり、都市や開市権をもつ村の強制的「非ユダヤ化」であり、そうすれば、農村人口には商業、手工業、工業への転身が可能になるだろう。(33)

準自然法則的な素質や「本能」および「小農的本質」などといった行動決定要素を引きあいに出す歴史学は、さまざまな国民的ないしエスニックな生活世界の信頼できる歴史的比較をほとんどなしえなかった。一九世紀以来のヨーロッパ近代がいかにして生み出されてきたかという問題の学問的探究への、したがってまた一九一八年以後のアクチュアルな問題状況への合理的なアプローチは、そうした歴史学にはたいていの場合閉ざされたままであった。そのかぎりで、民族史のこの明白に優勢な変種は、「技術・工業的時代の構造史」（ヴェルナー・コンツェ）を先取りしていたわけでも、現在の社会史・社会構造史への論理的に首尾一貫した発展を準備したわけでもないといえよう。

〔付録〕「ハンドブック」における「諸邦項目」ないし「地域項目」。「ブルゲンラント・西ハンガリー」の例（ハンドブック、第一巻、六五九—七四六ページ）。

一　寄稿論文

分類記号	表　題	頁	執筆者
A.	一九一八年までの西ハンガリーのドイツ民族		
A. I.	概論	六五九—六〇	中央編集部
A. II.	領域と国境	六六〇—一	H・シュヴァルム
A. III.	住民	六六一—五	E・ヴェホーフジッヒ／イスベルト
A. III. 1.	ドイツ民族とマジャール民族との境界	六六五—七	イスベルト
A. III. 2.	民族的宗派的構成	六六七—八	W・ヴィンクラー
A. III. 3.	人種学	六六八	O・レッヒェ
A. III. 4.	自然な人口変動	六六八—九	W・ヴィンクラー
A. III. 5.	移動	六六九—七一	W・ヴィンクラー
A. IV.	西ハンガリーにおけるドイツ民族の歴史		
A. IV. 1.	定住の歴史	六七一—八	E・クレーベル
A. IV. 2.	領土の歴史	六七八—八一	O・ブルンナー
A. IV. 3.	都市の発展	六八一—七	K・シューネマン
A. IV. 4.	経済史	六八七—九〇	K・シューネマン
A. IV. 5.	一九、二〇世紀における社会構造の発展	六九一—四	H・クロッケ
A. IV. 6.	内政的生活の発展	六九四—五	O・ブルンナー
A. IV. 6.a.	比較的古い時代	六九五	B・E・ツィンマーマン
A. IV. 6.b.	一九世紀	六九五	H・クンネルト
A. IV. 7.	教会史		
A. IV. 7.a.	中世における教会の発展	六九五—六	F・リードゥル
A. IV. 7.b.	近代におけるカトリシズムの発展	六九六	F・リードゥル
A. IV. 7.c.	福音主義教会の歴史	六九六—八	B・H・ツィンマーマン O・アウルとB・フォン・プカンシュキーも寄稿

A. IV. 8.	学校の歴史	六九八—七〇〇	P・ギュンターおよびB・E・ツィンマーマン
A. IV. 9.	科学の歴史	七〇〇—一	B・フォン・プカンシュキー
A. IV. 10.	芸術生活の歴史		
A.IV.10.a.	建築と造形芸術	七〇一—二	O・アウル
A.IV.10.b.	文学	七〇二—五	B・フォン・プカンシュキー
A.IV.10.c.	音楽	七〇五—六	O・アウル/H・J・モーザー
A.IV.10.d.	絵画・彫刻	七〇六—七	B・フォン・プカンシュキー
A. IV. 11.	新聞雑誌の発展	七〇七—九	B・フォン・プカンシュキー
A. IV. 12.	保健制度の発展	七〇九	K・シューネマン
A. V.	民族秩序と民族の財産		
A. V. 1.	民族秩序と民族意識	七〇九—一一	O・ブルンナー
A. V. 2.	定住地の情景	七一一	F・ヴェーホフジッヒ
A. V. 3.	民俗学	七一一—四	A・ハーバーラント
A. V. 4.	方言	七一四—六	H・カルナー
B.	西ハンガリーのドイツ人定住地域の分割とブルゲンラントの成立	七一六—九	O・ブルンナー
C.	一九一八年以来のオーストリア領ブルゲンラント		
C. I.	概論	六五九—六〇	上記参照
C. II.	今日のオーストリア・ハンガリー国境		
C. III.	住民		
C. III. 1.	一般的人口統計	七一九	W・ヴィンクラー
C. III. 2.	民族・宗派構成	七一九—二一	W・ヴィンクラー
C. III. 3.	社会構造	七二一—三	H・クロッケ
C. III. 4.	自然な住民移動	七二四	W・ヴィンクラー
C. IV.	ドイツ民族性の変動	七二四	O・ブルンナー
C. V.	政治生活	七二四—七	O・ブルンナー
C. VI.	経済生活		
C. VI. 1.	個々の経済部門	七二七—八	E・ボードー
C. VI. 2.	経済組織と信用制度	七二八	E・ヴェーホフジッヒ
C. VII.	教会生活		
C. VII. 1.	カトリック教会	七二八	E・リードゥル
C. VII. 2.	福音主義教会	七二八—九	B・E・ツィンマーマン
C. VIII.	精神生活		
C. VIII. 1.	学校制度	七二九—三〇	R・デハント
C. VIII. 2.	民族活動	七三〇	R・デハント
D. VIII. 3.	大学制度と学問	七三〇	H・クンネルトと中央編集部
C. VIII. 4.	図書館、博物館、文書館	七三〇—一	H・クンネルト
C. IX.	芸術生活		
C. IX. 1.	造形芸術	七三一—二	O・アウル
C. IX. 2.	文学	七三二	O・アウル
C. IX. 3.	音楽	七三二	O・アウル
C. IX. 4.	劇場、映画、ラジオ	七三二	O・アウル
C. X.	保健制度と福祉	七三二	H・A・ベーク=ヴィートマンシュテッター
D.	残部ハンガリーにおけるドイツ民族		

D. I.　概論　六五九—六〇　上記参照
D. II.　空間と国境　A. II および C. II　上記参照
D. III.　住民
D. III. 1.　全体的概観　七三三　イスベルト
D. III. 2.　個々のドイツ民族地域　七三三—五　イスベルト
D. III. 3.　社会構造　七三五　H・クロッケ
D. III. 4.　自然な人口変動と移動
D. IV.　ドイツ民族性の変動　A. IV. および V, E. III. 3, D. V　上記参照
D. V.　ドイツ人の政治生活　七三六　無署名
D. VI.　ドイツ人の経済生活　七三六　無署名
D. VII.　ドイツ人の教会生活　七三七　無署名
D. VIII.　ドイツ人の精神生活　七三七　無署名
D. IX.　ドイツ人の芸術生活　七三七　無署名
D. X.　ドイツ的団体制度　七三七　無署名
E.　一九一八年以来のプレスブルク地域におけるドイツ民族
E. I.　概論　六五九—六〇　上記参照
E. II.　領域と境界　A. II., C. II　上記参照
E. III.　住民
E. III. 1.　全般的住民統計　七三八　W・ヴィンクラー
E. III. 2.　民族・宗派構成　七三八—九　W・ヴィンクラー
E. III. 3.　社会構造　七三九　H・クロッケ
E. III. 4.　自然な人口変動と移動　七三九—四〇　W・ヴィンクラー
E. IV.　ドイツ民族性の変動　A. IV. および V, E. V.
E. V.　ドイツ人の政治生活　七四〇—一　H・クロッケ
E. VI.　ドイツ人の経済生活　七四一　C・メーヴェス
E. VII.　ドイツ人の教会生活　C・メーヴェス
E. VII. 1.　カトリック教会　七四一　C・メーヴェス
E. VII. 2.　福音主義教会　七四一—二　C・メーヴェス
E. VIII.　ドイツ人の精神生活　C・メーヴェス
E. VIII. 1.　学校制度　七四二—三　C・メーヴェス
E. VIII. 2.　大学制度と学問的コレクション　七四三　C・メーヴェス
E. VIII. 3.　新聞・雑誌　七四三　C・メーヴェス
E. IX.　ドイツ人の芸術生活　C・メーヴェス
E. IX. 1.　造形芸術　七四三　C・メーヴェス
E. IX. 2.　音楽　七四三—四　C・メーヴェス
E. IX. 3.　劇場　七四四　C・メーヴェス
E. X.　ドイツ人の保健制度と福祉　七四四　C・メーヴェス
F.　ユーバームール［ムール河上流］地域のドイツ民族　七四四—六　G・ヴェルナー

二　地図と図版

頁　テーマ
六六〇　アルプスの東端のブルゲンラント・西ハンガリー
六六〇　ドイツ人民族分布の東南端に位置するブルゲンラント・西ハンガリー
六六〇　後継諸国家に分割されているブルゲンラント・西ハンガリー
六六二　ブルゲンラントと西ハンガリー
六六三　ブルゲンラントにおける土地利用
六六六　ドイツ民族とマジャール民族の境界
六七〇　ブルゲンラントと西ハンガリーの太古のままの景観
六七一　ブルゲンラントの先史時代およびローマ時代に発見された土地
六七二　九世紀の西ハンガリー
六七三　今日のブルゲンラントと九世紀末の隣接する西ハンガリーの植民
六七五　一五〇〇年頃のオーストリア・シュタイエルマルク・ハンガリーにまたがるブルゲン地帯
六七六　今日のブルゲンラントへの一二〇〇年までのドイツ人定住
六七七　今日のブルゲンラントの一二〇〇年から一五〇〇年までのドイツ人定住
六七九　一六〇〇年頃の今日のブルゲンラントにおける支配（領主たち）
六八一　数次のトルコ戦争におけるブルゲンラント
六八三　一七五一年のプレスブルク
六八四　一七〇〇年頃のエーデンブルク
六八六　一七三四／三五年のプレスブルク中心部における土地所有者の民族的所属
封入物　一九三四年ないし一九三〇年の言語的所属ないし母語、あるいは国民所属にしたがった、ブルゲンラントおよび隣接諸地域の住民
封入物　ブルゲンラントの耕地形態
七一二　ブルゲンラントの農場形態
七一五　ブルゲンラントと西ハンガリーの地区名
七二〇　オーストリアの対ハンガリー国境、ドイツ人の権利の限界と聖ゲルマインの命令の限界
封入物　ブルゲンラントの定住形態
封入物　ブルゲンラントの典型的な定住形態および耕地形態（一二の事例）
七二二　一九三四年のブルゲンラントにおける信仰の分布
七二三　一九三〇年のブルゲンラントの森の所有分布
七四五　ユーバームール地域のドイツ人

三　図版一覧

頁　内容
六六八　一八八〇―一九一〇年の西ハンガリー諸県と自治都市
六六九　一九一〇年の西ハンガリー諸県と自治都市の教会諸集団におけるもっとも重要な言語諸集団の割合
六六九　一九〇〇／〇一年と一九〇九／一一年の平均に見るドイツ西ハンガリーにおけるもっとも重要な民族諸集団の自然的な人口変動と流出
六九一　一九一九年三つの西ハンガリー県の総面積における個々の民族集団の農民所有地の割合
七一八　一九二一年一二月一四―一六日のエーデンブルク住民投票実施地域の諸町村における投票結果、それと一九一〇年のこれらの町村の民族的構成および言語慣習の比較
七二四　一九〇〇―一九三二年のブルゲンラントにおける自然的な人口変動
七二四　一九二一―一九三二年と一九三〇―一九三二年、ウィーンお

よびその他のオーストリアと比較してのブルゲンラントから
の住民流出
七二六　一九二二―一九三〇年のブルゲンラントの選挙結果（州議会と国民評議会）
七二九　一九二一―一九三五年の保護権にしたがったブルゲンラントの小学校制度の構成
七二九　一九二一―一九三一年のブルゲンラントにおける小学校生徒の言語所属および宗派所属
七三三　一八八〇―一九三〇年のマジャール人と比較しての都市と農村における西ハンガリーのドイツ民族の分布
七三四　一八八〇年と一九三〇年のエーデンブルクのドイツ民族地域におけるカトリック教徒とルター教徒
七三五　一九二〇年の西ハンガリー三県における自営農業住民の社会的構成
七三五　一九二〇年の西ハンガリー三県における農民的所有者と大土地所有諸階層の構成
七三五　一九二〇―一九三〇年の西ハンガリードイツ民族地域の人口推移
七三六　一九一九―一九二五年の西ハンガリー諸県の出生数
七三八　一九一〇―一九三〇年の母語ないし国籍にもとづくプレスブルク市の住民の民族的構成
七三八　一八八〇―一九三〇年のプレスブルク周辺の、ドイツ人多数派町村と比較的重要なドイツ人少数派町村におけるドイツ人住民の割合の推移
七三九　一八八一―一九三〇年のプレスブルク住民の宗派構成
七四〇　一九〇〇／〇一―一九二九／三一のプレスブルク市の自然な住民変動
七四六　一九一〇年と一九二一年のユーバームール地域のドイツ人地帯および混在地帯における諸村落の民族的構成

（1）　以下の叙述の圧倒的部分は、私の研究、*Volksgeschichte. Methodische Innovation und völkische Ideologisierung in der deutschen Geschichtswissenschaft 1918-1945*, Göttingen 1993 の結果にもとづいている。それにはより詳細な文献指示がある。同様に、Karen Schönwälder, *Historiker und Politik. Geschichtswissenschaft im Nationalsozialismus*, Frankfurt a. M. 1992 および Michael Fahlbusch, *“Wo der deutsche... ist, ist Deutschland!” Die Stiftung für deutsche Volks- und Kulturbodenforschung in Leipzig 1920-1933*, Bochum 1994, とくに S. 129-139 を参照せよ。

（2）　Ernst Pitz, “Neue Methoden und Betrachtungsweisen in der landesgeschichtlichen Forschung nach 1918”, in: *Blätter für deutsche Landesgeschichte* 124 (1988), S. 483-506. 一般的には次のものも参照せよ。Peter Schumann, *Die deutschen Historikertage von 1883 bis 1937. Die Geschichte einer fachhistorischen Institution im Spiegel der Presse*, phil. Diss. Marburg 1974; Winfried Schulze, “Von München über Leipzig nach Berlin? Zur Entstehung des Deutschen Historikertages vor hundert Jahren”, in: *Geschichte in Wissenschaft und Unterricht* 45 (1994), S. 551-557. 歴史学と一九〇四年以来「故郷防衛同盟」（一九一三年には「故郷防衛ドイツ同盟」に改組）のなかで組織された故郷運動との関係については以下を見よ。Hermann Aubin, “Heimat und Volksbildung”, in: ders., *Geschichtliche Landeskunde. Anregungen in vier Vorträgen*, Bonn 1925, S. 89-105; Rudolf Kötzschke, “Bericht über die 12. Konferenz der Vertreter landesgeschichtlicher Publikationsinstitute”, in: *Bericht über die 14. Versammlung deutscher Historiker zu Frankfurt a. M., 30. 9.-4. 10. 1924*, Frankfurt a. M. 1926, S. 45-52, 47; ders., “Landesgeschichte und Heimatgedanke”, in: *Neues Archiv für sächsische Geschichte und Altertumskunde* 48 (1927), S. 1-30; Adolf Helbock, “Mensch und Volk”, in: Deutscher Bund

Heimatschutz (Hg.), *Der deutsche Heimatschutz*, München 1930, S. 17-34; Harold Steinacker, "Zentralismus und Partikularismus als geschichtliche Kräfte", in: *Bericht über die 14. Versammlung deutscher Historiker*, S. 30f.

(3) Friedrich Meinecke, *Die Idee der Staatsräson in der neueren Geschichte*, herausgegeben und eingeleitet von Walter Hofer, München 4 / 1976, S. 13.

(4) Rudolf Kötzschke, "Nationalgeschichte und Landesgeschichte," in: P. Fried (Hg.), *Probleme und Methoden der Landesgeschichte*, Darmstadt 1978, S. 13-37.

(5) Hermann Aubin, "Die historische Kartographie der Rheinprovinz", in: ders., *Landeskunde* (注2の文献) Bonn 1925, S. 7-27, 22; ders., "Aufgaben und Wege der geschichtlichen Landeskunde", in: *ebd.*, S. 28-45; ders., "Gemeinsam Erstrebtes. Umrisse eines Rechenschaftsberichtes", in: ders., *Grundlagen und Perspektiven geschichtlicher Kulturraumforschung und Kulturmorphologie*, Bonn 1965, S. 100-125, 124. 一九二〇年代、三〇年代のリール受容については、Gunther Ipsen, "Die soziale Volkskunde W. H. Riehls", in: Wilhelm Heinrich Riehl, *Naturgeschichte des deutschen Volkes*, Stuttgart 1935, S. 7-27; Friedrich Metz, "Wilhelm Heinrich Riehl und die deutsche Landeskunde", in: ders., *Land und Leute. Gesammelte Beiträge zur deutschen Landes- und Volksforschung*, Stuttgart 1961, S. 16-25; Peter Steinbach, "Wilhelm Heinrich Riehl", in: H.-U. Wehler (Hg.), *Deutsche Historiker*, Bd. VI, Göttingen 1980, S. 37-54.

(6) Pitz (注2の文献); Luise Schorn-Schütte, "Karl Lamprecht. Wegbereiter einer Historischen Sozialwissenschaft", in: Notker Hammerstein (Hg.), *Geschichtswissenschaft um 1900*, Stuttgart 1988, S. 153-191; Roger Chickering, "Karl Lamprecht und die methodischen Grundlagen der Landesgeschichte im Rheinland", in: *Geschichte im Westen* Nr. 31 (1992), S. 77-90; Karl Czok, *Karl Lamprechts Wirken an der Universität Leipzig*, Berlin (Ost) 1984.

(7) Erich Keyser, "Deutsche Landesgeschichte", in: *Historische Zeitschrift* 139 (1929), S. 252-272; ders., *Die Geschichtswissenschaft. Aufbau und Aufgaben*, München 1931, Vorwort; ders., "Die völkische Geschichtsauffassung", in: *Preußische Jahrbücher* 234 (1933), S. 1-20.

(8) *Stiftung für deutsche Volks- und Kulturforschung. Die Tagungen der Jahre 1923-1929.* Als Handschriftendruck hrsg., vom Verwaltungsrat der deutschen Stiftung für Volks- und Kulturbodenforschung, Langensalza 1930.

(9) Hans-Ulrich Wehler, *Sozialdemokratie und Nationalstaat. Nationalitätenfragen in Deutschland 1840-1914*, Göttingen 1971, S. 217.

(10) Stefan Breuer, *Anatomie der Konservativen Revolution*, Darmstadt 1993, S. 86; ドイツ・オーストリアの歴史学による民族史研究については、たとえば以下を参照。Raimund Friedrich Kaindl, *Geschichte und Volkskunde*, Czernowitz 1913; ders., *Die Volkskunde. Ihre Bedeutung, ihre Ziele und ihre Methoden. Mit besonderer Berücksichtigung ihres Verhältnisses zu den historischen Wissenschaften. Ein Leitfaden zur Einführung in die Volksforschung*, Leipzig 1903; Harold Steinacker, "Weg und Ziel der deutschen Geschichtswissenschaft", in: ders., *Volk und Geschichte. Gesammelte Reden und Aufsätze*, Brünn 1943, S. 149-167.

(11) そのさい、たとえば、フランティシェク・パラッキーおよびヴォェシェク・ケンチュスキーの後継者たちを想起すべきである。以下を参照のこと。F. J. Zacek, *Palacky. The Historian as Scholar and Nationalist*, Den Haag 1970; Hartmut Bookmann, *Ostpreußen und*

Westpreußen, Berlin 1992, S. 48ff.; Janis Stradins, "Die Deutschen in der Kulturgeschichte Lettlands unter besonderer Berücksichtigung der Wissenschaftsgeschichte", in: *Nordost-Archiv* NF. 1 (1992), S. 123-156, 145ff.; Henryk Olszewski, "Die Deutschen in der Geschichte Ostmitteleuropa als Gegenstand der polnischen Geschichtsforschung", in: *ebd.*, S. 59-87.

(12) Holm Sundhaussen, "Ethnonationalismus in Aktion: Bemerkungen zum Ende Jugoslawiens", in: *Geschichte und Gesellschaft* 20 (1994), S. 402-423, 421.

(13) 対立は、たとえば、諸「研究振興会」の民族史家たちの間に、アルバート・ブラックマンやヘルマン・オーバンと、ケーニヒスベルク大学のグンター・イプセン、クレオ・プライアーとハインリヒ・ハルムヤンツらを中心とする「民族科学活動サークル」との間にあったことが証明できる。Bundesarchiv Koblenz（以下、BAK と略）, R173, Nr. 147 を参照。

(14) Ebd., R57 / neu, Nr. 224 を参照せよ。

(15) Fahlbusch（注1の文献）S. 129ff.; BAK, R57 / neu, Nr. 226.

(16) 中央編集部から諸編集支部宛の一九三三年の日付なしの手紙、in: ebd., Nr. 229.

(17) Carl Petersen, "Über die geistigen und politischen Grundlagen der Arbeit am Handwörterbuch des Grenz- und Auslanddeutschtums", in: *Deutsche Hefte für Volks- und Kulturbodenforschung* 3 (1933), S. 271-277, 273; ders. u. a., "Vorwort", in: ders., Otto Scheel (Hg.), *Handwörterbuch des Grenz- und Auslanddeutschtums*, Bd. 1, Bleslau 1933, S. VI.

(18) Ebd., S. VII.

(19) これについては参照、Winfried Schulze, *Deutsche Geschichtswissenschaft nach 1945*, München 1989, S. 281-301.

(20) Schönwälder（注1の文献）; Michael Burleigh, *Germany turns Eastwards. A study of 'Ostforschung' in the Third Reich*, Cambridge 1988.

(21) Hans Freyer, "Geschichte und Soziologie", in: *Vergangenheit und Gegenwart* 19 (1926), S. 201-211; ders., *Einleitung in die Soziologie*, Leipzig 1931, S. 82ff.; ders., *Revolution von rechts*, Jena 1931; ders., "Der politische Begriff des Volkes", in: *Deutsche Hefte für Volks- und Kulturbodenforschung* 3 (1933), S. 193-207; ders., "Volkwerdung. Gedanken über den Standort und über die Aufgaben der Soziologie", in: *Volksspiegel* 1 (1934), S. 3-9, 7; ders., "Fichte, Johann Gottlieb", in: Petersen u. a. (Hg.), *Handwörterbuch*（注17の文献）Bd. II, Breslau 1936, S. 492-499, 496; さらに、Jerry Z. Muller, *The Other God that Failed. Hans Freyer and the Deradicalization of German Conservatism*, Princeton 1987 を参照せよ。

(22) Gunther Ipsen, "Industriesystem", in: Petersen u. a. (Hg.), *Handwörterbuch*（注17の文献）Bd. III, Breslau 1938, S. 168.

(23) Ders., "Agrarverfassung III. Das Landvolk", in: *ebd.*, Bd. I, S. 37-52, 37; ders., "Bergbau III. Die volkspolitische Lage des deutschen Bergbaus in der Gegenwart", in: *ebd.*, S. 375-389 ; ders., "Bevölkerungslehre", in: ebd., S. 425-463; ders., "Galizien III. Politische Entwicklung und Bevölkerung ", in: ebd., Bd. III, S. 16f.; ders., "Grimm, Jacob", in: ebd., S. 104-109; ders., u. a., "Zum Beginn des neuen Jahrgangs", in: *Deutsche Hefte für Volksforschung* 4 (1934).

(24) たとえば以下を参照せよ。Theodor Schieder, "Italien. III. Staat und Bevölkerung. I. Das Werden des italienischen Staates", in: Petersen u. a. (Hg.), *Handwörterbuch*（注17の文献）Bd. III, S. 190-200; ders., (Nachtrag) "Italien. I. Die italienische Einheitsbewegung im deutschen Denken", in: *ebd.*, S. 525-528.

(25) BAK, R. 173, Nr. 147.

(26) Ebd.

(27) Werner Conze, "Das Handwörterbuch des Grenz- und Auslanddeutschtums: Deutschbalten und baltische Land", in: *Jomsburg* 1 (1937), S. 268-270, 270.

(28) たとえば以下を参照せよ。Christoph Kleßmann, "Osteuropaforschung und Lebensraumpolitik im Dritten Reich", in: Peter Lundgreen (Hg.), *Wissenschaft im Dritten Reich*, Frankfurt a. M. 1985, S. 350-383; Carsten Klingemann, "Heimatsoziologie oder Ordnungsinstrument? Fachgeschichtliche Aspekte der Soziologie in Deutschland und Österreich zwischen 1933 und 1945", in: M. Rainer Lepsius (Hg.), *Soziologie in Deutschland und Österreich 1918-1945*, Köln 1981, S. 273-307; ders., "Vergangenheitsbewältigung oder Geschichtsschreibung? Unerwünschte Traditionsbestände deutscher Soziologie zwischen 1933 und 1945", in: Sven Papcke (Hg.), *Ordnung und Theorie. Beiträge zur Geschichte der Soziologie in Deutschland*, Darmstadt 1986, S. 223-279. さらに、次の書物に所収の照応する諸論文をも参照せよ。Mechthild Rössler / Sabine Schleiermacher (Hg.), *Der 'Generalplan Ost'. Hauptlinien der nationalsozialistischen Planungs- und Vernichtungspolitik*, Berlin 1993.

(29) 一九四四年三月九／一〇日プラハで行われた「民族科学研究振興会議」におけるパウル・ヘルマン・ルートの講演の原稿は、BAK, R 173, Nr. 180にある。草案はペーターゼンによって起草された。

(30) Karl Heinz Pfeffer, "Die Soziologie in Deutschland", in: *Archiv für Bevölkerungswissenschaft und Bevölkerungspolitik* 9 (1939), S. 419-428, 427.

(31) 以下を参照。Hermann Aubin u. a., *Kulturströmungen und Kulturprovinzen in den Rheinlanden. Geschichte, Sprache, Volkskunde*, Bonn 1926; ders. u. a., *Der Raum Westfalen*, Bde. 1-3, Berlin 1931-1934; Wolfgang Ebert u. a., *Kulturräume und Kulturströmungen im mitteldeutschen Osten*, 2Bde., Leipzig 1936; Hans Linde, *Preußischer Landesausbau. Ein Beitrag zur Geschichte der ländlichen Gesellschaft in Süd-Ostpreußen am Beispiel des Dorfes Piassutten / Kreis Ortelsburg*, Leipzig 1939; Werner Conze, *Hirschenhof—die Geschichte einer deutschen Sprachinsel in Livland*, Berlin 1934; Klaus Zernack, "Werner Conze als Osteuropahistoriker", in: Werner Conze, *Ostmitteleuropa. Von der Spätantike bis zum 18. Jahrhundert*, hrsg. von Klaus Zernack, München 1992, S. 238-248.

(32) Werner Conze, "Rezension: Zoch, Wilhelm, Neuordnung im Osten. Bauernpolitik als deutsche Aufgabe", in: *Altpreußische Forschung* 17 (1940), S. 241.

(33) Werner Conze, "Die ländliche Übervölkerung in Polen", in: Dimitrie Gusti (Hg.), *Die Arbeiten des XIV. Internationalen Soziologen Kongresses, Bucuresti 1939*, Bd. B/1, Bukarest 1940/41, S. 40-48, 48; ders., *Agrarverfassung und Bevölkerung in Litauen und Weißrußland. 1. Teil, Die Hufenverfassung im Großfürstentum Litauen*, Leipzig 1940; くわえて、Gabriele Camphausen, "Das Rußlandbild in der deutschen Geschichtswissenschaft 1933 bis 1945", in: Karl-Erich Volkmann (Hg.), *Das Rußlandbild im Dritten Reich*, Köln 1994, S. 257-283, 265; しかしながら、コンツェが事実上、民族殺戮を推進する「決定センター」の「準備作業」を統御した、すなわち民族絶滅措置を知的に先取りした、「第三帝国」のあの「計画立案エリート」の一人であったというテーゼは、――これまでまだ行われていない――慎重な事実確認を必要とする。これについては以下を参照。Götz Aly / Susanne Heim, *Vordenker der Vernichtung. Auschwitz und die Deutschen Pläne für*

eine europäische Ordnung, Hamburg 1991, S. 70ff.; Karl Heinz Roth, "Europäische Neuordnung durch Völkermord. Bemerkungen zu Götz Alys und Susanne Heims Studie über die 'Vordenker' der Vernichtung" in: W. Schneider (Hg.), *'Vernichtungspolitik'. Eine Debatte über den Zusammenhang von Sozialpolitik und Genozid im nationalsozialistischen Deutschland*, Hamburg 1991, S. 179-195, 185; Angelika Ebbinghaus / ders., "Deutsche Historiker und der Holocaust", in: *1999* 6 (1991), S. 7-10, 7.

第5章

「諸民族と青年の教師」
——政治的解説者としての歴史家たち、一九三三—一九四五年

カレン・シェンヴェルダー

一九三三年五月一三日、土曜午前、伝統あるハイデルベルク大学大講堂には、あらたに入学を許可された学生たちや、かなりの数にのぼる他の聴衆が集まっていた。入学式で学長がスピーチをしたのである。学長は新入生にこう訓示した。諸君の学問的生活は、「力強い国家革命のなかで」始まった。「国民的革命の政府は、ドイツの過去の全世代がそのためにむなしく闘ってきた事柄を、きわめて短期間に、比類なく計画的かつ衝撃的に完遂した」。国民社会主義は「われわれの歴史に根ざす欠陥と最近の過去から受け継いだ欠陥」の二つを除去した。すなわち、諸邦《ラント》への国家《ライヒ》の分割と、「国民の諸階級への分裂、(……)利益闘争と経済エゴイズムのなかでの民族全体の解体とを克服した」。この革命のなかで「ドイツ人には、彼がドイツ人だと感じるかぎり、革命とともに進む以外に(……)別の決断はありえない[1]」。

独裁が始まった最初の数週間の出来事にこれほど感銘をうけていた学長とは、歴史家のヴィリィ・アンドレーアスであった。四八歳で中堅歴史家世代に属する彼が表明した政治的諸事件への注釈は、多くの点で一九三三年に彼の同僚たちがとった姿勢を典型的に示していた。アンドレーアスと同じく、多くの歴史家たちが新聞論説や講演で政治的出来事の解説を行った。一九三三年から一九四五年までの政治的諸事件に対して彼らが行ったこうした直接的な態度表明を分析することが、本章の中心テーマである[2]。一九三〇年代には、専門職としての歴史家たちは、眼前の出来事をドイツ史の文脈に位置づけて国民に解説することを、戦後期のドイツ歴史学よりもはるかに強く(「意味付与者」としての歴史家という最近の再発見にしたがって判断しても)、自分たちの活動の一部とみなしていた。歴史家たちが特別な政治的権威を求めることができたのは、教授や学者としての地位にもとづいてだけである。現実には彼らの政治や社会への影響力は世紀の変わり目以降大きく後退していたとしても、彼らは依然として、歴史の専門知識をもつ自分たちは現在(と未来)の解釈にとくに適任であると考えていた[3]。歴史は、「歴史が諸民族と青年の教師でありうるということをふた

たび証明する」だろう、こうアンドレーアスは述べた。

一九三三年以前には、ヒトラーとナチ党に賭けていた歴史家はほんのわずかであった。「ナチズムによる国家の指導からわれわれの公共生活全体の健全化とドイツ民族の救済」が期待できる、という一九三二年七月に出された宣言に、テュービンゲン大学とシュトゥットガルト工科大学で教える教授ヨハネス・ハラーとヘルムート・ゲーリングが署名したが、これは例外である。[4]エーリヒ・マルクスとマルティン・シュパーン〔四二〕はナチ党の入閣を擁護した。[5]ハインリヒ・ダンネンバウアーとエルンスト・アンリヒは講演をつうじてナチ党のために尽力していたが、二人とも若い員外教授にすぎなかった。[6]実際、一九三二年には歴史家たちの多数はまだヒンデンブルクに期待をかけていた。一九三二年夏彼が共和国《ライヒ》大統領に再選されたことも、ドイツが民主主義と議会主義から訣別して、ヨーロッパで失った強国としての地位を取りもどす前兆となるはずであった。たとえばヘルマン・オンケンは、一八六六年、一八七〇—七一年および一九一四—一八年の戦争に参加したこの将校を、ヴェルサイユ講和による「権利剥奪と武装解除」に対する抵抗のシンボルとみなしていた。一九三二年に、没落した帝国の陸軍元帥に期待されたのは、政治的対立による混乱を制御し「秩序を再建する強制権力」の役割を引き受けることであった。[7]ヒンデンブルクは、国家をいまにも「ばらばらに爆破し」てしまいかねない、「ますます傍若無人になる政党という装置」への対極であったと、エーリヒ・ブランデンブルクは述べている。[8]大統領制政体を援用した「秩序再建の強制権力」という彼の構想が挫折したときにはじめて、ヒトラーは容認できるものとなったのである。いわゆる「ポツダムの日」〔四三〕、つまり、プロパガンダの一幕として演出された一九三三年三月の国会開会の日におけるヒンデンブルクのヒトラーとの握手は、たしかに多くの保守的同時代人にとって決定的な体験であった。ここで演出されたプロイセン主義、旧帝国およびナチス独裁の融和をもたらしたのは、一九三三年の諸体験であった。ほかならぬ青年学生の旅立ちの気分、そして新政権が既成事実を積み上げていくスピードや急進性がそれである。ヴィリィ・アンドレーアスいわく、「きわめて短期間に、比類なく計画的かつ衝撃的に」、ヒトラー政権は議会主義と合法的な政治的反対派を排除した。つまり、アンドレーアスの言葉をかりれば、「議会主義政治体制という不純かつ無能で国家を破壊し、民族にそむく暴力」[9]を除去したのである。「革命」、「抗しがたい力」、そして諸事件の「不可避性」がくり返し語られた。アンドレーアスによれば、ナチズムは「ドイツの運命となった！　ナチズムはその使命を果たさねばならない。国内的にも対外的にもそうである。ナチズムが挫折するならば、それどころか、決定的な諸課題の解決で成果をあげえないだけでも、ドイツは没落にゆだねられよう。しかしまた、その場合には大陸全体も遅かれ早かれカオスに陥るであろう」。

多くの歴史家は、彼らの政治解説のなかで、一九三三年という年に二重の意義を認めた。歴史家たちは、嫌われていたワイマル民主主義との訣別ゆえに、この年をドイツ史の連続性を再生した年としてドイツの世論に示した。「誤った道は見捨てられ、正しい道が再発見された」と、もっとも卓越したドイツ国家国民党系の歴史家の一人、ヨハネス・ハラーは熱弁をふるった[10]。しかしまた、ドイツが体験したのは革命であってビスマルクやヴィルヘルムの帝国への単なる復帰ではない、ということもくり返し強調された。「われわれはわが民族の運命における真の転換点、ナチ党以前にはこれまで他のだれも達成できなかったことを可能にしうる転換点に立っている」[11]。こう言明したのは、ナチ党にきわめて近かったカール・アレクサンダー・フォン・ミュラーだが、そう考えたのは彼だけではない。その後まもなく正教授職を失う歴史家オットー・ヘッチュもまた、ファシズムはリベラルでブルジョワ的な時代に幕をひいたと強調した[12]。ルドルフ・シュターデルマンは、このドイツ革命は「ヨーロッパにとり国家と民族の存在を最終的に拘束する形態を樹立する」だろう、と述べた[13]。諸事件を解説したこれらの歴史家たちが、ナチ独裁は新種の実験であると明確に意識していたことは、いうまでもない。「いまや初めて共同の民族生成と強力な統一ドイツ民族国家への意志が、下から、民族性とドイツ人種自体の深部から、わき上がった」[14]、というふうに、民族共同体と人種への呼びかけ（そしてこれらの原理の野蛮な政治的貫徹）は、新しい帝国に第二帝政末期には欠如していた内政的基盤を保証することになった。それが中心的な論旨ではなかったにせよ、歴史家たちが人種差別的迫害に公然と同意した解説が、折に触れて見られた。たとえば、ゲッティンゲンの老歴史家ウルリヒ・カールシュテットは、大学のある式辞で皮肉な口調で聴衆に、「家畜商人レヴィの娘が入学させてもらえなかった」からといって「ぶつぶつ文句をいう」なと要求した[15]。

比較的明確な政治的期待、プログラム、ましてや行動の指示といったものがまとめられることは通常なかった。それをすることは歴史家の政治的自己理解に矛盾したであろう。彼の職務は大きな針路と歴史的な諸傾向を明らかにすることにあったのだから。歴史の出版物は、ドイツ革命として解釈された諸事件の「歴史的・体系的把握の試み」（ヘッチュ）あるいは「歴史的本質」の規定（シュターデルマン）に係わった。一八七一年の帝国創立の記念日や一九三四年八月のヒンデンブルクの死は、革命的諸事件をドイツ史の経過のなかにより一般的に位置づけるための特別なきっかけとなった。ドイツは――歴史家たちはドイツの公共社会にむけて論説や演説のなかでこう言明した――新しいこと、偉大なことへの途上にあった。強力であるためには国家《ライヒ》が一致団結していなければならないということは、多くの歴史家たちにとって、歴史の中心的な教訓であった。とりわけドイツは民主主義や議会主義には適していないとされた。ヘルマン・オンケンいわく、「力強い自律心が生じる可能性をこれっぽっちも期待できない」政治的生活形態が、外部から、つまり第一次大戦の勝者によって、国家《ライヒ》に押しつけられたのである[16]。［ナチ革命により］連邦制構造が解体され、さまざまな利害が議会、政党、労働組合へと多元的に組織された状態が破壊されたことで、熱望されていた「統一」が樹立されたように思われた。一九三三／三四年には戦争はまだはっきりとは予見されていなかったにせよ、［歴史家による］多くの解説の中心をなしていたのは、いまやドイツの力を再建するための基礎が整ったということである。ドイツ人は、「偉大な、畏敬された民族としての」「真の」自己意識へと立ち戻ったのだ、とテュービンゲンの講師ルドルフ・シュターデルマンは述べた。[17] ヨハネス・ハラーは、いまや問題なのは、「列強のなかでドイツ国民にふさわしい地位を獲得すること」だと考えた。[18]

追放された人々と脱落した人々

こうした多数派の潮流とならんで、異なる意見もまた存在した。一九三三年にはドイツの大学で教える少数の歴史家が、独裁の差し迫る危険に公然と警告を発した。フリードリヒ・マイネッケやゲルハルト・リッターは、彼らが書いたもののなかで、ときにはナチズムのいくつかの局面に対する賛嘆を表明したものの、テロルと恣意を特徴とするナチ支配に反対した。二人ともナチ支配に代わる選択肢を民主主義にではなく権威的な国家指導に見ていたにもかかわらず、である。[19] ベルリンの老歴史家アルトゥーア・ローゼンベルクは、一九三三年一月に大学における右翼急進主義のテロルに公然と抗議した。[20] 国立文書館勤務の学者であるファイト・ヴァレンティンは、［一九三三年］三月の選挙にさいして、有権者が今後も政治的権力者を実際に選出する権利を持つべきだと主張した。[21] カール・ヘルトマン（ハレ）やオイゲン・トイブラー（ハイデルベルク）やエルンスト・カントロヴィッツ（フランクフルト）は、これみよがしに彼らの教職を放棄した。ヘルトマンは率直にこう書いた。自分の「キリスト教的思考様式全体と学問的営為はあまりにも深く過去に根ざしている」ので、「まったく異なる思想世界からやってきてまったく新しい軌道を突き進む青年大学生」のために引き続き授業をすることはできない、と。[22] 一九三三年以降ごくわずかしか論文を発表しなかったか、もしくは政治的に議論をよばないテーマでしか書かなかった歴史家も何人かいたが、彼らは政治的理由から意識してそうしたのかもしれない。たとえば、東方でのドイツの「使命」の重要な証人であるカール・ハンペや、ライプツィヒ《ライヒ》で教職にあったオットー・フォスラーは、学問的な歴史考察を新しい国家のため政治的に奉仕させることを、はっきりと拒絶した。[23] しかし、「国内亡命」への傾向が広範囲にあった、あるいは支配的でさえあったときめてかかるのは適切でない（ドイツからの追放との暗黙の比較にもとづくこの概念には、そうでなくても問題がある）。

まもなく、体制からはずれた政治的意見を公表することはもはやできなくなった。そうした意見を代表する者は大学から、また多くの場合、国からも追放された。したがって、公表された意見に反映されているのは、職にとどまり体制に十分順応した大学教師たちの見解だけなのである。追放された人々のなかには、上述のローゼンベルクやヴァレンティン、またたとえば民主主義的立場のベルリンの講師ゲルハルト・マズーア、ハーヨー・ホルボーン、ディートリヒ・ゲルハルト、ハンス・バローン、女性講師のヘートヴィヒ・ヒンツェ、ならびにケルンのハンス・ローゼンベルクがいた。歴史学は政治的・人種差別的動機からの迫害に比較的わずかしか見舞われなかった――このために、きわめてばかげた正当化努力が行われたり、本来追放された人々に献じられた書物のなかで、居残った人々をたちいって賞賛するという事態が生じた[24]――。それにもかかわらず、この学問分野はすでに一九三三年以前に民主主義者やユダヤ人にとって困難な領域になっていたことが確認できるのだが、追放措置という切れ目があったことを見過ごしてはならない。一九四五年にドイツの歴史学は、ユダヤ出自の歴史家と、少数ではあれ新しい萌芽と民主主義的発展に対して開かれた歴史家集団を失った専門分野だったのである。しかし、独裁の樹立に同意し部分的にはこれを祝う発言の数は、一つの趨勢を裏づけている。総じて肯定的なそのような態度表明にも、批判的なトーンがまったく見られなかったわけではない。制度の自律性と差し迫った自治への介入は抗議を呼び起こした。これは、たとえば教会あるいは軍部といった他の諸制度にとってと同じく、[大学にとっても]典型的といえる。大学教師もまた彼らの権威を守ろうとしたのだ。だが、一九三三年にはこの権威は、大学の構造にかんしてだけでなく、ドイツの過去と未来の指導的解説者としての歴史家の信望についても危ういものになっていた。

「客観的な」学問と「闘う」学問

独裁のまさに初期に、大学は、それとともに歴史家たちは、厳しい攻撃にさらされた。一九三三年と三四年の演説や公刊論文には同意が表明され、しばしば熱狂も見られたが、それだけではない。そこにはまた、新政権のありうる介入や、大学と学問の営みの完全な再編を要求する急進的で若いナチスの権力獲得について、不安やあからさまな動揺も見られた。だから、ヴィリィ・アンドレーアスはすでに引用した学長スピーチで、若々しい急進主義のなかで過去の業績を忘れてしまってはならないと警告し、「アカデミックな生活（大学生活）の基本権」を擁護したのだ。ナチ独裁の初期の議論にあっては、歴史叙述と政治との関係、「歴史家の課題」（ハラー）といったテーマ、あるいは「歴史学と現在の生活」の関係（ツェヒリーン）がぬきんでた位置を占めていた。

それを鼓舞したのは、とくにおよそ一九三六／三七年までに仕掛けられた大々的な攻撃であった[25]。すなわち、かなりの数の若いナチスが以下のように主張した。「リベラル」で「無前提な」学問に、新しい、意識的に国民社会主義的な、「闘う」学問が取って代わらねばならない。ナチズムに信仰告白する体験をくぐって、歴史の価値転換が行われ、新しいフェルキッシュで人種主義的な歴史像が確立されねばならない。この枠組みのなかで、とりわけ、ドイツ史の源がゲルマンの先史のなかに移され、政治的文化的な発展がゲルマン人と「北方人種」の傑出した役割の所産として示されねばならない、と。「血と土」の政策の実現が歴史的な偉大さの尺度だと言明され、カール大帝〔二三〕とフリードリヒ・バルバロッサ〔二四〕はこの尺度の犠牲になった。カールはキリスト教と古代の影響を貫徹させ、「固有の文化と断絶し、ゲルマン的本質の圧伏や破壊を進めた」と非難され、「ザクセンの殺戮者」と糾弾された。カールによって制圧されたザクセン族の指導者で「血と土の戦士」たるヴィドゥキント、ならびにゲルマンの指導者、最初のドイツ帝国の創建者、生存圏政策の代表者としてのハインリヒ一世には、まさにカルト的崇拝が寄せられるべきであった[26]。このような歴史を根底から再評価する姿勢を制度的に示すのが、とりわけ、真に国民社会主義的な学問の開幕を画するため一九三五年に創立された「新生ドイツ史帝国研究所」である。その所長ヴァルター・フランクは、「ドイツ歴史学の責任ある指導者」を自任しており、しばらくの間、相当な影響力をふるい、学者の昇進の決定を左右することができた[27]。

　ローゼンベルクの神秘主義、自然法則に規定される過程としての歴史理念、歴史像のあまりにも恣意的な再構成は、大学の歴史家たちにとって疑いもなく耐え難い挑戦を意味していた。歴史家たちは新しい歴史解釈の諸要素に対して遠慮えしゃくなく抗議した。ヨハネス・ハラーとハインリヒ・ダンネンバウアーはゲルマン・イデオロギーを公然と攻撃した。ハラーは、「過去の神秘的な誇示」は「ハラキリ」だと決めつけた。彼は歴史的真実を求める努力を無条件に堅持しようとした。「自らの歴史について、それを語る資格のない者たちから間違った像を押しつけられる民族に災いあれ！」[28]フリッツ・ハルトゥングは、第二帝政を「プロイセン的兵士国家と市民的憲法国家」の対立によって規定されたものと解釈する、カール・シュミットの「恣意的に構成された歴史考察」に抗議した。シュミットのいう「政治的・愛国的義務」――ハルトゥングはこれを自明だと考えた――をもっともよく果たしうるのは歴史家である。だが、それは歴史家が周知の史料を利用するという基本前提を堅持し、ランケに則って物事を時代の精神から理解しようとする場合にかぎられる、と[29]。ヴィルヘルム・モムゼンも、「自分の生きる時代の体験から評価をおこなう」ことを歴史家の自明の義務だとしたが、たとえば、エグモント・ツェヒリーンがしたように、身分制観念とフェルキッシュな構想をビスマルクになすりつけることに反対した[30]。もっともよく知られているのは、たしかにヘルマン・オンケンと「革命的時代における歴史像の変化」にかんする彼の講演をめぐる紛争であり、これによってこのベルリンの正教授は、早すぎる年金生活に退かねばならなかった。一九五九年にテオドーア・シーダーの働きかけで、対立の的となった講演のテキストが国民社会主義の歴史像に対する抵抗の記録として再刊された。それによれば、オンケンは一九三四／三五年に次のように確認している。「歴史を再評価しようとする一般的衝動」のなかには、（……）「実りある新しい思想や適切なアクセントの置き方と、しかしまた、場合によっては大胆な仮説やまがいものの史料を用いることもためらわない、時代に拘束された恣意とが併存している」。歴史学は立場を明らかにしなければならない。すなわち「自律を守ることと一次史料への回帰は、それらによってもっとも純粋で、客観的な認識にたどり着くために、研究にとっての義務でありつづける」[31]。だが、おそらくこれを、政治化した歴史の見方に対する、新しい支配体制にあわせた歴史解釈の変更に対する、あるいはさらにそのイデオロギーから歴史解釈にそのような不当な要求を突きつけてくる政権に対する、全面的な抗議と受け取ることはできない。オンケン自身、権力者たちと対立しようとは思っていなかったし、ゲルハルト・リッターが望んだような第三帝国の――リッターいうところの――「似非《えせ》歴史」に対する抗議が沸き起こることもなかった。リッターは一九三四年二月にオンケンに宛てて、「やくざな同僚の大多数」は「香炉」を振り媚びを売っていると書いた[32]。「新生ドイツ史帝国研究所」の専門家顧問団には、フリッツ・ハルトゥング、エーリヒ・マルクス、アーノルト・オスカー・マイアー、ヴィルヘルム・シュースラー、ハインリヒ・フォン・ズルビク、リヒャルト・フェスター、ヴィリィ・ホッペ、カール・アレクサンダー・フォン・ミュラーおよびオットー・ヴェストファルが属しており、対決ではなく協力がモットーだったのである。オイケンは、一九三四年に大統領の死後、その役割を「ヨーロッパ史の光に照らして」論じたとき、彼の客観性の擁護がどう受け取られるべきかを自ら明らかにした。また、一九四一年に彼は『マリーネ・ルントシャウ』（海軍評論）誌上で独・英対立を歴史的に描いてみせたが、これはまったく彼の自己理解と合致していた[33]。大学では伝統的に、「客観的」であること、あるいは「非政治的」であることは、自分を日常的対立から超然とした、反民主主義的で国民主義的に規定された国家利害の代表者と定義することを意味してきた。だから、『フェルキッシャー・ベオーバハター』も、オイケンがおこがましくも「若い国民社会主義的ドイツの精神的闘いについて裁判官」を気どっているといきり立ったのである[34]。このベルリンの大学正教授を早すぎる年金生活に追いこんだのは、個人的な報復とならんで、イデオロギー的権威をめぐる対立だったのだ。

しかし、ナショナルな生き方に背を向けた歴史学への攻撃は、大学においてすら、ただ抵抗にだけぶつかったのではない。アドルフ・ライン（「政治的大学」なる綱領を掲げる）やオットー・ヴェストファル（ともにハンブルク大学）、あるいはルドルフ・クレーマー（ケーニヒスベルク大講師）といった一連のナチ歴史家からは、「現在の意識から出発した政治的歴史解釈」や「民族とライヒの空間をめぐる闘争」の継続としての「歴史の意味づけ」を要求する声があがった。「歴史学は生成しつつあるものと関連づけて真実を解釈することにおいて、政治的な学である」と、クレーマーは言明した[35]。エーリヒ・カイザーは、なんといっても一九五一年にマールブルクのヘルダー研究所の所長をつとめることになるのだが、一九三三年一〇月に、フェルキッシュな歴史把握の「一般妥当性」を要求した。そうした歴史把握を彼は民族共同体形成のための貢献と考えていたのだ。彼は人口史を中心に据えた歴史学を構想しており、「歴史は自然な生活の事象と」みなされるべきである、と断固として要求した。彼にとって重要なのは、歴史的出来事を政治的基準にしたがって評価することであった。すなわち、「もろもろの歴史的出来事がそれらに係わった人々、家族、諸民族の生命力を助長したのか、それとも弱めたのか、また、歴史的出来事はどの程度この生命力自体に由来しているのか[36]」が検証されるべきであった。この観点からたとえば教会が攻撃された。教会は老人や病人を保護することによって、「生活上無能で、人種的に不適切な人々や住民層に対して生存権」を新しい規模で保証し、こうして「人種的な淘汰」を阻止してきたからである[37]。「今後は政治性のある歴史家だけが存在することを許されるべきだ」と、カイザーは一九三三年に要求した。したがって、新しい意味で政治的な歴史考察、国民社会主義的、急進民族主義的・生物学至上主義的で、体験から出発する歴史考察への要求は、学問の外からだけ定式化してもちこまれたものではなかった。むしろ、そうした歴史考察は、親ナチ感情という源泉から自然に生まれるべきものであった。こういう解釈を主張した者、あるいはまったく神秘的で恣意的な「歴史解釈」にさまざまな仕方でふけった者が、それだけで歴史家ツンフトから追放されることはけっしてなかった[38]。

しかし、より強い影響力をもったのは、学問的伝統と「フェルキッシュな」意味での政治という新しい観念とを調停する第三の路線であった。同時代の観察者オスカー・J・ハメンは、すでにワイマル期に、とりわけ若い歴史家たちの間で、厳密な方法をとる研究を恣意的解釈に従属させる傾向があったことを確認している。したがって、彼の見るところ、学問的水準の低下が一九三三年を境にいっきょに進行したわけではない[39]。そのさい、このアメリカの歴史家は、たとえばハンス・ロートフェルスのような歴史学を代表する新進気鋭の学者のことを考えていたのかもしれない。青年保守主義の影響をうけたこの歴史家は、ケーニヒスベルクで教鞭をとっていたのだが、自らを政治的教育者とみなし、東部国境地帯で地域の再編に影響をふるおうとしていた。彼は「闘う学問」に賛同し、「立脚点なき客観性という偏向的で間違った信念」を拒絶した。歴史家はむろん具体的な行動指示を与えるべきではないが、路線を示すべきだ、というのが彼の考えであった[40]。歴史家たちの間には、学問的水準の完全な放棄という意味ではなかったにせよ、いっそう強い政治化への要求に対する理解が明らかに存在したのである。ロートフェルスと同じくハンス・ヘルツフェルトも、自分の時代の諸問題を回避する「一九世紀の誤解された客観性概念」に反対し、歴史学が「専門家的営みの自己満足にどっぷりひたり、硬直化する」危険を犯してきたと批判した。しかし、彼は同時に、「歴史研究を誤って現実と直接係わらせることによって」政治状況を間違ってとらえたり、激情にかられて視野を狭めたりしないよう警告した。彼によれば、真実を追求し批判的態度を貫く努力を基礎にしてのみ、歴史学は、「自分の民族への一人一人の人格的結合から出発して、その認識を国民の発展に役立つものに」しうるのだ。(41) マールブルクの教授で一九三三年以前には周知の共和国支持者であったヴィルヘルム・モムゼンも、同様な発言をした。彼は一九三五年に、学問的客観性を擁護するオンケンの右に詳述した抗議に対して、以下のように自分の立場を表明した。いうまでもなく史料は「あらゆる歴史的著作の基礎」であり、歴史家は事実を尊重しなければならない。だが、歴史家がそのために努力する目標は、現在からの「刺激」によって規定されるのであり、(42) それゆえ「民族性のもつ力」を存分に発揮させるような歴史解釈こそ時代の要請である。「われわれの時代は新しい歴史像」、「まったくドイツ的な歴史解釈を要求している」。歴史家には「政治的跳躍」、「政治的戦闘性」が必要であり、学問的態度は——トライチュケが範を示したように——時代に結びついたものであるべきだ。(43) ここに描いた議論の基本線に典型的なのは、歴史学研究の基礎として史料を堅持するということである。確立された方法と基準を堅持することによって、歴史家ツンフトは彼ら特有の、他との違いのはっきりしたアイデンティティを擁護したのだ。だが、マールブルクの講師（後にはベルリン大学外国学部教授）エグモント・ツェヒリーンは、一九三三年にさらにこう書いた。「歴史考察の立場は、現在の生活の創造的な力に根ざしていなければならない」ということを、歴史家は承認せねばならない。歴史家は今日、国民社会主義国家に体現されているような諸拘束に服従せねばならない。一九一四年に歴史家が「前線に組み入れ」られねばならなかったように、歴史学もまた「国民的再編」の課題に奉仕せねばならない。(44)

歴史学と政治にかんする論争は三〇年代半ばの論争であって、戦時中にはほとんど完全に鳴りを潜めた。その原因は、ナチス側からのラディカルな再編の身振りと攻撃がすでに三〇年代末には背景に退き、実利的な協力に道を譲ったという事実にある。自然科学にかんしてヘルベルト・メールテンスが、ナチズムにおいて科学政策の二つの段階が連続していたと観察しているのだが、これは歴史学にも当てはまる。(45)［従来の歴史学とは］別の、人種主義的で国民社会主義的な学問への要求は次第に抑制され、これとならんで保守的・国民主義的歴史像の統合とその代表者たちとの協力という第二の線が強まったのである。こうした状況が起こりえたのはとりわけ、首尾一貫して書かれ拘束力をもつナチ歴史像が存在しなかったためである。ヒトラーにとっては権力と膨張のほうが、「民族固有の文化」のいわゆる育成よりもっと重要であった。広大な帝国を支配したカール大帝を「ザクセンの殺戮者」として弾劾するつもりなど、彼にはさらさらなかった。ゲッベルスもまた、国民社会主義を尺度にして歴史とそのヒーローたちを評価することはばかげていると決めつけたのであり、ローゼンベルクはその歴史像を一九三九年に取り下げた。いまや、「過去の偉大な運動や偉大な人物」について「いわゆる判決」が下されてはならない、といわれた。ナチ月刊誌さえ、「正確な歴史学に対する攻撃」を批判し、マルティン・リンツェルやゲルハルト・リッター（ナチズムに距離をおいて対峙した二人の歴史家）の公刊物を肯定的に論評する始末であった[46]。いまではいわゆるイデオロギー的一貫性ではなく、政治的有用性の方が重視されたのである。大学でローゼンベルクやヒムラー流の、フェルキッシュで人種主義的な歴史解釈をおしとおす首尾一貫した試みは、けっしてなされなかった。歴史学でも、かなりの人的損失にもかかわらず、大学と学問の運営は根本的な変化は被らなかった。一つの中心的指導機関が歴史学の営みの形式と内容を統制し、包括的に再編する事態は生じなかったのである。イメージとしては、部分的に競合する諸研究施設との関係が織りなす、矛盾した多様なネットワークといった状態がこの分野の現実だったのであり、それは、ナチ独裁がしばしばカオスと競合に刻印づけられた体制として描かれるのに符合していた。電撃戦戦略が失敗した後、ほぼ一九四三年になって初めて、もっと効果的な研究組織を実現しようとする努力がなされた[47]。以上のことをもって、ナチ学術政策はうまく機能しなかった、あるいは、国民社会主義的歴史学が不可能だったことの表れだと、しばしば解釈されてきたが、それは一面的にすぎる[48]。より重要と思われるのは、もちろん中断がなかったわけではけっしてないが、ナチ体制において、またナチ体制のために、十分な連続性が機能していたということである。たしかに、ファシズムの支配が相対的に短期間であったこと、戦争遂行への集中、青年層の軍役による人材の損失も、その一因であった。すべてのナチ機関が歴史学の状態に満足していたわけではけっしてなかった[49]。しかし、こうした事情とならんで、連続性が発揮される上でものをいったのは、歴史学の教授たちが、彼らの学問的名声と――そしてこの名声が保持されていたかぎり――いまなお高度の公的承認を基礎に、支配体制の安定に貢献することができたということである。そのためには、彼らがたとえば歴史を人種間闘争として解釈することは必要でなかった。狭義のナチ・イデオロギーの宣伝は、イデオローグや支配中枢とより密接に結びついている出版機関が引き受けた。カール・アレクサンダー・フォン・ミュラーは体制の広告塔の一人となり、数年来ナチ・サークルと良好な関係を保ってきたのだが、彼などはきわめてナチ的だった歴史家であり、フェルキッシュな諸要素を包摂することに公然と賛成していた。ところが、彼は急進民族主義的・人種主義的な歴史解釈を新しく構想することにとくに参加したわけではない。ミュラーは『史学雑誌』の編集者になり、また、W・フランクの「帝国研究所」で「ユダヤ人問題研究局」の名目上の指導者を引き受けることで同研究所を支援した。だが、大学に対する彼の態度は、上述のヴィリィ・アンドレーアスの場合とさほど変わらなかったのである。彼はこう書いている。時代の転換期には大学も変わらねばならない。大学は国家、民族性、国民的な教育にもっと密接に結びつかねばならない。しかし、学問の一定の自由は不可欠であり、スローガンの「氾

濫」に抗して事実に即した認識が維持されねばならない。(50)

政治的論評と「本来の学問」は両立するか

だが、国民的義務へのこうした心情告白、フェルキッシュな体験にいっそう密接に結びつけという呼びかけ、それでいて同時に学問的基準を維持せよという要請、これらすべては実践的に何を意味したのか。大学の歴史家たちは政治的諸事件にさいして、どんな機会に、どんな調子で発言したのか。彼らはドイツの歴史と現実の政治をどのように関係づけたのか。

一九三三年の政治的激変、ヒンデンブルクの死、帝国《ライヒ》［第二帝政］創立やナチ政権成立の記念日といった政治的出来事とならんで、歴史家が世間にむけて解説する機会を提供したのは、ほかでもない諸々の対外政策上の事件や対立であった。たとえば、一九三五年のザール州のライヒへの返還にかんする住民投票がそうである。これにはヘルマン・オンケン、フランツ・シュタインバッハ、クルト・フォン・ラウマー、あるいはマルティン・シュパーンが参画した。再軍備やラインラント再武装にかんする個々の論評とならんで、一九三八年には、オーストリア「合邦」が、一連の歴史家たちが政治的論評を加える次の大きな事件となった。ケーニヒスベルク大学のカント記念日にさいして、フリードリヒ・ベトゲン――のちに抵抗［運動］と接触をもつことになる歴史家――も、熱狂的な発言をした。「過ぐる年はわれわれに偉大な体験をもたらした。ドイツ民族の歴史をみても、これほど僥倖に恵まれた世代はめったにない。（……）われわれの歴史の全経過から内在的必然性をもって生まれた要求が実現されたのだ」。彼は、オーストリアとズデーテンラントの併合を、ドイツ「民族の身体」から切り取られていた部分の帰還だとみなした。一九三九年の大ドイツ帝国の背後には、中世の［神聖ローマ］帝国《ライヒ》の影がそびえていたのである。(51) 併合にかんする「国民投票」の日に、ウィーンの歴史家ハインリヒ・フォン・ズルビクは、「民族共同体の新時代」と「天分に恵まれた人間」ヒトラーを祝福した。一九三九年四月のヒトラー五〇歳の誕生日には、ズルビクは『ベルリン証券取引所新聞』に祝辞を寄せた。(52)

だが、戦争なしの拡張に成功した時期が過ぎたのちに、歴史家たちはどう振る舞ったのだろうか。歴史家たちは、事態の推移に影響を与えることはほとんどできず、せいぜい事の後で論評できたにすぎない。時代のこのような目撃者として、彼らは将来について不安と疑念も表明した。ヨハネス・ハラーは一九三九年にこう警告した。達成した権力地位を守るためにいまや必要なのは「勇気と賢明さ」を発揮することだ。「熱望していることが即時に達成できると考える浅はかな野心（……）は」、その報いを受けよう。(53) ところが、これとならんで、一九三三年以前にはむしろ政治的中道派に数えられた歴史家エーリヒ・ブランデンブルクが、(54) 第一次大戦の開戦二五周年によせた新聞論評のような例もある。『ライプツィヒ・ノイエステ・ナハリヒテン』紙に掲載されたその論評によれば、ポーランドに最後通牒を突きつけたドイツにとって問題なのは、「ヴェルサイユでわれわれに加えられた不正を片づける（……）」という、正当でまったく控えめな目標にすぎない。また、新しい戦争責任論議を先取りして、彼はこう言明した。イギリスは、すでに一九一四年にもそうだったように、戦争を準備していた。イギリスの「大陸に対する覇権」を実現するために、ドイツはまたしても包囲されたのだ、と。(54)

ブランデンブルクとズルビクの例は、歴史学の教授たちが政治的出来事に露骨な解説を行い、日刊紙に論説を書いたことを示している。しかし、そうした新聞論説や演説は、歴史学の発展にとってどれほどの証言力をもつものなのか。「口先だけの心情告白」や日和見主義的な容認めいた発言と、「本来の」学問との違いは、さまざまな点で識別される。(55) たしかに、一方での新聞解説の執筆や政治的演説者としての登場と、「他方での」固有の研究活動とは、異なる活動である。もちろん両方とも、客観的にも主観的にも、大学歴史家たちの活動の局面であって、政治的演説者としての面だけを軽く片づけることは、時代の自己理解に不可欠な専門職活動の一面を軽視することになる。これらの人々が歴史の教授であったからこそ、彼らの意見に日刊紙の第一面が割かれたのである。これらの人々は、ドイツの歴史の識者であり教授であったがゆえに、自分たちには国民の方向づけに助けをだす力がある、いやそれどころか、そうする義務があると感じていたのだ。

歴史研究が伝統的なやり方でも続けられていたことは確かである。しかし、一九三三年と一九四五年の間にも多数の「まじめな」研究業績が生まれたという、しばしばお目にかかる指摘は、何を意味しているのだろうか。これが政権の利害や意図に反して生じた事態だったと想定される場合には、とりわけ注目に値しよう。だが、この想定はまったく適切でないように思われる。さらにいえば、政治的解説と学問的研究・叙述は、けっして明確に分かれていなかった。比較的最近の文献のなかではくり返しこう問われている。国民社会主義の政策への信奉を公然と認めることで「浄化された」学問的著作は、実際に一九四五年以後も引き続き利用に値したのか、それともそれらは、かなり微妙な仕方でその時代の政治的パラダイムの刻印を受けていたし、その後もそれが残りつづけたのではないか。

独裁の政治的な脈絡によって特徴づけられていたのは、新聞論説や序文だけではない。たとえば、ブランデンブルクもズルビクも三〇年代半ばに「ヨーロッパと世界」ないしは「ドイツ統一」にかんするかなり大きな著作を公刊した。まさにズルビクの成功を収めた出版物は、すぐれて政治的なプログラムと受けとられた。このウィーンの歴史家は、自ら「民族への奉仕」を表明しつつ、個々の国家間の対立を超えて民族の統一を目指し、また「中欧」と東方を支配するという固有の使命を帯びたドイツ史を呈示したのだ。(56) これに対してブランデンブルクは、ズルビクの歴史像だけでなく、そこから導き出された彼の政治的選択をも批判した。中欧ではなく、強力な国民国家、つまり、たとえばイギリスと同盟して「有色人種との闘争」での白人の優位を保証すべきドイツ権力国家、これが一九三五年にブランデンブルクの行った選択であった。[57]

いわゆる「民族史」、あるいは「東方研究」・「西方研究」にかんしても、いや他ならぬこれらの研究領域にかんしてこそ、研究関心、問題提起、方法、解釈パターンがいかに不可分に政治的選択と結びついていたかが示される。[58] エーリヒ・カイザーにとって、「東方のライヒスガウ［一九三九年以降第三帝国に併合され、総督がおかれた行政区域。ここではポーランド西部におかれた「ヴァルテラント」などを指す。巻末参考図版1を参照］からのポーランド人の転出」――彼は婉曲にこう呼んだのだが――の体験は、歴史過程への理解を深める魅力的な機会であった。すなわち、「ドイツ東部で民族研究の偉大なときが始まった」のだ。[59] たとえば、フランドルと西プロイセンとの商業的結びつきにかんするいくつもの論文が出されたが、それらを動機づけていたのは、オランダを東方征服の味方にするための歴史的な論拠を提供しようという関心だった。[60] したがって、歴史学の活動を政治化し、「民族との個々人の人格的な結合から出発して、彼ら（歴史家たち――引用者）の認識を国民の発展に役立つものに」するという、上述の要請はさまざまな仕方でまじめに受け取られていたのだ。これに比べると、ヨハネス・ハラーやフリッツ・ハルトゥングは、彼らの研究活動を新しく方向づける動機をなんら持たなかったものの、事情に応じて、政治的展開に対し歴史家の視点から態度を表明した大学教師の実例である。

戦時中の歴史学

戦時中におけるドイツの歴史家たちの活動を見れば、彼らが政治的に支持していたのは、たいてい誤解された、もしくはいわゆる「手なづけられた」ヒトラー「だけ」でないことが分かる。それに、目的はけっしてヴェルサイユ条約の修正だけではないこともはっきりしていたので、ヒトラーの好戦的支配体制からの広範囲な離反は生じなかったのである。とりわけ一九三九／四〇年に一気呵成に勝ち取られた大規模な成功のあとで、人々はドイツの権力拡張の成果に魅了されて、これに抵抗するなど思いもよらなかった。以前にはヴェルサイユに対する闘い、武装した大国ドイツ再建のための闘いが語られていたのだが、いまや、ドイツに支配されるヨーロッパ秩序という新しい目標が中心に押し出された。「ドイツ民族はその世界史的な課題、その永遠の課題をふたたび見いだした」と、テオドーア・マイアーはすでに一九四〇年一月三〇日、マールブルクの聴衆を前に言明した。彼はナチズムの政策を、「中世の［イタリア征服をめざす］カイザー政策《ポリティーク》［四六］の有機的な継続」だとみなした。いわく、フランスとイギリスの活動はヨーロッパの利害に反していたのに対して、歴史を振り返っても現在でも、「ゲルマン民族がヨーロッパの中央に占める地位と役割は（……）秩序と建設の原理」である。「われわれは、ヨーロッパの全空間を掌握し政治的に組織することを、一千年来、最大のヨーロッパ的課題と認識していた」。いまや、西洋はヒトラーによって「歴史喪失の深淵から引き戻」されるのだ(61)。

マイアーの講演は、大学と国防軍が主催してマールブルクで行われた「国防科学連続講演」の一部であった。諸大学の学長会議ははやくも一九三九年一一月に「総統と民族」への忠誠表明を行い、戦時動員にむけた大学の用意を表明していた(62)。その一部をなしていたのが、再軍備や戦争遂行のための非常に多くのしっかりした論文とならんで、イデオロギー上の戦時動員だったのである。マールブルクと同じく、たとえばボンでも講演が催され、その一つでは、講師のレオ・ユストが「われわれは敵について何を知らねばならないか」というテーマで話した(63)。アドルフ・ラインやペーター・リヒャルト・ローデンとともに、大学で教鞭をとる歴史家たちは、外務省やナチ党のための宣伝パンフレットを書いた(64)。一九四〇年春にはエルンスト・アンリヒやヴィルヘルム・モムゼンあるいはヘルマン・ハインペルが、もっと広い公衆にむけて、フランスのいわゆる攻撃的な態度とその口実に使われるドイツの脅威なるものは、歴史のなかにどう位置づけられるのかについて解説した(65)。一連の歴史家たちはすでに以前から、ポーランド国家の廃絶を、文化の担い手としてのドイツという古いテーゼでもって正当化するのに貢献していた。この段階で歴史家たちを動かしていたのは、明瞭にナチス的な態度表明のほかに、戦争中の自国へのナショナリズムに動機づけられた連帯、およびふたたび持ち出された伝統的な反フランス、反ポーランドの議論である。

大学の歴史家たちによる政治的事件の解説をときを追って考察すれば、まず一九四〇年六月のフランスに対する勝利、ついで一九四二／四三年冬のドイツが敗戦にむかう戦況の転換が、重要な画期をなしている。ドイツの攻勢はすべて一九四〇年夏まで比較的順調に進行し、ドイツ帝国は大陸を制圧した。一九三九年には戦争の危険を恐れて自制していた歴史家たちの何人かは、いまやその疑念が晴れていく思いをいだいた。暴力的拡張、他民族の従属化、テロルによる支配と人種主義的迫害の拡大がきっかけとなって体制の拒否、戦争支持の意識的拒絶が生じることはめったになかった。とりわけ一九四〇年夏以降、まず何よりもフランスに対するヴェルサイユの「報復」とドイツのいわゆる旧領土の征服を祝う意見表明が、たびたびなされた。だが、これとならんでいまや、ドイツの指導に服するヨーロッパをどう形づくるかという考察が前面に出てきた。この巨大な権力とヨーロッパ形成という歴史的課題に参画することは、ほとんど抗いがたい力をもって歴史家の心をとらえたように見える。

たしかに、多くの歴史家がソビエト連邦への攻撃を待ち望んでいなかったとしても、一九四一年六月は、歴史家たちの体制への態度にはっきりした変化を引き起こしてはいない。むしろ、西洋文化存亡の脅威という烙印をおされたソ連との闘いのなかで、連帯が強まったことを示す例がいくつもある。いまや、ソビエト連邦に矛先を向けて、ナチイデオロギーの人種主義的構成要素がフルに利用されたのだ。ヘルマン・ハインペルは一九四一年一一月に事実を啞然とするほど逆転させて、ドイツ帝国は「前代未聞の野蛮な世界に対して、ヨーロッパの過去と未来」を防衛しているのだと書いた。[66]「歴史家協会」元会長カール・ブランディ[四七]は、一九四三年夏になお「西洋の防衛」を呼びかけた。この時期の公式プロパガンダと同様、彼もまた典型的な人種主義的手法で、ソ連を「アジア」を体現する国として描き、侵略者と呼んだ。これに対してドイツ軍は、ソ連におけるキリスト教徒の解放者、「ボルシェヴィズムという大陸のアジア的世界」に対する、また「利益と権力に飢えた大資本の支配」という北アメリカから迫る脅威に対する、西洋の防衛者としてあらわれた。このゲッティンゲン大学名誉教授は、よりにもよってナチズムのドイツを人権の守り手として描いた。[67]「ユダヤ人問題の最終的解決」さえも、ときには歴史家によってドイツの業績として賛美されることがあった。[68]

一九四三年ごろ、ドイツの敗戦が迫っていることが明らかになったときはじめて、ヨーロッパに対するドイツの支配を正当化する試みに代わって、それへの明確な疑念が前面に出てきた。いまや、歴史の意味、運命的なもの、「歴史の経過に作用する、測り知れないものの力」[69]がテーマになった。しかし、一九四四年にもマルティン・シュパーン、オイゲン・フランツあるいはウルリヒ・クレーマーは、最後までドイツのこの体制のために闘えと訴えた。[70]

「……実践的な領域で刺激と教訓」たること

その一九四〇年の講演について右に言及したテオドーア・マイアーは、名声ある中世史研究者であり、領主支配の発展にかんするその著作は、今日まで演習のスタンダード文献に属している。同時にマイアーは、一九三六年に歴史家協会の改革を任された三人の教授の一人であり、マールブルク大学学長、および一九四二年以降「ドイツ古代・中世史学帝国研究所」（MGH）所長の地位にあって、学術政策の指導者の一人であった。この役割でマイアーは一九四一年初めに、「新しいヨーロッパにおける」歴史学の課題について一連の新聞論説を書き、[71]「学問の課題のために全体目標と全体計画が定め」られねばならないと要求した。この構想は、ヨーロッパの秩序思想の歴史を明らかにし、ヨーロッパ秩序のコントロールを目指すドイツの闘争を支持する、という現下の課題に取り組むべきものであった。これとならんで、戦争が勝利のうちに終わった後の将来計画が描かれるべきであった。勝利の後、歴史家たちは、目標とされた「ゲルマン的ヨーロッパ」のための「全ゲルマン的な歴史解釈」を構想しなければならないだろう、とマイアーは述べた。ここで提案された「全体計画」はついに作成されなかったが、マイアーの提案は、歴史学を根本的に改変し、あらたに方向づける構想があったこと、そしてこれが実現しなかったのは一重に戦争の経過のせいであることを示している。同時に彼の提案が示しているのは、計画と歴史家操作へのイニシャティブが外部から強いられてやむをえず取られねばならなかったものではない、ということである。

戦争時の現実のせいで、プロパガンダや戦争遂行のための歴史家たちの貢献は、しっかりした組織機構に組みこまれたものではなかった。典型的なのは、歴史家個人と国家の諸機関やナチ党との間にあったさまざまな協力関係のネットワークである。たとえば一九四〇年一一月、ミュンヘンで、ローゼンベルク機関を責任者として「ドイツの偉大さ」を誇示する博覧会が開かれた。この歴史博覧会は、ふんだんな刊行物を携えて、ドイツの支配地域を巡回した。博覧会は、ドイツ史を、矛盾をはらむ、だがナチスの支配するヨーロッパで完成するのぼり道として描いた。ところで、ローゼンベルク機関ならそのような粗雑な歴史叙述も不思議ではないだろう。しかし、博覧会の「学問的協力者」とそのカタログの執筆陣には、オットー・ブルンナー、ギュンター・フランツ、カール・アレクサンダー・フォン・ミュラー、フリッツ・レーリヒ、エドムント・シュテンゲルといったそうそうたる歴史家たちも属していたのである。占領したベルギーでの博覧会は、フランツ・ペートリが共同責任者であった[72]。

すでに言及したように、歴史家たちは、なかでもアドルフ・ラインは、外務省が管轄する叢書のためにいくつかの論文を書いた。ペーター・リヒャルト・ローデンとエーリヒ・マシュケは、ナチ党のためにパンフレットや論説を執筆した[73]。アルバート・ブラックマンとカール・アレクサンダー・フォン・ミュラーは、親衛隊の「祖先の遺産《アーネンエルベ》」のために本を書いた[74]。兵士・将校向けの演説者あるいは国防軍刊行物の評論執筆者として登場したのは、ヘルマン・オーバン、オットー・シェール、フリッツ・ハルトゥング、ヘルマン・オンケンあるいはフリッツ・エルンストである。明らかにドイツの立場の宣伝に奉仕する機関紙たる『パリ新聞』、『ブリュッセル新聞』、『クラカウ新聞』のようなドイツ占領軍の新聞には、大学に奉職する歴史家によって書かれた論説がおびただしく載っている。ヘルベルト・グルントマン、フリッツ・レーリヒ、エルンスト・アンリヒおよびギュンター・フランツは、一九四二／四三年に親衛隊士官候補生学校テルツで講演を行ったが、それらの講演は、ゲルマン系「志願者」に親衛隊のゲルマン的ヨーロッパ構想への忠誠を誓わせるのに役立つものであった。ここでグルントマンはこう言明した。［第三］帝国は東方でヨーロッパのために闘っている。帝国は、「ゲルマン的基礎をもつ文化的統一体としての大陸」を創造した中世帝国《ライヒ》の遺産を守るために闘っているのだと[75]。シュトラスブルクやポーゼンの大学に勤める歴史家はだれもが、これらの地域におけるドイツの文化的存在《プレゼンス》とドイツの所有権を誇示することに協力した。こうした若干の事例を列挙することで、全体像を描いたと主張するつもりはない。マイケル・バーリィの研究は、個々の歴史家がいかにはるかに直接的な仕方で、東方での戦争遂行と占領を支持したかを示した。[75a] ベルギーでは、ボン大学講師で、後にケルン大学教授になるフランツ・ペートリが、その学問的能力をドイツの占領行政に役立てた。[76]「在外ドイツ民族研究振興会」をつうじて外務省、内務省と、そして後の帝国保安本部とも直接的関係があった。国際歴史家大会の準備では、歴史家と種々の国家当局が協働した。もちろん、自発的にその専門知識を実践的利用に供したが、けっして誤った方向に導かれたり、あるいは悪用されたりしなかった歴史家の例もたびたび見られる。たとえば、ベルリンで教鞭をとっていたポーランド専門家マンフレート・ラウバートは、「プロイセンの東部辺境地域《オストマルク》［もともとポーランド人が多く住む］を実際に確固たるドイツ民族の土地に改造する」という目前の課題のために、「過去の経験を利用すること」に賛成した。彼は一九四三年に、「ヴァルテガウ［＝ヴァルテラント］の改造にさいして」、自分の諸著作が「実践的分野での協働者たちにとっては提案と教訓」になるだろうという期待を表明したが、[77] これは、ドイツ人居住地域に指定された諸地域で、ポーランド人住民を残虐に抑圧し駆逐するファシズムの政策と完全に一致していた。政治行動の担い手たちが彼らに提供されたこうした助言を、実際に手広く利用したかどうかは、疑わしいかもしれない。大学の歴史家たちの政治的意味での主な存在意義は、たとえば民族の境界地図をつくるために歴史家の知識が動員された例とならんで、彼らがプロパガンダを通じて行ったドイツの政策への支持にあった。たとえ何人もの歴史家がひょっとして戦略家たらんと望んだとしても、一九三三年から一九四五年までの政治的解説者たちは、実際には、政策の立案者というよりむしろ正当性の付与者だったのである。

民族—中欧—ライヒ—西洋——歴史解釈の中心概念の変遷

たとえ歴史学が中央から制御され政治的に方向づけられていなかったとしても、歴史家たちの政治解説のなかで、特徴的な基本線が形成されていった。この経過は、政治的・イデオロギー的対決や、多くの歴史家の側からの多分に日和見主義的な、しかし本質的には自発的な適応の結果と理解されねばならない。テオドーア・マイアーはその綱領的な論説のなかで、ヨーロッパの秩序思想の歴史を浮き彫りにすること、ヨーロッパ秩序を制御する闘いへの支持を要求したのだが、事実、これが歴史家たちの解説の中核的テーマをなしていた。「秩序」、「広域圏」、「帝国《ライヒ》」が、戦中の歴史解釈の中心概念であった。マイアーの論説が、いわゆる「歴史学の戦争動員」を課題に開かれたある会議をきっかけに提出されたのは、けっして偶然ではなかった。この論説は、一九四〇年におそらく学者たちのイニシャティブで打ち立てられた綱領であり、それでもって、精神科学の活動を戦争の必要にあわせ、場合によっては戦争という条件下でもその重要性を証明するはずだったのだ。帝国教育省の監督下で、「ドイツ学術振興会」（DFG）から資金がでて、一連の会議や叢書が組織されたが、歴史家の場合には、彼らを導いた共通テーマは、「ライヒとヨーロッパ」であった。「ドイツの歴史家たちは、今次戦争と目前に控えたヨーロッパ新秩序の中心問題に資するため、歴史の知識を活用し、現在の見地から過去の推移を考察し解釈する自らの義務を自覚している」。テオドーア・マイアーとヴァルター・プラッツホフは、歴史学の戦時動員の指導者として、こう述べた。[78] 会議や叢書へのすべての貢献が、こうした目標設定に服していたわけではない。しかし、「ヨーロッパの秩序」とヨーロッパでのドイツの指導的役割という政治的に動機づけられたテーマが、歴史にかんする著作を貫いている。ウィーン会議についてのカール・グリーヴァンクの著作、一八四八年を中心とする時代についてのアレクサンダー・シャルフの著書、「中世の帝政とヨーロッパ秩序の転換期（一一九七年）」というフリッツ・レーリヒの会議での報告、これらにおいて、ヨーロッパの歴史は、ヨーロッパを「秩序立てる」試みとして解釈された。[79] そこから次のような教訓が引き出されたのは驚くに値しない。すなわち、ヨーロッパはまとめられねばならない、そしてこの事業はドイツの指導のもとでのみ祝福に満ちたものになりうる、一方、イギリスは利己主義的利害にもとづいて反ヨーロッパ的立場で活動しており、フランスには指導の能力がないと判明した、というのがそれである。

これに対していまや中世のライヒ［「ドイツ国民の神聖ローマ帝国」］は、最初の「ヨーロッパ的国家形成の試み」[80]として描かれた。若きキール大学教授カール・ヨルダンはこう述べた。ドイツ・ライヒ［第三帝国］は、「ヨーロッパの秩序権力というその偉大な歴史的課題」をふたたび取り上げている。したがって、中世のカイザー政治《ポリティーク》がいまや初めて理解されるにいたったのだ、と。[81] ヘルマン・オーバンによれば、ドイツ人は現在の課題に役立つ歴史上の模範を求めている。すなわち、「ドイツを中核国家として、そのまわりに異民族の隣接諸国家を配した、中世のライヒに似た国家秩序を現代に樹立する」という「使命」の歴史的な裏づけを求めているのである。[82] オーバンは、占領したポーランドでナチ党が主催した「東方会議」で将校を前に行った演説や、あるいはまた総督府長官ハンス・フランクとならんでした発言で、歴史的観点からすすんでこう請けあった。ドイツ［第三］帝国が東方で取り組んでいるのは、民族絶滅の破壊戦争のようなものではなく、千年の歴史の流れにそった建設・形成の事業なのだと。

イタリアの特別な役割もさまざまな形で歴史的に根拠づけられた。『フェルキッシャー・ベオーバハター』紙は、マールブルクの古代史家フリッツ・テーガーの論説を掲げたが、そのなかでテーガーは、地中海世界を支配する「運命的な使命」を、イタリアに割り振っている。「統一されたイタリアは、それまでと違った生き方をしようとするならば、その海域全体の支配、それとともに全地中海世界の指導的地位を引き受けるのに最適任であるという事実」に、古代以来、なんら変わりはないと。[83] ベルリンの古代史家ヴィルヘルム・ヴェーバーは、ムッソリーニをシーザーの後継者として描いた(84)。すでに中世ライヒにあった結びつきの再活性化としてドイツ・イタリア枢軸を引きあいに出すことも、好んで行われた。その場合、歴史は、現在の政治への教訓を引き出す源として、まったく違ったふうに扱われた。たとえば、フリードリヒ・ベトゲンは一九四二／四三年に、独・伊同盟に歴史的な光をあてる連続講演に登場したが、恣意的な「合法則性」を構築するようなことはしなかった。これに対して、カール・ブランディは「枢軸」を中世の課題の再開として賛美した(85)。

　歴史解釈の中心概念は、驚くほど無節操にもろもろの政治的必要に柔軟にあわせられた。たとえば、ハンザ同盟の歴史の専門家として定評があったフリッツ・レーリヒは、三〇年代半ばには、ハンザ同盟をドイツの民族的なエネルギーの噴出と解釈し、民族性だけが領土的要求の基礎となるべきだと宣伝した。いまやドイツ系諸民族集団《エスニック》の一体性を指摘することでドイツの拡張をこれ以上正当化できなくなったとき、彼は広域経済圏の理念へと方向転換した。ハンザ同盟を「真の広域経済」の例として、ハンザ商人をヨーロッパにおけるドイツの秩序課題の模範的担い手として描くことによって、このベルリンの正教授は、「歴史研究と現在に関連づけた歴史解釈の調和」が実現されたと喜んでみせたのである(86)。

　ヴィルヘルム・シュースラーは三〇年代には中欧理念の代表者として広く知られていた。一九三七年には彼は、ドイツ人の入植により樹立された中欧の統一性を証明することに熱中していたのだが、一九四一年にでた彼の中欧にかんする著作の第三版では、ライヒ理念に方向転換した。いわく、「中欧領域における政治的、民族的な秩序の創造は、大昔からのライヒ理念の使命を果たすために行われる(87)」。

　フランスに対する扱いは、公式のプロパガンダ方針の変化につれて激しく変わった。すなわち、フランスは一九四〇―四一年にはたたかれ、部分的には人種主義的論拠を適用して(88)堕落した国だと貶められたのに対して、一九四三年には、東方からの脅威に対する「西洋の」共同性の方がずっとつよく主張されるようになった。ライヒは、三〇年代半ばまでは、そのキリスト教的普遍主義（民族至上主義的ゲルマン的結束ではなく）、その超国民的組織の政治的弱体、あるいはイタリア（東欧ではなく）への志向のために、ナチス筋にはあまり人気がなかったのだが、戦争末期には、「ライヒ」が、大陸に対するドイツの支配を正当化するための中心概念になった。ついには、すべての力をソビエト連邦との闘いに集中するにつれて、「西洋」概念すらふたたび好まれるようになったのである。

新旧のドイツ権力構想《コンセプト》

　伝統的なナショナリスティックな立場と一九三九年以降のドイツの暴力的拡張を支持した態度決定との間には、その議論の構造における明らかな連続性がある。たとえばポーランド国家に対する敵意、一九一九年のドイツ・ポーランド国境の修正要求、および東方でのドイツの優越性と「文化の担い手であること」への信仰は、一九三〇年以前に広範囲に広まっていた。たとえばテオドーア・シーダーは一九三三年に、いまや「ヴィスワ川［ポーランド中央を北流してバルト海に注ぐ川。ドイツ名はヴァイクセル］地方は、二〇年間この領域とは無縁の秩序のもとにあったが、ドイツ軍の勝利によってこの地方の統一がふたたび樹立され」た[89]と確認したが、これは修正要求の連続性を示している。ヴィリィ・アンドレーアスからすれば、ドイツ帝国は第一次大戦の「生死をかけた戦い」をふたたび始めていた。[90]ヘルマン・オンケンにとってもまた、二つの大戦は「切り離せない一つの世界史的出来事」をなしていた。同時に彼は、一九四〇年後半に公刊した諸論文において、この伝統的拡張構想で問題だったのはけっしてヴェルサイユ条約の修正「だけ」ではない、ということを鮮明にしている。すなわち、ヨーロッパの指導者およびその「新秩序」の担い手として、ドイツの課題は、世界に「もっと幸福な時代の幕開けとなる平和を取り戻す」ことである。ドイツとイタリアは「中央から指導される諸民族の共同体の自然な枢軸」をなすであろう。アフリカへの干渉はあらためて規制されるべきであり、ドイツは植民地の分け前にあずかるべきである、[91]と。個々の歴史家についていえば、彼らがナチ政権の量的にも質的にもはるかに広範囲にわたる拡張諸計画について、まだ何も知らなかったことは確かかもしれないが、たとえそうだとしても、こうした伝統的な覇権樹立計画の広がりもまた過小評価されてはならないのだ。[92]

他の歴史家たちも、人種主義的プログラムも含めて、ナチスの拡張政策の新しい質をはっきりかつ肯定的に受けとった。ここでは歴史は、覇権要求を正当化するための手段であっただけでなく、それを確立しようとして失敗した過去の試みの歴史でもあった。同じ失敗を避けることがいまや肝要だというわけである。エーリヒ・カイザー、エーリヒ・マシュケ、ルドルフ・クレーマーあるいはマンフレート・ラウバートがそう述べているのだが、いまこそ過去の教訓を汲み取って、ドイツの血を移植することにより東方を安定した領土にせねばならなかった。ケーニヒスベルクで教えるクルト・フォン・ラウマーの言によれば、ドイツにとって重要なのは、「政治的支配形態、生存圏、およびヨーロッパが世界に及ぼす影響力を相互に調和させること」である。これは歴史のなかでまだ一度も実現しなかったとはいえ、ドイツ民族はいまこそ——一九四一年——ライヒと「よりよいヨーロッパ」を「建設する」途上にあるのだ。またラウマーは、彼にとって国内的な政治的・社会的構造が重要であることに疑いを挟ませなかった。いわく、「中核をなすのは、資本主義的経済・社会秩序にかわって真の民族秩序を据えようとする、新しい社会的エートスである」。[93]ハインリヒ・フォン・ズルビクも一九四一年に、占領行政に携わる役人たちを前に、ナチスの支配における連続性とあらたな開始を次のように評価した。この第三帝国は、「帝国主義に訴えることなく、また、もはや人類という理念ではなく、独自の民族性思想と模範的な社会的文化活動を基礎にして、中欧と大陸の新しい、より健全な秩序を達成するという第一帝国と第二帝国の古い課題を引き継いだ」。彼は、「民族共同体の新しい時代、すなわち、その血の純潔と誇らしい自己意識、外に向かっての自由と内に向かっての結束、その土地の安泰ととりわけ社会的理念の確かさの時代」を賛美した。(94) このような発言にもかかわらず、ズルビクは部分的には今日なお、ヒトラーの戦争政策の批判者として、また、独善的にすぎる後進世代によって誤解され不当に手厳しく批判された歴史家の一人として描かれる。(95) ナチ時代の大学教師たちの活動は、漠然と示唆するかたちでしか言及されないことが多い。これは、しばしば彼らの弟子たちによって著された多くの伝記的論文についていえることである。(96)

煽動者たちと彼らの出版物

ここに挙げられた政治化した学者たちの重要性、影響力はどの程度だったのか。この問いに対しては明確な回答はない。たとえ地方的な文脈でもこのことを厳密に調べる試みは、これまでのところまだ企てられていないように見える。確実な出発点は次の事実である。すなわち、一九世紀末には歴史家（および経済学者）は教養市民層、官僚、世論に対して、国際的に比較しても特別大きな影響力を持っていたと考えられるが、政治化した学者たちの影響力は、当時とくらべて低下していた。これを促した決定的要素は、マスメディアの強化と専門職化、同じくまた政治的活動とプロパガンダの専門職化である。リューディガー・フォン・ブルッフは、「政治的指針を与える機関としての大学」への信頼が世紀の変わり目以後低下したのは確かだとみる。政党政治による意思形成がますます盛んになったこと、大学という制度が統一性をますます失ったことを、彼は指摘している。(97) 一九一八年以降、政治化した学者たちは、主観的にはかなり大きな危機にあった。なぜなら、彼らはもはや自分を国家と同一化しえなかったし、また、ユルゲン・ハーバーマスがコメントしたように、「臣民たるにふさわしい非政治性への信条告白」をする必要はもはやなかったからである。(98) その後一九三三年に、多くの歴史家はふたたび国家との一体感をもった。この広範な一致、自らを政治的権威とみなす伝統的自己理解の根強い継続、そしてまた、攻撃に対して自らの専門職活動の重要性を証明しようとする試み、こうした諸要因から、内政と対外政策の基本路線に対する多くの大学歴史家の公然たる支持は、熱のこもったものになったのである。すべての歴史家がそうしたのではないことから、別の選択肢が存在したことも明らかである。

客観的には、たしかに歴史家の影響力は、彼ら自身が考えていたよりも少なかった。とりわけ歴史家がその専門知識を政治的戦略として提供した事例のばあい、この落差が目立つ。――しかし、この助言は実際に求められ、また行動に移されたのだろうか。彼らが多くの新聞や大衆向け雑誌にのる論説の執筆者として、また無数の機会に講演者として、学生たちの政治的思想に与えた影響力については、ほとんど測定できない。教授たちの威信、とくに歴史家の威信は、ナチ期の社会においてどの程度だったのか。学者の影響力は、帝政期の伝統的なエリートからワイマル共和国の政治的指導層へのそれ、さらにはナチ・エリートに対するそれと、時代を下るにつれてたしかに後退したが、しかし、エリートの連続性を考えるなら、消えることはなかった。ドイツ歴史学の歴史を振り返れば、一九三三年から一九四五年までの時期は、明らかに活発な政治的参加や出版活動のくり広げられた時代であったことが確認できる。多くの大学教授歴史家たちは、政治解説者として、またしばしば研究者や教育者としての役割で、大衆に支配体制を受容させ、とりわけヨーロッパにおけるドイツの覇権要求を受け入れさせることに貢献したのである。

（1） Willy Andreas, "Nationalsozialismus und Universität", in: *Forschungen und Fortschritte* 9 (1933) 19, S. 290-292; 同様に、*Heidelberger Tageblatt* 15. 5. 1933 にも収録されている。以下の引用は、別の出典が示されていない個所では、この演説からのものである。

（2） 本論文で展開されたテーゼの多くは、拙著 *Historiker und Politik. Geschichtswissenschaft im Nationalsozialismus*, Frankfurt a. M./New York: Campus 1992 にて詳論されている。ここでは概観の便宜のためにもっとも重要な二次文献のみを挙げよう。Karl Ferdinand Werner, *Das NS-Geschichtsbild und die deutsche Geschichtswissenschaft*, Stuttgart 1967; Klaus Schreiner, "Führertum, Rasse, Reich. Wissenschaft von der Geschichte nach der nationalsozialistischen Machtergreifung", in: Peter Lundgreen (Hg.), *Wissenschaft im Dritten Reich*, Frankfurt a. M., Suhrkamp 1985, S. 163-252; Karl Christ, *Römische Geschichte und deutsche Geschichtswissenschaft*, München 1982; Bernd Faulenbach, "Die 'nationale Revolution' und die deutsche Geschichte. Zum zeitgenössischen Urteil der Historiker", in: Wolfgang Michalka (Hg.), *Die nationalsozialistische Machtergreifung*, Paderborn u. a. 1984, S. 357-371; Volker Losemann, "Programme deutsche Althistoriker in der 'Machtergreifungsphase'", in: *Quaderni di storia* Heft 11 (1980), S. 35-105; Karl Ferdinand Werner, "Machtstaat und nationale Dynamik in den Konzeptionen der deutschen Historiogrsphie 1933-1940", in: Franz Knipping / Klaus-Jürgen Müller (Hg.), *Machtbewußtsein in Deutschland am Vorabend des Zweiten Weltkrieges*, Paderborn 1984, S. 327-361; Michael Burleigh, *Germany Turns Eastwards. A Study of "Ostforschung" in the Third Reich*, Cambridge 1988.

（3） 歴史家たちのこうした政治的アンガージュマンの伝統については、たとえば Rüdiger vom Bruch, "Gelehrtenpolitik und politische Kultur im späten Kaiserreich", in: Gustav Schmidt und Jörn Rüsen (Hg.), *Gelehrtenpolitik und politische Kultur in Deutschland 1830-1930. Referate und Diskussionsbeiträge*, Bochum 1986, S. 77-106 を参照せよ。

（4） "Erklärung deutscher Universitäts- und Hochschullehrer", in: *Völkischer Beobachter* 29. 7. 1932; 文脈については以下を参照せよ。Anselm Faust, "Professoren für die NSDAP. Zum politischen Verhalten der Hochschullehrer 1932 / 33", in: Manfred Heinemann (Hg.), *Erziehung und Schulung im Dritten Reich*, Teil 2, Stuttgart 1980, S. 31-49.

(5) Erich Marcks, "Hindenburg als Mensch und Staatsmann", in: ders./Ernst von Eisenhart Rothe, *Paul von Hindenburg als Mensch, Staatsmann, Feldherr*, hg. im Namen der Hindenburg-Spende von Oskar Kahrstedt, Berlin 1932, S. 39-76, この個所はS. 70, 72; シュパーンの立場について、Joachim Petzold, *Konservative Theoretiker des deutschen Faschismus*, 2. überarb. Aufl., Berlin 1982, S. 237f.

(6) ハインリヒ・ダンネンバウアーは、一九三二年九月と一一月に彼が行った講演を加筆して公刊した。Heinrich Dannenbauer, *Der Nationalsozialismus in geschichtlicher Beleuchtung. Ein Vortrag*, Stuttgart 1933. 彼は一九三二年以来テュービンゲンの員外教授außerplanmäßiger Professorであった。アンリヒは一九三〇年にナチ党に入党し、バルドゥーア・フォン・シーラッハとの対立ののち除名されたにもかかわらず、一九四五年までずっと、国民社会主義への確信を抱きつづけた。このボンの助教授(一九三二年以来)は、以前に行った講演を次の表題のもとに公刊した。*Drei Stücke über nationalsozialistische Weltanschauung*, Stuttgart 1934.

(7) Hermann Oncken, "Hindenburg im Lichte der europäischen Geschichte", in: *Europäische Revue* 10 (1934), S. 561-571, この個所はS. 566; Wahlaufruf für Hindenburg in der *Vossischen Zeitung*, ここでは、Hans Schleier, *Die bürgerliche deutsche Geschichtsschreibung der Weimarer Republik*, Berlin / Köln 1975, S. 54 から引用。

(8) Erich Brandenburg, "Hindenburg. Ein Nachruf", in: *Reclams Universum* 50 (1933 / 34), S. 1639f.

(9) Willy Andreas, "Hindenburg. Zum Gedächtnis", in: *Velhagen und Klasings Monatshefte* 49 (1934 / 35), Beilage September 1934, o. S.

(10) Johannes Haller, "Zum 1. April 1933", in: ders., *Reden und Aufsätze zur Geschichte und Politik*, 2. durchgesehene und vermehrte Auflage, Stuttgart 1941, S. 417-422, この個所はS. 421.

(11) Karl Alexander von Müller, "Deutsche Tugenden—deutsche Erbübel", in: *Die Erziehung im nationalsozialistischen Staat.* Vorträge, gehalten auf der Tagung des pädagogisch-psychologischen Instituts in München (1.-5. 8. 1933), Leipzig 1933, S. 38-63, ここは、S. 62f.

(12) Otto Hoetzsch, "Die deutsche nationale Revolution. Versuch einer historisch-systematischen Erfassung", in: *Vergangenheit und Gegenwart* 23 (1933), S. 353-373, この個所はS. 358.

(13) Rudolf Stadelmann, "Vom geschichtlichen Wesen der deutschen Revolutionen", in: *Zeitwende* 10 (1934), S. 109-116, この個所はS. 110.

(14) K. A. v. Müller, "Deutsche Tugenden" (注11の文献) S. 62.

(15) Ulrich Kahrstedt, "Festrede bei der Reichsgründungsfeier der Universität Göttingen am 18. 1. 1934", in: *Göttinger Tageblatt* vom 19. 1. 1934. 拙論、"Akademischer Antisemitismus. Die deutschen Historiker in der NS-Zeit", in: *Jahrbuch für Antisemitismusforschung* 2, Frankfurt a. M./ New York: Campus 1993, S. 200-229を参照されたい。歴史家は人種主義を拒否したという、いろいろな形で出会う仮定は、性急であり、概して事態を軽視しているように思われる。たとえば、「彼らは人種差別行為を認識し、非難した」という、ヴィンフリート・シュルツェの仮定を参照。Winfried Schulze, "German Historiography from the 1930s to the 1950s", in: Hartmut Lehmann / James van Horn Melton (Hg.), *Paths of Continuity. Central European Historiography from the 1930s to the 1950s*, Cambridge: Cambridge University Press 1994, S. 19-42, この個所はS. 28.

(16) H. Oncken, "Hindenburg" (注7の文献) S. 561.

(17) Rudolf Stadelmann, *Das geschichtliche Selbstbewußtsein der Nation*, Tübingen 1934, S. 10f.

(18) J. Haller, Zum 1. April 1933（注10の文献）S. 421.

(19) Friedrich Meinecke, "Volksgemeinschaft—nicht Volkszerreißung", in: *Werke*, Bd. 2: Politische Schriften und Reden, hg. und eingel. von Georg Kotowski, Darmstadt 1958, S. 479-482. Gerhard Ritter, "Ewiges Recht und Staatsinteresse. Eine geschichtliche Orientierung zur gegenwärtigen Lage", in: *Die Tatwelt 9*（1933 / 34）, S. 11-19.

(20) Arthur Rosenberg, "Trotzki, Cohn und Breslau", in: *Die Weltbühne* 29（1933）1, S. 13-15.

(21) Veit Valentin, "Wahlrecht—Recht auf Wahl", in: *Berliner Tageblatt und Handelszeitung*, *Beiblatt Die Brücke*, 5. 3. 1933.

(22) 以下を参照 Helmut Meier, "Karl Heldmann. Ein Kriegsgegner an der Universität Halle", in: *Wissenschaftliche Zeitschrift der Martin-Luther-Universität Halle* 16（1967）, S. 223-240. トイブラーとカントロヴィッツについては、Schönwälder, *Historiker und Politik*（注2の文献）S. 68f. を参照。

(23) Schönwalder, *Historiker und Politik*（注2の文献）S. 27, 70, 185を参照。オイゲン・トイブラーは、K・ハンペやA・ヴェーバーを含むハイデルベルクの討論サークルに言及している。E. Täubler, *Ausgewählte Schriften zur Alten Geschichte*, Wiesbaden: Steiner 1987, S. 300を参照。このようなコミュニケイションの関係についてはまだほとんど研究されていないに等しい。新政権の要求に政治的、あるいは学問的に順応しなかった歴史家としては、たとえば、ジークフリート・アウグスト・ケーラー、マルティン・リンツェル、アレクサンダー・グラーフ・シェンク・フォン・シュタウフェンベルク、ゲルト・テレンバッハ、ヨハネス・ツィークルス、ペーター・ラッソウ、オットー・ヒンツェが挙げられる。

(24) Horst Möller, *Exodus der Kultur. Schriftsteller, Wissenschaftler und Künstler in der Emigration nach 1933*, München 1984. 追放プロセスの概観と二次文献については、Schönwälder, *Historiker und Politik*（注2の文献）S. 68-74を参照せよ。

(25) 以下の章句はSchönwälder, *Historiker und Politik*（注2の文献）S. 75ff. の詳述に依拠している。そこに付された典拠も参照せよ。

(26) たとえば以下を参照。Hans Maier, "Karl der Große oder Charlemagne ?" in: *NS-Monatshefte* 63, 6. Jg., 1935, S. 540f.; Alfred Rosenberg, "Widukind für immer das Symbol des heldenhaften Widerstandes", in: *ebenda* 54, 5. Jg., 1934, S. 872-875; M. A. Korn, "Zum Jahrtausenderinnern Heinrichs I.", in: *ebenda* 76, 7. Jg., 1936, S. 672-674.

(27) Helmut Heiber, *Walter Frank und sein Reichsinstitut für Geschichte des neuen Deutschland*, Stuttgart 1966を参照。

(28) Johannes Haller, "Über die Aufgaben des Historikers", in: ders., *Reden und Aufsätze zur Geschichte und Politik*, 2. durchgesehene und vermehrte Auflage, Stuttgart 1941, S. 220-241; ゲルマン人賛美に対するハインリヒ・ダンネンバウアーの批判と「無前提の研究」の主張については、Schreiner, *Führertum*（注2の文献）S. 186ff. に詳しいので参照せよ。

(29) Fritz Hartung, "Staatsgefüge und Zusammenbruch des Zweiten Reiches", in: *Historische Zeitschrift* 151（1935）, S. 528-544, この個所はS. 528, 543f.

(30) Jahresberichte für Deutsche Geschichte, 9 / 10（1933 / 34）, S. 318-324, NS-Monatsheftenに掲載のツェヒリーンの論稿「ビスマルクと身分制的思想」に関連して。

(31) *Historische Zeitschrift* 189（1959）S. 124-138. オンケンをめぐる紛争については、Schönwälder, *Historiker und Politik*（注2の文献）S. 76f. を参照。

(32) *Gerhard Ritter. Ein politischer Historiker in seinen Briefen*, hg. von Klaus Schwabe und Rolf Reichardt, Boppard 1984, S. 278f. を参照。

(33) Hermann Oncken, *Hindenburg*（注7の文献）; ders., "Deutschland und England", in: *Marine-Rundschau* 46 (1941), S. 69-80.

(34) Walter Frank, "L'Incorruptible—Eine Studie über Hermann Onken", in: *Völkischer Beobachter* 3./4. 2. 1935.

(35) Rudolf Craemer, "Gedanken über Geschichte als politische Wissenschaft der Nation", in: *Geistige Arbeit* I (1934) Nr. 1, S. 5-7, Nr. 2, S. 9f.; ラインとヴェストファルについては，*Hochschulalltag im "Dritten Reich" Die Hamburger Universität 1933-1945*, Hamburg und Berlin 1991; Helmut Heiber, *Universität unterm Hakenkreuz*, München u. a. 1992, Bd. II/I, S. 511ff. を参照。

(36) "Die völkische Geschichtsauffassung", in: *Preußische Jahrbücher* Bd. 234 (1933), S. 1-20.

(37) Erich Keyser, *Bevölkerungsgeschichte Deutschlands*, Leipzig 1938, S. 124.

(38) ここではアドルフ・ヘルボークをも考えるべきであろう。

(39) Oscar J. Hammen, "German Historians and the Advent of the National Socialist State", in: *The Journal of Modern History* 13 (1941), S. 161-188.

(40) Hans Rothfels, *Ostraum, Preußentum und Reichsgedanke. Historische Abhandlungen, Vorträge und Reden*, Leipzig 1935, Vorwort, S. vi. 本書所収のインゴ・ハールの論考（第2章）をも参照せよ。

(41) Hans Herzfeld, "Die Aktivierung der Geschichtswissenschaft als Aufgabe und Problem", in: *Hallische Hochschulblätter* 13. Sem. (1934) Nr. 3, S. 2f. ヘルツフェルトもロートフェルスも反セム主義を動機とする迫害の犠牲になった。

(42) Wilhelm Mommsen, "Wandlungen des Geschichtsbildes in revolutionären Epochen", in: *Vergangenheit und Gegenwart* 25 (1935), S. 110f.

(43) Wilhelm Mommsen, *Politische Geschichte von Bismarck bis zur Gegenwart 1850-1933*, Frankfurt a. M. 1935, Vorwort, S. 5, 7; ders., "Heinrich von Treitschke", in: *Vergangenheit und Gegenwart* 24 (1934), この個所は S. 488-490.

(44) Egmont Zechlin, "Geschichtswissenschaft und Gegenwartserleben", in: *Westdeutsche Akademische Rundschau, Beilage Literarische Rundschau*, Nr. 15, 1933.

(45) Herbert Mehrtens, "Das 'Dritte Reich' in der Naturwissenschaftsgeschichte: Literaturbericht und Problemskizze", in: ders. / Steffen Richter (Hg.), *Naturwissenschaft, Technik und NS-Ideologie. Beiträge zur Wissenschaftsgeschichte des Dritten Reiches*, Frankfurt a. M. 1980, S. 47ff.

(46) Schönwälder, *Historiker und Politik*（注2の文献）S. 79-80 を参照。

(47) 同様の慎重さをもって次を参照せよ。Barbara Vogel, "Anpassung und Widerstand. Das Verhältnis Hamburger Hochschullehrer zum Staat 1919 bis 1945" in: *Hochschulalltag im "Dritten Reich". Die Hamburger Universität 1933-1945*, Hamburg / Berlin 1991, Teil 1, S. 3-83. ヘルムート・ザイアーも，大学の根本的な再編は放棄されたと指摘している。しかし，もともと国家には教授たちとの協力，ナチ党には彼らとの対決がふさわしい，という彼の仮説は，適切でないように思われる。Helmut Seier, "Die Hochschullehrerschaft im Dritten Reich", in: Klaus Schwabe (Hg.), *Deutsche Hochschullehrer als Elite 1815-1945*, Boppard 1988, S. 247-295. 総じて，ザイアーは大学教師の政治的アンガージュマンをひどく過小評価し，抵抗的な「真の研究」という，私の評価では根拠のないコンセ

プトを保持している。

(48) そうした議論について，一般的にはたとえば次の書物に所収された諸論文を参照せよ。Manfred Heinemann (Hg.), *Erziehung und Schulung im Dritten Reich*, Teil 2, Stuttgart 1980. Heinz Hömig, “Zeitgeschichte als ‘kämpfende Wissenschaft’. Zur Problematik nationalsozialistischer Geschichtsschreibung”, in: *Historisches Jahrbuch* 99 (1979), S. 355-374 をも見よ。

(49) それゆえ，たとえば「総統代理」本部は一九四一年二月にローゼンベルク機関に手紙を書き，「歴史学の分野で活動している大学教師が国民社会主義の立場から彼らに向けられている要請にしばしば応えない」という報告があるが，それは本当かと問いあわせた。多くの大学教師は宗派的に拘束されているというのだ。とりわけマルティン・シュパーン，ヨハネス・ハラー，ヘルマン・オーバン，アルバート・ブラックマンによるそうした中傷が効果をもったかどうかは不明である。Bundesarchiv Koblenz, NS 8, 185.

(50) Karl Alexander von Müller, “Die gegenwärtige Lage der Universität”, in: ders., *Vom alten zum neuen Deutschland. Aufsätze und Reden 1914-1938*, Stuttgart und Berlin 1938, S. 248-264.

(51) Friedrich Beathgen, “Vom Deutschen Reich des Mittelalters”, in: *Der Kanttag der Albertus-Universität in Königsberg*, Königsberg 1939, S. 11-25, この個所は S. 11f. クラウス・ショルダーが考えているように，ベルリンに招聘されたこの正教授は，水曜会の参加者として抵抗の諸計画に通じていた。*Die Mittwochsgesellschaft. Protokolle aus dem geistigen Deutschland 1932 bis 1944*, hg. und eingeleitet von Klaus Scholder, Berlin 1982, S. 39.

(52) Heinrich von Srbik, “Tausend Jahre Deutschland”, in: *Völkischer Beobachter*, Süddeutsche Ausgabe, 10. 4. 1939; ders., “Schöpfer Großdeutschlands”, in: *Berliner Börsen-Zeitung*, 20. 4. 1939.

(53) Johannes Haller, *Die Epochen der deutschen Geschichte*, neue und erweiterte Ausgabe, Stuttgart 1939, S. 407f.

(54) Erich Brandenburg, “Einkreisung einst und jetzt”, in: *Leipziger Neueste Nachrichten*, 2. 8. 1939.

(55) たとえば，ホルスト・メラーの立場を参照せよ。彼によれば，「学問史的な評価は，著作の実際的な価値から」出発しなければならないのであって，この実際の価値は読者にやりきれない思いを抱かせるもろもろのまえがきとは無関係である。Möller, *Exodus der Kultur*（注24の文献）S. 94.

(56) Heinrich Ritter von Srbik, *Deutsche Einheit. Idee und Wirklichkeit vom Heiligen Reich bis Königgrätz*, 4 Bände, München 1935 und 1942.

(57) Erich Brandenburg, “Deutsche Einheit”, in: *Historische Vierteljahrsschrift* 30 (1935), S. 757-770; ders., *Europa und die Welt*, Hamburg 1937.

(58) 本書所収のヴィリィ・オーバークローメ，カール・ハインツ・ロート，ペーター・シェットラーの諸論考（第４，８，７章）を参照せよ。

(59) Erich Keyser, “Die Erforschung der Bevölkerungsgeschichte des deutschen Ostens”, in: *Deutsche Ostforschung. Ergebnisse und Aufgaben seit dem ersten Weltkrieg*, hg. von Hermann Aubin, Otto Brunner, Wolfgang Kohte und Johannes Papritz, Bd. I, Berlin 1942 / 43, S. 90-104, この個所は S. 103f.

(60) Schönwälder, *Historiker und Politik*（注２の文献）S. 202-204 を参照。

(61) Theodor Mayer, *Deutschland und Europa*, Marburg 1940.

(62) ORR Huber, “Leitsätze der Hochschullehrerschaft”, in: *Deutsche Wissenschaft, Erziehung und Volksbildung*, nichtamtlicher

Teil, 6 (1940), S. 8f. を参照。

(63) 次の表題で刊行された。*Frankreich und das Reich im Wandel der Jahrhunderte*, Bonn 1940 (Kriegsvorträge der Universität Bonn, Heft 2).

(64) Adolf Rein, *Warum führt England Krieg?* Berlin 1940; ders., *Die Wahrheit über Hitler aus englischem Mund*, Berlin 1940. 両書物とも次のシリーズの第1巻ないし第三巻として刊行された。"Das Britische Reich in der Weltpolitik". Schriften des Deutschen Instituts für Außenpolitische Forschung und des Hamburger Instituts für Auswärtige Politik, hg. in Gemeinschaft mit dem Deutschen Auslandswissenschaftlichen Institut. Peter Richard Rohden, *England und Frankreich. Ein Beitrag zum Thema "Westeuropa"*, Berlin 1941 (Schriftenreihe der NSDAP).

(65) Ernst Anrich, *Frankreich und die deutsche Einheit in den letzten 300 Jahren*, Hamburg 1940; Wilhelm Mommsen, "Richelieu und das moderne Frankreich", in: *Deutsche Zukunft*, 5. 5. 1940; Hermann Heimpel, "Der Kampf um das Erbe Karls des Großen. Deutschland und Frankreich in der Geschichte", in: *Deutsche Allgemeine Zeitung*, 24. 3. 1940.

(66) Hermann Heimpel, "Die Erforschung des deutschen Mittelalters im deutschcn Elsaß", in: *Straßburger Monatshefte* 5 (1941), S. 738-743, この個所は S. 743.

(67) Karl Brandi, "Was verteidigen wir mit dem Abendland?" in: *Hannoverscher Kurier*, 22. 8. 1943.

(68) Richard Fester, "Die deutsche Geschichtswissenschaft und die Neuordnung Europas", in: *Deutschlands Erneuerung* 26 (1942), S. 183-188; 次の文献も人種法に肯定的発言をしている。Werner Frauendienst, "Der innere Neuaufbau des Reiches als Beitrag zur europäischen Ordnung", in: *Jahrbuch der Weltpolitik 1942*, Berlin, S. 112-139, ここは, S. 137.

(69) たとえば, Egmont Zechlin, "Gegenwartsprobleme der Universalgeschichte", in: *Politische Wissenschaft* 2 (1944), S. 33-52 を参照。

(70) Martin Spahn, "Das warnende Beispiel. Zum 25. Jahrestag des Versailler Friedensdiktats", in: *Westdeutscher Beobachter*, 28. 6. 1944; Eugen Franz, "Deutschland und Europa", in: *Rheinisch-Westfälische Zeitung*, 25. 1. 1944; Ulrich Crämer, "Der Gestaltwandel Europas", in: *Vergangenheit und Gegenwart* 34 (1944), S. 41-52.

(71) Theodor Mayer, "Politik und Geschichte. Aufgaben der Forschung im neuen Europa", in: *Berliner Börsenzeitung*, 7. 2. 1941. *Rheinisch-Westfälische Zeitung*, 12. 2. 1941 および *Darmstädter Tagblatt*, 4. 4. 1941 にも同様の記述あり。

(72) 詳しくは Schönwälder, *Historiker und Politik* (注2の文献) S. 234-237 を参照。

(73) 以下を参照せよ。前記注64の文献, Peter Richard Rohden, "Englands und Frankreichs Weg zur Plutokratie", in: *NS-Monatshefte* II (1940) 119, S. 68-73; Erich Maschke, *Die geschichtsbildenden Kräfte des Ostraumes von der Gründung des Warägerreiches ab*, München 1942 (Schriftenreihe zur weltanschaulichen Schulungsarbeit der NSDAP Heft 2); ders., "Ostsee und Ostseeraum im geschichtlichen Werden des deutschen Volkes", in: *NS-Monatshefte* 10 (1939) 110, S. 402-413.

(74) Albert Brackmann, *Krisis und Aufbau in Osteuropa. Ein weltgeschichtliches Bild*, Berlin 1939; Karl Alexander von Müller, *Deutschland und England. Ein weltgeschichtliches Bild*, Berlin 1939.

(75) Das Datum der Vorträge konnte nicht genau ermittelt werden,

sie wurden in einem Sammelband 1944 publiziert: *Germanische Gemeinsamkeit. Vorträge gehalten an der SS-Junkerschule Tölz*. Hg.: Der Reichsführer SS, SS-Hauptamt, Posen 1944 (Germanien und Europa, Band I).

(75 a) Burleigh（注2の文献）を参照。

(76) ペートリは一九四〇年に［占領地の］軍政府参事官になった。詳しくは Schönwälder, *Historiker und Politik*（注2の文献）S. 192ff. および本書第7章のペーター・シェットラーの論考を参照せよ。

(77) Manfred Laubert, *Die preußische Polenpolitik von 1772-1914*, 3. verbesserte Auflage, Krakau 1944 (Schriftenreihe des Instituts für Deutsche Ostarbeit Krakau, Sektion Geschichte, Band I), S. 135; ders., *Studien zur Geschichte der Provinz Posen in der ersten Hälfte des 19. Jahrhunderts*, 3. Band, Posen 1943, Vorwort, S. 7.

(78) *Das Reich und Europa*, Leipzig 1941, Vorwort, o. S. 全体的文脈について Schönwälder, *Historiker und Politik*（注2の文献）S. 209ff. および拙論 “Kriegseinsatz der Geisteswissenschaften”, in: *Forum Wissenschaft* (1985) S. 28-30.

(79) In: Das Reich und Europa, Leipzig 1941, S. 22-50; Karl Griewank, *Der Wiener Kongreß und die Neuordnung Europas 1814/15*, Leipzig 1942 (Das Reich und Europa Band 3); Alexander Scharff, *Die europäischen Großmächte und die deutsche Revolution. Deutsche Einheit und europäische Ordnung 1848-1851*, Leipzig 1942 (Das Reich und Europa Band 2).

(80) Hermann Aubin, *Das erste Deutsche Reich als Versuch einer europäischen Staatsgestaltung*, Breslau 1941 (Vorträge der Friedrich-Wilhelms-Universität zu Breslau im Kriegswinter 1940/41).

(81) Karl Jordan, “Der Reichsgedanke der deutschen Kaiserzeit”, in: *Kieler Blätter* (1942), S. 137-151, ここは、S. 137.

(82) Hermann Aubin, “Vom Aufbau des mittelalterlichen Deutschen Reiches”, in: *Historische Zeitschrift* 162 (1940), S. 479-508, ここは S. 480.

(83) Fritz Taeger, “Kraftfeld Mittelmeer in der Geschichte”, in: *Völkischer Beobachter*, Süddeutsche Ausgabe, 13. 8. 1940. この論稿はおそらく *Deutschen Wissenschaftlichen Dienst*, 15. 7. 1940 から再録されたものである。

(84) Wilhelm Weber, “Rom: Mussolinis cäsarische Vision. Wesen, Herrschaft, Welt”, in: *Geist der Zeit* 18 (1940), S. 136-151.

(85) Friedrich Baethgen, “Das Reich und Italien”, in: *Deutschland, Italien und das Neue Europa*, Berlin 1943, S. 93-122. ベトゲンは歴史の恣意的な歪曲を拒絶したが、一方で、武器をとり闘っている兄弟の精神的な絆を強めることを、歴史家の課題として挙げた。Karl Brandi, “Dante und Europa”, in: *ebenda*, S. 64-77.

(86) Fritz Rörig, *Vom Werden und Wesen der Hanse*, Leipzig 1940, S. 10; ders., *Volk, Raum und politische Ordnung in der deutschen Hanse*. Festvortrag, gehalten in der öffentlichen Festsitzung zur Feier des Friedrichstages und des Tages der Reichsgründung der Preußischen Akademie der Wissenschaften am 27. Januar 1944, Berlin 1944, S. 15.

(87) Wilhelm Schüßler, *Mitteleuropa. Ein geschichtlicher Überblick*, 3. erweiterte Auflage, Köln 1941; ders., *Vom Reich und der Reichsidee in der deutschen Geschichte*, Leipzig und Berlin 1942, この個所は、S. 5, 64.

(88) Adolf Helbok, “Probleme der deutschen und französischen Volksgeschichte”, in: Friedrich Heiß (Hg.), *Deutschland und der Westraum*, Berlin 1941, S. 22-32, この個所は S. 28ff.

(89) Theodor Schieder, *Deutscher Geist und ständische Freiheit im Weichselland. Politische Ideen und politisches Schrifttum in*

Westpreußen von der Lubliner Union bis zu den polnischen Teilungen (*1569-1772 / 93*), Königsberg 1940, S. 5; しかし、Angelika Ebbinghaus / Karl Heinz Roth, “Deutsche Historiker und der Holocaust”, in: *1999* 6 (1991) 3, S. 7-10 を参照せよ。この論稿は、シーダーによって起草された、ポーランドに対する勝利ののちの国境線引きのための覚書と、悪名高い東方総合計画の間に平行関係を認めている。

(90) Willy Andreas, “Das Wiener Kongreßwerk und die Großmächte”, in: *Europäische Revue* 16 (1940), S. 340-350, この個所は、S. 350.

(91) Hermann Oncken, “Deutschland und England”, in: *Marine-Rundschau* 46 (1941), S. 69-80; ders., “Der Frieden Europas. Die Friedensordnungen der europäischen Staatengesellschaft in den letzten drei Jahrhunderten”, in: *Der Türmer* 42 (1939 / 40), S. 553-562.

(92) 無害化というこの非難を、私の意見では、クラウス・シュヴァーベは甘受せねばならない。総じてじつにおおまかで、恣意的な論文のなかで——彼は大学教師を扱っているのだが、しかし、再軍備研究と生物学的・人類学的な、強制不妊や人体実験と結びついた研究を除外する——、彼は、善意、素朴さ、主観的誠実さといった一貫して不適切な範疇をもちいて、支配体制を支持した大学教師の態度を叙述している。シュヴァーベがまさに一括して、戦争の正当化はたとえばライヒ思想を呼び出してヒトラーを規範(どんな?-)に縛りつける努力と結びついていた、と考えているとき、彼が歴史の弁明に努めていることは明らかである。Klaus Schwabe, “Deutsche Hochschullehrer und Hitlers Krieg (1936-1940)”, in: ders. / Martin Broszat (Hg.), *Die deutschen Eliten und der Weg in den Zweiten Weltkrieg*, München 1989, S. 291-333 を参照せよ。

(93) Kurt von Raumer, “Deutscher Lebensraum und europäische Lebensordnung”, in: *Krakauer Zeitung*, 23. 3. 1941.

(94) Heinrich von Srbik, “Die Reichsidee im Wandel der Geschichte”, in: *Das größere Reich. Großdeutschland am Anfang des IX Jahres nationalsozialistischer Staatsführung.* Eine Vortragsreihe veranstaltet von der Verwaltungs-Akademie Wien, Berlin 1943, S. 5-19, この個所は S. 18f.

(95) Fritz Fellner, “Heinrich Ritter von Srbik (1878-1951)”, in: Lehmann / Melton, *Paths* (注15の文献) S. 171-186.

(96) ルドルフ・フィーアハウスのクルト・フォン・ラウマーへの追悼辞は、彼の仕事における「明らかな国民的アクセント」をあいまいに指摘するだけで、これは、こうした控えめな態度の典型である。R. Vierhaus, “Nekrolog. Kurt von Raumer (1900-1982)”, in: *Historische Zeitschrift* 237 (1983), S. 776-779.

(97) Rüdiger vom Bruch, “Gesellschaftliche Funktionen und politische Rollen des Bildungsbürgertums im Wilhelminischen Reich. Zum Wandel von Milieu und politischer Kultur”, in: *Bildungsbürgertum im 19. Jahrhundert*, Teil 4, hg. von Jürgen Kocka, Stuttgart 1989, S. 146-179, この個所は S. 149f. Bernd Faulenbach, “Die Historiker und die ‘Massengesellschaft’ der Weimarer Republik”, in: Schwabe, *Hochschullehrer* (注47の文献) S. 225-246 をも参照。

(98) Jürgen Habermas, “Die deutschen Mandarine” (1971), in: *Philosophisch-politische Profile*, 3. erweiterte Auflage, Frankfurt a. M., Suhrkamp 1981, S. 458-468.

第6章 オットー・ブルンナー
――「具体的秩序」と時代の言葉

ガーディ・アルガージ

序論

一九三七年七月六日、オットー・ブルンナー〔四八〕はエルフルトで開催された第一九回ドイツ歴史家大会で講演を行った。[1] ブルンナーの講演には、一九三九年に刊行された主著『領邦《ラント》と支配《ヘルシャフト》』の核心的命題が要約の形で含まれていた。この時代の多くの出版物とはちがって、本書は今日にいたるまで持続的な成功を収め、広範な承認を勝ち得た。その第四版（一九五九年）が著者によって加筆されたことは、周知のことである。わずかの部分が短くされ、評判の悪くなった出版物や著者への参照指示がいくつか削られた。[2] しかし、とりわけ政治的に過去の重荷を負った表現が、体系的に別の表現によって置き換えられたのである。[3] このような形をとって本書はすみやかに列聖され、スタンダードな著作にされた。[4] だから、たとえばペーター・ブリックレは一九八三年に、この本は「今世紀にドイツ語で書かれた歴史学の最重要著作の一つ」〔四九〕であると書くことができたのだ。[5] ラインハルト・コゼレックにとってはこの本は、「政治的に条件づけられた認識関心も、それが生まれた時代状況を越えて価値を失わない、理論や方法についての新しい洞察を生み出せる」ということの「よい例」なのである。[6]

これはまったく注目に値する。こうした評価に接すると、どのような経過をたどって「政治的に条件づけられた認識関心」から「理論的方法的に新しい洞察」へのこの種の変化が起きたのか、という疑問がただちにわいてくる。いったいどのようにして、歴史学の著作がその成立の歴史的な脈絡の痕跡を消すことができたのか。政治的産出条件が学問的著作に残した痕跡はどんなものなのか。そうした痕跡はどのレベルで探せるのか。どのようにすればそれは簡単に拭い去れるのか。[7] こうした問いを追求していけば、個々の著作のいわゆる変貌から、政治と歴史学との境目を構成するのに与る、変化の諸過程が浮かび上がってくる。まさにそれゆえにブルンナーの本は、この境界の背後にあるものを探るのにとくにうってつけなのである。

ブルンナーの『領邦と支配』がケーススタディとして関心をよぶのは、それが――ブルンナーの他の著作とちがって――さしあたり直接政治的な発言をほとんど含んでいないからでもある。そこには人種主義的発言はほとんど見られないし[8]、反ユダヤ主義の噴出もない[9]。また、――管見のかぎり――「第三帝国」の領土的要求を直接語ってもいない[10]。歴史学と政治体制の正当化をめぐる議論の文脈で、本書のずっと重要な点は、ブルンナーが中世のなかに「民族共同体」も「等族国家」も見ていないということにある[11]。

したがって、本章の主眼は、実践的な歴史家の明示的な政治的態度を描くことでも、ナチズムにおける歴史学的仕事の「外面的な事情」を婉曲に指摘することでもない。これらのためにはすでに重要な著作がある[12]。むしろ私が関心をもつのは、政治的社会的文化的な文脈が、どのようにして方法や発想のレベルで、歴史の「内面的な」産出をともに形作るのか、ということである。これを考察することは、学問と政治の境界をたんに指摘しさえすれば、歴史研究の政治的限定性という問題を片づけるのに十分であるかのように、その境界を自明のものとみなしたり、神聖なものと考えたりすることであってはならない。また、歴史家を政治的に位置づければ、その仕事について適切な評価を下すのに十分であるかのように、この境界を否定したり、軽視したりすることであってもならない。むしろ興味深いのは、政治的スローガンを学問的概念に変えることができる変換メカニズムであって、これが政治と学問の境界をなしているのである。

歴史学の著作というものがどのように組み立てられているのか、その構造をこのレベルで証明できるならば、興味深い結果が得られるであろう。この場合、方法的には、ある著作の「外面的時代状況」と「純粋に学問的な価値」とをそうあっさりと区別することはできない[13]。歴史の内面的産出をそのように構造化できれば、明確な政治的態度表明とはちがった学問史上の帰結をも持つであろう。そのような政治的立場は、なんといってもはっきりと認識できるし、原理的に分離して取り出せる。しかしながら、「外面的な」解釈図式や文化的知覚様式が、専門分野に内在的な方法手続きや発想に転換されてしまえば、それらは、深部におよぶ政治的な変化のあとでも新しい姿をとって、――部分的にはそれらの政治的内容から中立化され、本来の歴史的文脈を離れて――はるかに長く、何ものにも妨げられず後世に生き続けられる次元に存在することになろう。

オットー・ブルンナーの著書『領邦と支配』の場合がそうである、と私は思う。以下において私は、ブルンナーの『領邦と支配』がその時代に負っているものを、次の三つの局面にわけて簡潔に浮き彫りにしてみたい。すなわち、第一に、主題の設定と中心テーゼにかんして、第二に、思考の型と方法的手続きにかんして、第三に、用語の用い方と歴史学的言説のなかにおけるその役割というレベルで。

暴力と国制

ブルンナーの著書の第一章は、フェーデ［中世における個人・家族・部族間の紛争解決のための実力行使・私闘］に当てられている。フェーデは多くの歴史家によってまだ頽廃現象とみなされていたのだが、ブルンナーはこれを中心に据えて後期中世の国制《フェアファッスング》を叙述したのである。フェーデは、「実証主義的」歴史叙述の限界をはっきりさせるのに、とくに向いている。ブルンナーによれば、フェーデは遺制ではなく、「領邦《ラント》」すなわち戦争能力をもつ領主たちの団体、における中世末期の国制の中心的要素である。すなわち、犯罪ではなく、形式にのっとった正当な対決の手段である。

この場合、ナチスによる政治的手段としての暴力の復権が、中世という、身近に感じられるようになった遙かな過去の歴史的文脈における、暴力の役割を洞察することを可能にしたように思われる。[14]ブルンナーは、ここで彼の視点を、明らかにカール・シュミットに負っている。[15]彼は貴族的領主の儀式化された闘い、形式にのっとった破壊の変種を叙述しているのだが、それは彼の著書のもっとも生き生きした部分に属するのである。

しかしながら、中央権力の要求に対して実力行使によって彼らの権利を貫徹することができる領主たちの戦士的対決という像は、別の像によって覆い隠される。それによれば、中世の世界では「すべての権力行使、すべての闘いは、平和と法のための闘争であ」り、「権力はどこでも法にもとづいている」。[16]そしてこの法は、行為する者たちの上に漂い、[17]同時に彼らのなかに「法感情」として内面化しているのである。[18]政治的権力は分裂しているようにみえるけれども、ゲルマン法が「あの時代の人々」によって共有されており、すべてを支配している。[19]ブルンナーにとって、問題なのは法思想である。

この法思想にとって、法と正義、法と法律は究極的に同じものである。それにとっては、すべての「掟」、すべての秩序、規則、すべての命令は、「法」の枠組みのなかでだけ有効である。つまり、それらは、理念上の法と実際に使われる法を分離できないし、またするつもりもない、そういう通俗的感情の枠組みのなかでだけ妥当する。というのは、法とは民族法であり、「正しいもの、公正なもの全体への確信、その胸のなかから根元的な実力《ゲバルト》が生み出される各個人の確信」[20]だからである。あの時代の人々にとって、正しいもの、公正なものにかんする彼らの確信は、変わり得ない永遠のもの、つまり永遠法だと思われており、すべての「実際的な」法はこの持続的な秩序の一部と感じられていたからこそ、法と正義との対立などまったく生じ得なかったのである。それゆえに、ハインリヒ・ミッタイス[30]は中世の法を「確信法」と呼んだのだ。[21]

ブルンナーはこの個所でまったく間違ったやり方でミッタイスを引用しているのだが、それについてはこれ以上係わらないでおこう。[22] 法にかんするこのイメージの基本的特徴がフリッツ・ケルンに由来していることは、つとに周知のことである。問題とすべきは、リアリズムと権力への恭順のこの独特の混同がブルンナーの叙述のなかでどんな役割を果たしているのか、であろう。[23] 後期中世に法が社会的紛争解決のための主要な媒介物だったとすれば、「法と正義の対立はまったく生じ得ない」ということから、いったいどのような結論が引き出せるのだろうか。そこでは法は「民族法」であるとされ、人々は「理念上の法と実定法」を区別できないし、区別しようともしない世界、これは、ブルンナーが描いた世界、すなわち「略奪や放火」、領主たちのフェーデや暴力的制圧のもとにある世界と同一であるのか。[24]

このようにブルンナーは、後期中世における領主たちの実力留保がもつ中心的な意義を発見し、そこに規範に反する暴力行使だけをみて事足れりとする実証主義的法理論を論駁した。だが、まさにそのことによって彼は、もう少しで明確になるところだったことにふたたび蓋をした。つまり、後期中世にみられた種々の法観念の異質性も、後期中世の支配構造の再生産に果たす領主の暴力の役割も、ふたたび覆い隠してしまったのである。[25]

もちろん当時、他の歴史家たちも、貴族的領主がフェーデを正当なものと考えていたことを知らなかったわけではない。とすると、ブルンナーの立場が他の歴史家と異なるのは、まさに、彼がこの貴族の視点を普遍的な視点に引き上げたという点においてである。「あの時代の意識」[26]を問うという彼の設問と、すべての人に共有されている未分化の「法感情」を「民族」に帰することができるという彼の思いこみが、すでにその原因をなしていた。はやくも一九二九年にブルンナーはフェーデにかんする長い論文を書いた。この初期の論文を十年後に刊行された著作とくらべてみると、前者と後者の間で、社会的観点からする遠近法が消えたことに気づく。論文ではまだ貴族的領主に特有な視点として現れていたものが、[27] 後には、中世の「国制」の基本要素へと格上げされている。[28]

用語使用での遠近法、および中世においてさまざまな境遇におかれた諸集団の、多元的でときには矛盾する法観念に接近する通路を、ブルンナーは、まさにそれが彼に開かれているように思われる瞬間に、自ら閉ざしてしまった。彼は中世社会考察の「国家的」あるいは「実証主義的」観点から訣別したが、このことは社会的遠近法の多様性の根本的承認にはつながらなかった。むしろ、この多様性は、漠然とした「あの時代の意識」のなかに、また――後に説明するが――その時代の「諸基本概念」のなかに溶解したのである。

ここでは、後期中世における領主の暴力性の暴露と神秘化が、たがいに密接に絡み合っている。すなわち、暴力が、公然と語られると同時に、法として覆い隠されている。これは、ナチズムにおいて暴力が政治的手段として復権したことに関連づけないでは、理解できないように思われる。ここには社会史の萌芽はほとんど認められない。むしろ、フェーデの合法性というテーゼは、法実証主義的なフェーデ反対論者の法律的偏向を再生産し、社会的実践としてのフェーデの役割から注意をそらしている。(29) 厳密に法制史的な叙述に依拠すれば、少なくともそのような考察方法の限界がよく認識できる。(30) 暴力を法として隠蔽するブルンナーのやり方では、そうはいかない。すなわち、ブルンナーにあっては、暴力は国制概念の枠組みのなかで理解されているのだが、この国制概念は、そのときどきの文脈と必要に応じて、社会の「制度的枠組み」であったり、「事実上の権力分配」であったり、「書かれていない規範的基本構造」であったりする曖昧な代物なのだ。(31) だから、規範的構造の記述と称されるもののなかに、権力の現実がたえず忍びこんでしまうのである。

中世にとっての「具体的な秩序」

事実上の権力状況と規範的な構造の分析的区別が溶解してしまっていることから、ブルンナーの著作の中心的な、これまでなおざりにされてきた一つの連関が浮かび上がる。すなわち、彼の著作のなかでナチス法学が果たしている中心的役割が正しく認識されてこなかったのだが、それはおそらく、ブルンナーがとりわけドイツ語で書かれる歴史の伝統のなかで見られていたためであろう。ここで問題なのは、いとも簡単に付け足したり、あとでまた削除したりできる単なる「政治的スローガン」ではない。(32) 問題なのはむしろ、著作全体を満たしている発想、方法、立論の仕方である。

ここで私がいっているのは、とりわけカール・シュミット〔五二〕や他の人々によって展開された「具体的秩序思考」のことである。(33) それによれば、家族、氏族《ジッペ》、身分、経営共同体、官僚制、あるいは軍隊といった社会的形成物ないし生活領域は、「具体的な秩序」――多義的で玉虫色の概念である(34)――として、独自の内的秩序および法的に顕著な実質と構造をもつとされる。(35)

「具体的秩序思考」の導入にあたって問題だったのは、事実となったものがもつ規範性を確立することだけではない。(36) これによってナチス法学者たちは、明示しうる法的規範に行為を服させる必要なしに、行為の規範性を示唆するという手品をやってのけたのである。ナチ支配はこれを歓迎した。ナチ支配にとって法規則と規範拘束性は障害にすぎなかったが、(37) 同時に、ナチは法の一定の外見は維持しようとしたからである。法は一見事実上の所与である諸関係(38)へと解消され、他方またこれらの諸関係から、ナチ世界観に照応した規範(39)――そしてもっとしばしば、権力者の単なる一時的な必要に合致した規範が仕立て上げられた。それゆえ、こうした「諸秩序」はけっして具体的なものではなかった。すなわち、「具体的なもの」あるいは「生き生きしたもの」という呪文は、抽象的な規範を破壊ないし空洞化するのに役立つものにすぎなかったのだ。「具体的な秩序」の漠然としたイメージは、むしろ人を奮い立たせるもろもろの理想像や想定された行動基準（「忠誠」）から構成されていた。だが、ナチ法学者たちはそうした理想像や行動基準を体系的、明示的に定式化してはならなかった。もし明示すれば、それらは、権力行使の限界を示すものと受け取られるであろうから。[40]

「具体的秩序思考」を中世に転用することは、すでにカール・シュミットとその信奉者たちによって準備されていた。一九三四年にシュミットは、彼の指針となった著作『三種類の法学的思考について』のなかで、「中世のゲルマン的［法］思考」は「徹頭徹尾、具体的秩序思考」であると主張していた。[41] 第三帝国は「中世のドイツ国家のように自然的な秩序のうえに」築かれていると、クルト・エーミッヒは一九三五年に人目に立つところに書き、「中世のゲルマン法の考え方はそれゆえ『具体的秩序思考』である」と付け加えた。[42] ブルンナーの『領邦と支配』は、「具体的秩序思考」を歴史学に導入する、もっとも有力な試みだとみなせる。事実、この著作の初版は「具体的秩序」そのものであふれている。[43] エルフルト歴史家大会での講演で、ブルンナーは、「中世の歴史的形成物を具体的な秩序として描くこと」を綱領的な目的として要求し、[44]『領邦と支配』の最終章の結びでは、力をこめてこうくり返した。「われわれは、われわれによって扱われた形成物のすべてを具体的な秩序として叙述することを、再三、指摘してきた[45]」。したがって、ラント法自体一つの「具体的な秩序」であり、[46] さらに重要なことに、支配は「具体的な秩序」として把握されるべきである、というのだ。ブルンナーの著書において「具体的秩序思考」が中心的役割を果たしていることを、ハインリヒ・ミッタイスは、一九四一年に『史学雑誌』に載せた論評のなかではっきりと認識していた。

> われわれは、「具体的な」秩序、つまり帰納的に推論され、共同体の生活上の掟から学び取られた秩序の考察、すなわち、一つの全体における全内容の不可避的な連関の解明に取り組んできた。そのような秩序は歴史家に知られていないわけではなく、すでに中世の「法曹界」のなかに見いだされる。一般に今日の国家は、旧時代のドイツ国家に似て、抽象的・即事的なもの、施設《アンシュタルト》的なものによりは、はるかに多く人的な諸関係に立脚するようになっているが、それと同様に、今日の法理論も権威、責任、政治的忠誠義務といった具体的な諸概念から出発する。[47]

さて、次に重要だと思われるのは、外的影響の測定で立ち止まらず、借用された思考の型と方法が、ブルンナーの歴史学的著作のなかでどう機能しているのかを問うことである。それらは、歴史的構成物のなかに持ちこまれると、いったいどういう働きをするのか。

まず第一に、「具体的秩序思考」が借用されることによって、伝統的な国制史が昔から持ちつづけた両義性《アンビバレンス》がいっそう鋭くなる。つまり、そうやって「具体的な秩序」としての支配がくり返し規範的な形成物として叙述される。だが、もろもろの矛盾が生じれば、社会的権力状況や行動余地が暗黙裡にイメージのなかにふたたび取り入れられる。ブルンナーの叙述には、立脚点の絶えまない交代が目立つ。[48] このようにして「具体的秩序思考」は、リアリズム的叙述と権力への畏敬の念のこもった叙述という、さきに指摘したあの独特の混同を可能にしたのである。[49]

　さらに重要なのは次のことである。ブルンナーにあっては、身分であろうと階級であろうと、すべての決定的な社会的範疇が「具体的な秩序」に解消される。[50] 後期中世の「内的構造」にかんするブルンナーのイメージは、まさにたくさんの「具体的秩序」から成っている。——さもなければ「領邦《ラント》」と「民《フォルク》」からだけ構成されている。つまり彼は、中世の国制を近代的国家の構成にしたがって描く時代錯誤的、法実証主義的な組織論を、別の組織論で置き換えたのだ。この別の組織論は、家産支配、土地支配、都市支配あるいは領邦支配からだけ成り立っており、諸身分や諸階級ぬきで、しかしまた経済、宗教、文化もなしで済ませられると請けあう。この組織論の基礎にあるのは、構造的な差異を無視した、大小の、だが根本においては同種の、形成物の反復からだけ成る社会についての独特の観念である。中世における「支配一般」の「本質」を規定しようとするブルンナーの試みは、こうした脈絡において理解されねばならない。[51]

　ブルンナーの『領邦と支配』と彼の時代のナチス法学との親和性は、同じ思考の型の利用だけにかぎられない。それに伴う立論の仕方もまた、はっきりとした平行現象を示している。ベルント・リュータースは、具体的秩序思考の支持者たちが特定の「秩序」の「本質」を、この「本質」からもう一度個々の規範を引き出すために、しばしばどのように確認してきたかを述べている。

　シュミットが特定の具体的秩序から規範的な諸帰結を導き出そうとするとき、彼はそれぞれの生活領域の「本質」から引き出した論拠を利用する。(……)同様の仕方で、後継者たちも具体的秩序思考のレールの上で議論をしている。たとえばジーベルトは、労働関係のための新しい法規制を根拠づけようとするときに、労働あるいは経営共同体の「本質」を呼び出した。(……)具体的秩序思考の特性は、「物事の本質」とそれらの「全体的な意味連関」の想起にあるとされる。ついで個々の具体的な秩序の「本質」から、人間の「本質にかなった」態度、たとえば「立派な農民」、「勇敢な兵士」、「義務感のある」官吏などを体現する、規範的拘束性をもつもろもろの理想像が発展させられることになる。[52]

　ブルンナーがいつでも社会的連関の諸体系をそれらのいわゆる「本質」に還元し、そこから断定的な結論を引き出そうとす

るとき、彼はこれと違わないやり方をしているのである。すなわち、

> 行政と司法（支配のさまざまな法のもとでの——引用者）の区別にさいしては、この世界においては（中世では——引用者）すべての行為（支配——引用者）は法的な行為であり、まさに領主の「温情」に由来する措置や指示もまたそうである、ということから出発しなければならないだろう。というのは、「法的、習俗的に要求しうるもの」（ミッタイス）の限度内にとどまることが、温情関係と忠誠関係の本質だからである。[53]

呪文で呼び出された支配の「本質」なるものは、ミッタイスによって推定された規範として本領を発揮し、この規範が封建領主と封臣の間で支配的であったとされる。歴史家によって構成されたこの規範を、ブルンナーは、支配のすべての行為をおのずと「法的行為」にする関係の「本質」へと凝縮するのである。ブルンナーがかつて非難した法制史は、少なくとも法規範の侵害を認める。これに対して、「温情関係・忠誠関係の本質」は、それを認めない。[54]

「具体的な秩序」という思考の型が法理論から国制史へと持ちこまれると、歴史家は、ときおり、回顧的な立法者に変身して、その地位があいまいなままであるほかない発言をする。領土に対する領主の関係は「忠誠と慈しみ、助言と援助によって規定されている」と主張される場合[55]、問題は事実の確認なのか、それとも規範的な規則なのか。家と支配の「本質」もまた、「忠誠と慈しみ、保護と庇護、助言と援助[56]」にあるとされ、土地領主制《グルントヘルシャフト》を論ずるさいには、「保護、慈しみ、忠誠、援助という思想が（……）中心に[57]」なる。

ブルンナーは社会を一見具体的な形成物に還元する。それは局地的で、把握可能であるが、それがいったいどこにあるのか、場所を厳密に突き止めることはできない。社会の「本質」とは、彼にとりかけがえのない「もろもろの基本概念」から成っているだけなのだ。それにもかかわらず、この種の「民族史」や「具体的秩序思考」を後に「構造史」に転換することに成功したというのであれば、それは真の奇跡とみなさざるをえない[58]。

他方、ブルンナーの試みを手がかりにして、いわゆる「原史料から得た諸概念」の借用によって歴史上の登場人物たちに接近し、彼らの声や経験をよりよく再現できると期待するなら、それは思いちがいというものである[59]。というのは、こうした方法を介して再現されるのは、種々の具体的な秩序、すなわち歴史家がつくったものなのだから。それらは、腹話術で語る歴史家に問われれば、驚くほどはっきりした声で、つねに判で押したようにこう復唱するだろう。「忠誠と慈しみ、保護と庇護、助言と援助[60]」と。

概念史と「時代の用語」

社会が「具体的な秩序」に解消できるならば、すなわち、社会を、種々の異質な社会的構成物の構造と相互依存としてではなく、遍在する同種の支配形成体からなるものと考えるならば、「諸基本概念」は特別に中心的な役割を果たさねばならない。それらは、ブルンナーのテキストの構成要素としてつねにくり返され、彼の叙述にまとまりを与えている。叙述対象となったすべての制度のなかに現れると主張されるそのような「諸基本概念」が、さまざまな「秩序」の類似性を示唆し、こうして支配の共通の「本質」という先取りされた仮定を確証する。これらの「秩序」は、内在的な相互依存をつうじた関連をもたないのだが、右のようなやり方で、そこここに現れた「民族秩序の具体化[62]」だということになる。ブルンナーは「人種の連続性、言語の連続性」を指摘し、後者を「同時に思考形態の連続性」として描く。このことから[63]、歴史的な「種々の基本概念」は歴史の諸時代をこえて「民族の本質[64]」の連続性も証明するはずだ、という彼の考えが明らかになる。結局、例の書物において問題なのは、「個々の制度や法的な諸機関」ではなく、「ドイツ民族とその民族秩序を規定する基本思想」なのである[65]。「第三帝国の政治的な基本概念」は「究極的にはゲルマン的な基礎からのみ」理解しうる、という結びの言葉を口先だけの信条告白だとみなしたくとも、「基本概念」のこの役割がブルンナーのこの著書全体にとって本質的重要性を持ちつづける以上、そうはいかないだろう。

さて、「簡素で地味に響く」が「史料の言語からとられた」とされるこれらの「基本概念」は、ブルンナーの著書にまとまりを与えてはいるが、首尾一貫性はほとんど与えていない。その理由は、それらが外見的にのみ反復して出てくるからである。つまり、くり返し現れるのは言葉であって概念ではないのだ。言葉のそのときどきの意味内容はまさに社会的文脈、すなわち、それが用いられるそのつどの言語用法しだいできまるのだから、［ブルンナーの著書で］問題なのは諸概念の外見的な統一性にすぎないことを、私は別の個所で詳しく証明しようと試みた[66]。たとえば、圧伏と強制を特徴とする社会構成において、「庇護」が意味するところは、社会の構造の別のレベルで「庇護」がもつ意味とほとんど無関係である。「庇護」は、あるときは「積極的な保護」を、ときには「保護するための支配」を意味するし、あるときには「圧伏の放棄」を、あるいは単に「支配」そのものを意味する。この言葉は、同時代の史料においてだけでなくブルンナーの本においても、そのつどの文脈が明示されることなしに、これらすべての意味で用いられている。さまざまな意味が混同されることによって、すなわち、「民族」や「具体的秩序」に解消されている多様な社会的脈絡や言葉のあやが混同されることによって、言語の用い方から、その背景にある社会的異質性も、言語使用に本来的に付随している遠近法も失われてしまう。[67] これによって、史料解釈はきわめて問題のあるものになり、単純に「学問的厳密性と党派的歴史学の並存[68]」と評価することなど、とうていできない。

伝統的な史料編纂では、編者の視点の歴史的被拘束性が隠されたままである。これに対抗してブルンナーが挑んだ史学史上重要な論争は、自己の視点も歴史上の登場人物の視点も社会的に条件づけられているということから、注意をそらせてしまった。そうなったのは、歴史の登場人物たちが「民族」のなかに溶解してしまい、「民族秩序」が「社会」という忌まわしい概念に取って代わったからにほかならない。

彼はのちに民族概念への明確な信条告白を拒否したにせよ、用いられ方による言葉の多義性を無視して「時代の用語」を操る歴史叙述はそのままのこった。そのような歴史分析は歴史的ダイナミズムの重要な次元を台無しにしてしまう。そうした多義性をいろいろな形で利用することは、日常言語にとってあたりまえであり、それがまたイデオロギー的効果を生むことになる。しかし、ブルンナーの場合、社会対立のなかで用いられる言語の多義性は歴史的分析の対象にならず、逆に、彼が歴史記述に用いる言語自体にそうした多義性が浸透している。歴史分析の言語といわゆる「時代の用語」が相互に移行しあうとすれば、過去の言語使用に秘められた遠近法に、実践活動をする歴史家の遠近法も重なりあってしまう。歴史的に生み出された言葉は、状況によって変化するもろもろの意味をもっているが、こうした言葉を史学史的言説に持ちこむことは、歴史学の諸概念をあいまいにし、ブルンナーの本の特徴をなしている視点の絶えまない変化を、ほとんど気づかれないものにしてしまう。いわゆる遠近法ぬきの、史料に即し時代に特有な諸概念の形姿のなかに自分自身を見る――これこそ真の鏡遊びといえよう――のは、観察者の視点に遠近法が欠落しているからである。

基本概念の修正

ブルンナーの叙述のなかでいわゆる「時代の用語」が果たす役割は、以上述べたことでまだ尽くされていない。というのは、私が問題にしているのは、単に問題のある語源を許されないかたちで用いて、後期中世の言語に深遠に響く一見古めかしい意味をあとから付け加えることではないからである。仮にこうした語源のいくつかがその後の研究で間違いだと判明しなかったとしても、それらは同時代人にはおそらく知られていなかっただろう。[69] 同時代人が社会的諸関係をどのように見ていたのかを、そうした語源から理解することはできない。だが、それらは『領邦と支配』においてどんな役割を果たしているだろうか。

実際、ブルンナーにとって問題なのは、それ以上のこと、つまり新しい言説の導入である。『領邦と支配』は、この本のなかで「発展させられた諸概念」がいかにその本領を発揮するかを、模範的に示さねばならなかった。ブルンナーは総括のなかで、「一九世紀の伝統的な概念装置は」「破壊され」ねばならない、と書いている。[70] 支配と領邦、保護と庇護、忠誠と援助

――これらの概念をブルンナーは彼の著作の主要な成果として描く[71]。歴史叙述の言語としてその種の「概念」を積極的に借用することは、史料研究の結果に促されたからではなく、支配の「本質」をなすものについての先取りされた仮定から生まれていたのである。このことは、ブルンナーが歴史家たちに特定の表現の使用を奨めているいくつかの個所からはっきり分かる。

　領主は後見人、保護者、看護者として現れる。これらはみな、非常に強くわれわれの関心をひかずにはおかない概念である。だが、領主は家のなかを治める、というのがもっとも良いだろう。われわれはここですでに、「治める」というこの言葉から暴力も管理も導き出されうることを確認したい。内に向かって管理として現れるものは、外に向かっては外部の暴力からの保護と庇護を意味する[72]。

「暴力」と「管理」が――現実的に、規範的に、あるいはひょっとして言語的にのみ――「治める」という言葉から導き出されるのならば、イデオロギー的な円環は閉じられる。「ブルンナーにおいて」くり返される歴史学の基本操作は、以下のように描くことができる。すなわち、社会的諸関係は「もろもろの具体的な秩序」へと還元され、これらにふたたび「本質」が付与され、この本質は本質で、驚くほど一定不変の「もろもろの基本概念」に固定される。最後に、これらの「基本概念」から、法と権限が「導き出」される。読者はここでほとんど言葉の魔法の領域にいざなわれる。このようにして正当性基盤のない権力を正当化する効果が生み出されるのだ。それには、読者が「時代の用語」と歴史家の特殊な方法に巻きこまれることで十分なのである。この方法を中世に適用できると実際に証明されているのか、この方法で後期中世の社会における正当性という複雑な問題への洞察が得られるのか、これは私にはきわめて疑わしい。むしろ、これは、近代的な歴史叙述の学者風曲芸のように思われる。

　この操作の意味は、新しい言説――制度化された話しぶり――を歴史の解釈という迂回路をへて樹立することであった。「われわれは法概念を一新する[73]」というカール・シュミットの呼びかけを想起されたい。これをベルント・リュータースは次のように解釈している。「概念の変更による法の刷新。すなわち、われわれは伝統的な法概念を言葉のカプセルとみなすのだが、そうした法概念をナチ世界観から理解し、ナチ世界観を充塡することによって、新しい内容を与える[74]」。これと対応させうるのが、エルフルト歴史家大会でのブルンナーの呼びかけである。

　今日問題なのは、法概念の修正である。死せる現実から由来した諸概念が、まったく別種の内的構造をなしていた時代に対する本質的な基準や問題提起をいまなお規定している状態は耐えがたい。この要求はいくら過激な言葉で表現してもしすぎることはない[75]。

歴史学的意味論の特殊ドイツ的変種の確立にさいしてブルンナーが果たした役割は、こうした背景から理解されねばならない。彼の概念史的な試みは、多義的な「原史料から得た諸概念」を歴史的叙述と分析のメタ言語に導入することを可能にした。「保護と庇護」のような二重底の概念が、学問的にも大きな反響を得ることができたのは、とりわけその同時代における政治的反響のおかげでもある[76]。ブルンナーがその叙述で、いわゆる史料言語を「暗黙の概念形成」の形式として用いたことは、ウェーバーの学問論に出てくる言葉を用いてこう特徴づけられよう。それは、「一方では価値判断を放棄することができず、他方ではその判断の責任を回避しようと試みる中途半端さ」である、と[77]。

結論

限定的に二つのことを付け加えたい。本章で私が意図したのは、『領邦と支配』の個々の学術用語が「その時代の用語」に由来していることを証明することではない[78]。もっと重要なのは、それらがオットー・ブルンナーの主著において果たしている機能を内側から再構成することであった。だから、私はまず第一に「政治的な意図を背負わされた」表現がたんに借用されたことに批判の矛先を向けたのではなく、そうした表現が歴史の学問的営みのなかで使われ、取り入れられていった特殊なあり方を批判したのである[79]。

したがって、本章が重視するのは一中世史家の「内面の視座」であって、ナチス支配の枠組みのなかで学問的営みが果たした役割の研究を課題とする「外面の学問史」ではない。そのような内面の視座［への着目］は、若干のことを浮かび上がらせることができる――たとえば「時代に条件づけられた諸概念」が歴史学の仕事のなかに積極的に摂取されたこと――が、その一方で、この見地から見えなくなる多くのことが放置されたままである。したがって、次のような学問史が優先されるべきであろう。すなわち、相補いあう［内面および外面の］両方の観点に対応できる学問史、そして、専門分野内部の祖先探しやその分野に固有の悪魔の追求に終わることもなければ、しばしば人を欺くような綱領的宣言の単に「外向けの」羅列[80]や、歴史学の著作から取り出した政治的スローガンの標本づくりで満足することもない学問史が、それである。

次に、もう一つの限定は、ただ一人の著者の著作に焦点をあてたことから出てくるものである。歴史研究のなかにナチ期の概念や思考の型が持ちこまれたことはどんな役割を果たしたのか、また、「外面的な時代状況」が与えたであろう作用は、ドイツの歴史学ツンフト内部における階層変化の過程にどんな影響を与えたのか。こうしたことも明らかにされねばならなかっただろう。しかしながら、これは私の目標設定と能力をこえている。この意味で、私の結論は、いっそう厳密に時代の脈絡のなかに位置づけられねばならない。とはいえ、私が選択した試みを位置づけ、そこから出てくる帰結を明確にするため、締め括りとして、この試みを若干の通説的な解釈の試みや方法と突きあわせてみよう。

全体史と全体主義的歴史叙述

ブルンナーを全体史の先駆者として描く最近の試みは、全体性をどう理解するかという点で競合する見解のあいだの重要な差異を見過ごしている。[81] 地方史というドイツ的伝統のなかでさまざまな専門分野が結びついていることを指摘しても、それは、ブルンナーや民族史をアナール学派の創始者、マルク・ブロックとルシアン・フェーブルに近寄せるのには十分でない。[82] 全体史というとき問題なのは、過去の現実の全部を把握したと思いこむことでは断じてないからである。むしろ問題は、さまざまな局面の相互連関としての「全体」である。[83] そしてまさにこの局面性［それがブルンナーにあっては欠落していること］こそが、「具体的秩序思考」の真の意味を明かしてくれるのだ。[84] ブルンナーは、「具体的秩序思考」について、それは社会学的な「相互依存」概念を用いて歴史を把握しようとする同時代の試みへの対案だと、はっきり主張している。[85]

ブルンナーは、ナチスの法思想から、一九世紀以来支配的ないわゆる［国家・社会・経済を截然と分ける］「分離思考」の拒絶をも借用した。[86] そのさい、前近代のヨーロッパ社会について国家、社会、経済の区別を否定する彼の議論は、的を飛び越えているようにも、また的をかすめているようにも思われる。国家と社会の分離が中世には知られていなかったとされるだけではない。「国家と社会の、個々人と団体の、存在と当為、自然と精神、法と権力の緊張関係」のなかにブルンナーが見たものは、ほかでもない「近代世界の内的分裂の映像」にすぎなかったのかもしれない。[87] だが、これらすべての区別を否定することは、全体史とは関係なく、むしろ全体主義的な歴史叙述の一変種を示すだけである。[88]

ブルンナーがこのようにして歴史研究の局面性も遠近法性も拒絶するとき、問題は、彼の念頭にある「全体」とはどのような性質のものなのか、ということである。この「全体」の統一性はどこにあるのか。［彼はいう。］

しかし、ある人間団体の全体が見えるようになる決定的な手がかりは、その運命であり、政治であり、その団体の存続を可能にする内的な秩序は何かという問題である。それゆえ、真に歴史的な問題提起はすべて歴史的・政治的性質をおびる。（……）だが、団体全体の内的な関連に向かうこの歴史的・政治的観点によって、現在に対する歴史家の関係もまた規定される。歴史家にとって問題なのは、個々の現象や即事的領域の歴史的な生成発展ではなく、自己の世界の生成、すなわち、彼がその一員である民族と国家という具体的な団体の歴史的な生成である。ここから、現在にとって過去の歴史的統一性はどんな意義をもっているのか、という問題が立てられねばならない(89)。

この「歴史的政治的観点」という語でなにが意味されているのか、この引用ではまだはっきりしないが、ブルンナーは、次のような例を挙げて説明する。

開拓入植の歴史は、たしかに巨大な経済的事象であるが、しかし、全体としてみれば、民族の生活空間の拡大であり、それを推進する諸力という点では、まさに普遍的な歴史的視角からのみ理解され得る(90)。

全体にかんするこういう観念がブルンナーの仕事の基礎にある。どうしてそれが構造史をもたらしうるのか、私にはほとんど理解できない(91)。にもかかわらず、ブルンナーが構造史の告知者として描かれるとすれば、ここにはしばしば言葉と概念の混同がある(92)。ブルンナーの仕事の仕方をもっと詳しくみれば、彼が「構造」を、たとえば機能主義的社会学、構造人類学などでのこの概念の用い方と同じ意味で語るのではけっしてないことが分かる。事実、問題なのは「具体的な秩序」であり、これはときには「団体の内的構造」とも書き換えられている。皮肉なのは、『領邦と支配』におけるブルンナーの方法の根本的特徴をなす言葉と概念の混同が、この本とその加筆の歴史のなかで倍増され、ついには史学史のなかで今日もくり返されていることである(93)。

オットー・ブルンナーとカール・シュミット
——影響力の行使と受容

ブルンナーの仕事に対するカール・シュミットの影響が、最近幾度も指摘されるようになった。それにもかかわらず、シュミットから借用した概念構成をいかにしてブルンナーがわがものとしたのか、それらが彼の仕事のなかでどんな役割を果たしているのかについて、まだ明らかにされていない。たしかにブルンナーは実証主義に対するシュミットの攻撃を好んで用いた。だが、彼は別の個所では、権力関係にかんするシュミットの分析を借用することをためらっている。

ブルンナーの描く中世では、シュミットの場合ほど剝き出しの権力や公然たる権力闘争があってはならなかった。そこでは最終的にはゲルマン法が人々を支配していた——これは、シュミットにはまるで無縁な考えだったにちがいない。たしかに、「友・敵関係」は「ゲルマンの初期と中世の基本的な範疇」だとブルンナーは書いている。だが、彼は、この関係が「敵からではなく、友から出発している」ことを示そうとする(94)。いっぽう、カール・シュミットは、たとえば「保護《シュッツ》と服従」の関係をあからさまに描き、「保護」を政治的保護《プロテクチオン》や保護領《プロテクトラート》と関連づける(95)。ブルンナーとシュミットの違いがどの点にあるのかは、このことからとくにはっきりする。ブルンナーはたしかにシュミットの概念構成を借用したが、ブルンナーにあって、それは現実にそぐわない願望がかもし出す感傷的な光をおびている。すなわち彼は、領主と服従する農民の関係を、行為者間のさまざまな権力格差や従属関係の構造を考慮せずに、相互性によって特徴づけられるもの、他のレベルでの諸関係を根拠に社会的な組織に類似するものとして記述するのである。(96)これに対して、シュミットははっきりと次のことを認識している。両者の関係の性質を規定するのは、行為者たちのそのつどの力関係であって、頭のなかでひねり出された支配の「本質」なるものではない、したがって、「真の相互性や互恵関係」を語りうるのは、多かれ少なかれ同等の強さを持つ者たちの間においてだけだ、というのがそれである。(97)

それゆえ、ブルンナーに対するカール・シュミットの外面的な「影響」を確認するだけでは十分ではない。(98)むしろ問題は、シュミットがためらいなく指摘したものから多くの要素を取り除き、それと両立しない諸観念——たとえばゲルマン的「確信法」(99)——と混ぜあわせてぼかしてしまう、能動的な摂取の仕方である。ここから、ブルンナーの叙述を特徴づける、リアリズムと権力への恭順の念というあの独特の混合が生じる。彼の叙述にみられる洞察は、それがときとして後期中世の暴力性と権力の中心的な役割を明瞭に認識することができたという事実のおかげである。だが、そのまなざしは、時代状況に順応した立場のもったいぶった記述と、「具体的な秩序」という呪文のくり返しによって、すぐに曇らされるのである。

権力を正当化する学問か

ブルンナーの主著とナチズムの思考の型、ものの見方、用語法との親和性が証明できたとしても、それだけではまだ彼の役割を厳密に規定するには十分でない。たしかにこの種の歴史学は体制のために一定の敬意を調達した——だが、それによって実際、権力が正当化されたといえるだろうか。この問題は、前提となっている正当性概念にかかっているのであって、結局はこう問わねばならないだろう。そもそも厳密な意味での正当性が、ナチスにとり、支配のためにどの程度大事だったのかと。たしかに、個々の措置をそのときごとに正当化することは大切だった。しかしながら、正当性概念の眼目は、本質的にそれ以上のことである。おそらくこの体制は、広範囲の正当性基盤を得るための代価をけっして支払おうとはしなかっただろう。したがって、国民社会主義的な歴史叙述を権力の正当化という観点から描こうとするすべての試みは、つぎの反対尋問をうけねばならない。ナチスは本当に歴史科学を必要としていたのか。むしろ、ナチスにとっては、二、三人の従順な書き手と同時代の出来事の記録者がいれば、事足りたのではないか。ヴァルター・フランクの失敗はまさにこの事情を指し示してはいないか。また、およそ限度をわきまえぬ支配システムに、おあつらえ向きの哲学や法学をあてがう他のもろもろの試みの失敗も、同様ではないのか。

それゆえ、より重要で、より重大な帰結をもつように思われるのは、「具体的秩序思考」やその他同様の概念によってあらゆる正当性証明が無用にされたということであって、ブルンナーの著作もそれに係わっていたのである。彼の仕事が後々にまで残る形でやったことは、不明瞭な言葉の用い方を定着させ、このことと関連する――現代の、あるいは別の時代における――社会の見方、すなわち、規範的なものを事実から分離することもできず、また、しようともせず、それにより事実上の力関係の承認を容易にする、そういう見方を定着させたことであった。[100]

『領邦と支配』が長い間反響をよび、戦後期に列聖されたのはなぜなのかという問題に、ここで説得力のある答えを出すことはできない。テキスト自体の考察がそれに役立つとしても、それは限定された範囲においてのみである。以下、若干の指摘を行うにとどめたい。

いわゆる「原史料から得た概念」をブルンナーが歴史分析のメタ言語に取り入れたことからくる多義性が、『領邦と支配』の何度にもわたる加筆によって増幅されて、彼の主著の受容を容易にした。われわれは、読者がこの本のなかで発見したと信じていることにいつも驚かされるが、それは、部分的には、ブルンナーの立場が史料の立場と簡単に混同されうることに原因がある。換言すれば、史料のいわゆる再現と過去の社会的諸関係にかんする彼の分析を区別するのはとても難しいことなのである。

ブルンナーの立場の両義性は、のちに彼の学説の解釈替えを容易にし、こうして、その列聖に寄与することになった。すでに一九四三年に法制史家カール・ジークフリート・バーダーは、ブルンナーの研究成果について、そこでは領主と農民の関係の契約的性格が正しく認識されていると解釈した。[101] これによって戦後、ブルンナーの諸テーゼ――あらゆる形式法的考察を、それが彼の考察方法に依然とりついているにもかかわらず、拒否することがその特徴――とふたたび活性化した法制史の構築との致命的な混ざりあいが生じた。[102] こうしてブルンナーの考え――フェーデを法的な制度として描き、国制《フェアファッスング》を国制の現実に等置し、法を権力から分離しようとしない――は、「文明化され」、「合法化され」たのだが、私の見るかぎり、ブルンナーがそれに異義をとなえたことはない。彼はみずからを「連邦共和国における社会史の暗黙の系譜」[103]のなかに位置づけようと試み、それによって、彼の以前の諸見解にまつわるイメージをきれいに拭い去ったのである。

ブルンナーの中世史像が広く受け入れられたのは、そのいわゆる革新的な性格にもかかわらずではなく、この像が既存の思考の型や歴史像にいとも簡単に順応できたからにほかならない。たとえば、陰鬱な、アルカイックな中世というイメージがそうである。すなわち、それを賛美する表面的なしるしを消し去り、この現実には存在しない中世への回帰願望を忘れてしまうだけで、そうしたイメージ自体を――評価の向きを逆にして――基本的特徴はそのままで承認することができたのだ。ブルンナーの古ヨーロッパは、近代と伝統という単純化された対置にずっとよく適合した。五〇年代、六〇年代の社会学、歴史学、人類学の支配的な潮流は、その前提をほとんど問うことなしにこの対置から出発していたのであった。それだからまた、ブルンナーの著作は西ドイツの概念史の伝統に後々まで影響を残すことができたのである。だが、ここではそのことにこれ以上立ち入ることはできない。

オットー・ブルンナーを戦後の社会史の直系先駆者たちに入れる企ては、両刃の剣である。すなわちそれは、彼の著作を確固とした、優勢な伝統の光のなかに浮かび上がらせることによって、彼の没後の復権に貢献しうる。しかしまた、逆にそれによってはじめて、われわれは彼の遺産がこの伝統に投げかける長い影に気づくのである。

『領邦と支配』というテキストの概念史は、この書物自体を皮肉な光で照らす。彼が第五版（一九五九年）に加筆したのは、この書物のなかで宣伝され実際に用いられた概念史の変種にとって本質的である、次の仮定にもとづいていた。すなわち、意味は個々の「概念」に張りついているのだから、こうした個々の「概念」を別々に考察し、それらの「意味」を探り当てるだけで社会的世界の特定の視座を再構成することができる、というのがそれである。概念がこのように扱われるのだが、この方法は、戦後なされたこの書物の再構成にも当てはまる。すなわち、この本から時代の用語の痕跡を消すためには、政治的重荷を負わされた表現を別の表現に置き換えるだけで十分であろう。そのさい、この本の中心的議論と構成、いやそれどころか個々の文章もほとんど手が加えられなかったが、そのことは右のことからして重要ではないといえよう。

しかし、この操作は解決不能のアポリアをもたらす。すなわち、もしその操作が成功しているといえるなら、その成功の容易さからして、きわめて短い期間に「もろもろの基本概念」を別の諸概念で置き換える必要が疑わしくなる。それらがそんなに簡単に変換可能なものならば、概念の置き換えはそれほど意味のあることなのか。ブルンナーは当時、『領邦と支配』の第五版へのまえがきで、本書は「その基本的性格において（……）変わっていない」と主張した。[104]もしそれが本当だとするなら、今度は、同書のなかで宣伝された概念史的試みについて原則的な疑問が投げかけられることになる。その「諸基本概念」が別の諸概念で置き換えられてしまっているのに、どうして著作の意味がそのままでありうるのか。ひょっとして、意味は、まさに別の言語的組織レベルで組立てられているのだろうか。このように本書の歴史は、そのいくつかの基本命題について原則的な問題を投げかける。そして、この疑問は、必要な変更を加えれば、『領邦と支配』の若干の基本的仮定を共有しているようにみえる、西ドイツの歴史的基本概念の伝統にも当てはまるのである。[105]

〈付記〉

ライプツィヒ歴史家大会（一九九四年）の「権力を正当化する学問としての歴史学」というセッション、およびビーレフェルト学際的研究センターの「歴史の言説IV：危機意識と革新、一八八〇―一九四五年」という会議（一九九六年）での討論に参加した人々から、さまざまな批判的な指摘をいただいたことに感謝する。とりわけザビーネ・ベルトラム、ダン・ディナー、ドーラ・ヘラー、ルドルフ・クーヘンブーフ、オットー・ゲルハルト・エクスレ、そしてペーター・シェットラーの各氏による批判や改善の提案には、深甚の感謝を捧げる。入手しがたかった若干の出版物を閲覧することができたのは、ひとえにドイツ国立図書館《ビュッヘライ》（ライプツィヒ）学術情報部エレン・ベルトラム氏の援助のおかげである。あらためて心からの謝意を表したい。

（1）Otto Brunner, "Politik und Wirtschaft in den deutschen Territorien des Mittelalters", in: *Vergangenheit und Gegenwart* 27 (1937), S. 405-422, とくに、注2。この歴史家大会で、ヴァルター・フランクは歴史家ツンフトを彼の路線に誘導しようとした。ハワード・カミンスキーとジェイムズ・ホルン・ヴァン・メルトンは、この点でのブルンナーの貢献を見ることを提案している。"Translators' Introduction", in: Otto Brunner, *"Land" and Lordship. Structures of Governance in Medieval Austria*, hg. und übers. von Howart Kaminsky und James Horn van Melton, Philadelphia 1992, S. XIII-LXI, Anm. 10.

（2）Otto Brunner, *Land und Herrschaft. Grundfragen der territorialen Verfassungsgeschichte Südostdeutschlands im Mittelalter*, Wien 1939; 加筆された第四版が一九五九年に刊行され、それ以後は無修正のまま増刷されている。したがって、以下では第五版（ウィーン、一九六五年）から引用する。

（3）第四版（一九五九年）へのまえがきで、ブルンナーは単にこう書いている。彼にできたのは、「ところどころ圧縮を企て、古くなった文献をもっとも最近に出た研究への参照指示によって置き換える」ことだけであった。しかし、本書は「その基本的性格において」「変わっていない」、と（S. VII）。彼は、やっと第二部の末尾につけた脚注で、「構造史」という表現が彼にはもっとも有用だと思われると、付け加えている。「というのも、それは誤解にさらされる余地がもっとも少ないから」と。「私もこれまで使ってきた民族秩序、社会史、（広義の）憲法史といった学術用語の場合には、誤解は不可避的である」。*Land und Herrschaft* (^{5}1965), S. 164, Anm. 1.

（4）Christof Dipper, "Otto Brunner aus der Sicht der frühneuzeitlichen Historiographie", in: *Annali dell'Istituto storico italo-germanico in Trento* 13 (1987), S. 73-96. この個所はS. 88.

（5）Peter Blickle, "Otto Brunner, 1898-1982", in: *Historische Zeitschrift* 236 (1983), S. 779.

（6）Reinhart Koselleck, "Sozialgeschichte und Begriffsgeschichte", in: Wolfgang Schieder und Volker Sellin (Hg.), *Sozialgeschichte in Deutschland. Entwicklungen und Perspektiven im internationalen Zusammenhang*, Göttingen 1986, Bd. 1, S. 89-109, ここでは、S. 108-109, Anm. 4. これに対しては批判的な意見の表明もみられる。すなわち、Fernand Braudel, "Sur une conception de l'histoire sociale", in: *Annales E. S. C.* 14 (1959), S. 308-319; David Nicholas, "New Paths of Social History and Old Paths of Historical Romanticism", in: *Journal of Social History* 3 (1969), S. 277-294; Ludolf Kuchenbuch, "Vorbemerkung", in: Ludolf Kuchenbuch in Zusammenarbeit mit Bernd Michael (Hg.), *Feudalismus — Materialien zur Theorie und Geschichte*, Frankfurt a. M./ Berlin / Wien 1977, S. 145-154, とくに、S. 147-148; Hans-Ulrich Wehler, "Geschichtswissenschaft heute", in: Jürgen Habermas (Hg.), *Stichworte zur "geistigen Situation der Zeit"*, Frankfurt a. M. 1980, Bd. II, S. 725. 一九八四年までのブルンナーの著作と重要な論文にかんする議論の批判的な評価は、Otto Gerhard Oexle, "Sozialgeschichte — Begriffsgeschichte — Wissenschaftsgeschichte. Anmerkungen zum Werk Otto Brunners", in: *Vierteljahrschrift für Sozial- und Wirtschaftsgeschichte* 71 (1984) S. 305-341 にみられる。比較的後期の出版物には、Kaminsky und Melton, "Translators' Introduction"（注1の文献）にリストアップされている。さらに以下の文献を付け加えておくべきであろう。Werner Troßbach, "Das 'ganze Haus' — Basiskategorie für das Verständnis ländlicher Gesellschaft deutscher Territorien in der Frühen Neuzeit？" in: *Blätter für deutsche Landesgeschichte* 129 (1993), S. 277-314; James Van Horn Melton, "From Folk History to Structural History: Otto Brunner (1898-1982) and the Radical-Conservative Roots of German Social History", in: Hartmut Lehmann und James Van Horn Melton (Hg.), *Paths of Continuity: Central European Historiography from the 1930s to the 1950s*, Cambridge 1994, S. 263-292; Claudia Opitz, "Neue Wege der Sozialgeschichte？ Ein kritischer Blick auf Otto Brunners Konzept des 'ganzen Hauses'", in: *Geschichte und Gesellschaft* 20 (1994), S. 88-98; Valentin Groebner, "Außer Haus. Otto Brunner und die 'alteuropäische Ökonomik'", in: *Geschichte in Wissenschaft und Unterricht* 46 (1995), S. 69-80.

（7）それ［政治的産出条件が学問に残した痕跡］は、メルトンとカミンスキーにとっては簡単に消せるもののようである。彼らいわく、ブルンナーは彼の本に、『『ファッショナブルなスローガン』で味つけすることによって、また完全なゲルマン的新秩序という結論を導くことによって、明白なナチ的概観』を与えた。「……彼は第四版においてその実質に影響をあたえることなしに、これらの流行語を削除することができた」（「訳者まえがき」〔Anm. 1, S. xlii〕）。

（8）しかし、ヘフラーの仕事への次の好意的参照を見よ。「オットー・ヘフラーは彼の論文「ゲルマン的連続性問題」（一九三七年）で、人種の連続性、同時に思考形式の連続性である言語の連続性、および民族秩序の決定的構造の連続性を指摘した。われわれは、ヘフラーによって詳しく扱われた一群の連続性とならんで、領邦と支配の連続性、もともと王の支配であるライヒの連続性、ならびに、領邦支配《ランデスヘルシャフト》と都市支配、土地領主制《グルントヘルシャフト》の連続性を挙げてもよいであろう」。Brunner, *Land und Herrschaft* (¹1939), S. 510. リリー・ヴァイザーとオットー・ヘフラーの諸論文に対するブルンナーの批判的な態度、および青年団体、戦士的男子結社および加入期、獣仮面の着用、猛威をふるう軍団の首長ヴォーダンと中世後期の傭兵にかんするブルンナー自身の見解については、ebd., S. 112-115.

（9）Melton, "Otto Brunner"（注6の文献）を参照せよ。この個所は S. 269-270. しかし多くのことは、ブルンナーの「民族」という概念をどう理解するかにかかっている。これについて彼は一九三九年にある綱領的な論文のなかでこう書いている。「民族とは、ここでは（……）具体的な民族秩序のなかに生きており、この統一が民族共同体の体験のなかで自覚されている、血縁的、人種的に刻印づけられた現実である。その国家をつうじて民族は法能力と行為能力ある単位になる。党［ナチ党のこと］は民族の政治的意志の担い手であり、国防軍は武器をとった民族である。こうして国家と社会の分離は止揚された。民族、とくに民族共同体と指導は、中心的な憲法概念である」。Otto Brunner, "Moderner Verfassungsbegriff und mittelalterliche Verfassungsgeschichte", in: *Mitteilungen des Österreichischen Instituts für Geschichteforschung, Ergänzungsband* 14 (1939), S. 513-528, この個所は S. 517.

（10）このことは、他の諸論文にはまったく当てはまらない。概括的には Willi Oberkrome, *Volksgeschichte. Methodische Innovation und völkische Ideologisierung in der deutschen Geschichtswissenschaft 1918-1945*, Göttingen 1993, S. 148-149, および Melton, "Otto Brunner", ebd. を見よ。

（11）Brunner, *Land und Herrschaft* (¹1939), S. 398, 455. ブルンナーは

結語において、中世への回帰はたしかに不可能だが、「しかし第三帝国、指導、民族共同体という政治的概念は、究極的にはゲルマン的基礎からのみ理解されるべきである」と書いている（S. 512）。

(12) それゆえまた、以下ではブルンナーという人物を政治的に位置づけることは試みない。彼の政治的態度と発言については、Robert Jütte, "Zwischen Ständestaat und Austrofaschismus. Der Beitrag Otto Brunners zur Geschichtsschreibung", in: *Tel Aviver Jahrbuch für Deutsche Geschichte* 13 (1984), S. 337-362 を参照せよ。Karen Schönwälder, *Historiker und Politik. Geschichtswissenschaft im Nationalsozialismus*, Frankfurt a. M./ New York 1992, S. 126-130, 234-237 und *passim*; Melton, "Otto Brunner"（注6の文献）S. 266-272, 287-288.

(13) たとえば、「政治的時代精神に対するブルンナーの譲歩」を語るクラウス・シュライナーの寄稿は、そのような区別にもとづいている。"Wissenschaft von der Geschichte des Mittelalters nach 1945. Kontinuitäten und Diskontinuitäten der Mittelalterforschung im geteilten Deutschland", in: Ernst Schulin (Hg.), *Deutsche Geschichtswissenschaft nach dem zweiten Weltkrieg (1945-1965)*, München 1989, S. 87-146, この個所は S. 137. ブルンナーは、シュライナーによれば、「学問をイデオロギーの犠牲にすることなく、解釈をつうじて同時代の理想像に譲歩した」歴史家たちに属する。Schreiner, "Führertum, Rasse, Reich. Wissenschaft von der Geschichte nach der nationalsozialistischen Machtübernahme", in: Peter Lundgreen (Hg.), *Wissenschaft im Dritten Reich*, Frankfurt a. M. 1985, S. 163-252, S. 208. シュライナーはブルンナーの著作のなかでは、「自覚的方法による事実調査」と「歴史学的な判断」とを区別することができると考え、「史料にもとづく確認と時代に拘束された歴史的事実の解釈との矛盾」を明らかにしようとしている（"Wissenschaft von der Geschichte des Mittelalters", S. 140）；これに対して Oexle, "Sozialgeschichte — Begriffsgeschichte"（注6の文献）S. 327 を見よ。

(14) Hans Boldt, "Otto Brunner. Zur Theorie der Verfassungsgeschichte", in: *Annali dell'Istituto storico italo-germanico in Trento* 13 (1987), S. 39-62 を参照せよ。この個所は、S. 50-51. 一般的には、Otto Gerhard Oexle, "Das Mittelalter und das Unbehagen an der Moderne: Mittelalterbeschwörungen in der Weimarer Republik und danach", in: Susanna Burghartz u. a. (Hg.), *Spannungen und Widersprüche. Gedenkschrift für František Graus*, Sigmaringen 1992, S. 125-153.

(15) Oexle, "Sozialgeschichte — Begriffsgeschichte"（注6の文献）S. 319-320. シュミットの後期の著作、*Der Nomos der Erde im Völkerrecht des Jus Publicum Europaeum*, Köln 1950, S. 90, 98, 123-125 をも参照せよ。

(16) Brunner, *Land und Herrschaft* (⁵1965), S. 132-133.

(17) 「われわれは（……）、中世の意味での法が、人間を超えたところにある、宗教的な聖なる秩序であることを想起しよう」。Brunner, *Land und Herrschaft* (⁵1965), S. 262（強調は原文）; S. 140, 359, 440 も見よ。また参照、Brunner, *Land und Herrschaft* (¹1939), S. 162, 505.

(18) Brunner, *Land und Herrschaft* (⁵1965), S. 346, 71, 293. Kritik: František Graus, "Verfassungsgeschichte des Mittelalters", in: *Historische Zeitschrift* 243 (1986), S. 529-589, この個所は S. 554-555.

(19) Brunner, *Land und Herrschaft* (⁵1965), S. 140.

(20) ブルンナーはこの個所に脚注をつけ、次の書の参照を求めている。Carl von Schwerin, "Der Geist des altgermanischen Rechts", in: H. Nollau, *Germanische Wiedererstehung* (1926), S. 205ff. 私はこの本を見ることができなかった。

(21) Brunner, *Land und Herrschaft* (⁵1965), S. 139-140 = *Land und*

Herrschaft (^{1}1939), S. 165-166. 後者は、Heinrich Mitteis, "Rechtsgeschichte und Machtgeschichte", in: Gian Piero Bognetti u. a. (Hg.), *Wirtschaft und Kultur. Festschrift zum 70. Geburtstag von Alfons Dopsch*, Baden bei Wien / Leipzig 1938, S. 547-580, S. 565-566, および K. G. Hugelmann, "Das Deutsche Recht", in: Otto Brunner u. a. (Hg.), *Das Mittelalter*, Leipzig 1930, S. 217 を併せて参照するよう求めている。

(22)　ミッタイスの見解では、中世の歴史家には、「当為と存在との、権力と法との矛盾、あるいはまたさまざまな法原理の間の矛盾が、しばしば相互に無関係に並存して」現れる。すなわち「いくつかの中世の法制度を激しく揺さぶった」戦いを考察するさいに、歴史家は「思わず知らず現在に思いをはせている」(S. 554)。——ミッタイスのテキストはもちろんきわめて矛盾にみちている。彼は、ブルンナーが挙げた個所にかんしてたしかに、「ドイツ法」は「慣習法というよりもむしろ確信法と呼ばれるべき」であるという、通説的見解をくり返しており (S. 566)、おなじ節で次のようにさえ主張している。「議決団体が決定し、議決するのか、あるいは一人の指導者が自ら決定し議決するのかは、本質において同じことである。指導者の意思形成においても全体の意志が表現される」(S. 565)。だが、ミッタイスは、最初の節では、中世盛期の「大きな、架橋できない緊張」を考えれば、確信法の理論はほとんど妥当し得ないということを、詳述しようと試みている。彼は単に、「共通の法信念のあの伝統的な拘束は、たとえば農民層におけるように、若干の閉鎖的な法関係者たちにおいてのみ、どうにか維持されていた」と容認している。——この見解を、彼はふたたび、アルフォンス・ドープシュ、エルナ・パツェルトおよびヘルマン・ヴィースナーの仕事を参照しつつ、著しく和らげているのである。中世法にかんするミッタイスのイメージについて、同書 S. 556 をも見よ。また後の注47を参照せよ。

(23)　フェーデの背景には、「社会的生活で最強の習俗的な力の一つ、もろもろの団体の各成員の情熱的な法感情」がある、とされる。Brunner, *Land und Herrschaft*, (^{1}1939), S. 130.

(24)　Gadi Algazi, "'Sie würden hinten nach so gail': Vom sozialen Gebrauch der Fehde im 15. Jahrhundert", in: Alf Lüdtke und Thomas Lindenberger (Hg.), *Physische Gewalt: Studien zur Geschichte der Neuzeit*, Frankfurt a. M. 1995, S. 39-77, とくに S. 47-52 を見よ。

(25)　Gadi Algazi, *Herrengewalt und Gewalt der Herren im späten Mittelalter*, Frankfurt a. M. 1996, S. 135-167 を見よ。

(26)　Brunner, *Land und Herrschaft* (^{5}1965), S. 22 = *Land und Herrschaft* (^{1}1939), S. 11.

(27)　この論文で、中世後期オーストリアのフェーデ問題にかんする「若干の貢献」が「オーストリアのある貴族文書館から」[この史料にもとづいて] なされるはずである。「それは、(フェーデ) 問題の従来考えられていたのとは別の面をオーストリアの側から明らかにするであろう」。Otto Brunner, "Beiträge zur Geschichte des Fehdewesens im spät-mittelalterlichen Österreich", in: *Jahrbuch für Landeskunde Niederösterreichs* 22 (1929), S. 431-507. この論文の序論的なコメントをも参照せよ。S. 431.

(28)　ブルンナーの論理構成を「まったくの貴族的な解釈」と特徴づけるメルトンとカミンスキーの見解は、私の考えでは、正しい。これになお、次のように付け加えたい。ブルンナーにあっては、たとえば「全体的国家」と「全体性」を中心にすえたエルンスト・ルドルフ・フーバー (以下の注37と85を見よ) とちがって、国家が中心的な役割を果たしていないように思われる。しかし、『領邦と支配』における「民族」と「民族秩序」をことさら軽視したり、あとから全体として調和のとれたものにしようとする、メルトンらの試みは、根拠が乏しい (「訳者まえがき」注1の文献 S. xlii)。ここで素描された変換、すなわち、社会的関係の特殊貴族的観点をあいまいな「時代の意識」へと転換することは、フェルキッシュな思考様式と「具体的秩序思考」によって可能にされた。この点で、ブルンナーを政治的にむしろ、「ナチズムに対する」非常に抵抗力の弱い「保守革命」の信奉者と特徴づけることができよう。しかしながら、以下において重要なのは、たとえば「ドイツライヒ」や「外国在住・国境地域ドイツ人」が問題になるとき、彼の明示的な政治的立場、あるいは中世へのそれの直接的で露骨な翻案ではなく、思考の型や手続きのレベルでの「ナチズムとの」著しい親和性である。

(29) ジェイムズ・ファン・ホルン・メルトンは、ブルンナーのフェーデにかんする叙述をナタリー・ジーモン・デーヴィス、ロバート・ドールトン、あるいはE・P・トムプソンの仕事と関連づける骨の折れる試みをしている（Melton, "Otto Brunner"（注6の文献）S. 275）。ブルンナーはフェーデを「解読し」、その「基礎にある合理性」を発見しようとした、という主張には私は同意できない。Algazi, "Vom sozialen Gebrauch der Fehde"（注24の文献）S. 50-51を見よ。

(30) Maurice Keen, *The Laws of War in the Later Middle Ages*, London 1965は、優れた例を提供してくれている。

(31) Graus, "Verfassungsgeschichte des Mittelalters"（注18の文献）S. 587の適切なコメントを参照せよ。

(32) 『領邦と支配』の後の加筆にさいしてのこの方法をしめす例は、これまで研究のなかでいくつか指摘されている。たとえば、Kuchenbuch, "Vorbemerkung"（注6の文献）; Schreiner, "Führertum, Rasse, Reich"（注13の文献）S. 209-210を見よ。

(33) Carl Schmitt, *Über die drei Arten des rechtswissenschaftlichen Denkens*, Hamburg 1934; Bernd Rüthers, *Entartetes Recht. Rechtslehren und Kronjuristen im Dritten Reich*, 2., überarbeitete Auflage, München 1989, とくにS. 63-75を見よ。Dan Diner, "Rassistisches Völkerrecht. Elemente einer nationalsozialistischen Weltordnung", in: *Vierteljahreshefte für Zeitgeschichte* 37 (1989), S. 23-56, とくにS. 24-27; Dieter Grimm, "Die 'Neue Rechtswissenschaft'. Über Funktion und Formation nationalsozialistischer Jurisprudenz", in: Lundgreen (Hg.), *Wissenschaft im Dritten Reich*（注13の文献）S. 31-54, とくにS. 36-40; Jürgen Weitzel, "Sonderprivatrecht aus konkretem Ordnungsdenken. Reichserbhofrecht und allgemeines Privatrecht, 1933-1945", S. 55-79 (1992), とくにS. 60-64. 以下においては、「具体的秩序思考」のさまざまの変種を度外視し、ブルンナーにとって決定的だと思われる変種に集中する。

(34) Rüthers, *Entartetes Recht*（注33の文献）S. 71.

(35) Schmitt, *Drei Arten*（注33の文献）S. 20; Rüthers, *Entartetes Recht*（注33の文献）S. 65-66.

(36) Schmitt, *Drei Arten*（注33の文献）S. 19を見よ。

(37) Hans Boldt, *Deutsche Verfassungsgeschichte*, Band II: Von 1806 bis zur Gegenwart, München 1990, S. 270. 「新国家は」、——たとえば、フーバーは一九三五年に彼の綱領的な論文のなかで書いているのだが——ダイナミックなものであり、「生き生きした秩序」に由来する「歴史的な意志、たえず更新される政治的決定と行動」である。政治は「生き生きした形態《ゲシュタルト》、すなわち民族を前提とする」。Ernst Rudolf Huber, "Die deutsche Staatswissenschaft", in: *Zeitschrift für die gesamte Staatswissenschaft* 95 (1935), S. 1-65, ここではS. 29-30. 驚くべきことにアンナ・リュッベは、エルンスト・フーバーについて、「学問的活動の導きの糸としてナチ・イデオロギーへの明白な信条告白が見られない」憲政史家の一人だと言及している。Anna Lübbe, "Die deutsche Verfassungsgeschichtsschreibung unter dem Einfluß der nationalsozialistischen Machtergreifung", in: Michael Stolleis und Dieter Simon (Hg.), *Rechtsgeschichte im Nationalsozialismus. Beiträge zur Geschichte einer Disziplin*, Tübingen 1989, S. 63-78, この個所はS. 72.

(38)　「したがって生活諸関係は、それが共同体的性格を帯びているかぎり、すでに『たんなる事実性』以上のものである。それはそのかぎりすでに、この生活関係のなかにある個々人の振る舞いの規範を含んでいる」。Karl Larenz, *Über Gegenstand und Methoden des völkischen Rechtsdenkens*, Berlin 1938, S. 27, zitiert nach Rüthers, *Entartetes Recht* (注33の文献) S. 65. Grimm, “Die Neue Rechtswissenschaft” (注33の文献) S. 37 をも見よ。

(39)　Rüthers, *Entartetes Recht* (注33の文献) S. 71-75. ヴァイツェルは、フランツ・ヴィーアッカーの立場を参照するよう指示している。「彼は、ナチズムの意味での『秩序』を『人間、財貨、あるいは土地および直面している課題という具体的な民族的特殊領域の全体』として叙述する。彼は法を『規制ではなく、民族の基本法的なものそれ自体の表現と』見た。その課題は、それらのなかで民族の生活が現に存在して、目に見えており、したがって実証的規則による規範化以前にすでに、同時に法であり存在であるような『諸単位』を発見することにあった」。Franz Wieacker, “Eigentum und Eigen”, in: *Deutsches Recht* (1935), S. 496-501. この個所は、S. 496. zitiert nach Weitzel, “Reichserbhofrecht” (注33の文献) S. 62.

(40)　Diner, “Rassistisches Völkerrecht” (注33の文献) とくに、S. 24-27, 36 を参照せよ。

(41)　Carl Schmitt, *Drei Arten* (注33の文献) S. 10.――これに対して、「土地なく、国家なく、教会なく、『法律』のなかにのみ存在する」諸民族もあるとされる。「こうした諸民族にとっては、規範主義的思考が唯一の理性的な思考として現れ、他のすべての思考様式は不可解で、神秘的で、幻想的あるいは愚かしいものとして現れる」。シュミットはユダヤ人を念頭においてこう述べているのである。ちなみに彼は別の個所でこう明言している。中世的な、「具体的秩序のなかでの思考」は、まずローマ法の受容の結果、「非法学的、非学問的だと片づけ」られた。くわえて、一九世紀には「ユダヤの客人民族の流入」がおきた。「ユダヤ人は」規範主義的に思考する。というのも、彼は「法律と規範のなかでのみ生活し」ており、「彼がその客人である民族の法」を部外者として、規範主義的に、法的安定性の観点でのみ見るからである。彼は、それどころか、彼がそのなかで生活している民族の現実には属していない」。Carl Schmitt, “Nationalsozialistisches Rechtsdenken”, in: *Deutsches Recht. Zentral-Organ des Bundes Nationalsozialistischer Deutscher Juristen*, Bd. 4, Nr. 10 (25. 5. 1934), S. 225-229. この個所は、S. 226; Diner, “Rassistisches Völkerrecht” (注33の文献) S. 33 を参照。

(42)　Kurt Emig, “Der Begriff der Verfassung im heutigen deutschen Recht”, *Zeitschrift für die gesamte Staatswissenschaft* 95 (1935), S. 463-482, この個所は、S. 473. ブルンナーの『領邦と支配』について、ここでは「国家が、具体的な、一つの歴史的時代に結びついた概念として」叙述されているとする、カール・シュミットの積極的評価をも見よ。Carl Schmitt, *Verfassungsrechtliche Aufsätze aus den Jahren 1924-1954. Materialien zu einer Verfassungslehre*, 3. Auflage, Berlin 1958; unveränd. Nachdruck, 1985, S. 375-385. この個所は、S. 384. カール・シュミットの中世像については、Schmitt, “Nationalsozialistisches Rechtsdenken” (注41の文献) S. 226 をも見よ。

(43)　たとえば *Land und Herrschaft* (^{1}1933), S. 11, 163, 271, 506 および右の注9の引用を見よ。Brunner, “Politik und Wirtschaft” (注1の文献) S. 421, Anm. 14 を参照。*Land und Herrschaft* (^{1}1939), S. 139, Anm. 11 に再出。

(44)　Brunner, “Politik und Wirtschaft” (注1の文献) S. 412.

(45)　Brunner, *Land und Herrschaft* (^{1}1939), S. 506.

(46)　Brunner, *Land und Herrschaft* (^{1}1939), S. 505 = *Land und Herrschaft* (^{3}1965), S. 440.

(47)　次のようなちょっとした異議を差し挟みつつ。「しかし、現在の国家のなかでも中世が変わることなくくり返されるのではないように、今日の諸概念もしばしばアナロジーあるいは比較の意味においてのみ評価されるべきである」。Heinrich Mitteis, "Rezension zu Otto Brunner, *Land und Herrschaft* ([1]1939)", in: *Historische Zeitschrift* 163 (1941), S. 255-281, wiederabgedruckt in: Hellmut Kämpf (Hg.), *Herrschaft und Staat im Mittelalter*, Darmstadt 1960, S. 20-65. この個所はS. 40. 引用はここからした。ミッタイスの立場については、なお立ち入って調べる必要がある。しかしながら、「なんら政治的あるいは精神的なナチズムへの共犯、あるいはナチズムとの親和性すらも想定することはできない」という彼に対する評価(Oexle, "Sozialgeschichte — Begriffsgeschichte"〔注6の文献〕S. 318)は、維持しがたい。Mitteis, ebd., S. 21, 39, 58および56(「業績への人倫的な義務によって支えられていた」として、「税」という中世の概念とナチ期の「冬季援助」という概念とを比較することに同意)を見よ。右の注22; Lübbe, "Die deutsche Verfassungsgeschichtsschreibung"(注37の文献)*passim*; Schreiner, "Wissenschaft von der Geschichte des Mittelalters"(注13の文献)S. 140, Anm. 206.

(48) これについては、Algazi, *Herrengewalt und Gewalt der Herren*(注25の文献)S. 103-110を見よ。

(49) メルトンとカミンスキーの場合には対立的な評価(「訳者まえがき」〔Anm. 1〕, S. xli):「ナチ・レジームが一九三三年にもたらしたものは、本質的にはある煮詰まったもの、おそらく基本的な諸問題をそれらのもっとも鋭い形態において際立たせる良心の危機であった。実際、ブルンナー自身にとってそのように思われた」(強調は引用者)。

(50) Brunner, *Land und Herrschaft* ([1]1939), S. 460-462および*Land und Herrschaft* ([5]1965), S. 395-404.

(51) Brunner, *Land und Herrschaft* ([1]1939), S. 276; 参照、*Land und Herrschaft* ([5]1965), S. 241-242:「『支配』というこの共通の要素の本質は何であるのか、そして広義の土地領主制の全体にとってそれは何を意味するのかが問われねばならない」。この点で曖昧な留保をすることは無益である。「支配のこのさまざまの形態〔都市支配、農村支配〕の間にある差異を消し去ろうなどという考えをわれわれはおよそ持っていない。しかし、この差異は支配の構造にではなく、支配される客体にある」。S. 88, 113, 258, 310, 344をも見よ。

(52) Rüthers, *Entartetes Recht*(注33の文献)S. 71-72; Schmitt, *Drei Arten*(注33の文献)S. 22を参照。Grimm, "Die Neue Rechtswissenschaft"(注33の文献)S. 39.

(53) Brunner, *Land und Herrschaft* ([5]1965), S. 327, Anm. 3(強調は引用者)。

(54) Grimm, "Die Neue Rechtswissenschaft"(注33の文献)S. 40を参照。

(55) Brunner, *Land und Herrschaft* ([1]1939), S. 505 = *Land und Herrschaft* ([5]1965), S. 440. 「中世の諸侯は、法に拘束されているのであって、この法は彼によって出されるものだけではない。彼はまったく法的で倫理的な意味における『正義』に義務づけられている。彼のエートスはさまざまな『君主の鑑』〔領主の心得を説いた書物〕に記録されている」。*Land und Herrschaft* ([1]1939), S. 449-450 = *Land und Herrschaft* ([5]1965), S. 393(強調は引用者)。

(56) Brunner, *Land und Herrschaft* ([1]1939), S. 505 = *Land und Herrschaft* ([3]1965), S. 440.

(57) Brunner, *Land und Herrschaft* ([5]1965), S. 343-344.

(58) したがってラインハルト・コゼレックが次のように書いているのは、問題だと思われる。「オットー・ブルンナーが『構造史』というタームを取り上げたのは、『民族史』への時代に条件づけられた拘束を避けるためである。彼の理論的な主張によれば、民族史はすでに一九三九年にもろもろの構造の解明を目指していた」。Koselleck, "Sozialgeschichte und Begriffsgeschichte"(注6の文献)S. 108-109, Anm. 4(強調は引用者)。

（59）ブルンナーを「日常史」に近いとみなそうとするカミンスキーとメルトンの試みを参照せよ（訳者まえがき〔注1の文献〕S. xliv）。

（60）Brunner, *Land und Herrschaft* (^{1}1939), S. 505 = *Land und Herrschaft* (^{5}1965), S. 440（総括）。

（61）Brunner, *Land und Herrschaft* (^{1}1939), S. 505 = *Land und Herrschaft* (^{5}1965), S. 440.

（62）これは、ブルンナーがOtto Höfler, *Die germanische Kontinuitätsprobleme*（1937）に賛意を表して、『領邦と支配』（第一版、一九三九年）の最終頁、五一〇ページに再現させた概念である。

（63）Ebenda.

（64）この場合はブルンナーの発言は、アルフォンス・ドプシュの連続性の把握に対する批判である。Brunner, *Land und Herrschaft* (^{1}1939), S. 511. Anm. 11.

（65）Ebd., S. 511.

（66）Algazi, *Herrengewalt und Gewalt der Herren*（注25の文献）S. 22-28, S. 235-253を見よ。

（67）個々の点の論証は、Algazi, *Herrengewalt und Gewalt der Herren*（注25の文献）S. 51-96. そこで企てられた史料についてのレクチャーがきっかけとなって、私ははじめてブルンナーの方法とこの方法の前提に対する批判へと向かった。

（68）Schreiner, "Führertum, Rasse, Reich"（注13の文献）S. 211.

（69）Karl Kroeschell, *Haus und Herrschaft im frühen deutschen Recht*, Göttingen 1968; Algazi, *Herrengewalt und Gewalt der Herren*（注25の文献）S. 97-101.

（70）Brunner, *Land und Herrschaft* (^{1}1939), S. 505.

（71）「それゆえこの本は、一九世紀の矛盾に満ちた、非歴史的な学術用語を破壊し、事柄と史料に即した概念用語を構想するというその課題をほぼ解決したと思う」。Brunner, *Land und Herrschaft* (^{1}1939), S. 506（総括）。ブルンナーは、彼の「基本概念」を際立たせるために引用符もイタリック体も使用していない。それゆえ、与えられた文脈においてそれらを、学術用語として理解するべきか、構想として理解するべきか、また、それらに「歴史学的な」意味を帰属させるべきか、「同時代的な」意味を帰属させるべきか、どちらとも決めがたい。

（72）Brunner, "Politik und Wirtschaft"（注1の文献）S. 408（強調は原文）; Brunner, *Land und Herrschaft* (^{5}1965), S. 258に、ほとんど逐語的に再出。

（73）「すべての国と国民は、彼ら自身の土地、彼ら自身の血、そして血と土からなる自然的な秩序へと立ち戻り、『一般理念』の人工的な上部構造から解放されようと試みる。（……）われわれは諸々の法概念を考え直さなければならない」。Schmitt, "Nationalsozialistisches Rechtsdenken"（注41の文献）S. 229; Oexle, "Sozialgeschichte — Begriffsgeschichte"（注6の文献）S. 319をも参照。

（74）Rüthers, *Entartetes Recht*（注33の文献）S. 68.

（75）Brunner, "Politik und Wirtschaft"（注1の文献）S. 422（強調は原文）。

（76）同時代の政治における「保護と服従」の反響については、Algazi, *Herrengewalt und Gewalt der Herren*（注25の文献）S. 121-127を見よ。

（77）Max Weber, *Gesammelte Aufsätze zur Wissenschaftslehre* (^{1}1922), hg. von Johannes Winckelmann, Tübingen 1988, S. 200.

（78）それゆえまた、ブルンナーの諸概念をさらに別の著者たち（たとえばグンター・イプセン、ハンス・フライヤーなど）に系譜学的に完全に帰することは企てられなかった。とくにDipper, "Otto Brunner"（注4の文献）S. 85-88を見よ。

（79）この点で、クリストフ・ディッパーは中心問題を以下のように定義している。「したがって、結局問題なのは、ブルンナーの仕事に主たる刺激を与えたものが学問内在的認識関心であったのか、あるいは学問外的認識関心——この場合には戦間期の政治的価値態度——であったのかということである」と。Dipper, "Otto Brunner"（注4の文献）S. 78. 私はその他の点では彼の分析に近いのだが、これには同意できない。

(80) ブルンナーの概念史と概念構成の扱い方にかんするエクスレの分析は、ほとんどブルンナーの方法的ないしは綱領的な発言に依拠しており、おまけにそれらの発言は比較的後の時代になされたものである。Oexle, "Sozialgeschichte — Begriffsgeschichte"（注6の文献）bes. S. 309, 325を見よ。

(81) これについては批判的に以下を参照せよ。Otto Gerhard Oexle, "Was deutsche Mediävisten an der französischen Mittelälterforschung interessieren muß", in: Michael Borgolte (Hg.), *Mittelalterforschung nach der Wende 1989*, München 1995, S. 89-122; Peter Schöttler, "Das 'Annales-Paradigma' und die deutsche Historiographie (1929-1939): Ein deutsch-französischer Wissenschaftstransfer?", in: Lothar Jordan und Bernd Kortländer (Hg.), *Nationale Grenzen und internationaler Austausch. Studien zum Kultur- und Wissenschaftstransfer in Europa*, Tübingen 1995, S. 200-220, bes. S. 200-202, 216-217.

(82) この復権の試みはカミンスキーとメルトンにおいてきわめてはっきりと現れている。「総体」と「全体性」という異なった、反対のコンセプトがここでは体系的に混同されている。著者たちはたしかに、ブルンナーが自分にとって重要なのは「具体的な秩序」として「領邦」を把握することだと明快に述べた個所（「訳者まえがき」〔Anm. 1〕S. XXIII）を引用しているが、このことが何を意味するかを無視して、ブルンナーは「全体論的歴史」あるいは「全体的汎専門分野的歴史」を書こうと企てたのだと述べる（S. XXV-XXVII）。カミンスキーとメルトンはこう書いている。「民族共同体と指導……は、今日一般的に非難されているが、しかしそれらはそれ自体として犯罪的な原理ではなかった」。この部分に続くのが、マルティン・ブロシャートに依拠した中心テーゼである。すなわち、「ナチ体制は多くの分野において進歩的で建設的な変化をもたらしたのであり、その歴史的重要性は、ナチ新秩序の単なる機能的な諸要素がその犯罪によって残された廃墟のなかで消え去る運命にあるために、適切に理解されえないのだ。これらの進歩的建設は生き残って一九四五年にドイツ連邦共和国の（そして必要な変更を加えれば、旧ドイツ民主共和国の）民主主義的大衆社会の一部になった」（S. XLI）。彼らはこの関連においてブルンナーを見ようとしている。その著作自体について、彼らは明白な同意をもって無批判に研究報告する。たとえば「家」は一つの「統合的な社会的組織」であると。「したがって、それは全員によって安らぎの精神的な基盤として共有された道徳、宗教、法的な理想の文化的複合体を含んでいる」（S. XXVIII-XXIX. 強調は引用者）。これと首尾一貫して彼らはまた、支配の「中世的主体と客体の（……）自己理解」が未分化で同質であるともいう（S. XXIX）。メルトンとカミンスキーが唯一批判するのは、単なる「政治的なスローガンの使用」とゲルマン的連続性という構想である（S. XXXVi; S. lvi, Anm. 77）。「流行の隠語」をブルンナーはすでに第四版では放棄したと、彼らは述べる（右の注7）。「ゲルマン的連続性」のテーゼについては、彼らは、同書の中心テーゼの不必要な、時代に条件づけられた添え物であって、同書の実質に触れるものではない」という解釈を提案する（S. XLII）。こうしてオットー・ブルンナーは「全体史」、社会史および日常史の真の開拓者として描かれる。

(83) これに対して参照、Winfried Schulze, *Deutsche Geschichtswissenschaft nach 1945*, München 1989, S. 292.

(84) 「国家と文化の力、およびそれらの個々の『側面』、法、経済などを対置するかぎり、新しい視点を得ることはできない。われわれにとって歴史の対象は国家でも、文化でもなく、民族とライヒである」。Brunner, "Moderner Verfassungsbegriff"（注9の文献）S. 515-516.

(85)　一九三七年にブルンナーは、ハインリヒ・ミッタイスをあまりにも一面的な法的考察方法だと非難したツヴィーディネク＝ズューデンホルストに反論した。「われわれにとって問題なのは、自律的だとみなされた即事的諸領域の『相互依存』ではなく、歴史的形成物の具体的な秩序である。相互依存を一つの中心的概念とする社会学の歴史的な位置は、カール・マンハイムの著作、『再編の時代の人間と社会』、一九三五年のなかに見て取れる」。Brunner, "Politik und Wirtschaft" (注1の文献) S. 421, Anm. 14; *Land und Herrschaft* (^{1}1939), S. 139, Anm. 11 に再出。「しかしツヴィーディネク自身は、具体的な秩序の構造からではなく、それらの『相互依存』の研究が肝要である国家権力、法、経済という三つの範疇から出発している」。少なくとも三〇年代にブルンナーには、「現実の」分割と分析的な区別は分けられないように思われた。ヴェーバーとちがって彼は、特定の観点から過去の諸局面や諸次元を考察するために「経済」のような概念を用いる可能性を否定している。Brunner, "Zum Problem der Sozial- und Wirtschaftsgeschichte", in: *Jahrbuch für Nationalökonomie* 7 (1936), S. 671-685, S. 674. したがって私は、ブルンナーに「観点としては、社会史的・憲政史的認識の把握」があると保証するエクスレには従えない (Oexle, "Sozialgeschichte — Begriffsgeschichte"〔注6の文献〕S. 330)。

(86)　「自由主義的な分離思考」のナチスによる理解については、エルンスト・ルドルフ・フーバーのよく引用される綱領的な論文が説明している (Huber, "Die Deutsche Staatswissenschaft"〔注37の文献〕; ブルンナーは何度かこの論文を参照するよう指示している。*Land und Herrschaft*〔^{5}1965〕, S. 116, Anm. 1; S. 148, Anm. 1)。フーバーは「自由主義的な分離思考」の構想に典型的な、国家と社会、国家と法、国家と協同組合、国家と人格、国家と経済といった「対概念」を挙げている。これらすべてを「分離すること」は断固として拒否されねばならないと。だから、彼はその他の、「自由主義時代を特徴づけるアンチテーゼ」をも同じ手法で解消したがっている。「理念と存在、当為と存在、文化と自然、静と動、メカニズムと有機体、教会と国家、学問と国家、兵士と市民、資本と労働、ナショナリズムと社会主義の分離は、諸々の対立のカオスを示す別の例であり、このカオスのなかではあらゆる統一はたえずその諸要素に分解される。この物事を截然と分離する思考の根拠は、自由主義の特徴をなす抽象能力であり、この能力には具体的な統一への力が欠如している」(S. 25)。――目を引くのは、これらすべてがフーバーから見てなぜ現実の危険であるのかということだ。すなわち、世界は見通しがきかなくなり、学問の諸分野は自立的になり、「構成部分」は「解放される」からである (S. 26; S. 15をも参照)。ここには、社会的現実の耐えがたい多様性に直面しての学問的疲労と、それらを統御する困難についての政治的嘆き節とが混じっている。事実、フーバーは理論的な区別の背後に、「政治的秩序をひっくり返そうという隠された断固たる決心」(S. 26) を嗅ぎつけている。ここには、「新しい全体的学問体系」という幻想と、「新しい」――全体主義的な――「政治的態度のプログラム」(S. 7) との親和性が明らかである。

(87)　Brunner, *Land und Herrschaft* (^{5}1965), S. 163. カール・シュミットの次の指摘を参照。ナチ運動は、「特定の政治的諸傾向に役立っている数百年来の分裂」、したがって「アンチテーゼの全体系――肉体と魂、精神と物質、法と政治、法と経済、法と道徳――、生活と本質からしてたがいに密接な関係にある物事の二元主義的分裂の全連鎖を克服した」。ここからシュミットは以下のように推論したいのだ。「今日なお法生活という一つの具体的な事実に対して、法的・政治的、法的・世界観的、法的・道徳的な分野の分離を企てようとすることは、間違い――もっとひどい何かでないにしても――」であると。Schmitt, "Nationalsozialistisches Rechtsdenken", (注41の文献) S. 225.

(88)　これに対してヴィリィ・オーバークローメはこう書いている。「エスニックな、あるいは国家主義的な大形成物の過去」は、ブルンナーにとり「その全体的複合性においてのみ考え得る」ものであり、この複合性は「さまざまの重要な局面を考慮しつつ個別専門分野の試みを広範囲に統合することで描き得ると思われた」。Oberkrome, *Volksgeschichte*（注10の文献）S. 147; Jürgen Kocka, "Geschichtswissenschaft und Sozialwissenschaft. Wandlungen ihres Verhältnisses in Deutschland seit den 30er Jahren", in: Konrad H. Jarausch, Jörn Rüsen und Hans Schleier (Hg.), *Geschichtswissenschaft vor 2000. Perspektiven der Historiographiegeschichte, Geschichtstheorie, Sozial- und Kulturgeschichte. Festschrift für Georg Iggers zum 65. Geburtstag*, Hagen, 1991, S. 345-359, S. 351 をも見よ。ブルンナーを「民族史家」に数えいれることに意味があるかどうかは、オーバークローメが提案しているように、未決のままにしておこう。さらにこう問うことはできる。「民族史」とは、少なくとも一九三三年以後はむしろ政治的な、学問政策的なスローガンでないのか、つまり、さまざまな潮流がそれをほしがって競いあうレッテルではないのか。それゆえに、それをまとまった歴史学的傾向の適切な特徴づけとして用いることは難しい。いずれにせよブルンナーの『領邦と支配』を、オーバークローメが「民族史」の特徴とする研究原理と調和させることはできない。

(89) Brunner, "Zum Problem der Sozial- und Wirtschaftsgeschichte"（注85の文献）S. 677（強調は引用者）。

(90) Ebd., S. 678.

(91) シュライナーが次のようにいうとき、このことを見過ごしているように思われる。すなわち彼は、ブルンナーが「分離思考」を拒否したことを「全体的考察」の努力のあらわれだとし、これを「相互に条件づけあっており、影響を与えあっている諸連関を明らかにする」試みだといいかえる（Schreiner, "Wissenschaft von der Geschichte des Mittelalters"〔注14の文献〕S. 140）。これに照応して、シュライナーは「分離思考」というタームを時代状況と無関係に用い、それに独自の意味——「関連なき部分領域への歴史学の解体」という意味を与える。彼はまたこの解体を、「歴史的・具体的に関連しているものを概念によって個々ばらばらのものにすること」と同一視する（S. 140）。これとともに彼は諸局面の不可欠な概念的区別と「諸領域」の仮説的区別を混同している。したがって、彼はブルンナーのために、カール・マルクスからオットー・フォン・ギールケをへてカール・ランプレヒトへといたる学問的伝統をでっち上げることができるのだ（ebd., S. 141）。

(92) Oberkrome, *Volksgeschichte*（注10の文献）S. 146を参照。ヴィンフリート・シュルツェは専門用語の変化を概念の変化から明確に区別していないように思われる。彼は、西ドイツ社会史の成立を叙述するにあたって、「構造」という用語を頻繁に使用しているが、「構造」、「社会」などの諸概念の相違を明らかにしていない（*Deutsche Geschichtswissenschaft*〔注83の文献〕S. 296を参照）。これは、とくに、概念が「概念」によってぼやけさせられているせいである。「一九四三年の『政治的民族史』は、一九五九年の第四版ではヴェルナー・コンツェのいう意味での『構造史』に変わっている……」。（S. 290; 強調は引用者）。用語が置き換えられていることは明白である。だが、それによって——研究方法、仮説、言説的な連関は不変のままで——新しい意味もまた加わったことを跡づけることはできない。「すでにアドルフ・ヘルボークの新しい『民族体の構造論』（一九三六年）で構想されていた概念変換が、いまや現実のものになったのだ。こうしてブルンナーは、彼自身の発言によれば、従来彼が用いていた『民族秩序の歴史』という概念と『社会史』という概念を入れ替え、同時に現代的な社会史の暗黙の系譜を提供した」。ここには、私の考えでは、ブルンナーが何を試みようとしたのかが的確に述べられている。だが、こうした指摘をすることで、この「社会史の系譜」が虚構であるかどうか、の答えとすることはできない。なぜなら、この操作の叙述自体がそうした仮説に関与しているからである。これによって歴史叙述の歴史は、その対象――ブルンナーの歴史編纂学的な操作――の叙述にさいして、この操作に自ら巻きこまれてしまうように私には思われる。

(93)　同様のことをクラウス・シュライナーから確認できる。彼は「全体性」と「構造」という異なった概念を区別せず、言葉と概念（「民族」という用語の場合とはべつに）を取り違えているので、次のように主張する。すなわち、ブルンナーの書物も示すように、「全体性という概念」は、政治的レベルと違って「歴史学の分野では秩序概念および説明概念として事柄に即した認識を可能にし」うるし、しなければならない。したがって、ブルンナーには、「政治的に重荷を負わされた諸概念を避け」――これでもってシュライナーが念頭においているのはいわゆる学術用語であって、構想《コンセプト》ではない――、「高度に形式的な道具的性格の概念で置き換えること」が、奨められているにすぎない (Schreiner, "Wissenschaft von der Geschichte des Mittelalters"〔注14の文献〕S. 142)。ブルンナーはこれを実際に行い、「民族史」（一九三九年）を「構造史」（一九五九年）に置き換えたので、結局残ったのは、「歴史学的概念の恣意性と操作可能性」(S. 142) からくるある種の不快感だけである。

(94)　Brunner, *Land und Herrschaft* ([1]1939), S. 11, Anm. 4; 参照、*Land und Herrschaft* ([5]1965), S. 2, 36. したがって、ブルンナーは「決断主義的」なシュミットではなく、「具体的秩序思考」を語るシュミットを摂取したのである。「この間にカール・シュミットは『決断主義』から『具体的秩序思考』への転換をとげた」。ここでブルンナーは、Hans Krupa, *Carl Schmitt's Theorie des "Politischen"*, Leipzig 1937 を参照するよう指示している。

(95)　Carl Schmitt, *Der Begriff des Politischen*, Hamburg 1933, S. 34-35.

(96)　Belege und Analyse bei Algazi, *Herrengewalt und Gewalt der Herren*（注25の文献）S. 97-121.

(97)　Carl Schmitt, "Über die innere Logik der Allgemeinpakte auf gegenseitigen Beistand", in: *Positionen und Begriffe im Kampf mit Weimar-Genf-Versailles. 1929-1939*, Hamburg 1935; Nachdruck: Berlin 1988, S. 204-209, この部分は S. 205.

(98)　クラウス・シュライナーは、『領邦と支配』におけるブルンナーのフェーデの扱い方を、カール・シュミットの『政治的なるものの概念』を受容したことの直接的な結果だと解釈する (Schreiner, "Wissenschaft von der Geschichte des Mittelalters"〔注14の文献〕S. 138)。その場合彼は、ブルンナーがシュミットの見解から重要な逸脱をしていることも、「決断主義的な」シュミットに距離をおいたブルンナーの発言も、見過ごしている。さらにシュライナーは、一九六三年の『政治的なるものの概念』の再版へのまえがきでなされたシュミットの言明を真に受け、これを引用している。すなわち、『領邦と支配』は「政治的なるものという私の基準の重要な歴史的検証をもたらした開拓的な著作」だというのが、それである。

(99)　Brunner, *Land und Herrschaft* ([5]1965), S. 140.

(100)　「具体的秩序思考」はたぶん、要求されている「有機的な整序関係」と関連づけられるべきであろう；Grimm, "Die Neue Rechtswissenschaft"（注33の文献）S. 45 を参照。

(101)　Karl Siegfried Bader, "Staat und Bauerntum im deutschen Mittelalter", in: Theodor Mayer (Hg.), *Adel und Bauern im deutschen Staat des Mittelalters*, Leipzig 1943, S. 109-129, auf S. 119-120; より詳しくは、ders., "Herrschaft und Staat im deutschen Mittelalter (Zu: Brunner, *Land und Herrschaft*; Schlesinger, *Die Entstehung der Landesherrschaft*; Mitteis, *Der Staat des hohen Mittelalters*)", in: *Historisches Jahrbuch 61 / 69* (1949), S. 618-646, S. 645 を参照せよ。またそれ以来しばしばくり返されている。

(102)　たとえば Catherine Schorer, "Herrschaft und Legitimität. Ein

Huldigungskonflikt im Küssenbergertal", in: *Zeitschrift für die Geschichte des Oberrheins* 134 (1986), S. 99-117, S. 99-100 を見よ。

(103) Schulze, *Deutsche Geschichtswissenschaft*（注83の文献）S. 290.

(104) Brunner, *Land und Herrschaft* (^{5}1965), S. VII.

(105) 詳しい根拠づけは Algazi, *Herrengewalt und Gewalt der Herren*（注25の文献）S. 22-29, S. 249-253 に見られる。

第7章 歴史学の「西方研究」

——「防衛闘争」と領土拡張攻勢のはざまで

ペーター・シェットラー

われわれは、行動と思想のすべてをあげて——たとえ頼りなく、とるにたらぬ存在でも——時代の要求に仕えるのが義務だと思う

——フランツ・シュタインバッハ　一九三二年[1]

一般にこの種の西方問題の扱いで、われわれはあまり臆病になる必要はない

——クレオ・プライアー　一九三六年[2]

アドルフ・ヒトラーの帝国は一夜にして古いドイツ帝国の忘れられた伝統を西でも呼び覚ましてくれた。歴史研究者にとって、過去が生き生きと甦るのを見るよりすばらしいことがあろうか

——レオ・ユスト　一九四〇年[3]

わかりきったことだが、フランス人、ドイツ人、民主主義者、国民社会主義者はそれぞれ歴史を違ったふうに見る

——ヘルマン・ハインペル　一九四一年[4]

ドイツの「西方研究」で最初にわれわれが出会うのは、ヴェルサイユではなく「仇敵」フランスの神話である。[5]「西方研究」の歴史は、マイケル・バーリィが学問としての「東方研究」について明らかにしたのと同じく、[6]すでに一九世紀に始まる。しかし第一次世界大戦の敗北がこれに転機をもたらした。というのは敗戦により変わった政治情勢および「前線体験」の焼きついた若い歴史家世代の登場によって伝統的なフランス史は衝撃を受け、変わらざるを得なかったからである。この新しい転換をわれわれは「地方史」と「民族史」というキーワードでひとまとめにできよう。[7]戦争と君主が中心をしめる国民的ないし国民主義的な政治史ないし精神史のかたわらに、「民族」をもっぱらその「文化領域」で考察するにもかかわらず、依然政治的であることを特色とする新しい歴史記述が登場した。そのさい、二つの歴史記述の間の方法的差異は今日考え

られるほど強調されなかった。何人もの地方史家がライプツィヒで学んだにもかかわらず、それはランプレヒト学派[五三]が師の死後おさめた勝利を意味したわけではない[8]。人目をひく、方法をめぐる論争や議論さえほとんど報ぜられていない。この移行は流動的で、多くの歴史家は古い方法を棄てることなしに、新しい方法を採用していた。そして論争は、もし起こっても、国民的「緊急事態」を理由に、押し止められるか排除された。連合国の、とりわけフランス占領軍の存在を前にして歴史学の「防衛戦」の政治的意義を疑うものはいなかった。「敵は右翼にでも左翼にでもなく、ラインの岸辺にいる」とヘルマン・オンケンは宣言した[9]。すべての「国民的にものを考える」歴史家たち——ほとんど全員がそうであったが——は少なくとも西の国境諸地域およびフランスやベルギーにとられた地域が「もともとドイツのものであること」ができるだけ説得的に史料にもとづいて証明され、また記述されねばならないという点で一致していた。

それゆえ「西方研究」という共通の傘の下に非常に多様な気質や傾向が集まっていた。そこにいなかったのは社会主義の左翼だけだった[10]。そして「第三帝国」の間でさえある程度の多様性は保たれた。以下でまずワイマル時代、つづいてナチス期のいくつかの代表的なプロジェクトや問題提起をスケッチするとき、この複雑な多様性を心に留めておくことが必要である[11]。

戦後期と「防衛闘争」

一九一八年、敗戦直後のドイツではいたるところで、西でも東でもいわゆる「防衛闘争」が闘われた。西でこれに相当するのは、(1) 軍事占領されたライン諸州で、そのドイツ帝国への「千年におよぶ帰属」が一九二五年に盛大、かつ恣意的に祝われた——恣意的というのはこの一九二五年という年がまったく政治的に選ばれたからである[12]。(2) 失われたエルザス・ロートリンゲン、この土地はほとんど五〇年間——住民の同意なしにとはいえ——ヴィルヘルム期ドイツ帝国の一部だった。(3)「ベルギーに割譲された」オイペンとマルメディ［巻末参考図版3参照］。(4) 最後がザールラントで、ここは後で人民投票にかけるという約束でフランスの管理下に置かれた。

それゆえ、宣伝文書を書き愛国的講演を行うきっかけ、いやそれだけでなく政治効果と同時に学問的価値ももち、そのかぎりでたいていの歴史家が守るべきと感ずるランケ的客観性の理想にもかなう、まじめな分析を行うチャンスも多かった。ワイマル時代にたとえばオンケン、プラッツホフやヘラーが代表し[13]、相も変わらずフランス国家の「千年におよぶ拡張政策」をいいたてる[14]——そこではフランス第三共和政はルイ一四世の領土的野心の最後の執行人と非難される——伝統的ドイツ・フランス関係史とならんで、平面的、領域的で、民族に強い関心をよせる歴史記述が登場した。この歴史はいわゆる西からの脅威に対し、強く土地に根ざした議論と材料で立ちむかおうとつとめた。いくらか皮肉っぽくこれを「下からの歴史」と呼ぶこともできようが、それは旧い国家史を——連合国側が常に住民の自己決定権を口にしていることを思えば——補い、下支えする任務を負っていた。

この地方史に根ざした歴史学の新傾向の中心になったのは、すでに一九世紀から自らを反西欧大学と規定していたボン大学であった。[15] ここに一九二〇年、郷土誌的宣伝を学問的に支え、それに活力を吹きこむ目的で「ラインラント歴史的地方誌研究所」が開設された。[16] 研究所を指導したのは歴史家ヘルマン・オーバンとドイツ語学者テオドーア・フリングスで、二人は歴史やドイツ語学研究室の伝統的運営方式を棄て、はじめから民俗学者、考古学者、芸術史家、経済学者などを含む学際的構想を追求した。[17] 資金をいわゆる「西部国境基金」から得た[18]研究所の講義や研修コースでは、教師、都市文書館専門職員やその他情報の伝え手たちに「ライン川闘争」のための議論のノウハウが教えられた。その他多数の公刊物や情報誌が発行され、これらはまもなく『ライン四季報』と呼ばれる定期刊行物になった。すでに一九二二年に学際的な二巻本『ラインラント史』がでた後、研究所は一九二六年に、学校や「民衆教育」向けの『ラインラント歴史ハンドブック』を出版し、これはさまざまな新趣向のおかげで専門家の間でも大きな反響を見いだした。[19] さらに同年中に、続く二、三〇年もの間地方史研究を方向づけた二冊の本が出たが、それはフランツ・シュナーベルの教授資格論文『西部ドイツの部族・民族史研究』と学際的研究室から生まれ、オーバン、フリングス、民俗学者ヨゼフ・ミュラーが編集した論集『ラインラントの文化諸潮流と文化諸地域——歴史・言語・民俗』である。[20]

ボン研究所は初めてのケースだったが、唯一の例にとどまらなかった。その後二・三〇年代に年を追って、ライン川流域にいくつもの同種の研究所が生まれた。すなわちフライブルクに「アレマン研究所」と「上ライン歴史的地方誌研究所」、フランクフルトに「エルザス・ロートリンゲン住民学術研究所」、カイザースラウテンの「ザール・プファルツ研究所」およびハイデルベルクの「フランケン・プファルツ歴史・地方誌研究所」である。[21] またここでミュンスターの「ヴェストファーレン地方誌・民俗誌州立研究所」やケルン大学の「ドイツ・ネーデルランド研究所」にも触れておく必要があろう。[22] だがとくに重要かつ画期的だったのは、一九二三年以来「民族・文化基盤研究ライプツィヒ財団」、ついで一九三一年からいわゆる「在外ドイツ民族研究振興会」が主催したプロジェクトのつくりだした地域を越えるネットワークだった。[23] これら二つのネットワークには歴史家、地理学者、民俗学者、美術史家のすべての関連研究者ばかりか、ただ関心があるだけの者も集まっていた。ここでは研究の中間成果が報告され、政治的方向づけがなされた。その他、学術的な総合プロジェクトとして『国境地域・外国在住ドイツ民族ハンドブック』が刊行され、これはその後一五年にわたり何百人もの協力者に仕事を与えた。[24] もちろん同時にこれらの仕事の「非政治的」性格が強調され、たとえば「ライプツィヒ財団」理事長ヴィルヘルム・ヴォルツは一九二四年に次のように公言した。「われわれは客観的、かつ厳密に学問的研究を進めるが、しかしそのさい、祖国の命運に係わる問題について基本的視点を見失うことはない。ただドイツ人はあまりにも、いわゆる客観的という場合ただちに敵の立場を受け入れることと思いこみがちだ。これも非学問的なことではないか[25]」。

このように客観的、かつ党派的にふるまいながら「ライプツィヒ財団」はその一六回の大会のうち六回以上をいわゆる「西方の民族基盤［分布地域］」問題にあてた。そのさい、財団の思想的先導者、地理学者のアルブレヒト・ペンク[26]は、こうした「西方研究」は戦前には「ドイツ人全体の関心が東に向かっていたため、ほとんど不可能」だったと嘆いた。[27] また、一九二四年、これとは別に全ライン問題を討議する非公開の大会を開催した[28]「国境地域・外国在住ドイツ人保護同盟」会長カール・フォン・レッシュも、戦前の、だれもが認める「犯罪的無為」のおかげで、戦争直後「ラインやルール問題に役立つ資料がほとんど何もない」事態が生まれたと指摘した。彼は続ける。フランス側では「いたる所に計画的準備のあと」が見いだされるのに[29]、こちらでは「西での歴史的諸事件」が起こって初めてフランスの膨張政策について正確な地図を作製する機運が生まれた[30]。

これらのコロキウムの論題は、オランダからスイスまでの国境諸地域や外国に住む「在外ドイツ人」の現状と歴史であった。方法論では、政治史から地方史、さらに地理学や考古学までさまざまな傾向が代表されていた。そればかりか少数の外国人報告者も見受けられたが、それはオランダ、ベルギーあるいはスイスの学者で、フランス人は一人もいなかった。[31] 一見すれば、これは後の「在外ドイツ民族研究振興会」の大会とほとんど違いがないようであったが、残された議事録や論集を信頼するかぎり、一点で明らかな変化が目に映る。すなわち、「人種」がここではまだ中心的論点になっていないことである。[32]

たとえば一九二六年、「ライプツィヒ財団」の第八回大会は当時有名だった考古学者オイゲン・フィッシャーの報告で幕を開けた[33]。「アレマン族の肉体的、精神的遺産」という表題でフィッシャーは一般的な考察と理論を述べたあと、最後に比較的控え目に今後いっそうの学際的研究を求めた。続いて大会議事録は次のような「活気あふれる発言」を記録している。「この人種の影響が、とりわけ精神的素質では、今日まだ確認されていないという点で異論はない。それはただ感じられるだけである。それゆえすでに今日の段階で人種研究から何らかの実際的結論をひきだすなら、それはあまりに性急で危険といわざるをえない。学界はむしろこの研究の精力的な続行に最大の関心を抱いている[34]」。それゆえ人種概念は一定の役割を果たしたとはいえ、なおそれを批判したり、閉め出したりすることができた。財団のコロキウムにいつも参加していたただ一人の人種学者オットー・レーヒェもそれだけにむしろ孤立していた。一九二五年、『ドイツ西部の民族居住地域』の表題で刊行され、一二篇もの論文を載せたコロキウム報告が示すように、この年の大会は終始人種概念なしですますことができた。たしかに人種的発想は「民族」「民族基盤」「民族性」などの諸概念にはっきり影を落としていたとはいえ、それはまだいわば民族概念に覆い隠されるか、わきに押しやられていた[35]。フェルキッシュな国民主義イデオロギーとナチ的人種主義のそれとの微妙な違いは、さしあたりまだはっきり見分けられた。

これらの大会の目的は、ドイツの学者が自分たちの立場をよりはっきり、一致して世間に表明できるよう「内部で十分意見をかわす」ことだった。換言すれば、ペンクもいったように、「われわれはグループ内の（意見の相違を）明らかにし、学者の一種の公式見解をつくろうとつとめた[36]」。そのさい引きあいに出されて警告されたのは、「それ自体正しく」ても「有害な」研究成果が「何から何まで」公表された戦前の状況であった[37]。これに対し、財団はその主催する大会の内容や論題の範囲について、またその国家による財政援助にかんしても、常に慎重であった。誤った不当な国境線について、大学教授たちの絶えざる論及は近隣諸国や戦勝国を刺激し、ドイツ政府にこうした学問的宣伝行為を止めるよう求めさせる可能性が大きかった。

「在外ドイツ民族研究振興会」もまた、その財政が外務省と内務省により折半でまかなわれていたから、同じく用心深く、自分たちの組織の仕組みを隠さねばならなかった。その上さらに、他ならぬ「在外ドイツ人協会」会長ハンス・シュタイナッハーが学者と関係省庁との調整役および「密使」の役割を果たした[38]。戦争中に「国境および民族政策の研究をめぐる全問題」の権限が国家保安本部に移された後には、「もっぱら学界と外国に対し偽装するため」、新たな仮名、「ライヒ内務省付置地方・民族研究センター」が採用された[39]。それゆえ、すべての研究振興会、「広報センター」などは結局親衛隊の直接のコントロールと資金で運用されることになった。

民族研究の国家による指導とそれへの資金提供はけっして公けにされなかった。どの研究振興会も大会議事録を刊行せず、また公式の定期刊行物ももたなかった。ネットワークとして諸振興会はけっして表に出ず、そのためその活動は後の歴史記述からも長い間見逃されるか、あるいは過小評価されつづけた。しかし一度光があてられると、それらはドイツの学術政策の決定的な媒体また道具にとどまらず、また――一九三二年から四五年まで、歴史家大会はただ一度（エルフルト、一九三七年[40]）しか開かれなかったので――ほとんど一五年もの間、歴史家たちが全国から、たとえ地域ごとにばらばらでも、定期的に集まる唯一の継続的討議の場でもあったことが明らかになった。これらの人目につかぬ、上からコントロールされた大会では専門家としての歴史家集団はもはや機能していなかった。ここで人々は報告内容や報告者について――「国境闘争」と同じく「教授招聘競争」を顧慮しつつ――種々品さだめしただけでなく、学問的あるいは政治的逸脱を困難にするあの「ツンフト」

への連帯・帰属感を再生したのであった。

「ライン」もしくは「西方在外ドイツ民族研究振興会」は、一九三一年七月に西部で失われた地域を対象に設立されたが[41]、大戦勃発までにじつに二三回もの大会を開催した[42]。そこでは毎回二、三〇〇人の参会者が国境地域の小都市に集まった。行事がすんだ後たいてい参会者は皆で「トラック」に乗り遠足にでかけたが、その目的地はときには西部国境の向こう側にあった[43]。以前はライプツィヒに集中していた大会の準備作業もいまや地域ごとに行われた。最初に旗振り役を務めたのはボン研究所長のフランツ・シュタインバッハで、次いで一九三五年からはフライブルクの「上ライン歴史的地方誌研究所」所長のテオドーア・マイアーに代わった。マイアーがマールブルクに去った後はハイデルベルクの民俗学者ヴォルフガング・パンツァーがこの役を引き受け、一九四〇年にフライブルクの地理学者フリードリヒ・メッツに代わった[44]。

しかしこうした諸研究振興会の設立と発展も、「国境地域研究」あるいは「西方研究」について見るかぎり何らきわだった断絶を示すものではなかった。もちろん重点の移動は認められ、それは大まかにいって「地方史」から「民族史」への方法的尖鋭化ならびに「民族闘争」の激化に対応していたが、とりわけ後者は「第三帝国」の間に単なる「防衛闘争」からますます攻撃的なものに変わっていった。

「第三帝国」における「西方研究」

一九三三年以後「仇敵」フランスは、ヒトラーがたえず強調したように、「ドイツ民族のもっとも危険な敵」「冷酷無惨な死神」とみなされた[45]。だが独裁者は、よく知られているように西では具体的にどんな領土的野心も抱かず、ドイツの東に向けての膨張という考えにとりつかれていた。『我が闘争』では一九一四年の国境線の回復は「政治的無意味」とさえいわれた[46]。これに応じてヒトラーは南チロルだけでなくエルザス・ロートリンゲンさえ、もしそれがフランスをおとなしくさせ、欺くのに役立つなら、喜んであきらめるつもりだった。第二次大戦で西の宿敵が攻撃されたのはエルザスのためなどではなく、戦略上の必要からであった。すなわち、ドイツが東でだれにも妨げられず膨張するためには、まずフランスを破ることが必要だったのである[47]。

フランスや西の民族闘争へのこの関心の薄さは関係学者の間ではもちろん憂慮された。「西方在外ドイツ民族研究振興会」はポーランドを担当する「北東在外ドイツ民族研究振興会」よりいつもわずかな補助金しか得られなかった[48]。もちろんこれに対する公然の批判は稀だった。議長シュタインバッハは一九三三年末たしかに次のように言明した。「ザール地域のドイツへの復帰の後フランスとの関係改善、相互理解を妨げるものは何もない、というヒトラー宰相の言葉は、西方でドイツ民族に属する旧領土の放棄を意味するものではない。この要求に時効はない[49]」。しかし、「総統」への批判はたとえ間接的でも危険だった。[50]それゆえ、人は「分をわきまえていること」を証明し、政府の意向に順応し、政治的にも役立とうとつとめた。とくにザール地域の住民投票はこのための好機になった。ほとんどすべてのフランスをテーマにする歴史家たちが、自治権をもつ民主的ザールに反対するナチの運動に参加した。旗振り役を務めたのはふたたびボン研究所で、研究所はすでに一九二六年、その傘下に特別のザール研究団体を設置していた。[51]この関連からつづく数年間に多くの博士論文、史料集や書籍[52]ならびに――ボンの『地図ハンドブック』を手本に――手間のかかる『ザール地図帳』が発行され、とくに後者はドイツとフランスの敵対関係を強くきわだたせた。[53]さらに広くライン川全域にわたって、諸地方――プファルツ、ザール、エルザスそしてバーデン――の歴史と政治に係わる地図帳がつくられたが、これらはどれも政治的に「役立つ」ことを目指しており、フランス側もこれを注意深く監視していた。[54]その上さらに多数の地域で発行された叢書や雑誌があったが、そのうちたとえばカイザーラウテンで出た雑誌『ヴェストマルク〔＝西部国境地域〕』と付録の『民族科学』にはシュタインバッハやヴェンチュケあるいはフォン・ラウマーのような有名歴史家も寄稿していた。[55]二〇年代以降雨後の筍のように生まれたこれらの郷土博物館を、国境地域史の視点から一度詳しく調べてみるのも有益であろう。[56]とくに世間の注目を集めたのは、ゲッベルスが開設したケルンのライン郷土館で、同種の博物館の原型になったこの郷土館の一展示室は、一九三七年パリ万国博覧会でそっくり再現された。[57]同じことは国境地域にある城塞の修理復元を提唱した地域の好古協会や住民運動についてもいえよう。[58]たとえば「ザール復帰闘争」の間、ドイツの公衆はまるで狙ったようにフランスのモン・ロワイヤール要塞の歴史に釘付けになったが、トラバッハの丘にあるその遺跡は「全国勤労奉仕団」の手で掘り出されたものであった。学者、郷土史家、小説家たちがこぞって状況にふさわしい文章を発表した。[59]

第三帝国はしかしすぐに戦争に突入した。それとともに「西方研究」者にもいまや「専門家として活躍するとき」が始まった。[60]ついに彼らは自らの予測を事実に変えることができたのである。もちろんそれは東とまったくちがった条件のもとで起こったとはいえ、「西方侵攻」と占領地支配の生むダイナミズムは目もくらむような可能性を開いた。――もちろんそれは人が現場に行って責任を担うだけの名誉欲と勇気をもつかぎりにおいてであったが。[61]またあらゆる出版物もいまや西の境界領域を越えて「かつてなく広い販路」をもつようになった。[62]

西での開戦後着手されたもっとも重要な学術プロジェクトは、シュトラスブルクにドイツの大学を新設することだった。かつて一八七一年と同じくそれは模範的大学になるはずだったが、今回それはナチ党すなわち親衛隊の庇護下に行われた。[63]文学部の初代学部長、また事実上の初代学長でもあったのは近代史家エルンスト・アンリヒだった。彼はシュトラスブルクに生まれ、父親は第一次大戦中カイザー・ヴィルヘルム（＝シュトラスブルク）大学の最後の学長だった。アンリヒはボン大学のフリッツ・ケルンの下で教授資格をとり、一九四〇年ハンブルク大学に招聘された。経験豊かな「西方研究」者として彼は母校ボン大学を「国境の精神的要塞」と名づけ、たくさんの刊行物でフランスの「覇権努力」を批判していた[64]。いまや彼は、ハイドリヒがヒムラーに書いたように、シュトラスブルクに「西欧精神」に対抗する「領域に深く根を下ろした闘う大学」を創出するはずだった[65]。親衛隊の保安本部とたえず連絡をとりながら、彼は招聘さるべき、特色ありかつ体制に忠実な歴史家のリストをつくった[66]。イエナからは親衛隊少尉でＳＤ（保安部）協力者のギュンター・フランツ[五三]が近世史の正教授に招かれ、ライプツィヒのヘルマン・ハインペル[五四]（党員ではなかったが、かつてエップ義勇軍隊員）が中世史教授になった。アンリヒ自身ももちろん近現代史の正教授職を求めた。親衛隊員でキールの正教授だったパウル・レーベレヒト・シュトラックは古代史を担当するはずだった。しかし彼が一九四一年八月に倒れたので、かわってアレクサンダー・シェンク・フォン・シュタウフェンベルク伯（党員ではなかったが、シュトラックと同じくナチ歴史家ヴィルヘルム・ヴェーバーの弟子）が招聘された。党員で「ヴェストファーレン地方誌・民俗学ミュンスター州立研究所」所長のエルンスト・リーガーは地方史の教授に招かれ、またキールのフランス史家マルティン・ゲーリング（同じく党員）が「外国史」担当員外教授になった。その上わざわざ「運動史」の教授職も予定され、それにはナチ党指導部の活動家（教授資格をもたない）ゲルハルト・クリューガーがあてられた。さらにアンリヒのリストにはもう一人、ケルンの地方史家フランツ・ペートリ[五五]の名前があがっていたが、彼も党員で、一九四〇年以来ブリュッセルで軍政府参事官だった。「ゲルマンの民族遺産」に重点を置いた新しい講座は、彼を予定して設けられていた[67]。しかし戦局を顧慮してライヒ大蔵省は計画の縮小を要求し、そのため彼の招聘は実現しなかった[68]。

帝国《ライヒ》大学としてのシュトラスブルク大学はともかく存続した。しかしアンリヒが構想したゲルマン的大歴史教室はついに夢に終わった。歴史家リーガー、シュトラック、シュタウフェンベルクをふくむ多くの教授たちが実際には赴任しなかった。アンリヒ自身、彼がそのため一九二七年ヒトラーの手でナチ党から追放された、バルドゥーア・フォン・シーラッハ[五六]との旧い確執を——ヒムラーの助けにもかかわらず——解消できなかったため、ますます重圧にさらされた。最後に彼は「保護観察としての前線勤務」を申請せざるをえなかった[69]。「国民社会主義的戦士大学」はほんのわずかの学生しかもたないこけおどしの応急施設にとどまった。その「復帰」がフリードリヒ・マイネッケをすら感激させた[70]エルザスは併合後もきわめて反抗的なことが明らかになった。あらゆる「非フランス化キャンペーン」はみじめな失敗に終わったが[71]、それにもかかわらずこのフランス大学図書館の蔵書は撤収先のマッシフ・サントラル山地［フランス南東部］から莫大な費用をかけて［エルザスに］取り戻された。一方、クレルモン＝フェランに避難した［旧］ストラスブール大学には講義停止を義務づけ、これが守られなかったとき、一九四三年には一度の手入れで千二百人もの教授や学生が逮捕され、その多くが強制収容所に連行された。(72)

西の国境諸地域でのゲルマン化政策は今日なお暗黒の、ほとんど研究されていない現代史の一こまである。(73) フランスが敗れた後、ヴェストマルク、バーデンそしてコブレンツ＝トリーアの大管区指導部ならびにヒムラー傘下の在外ドイツ民族センターはこの機会を利用してあらたな「生存圏」をつくり出そうと努めた。東欧より小規模で、しかもはじめはなお「ややおだやかな」条件のもとにせよ、原住民の大部分は「強制移住」させられ、彼らの家、農場や経営は「在外ドイツ人」（とりわけベッサラビアや南チロルからきた）に明け渡された。これと同じことが、完全に併合されたルクセンブルクや、(74) また「同化しない」住民が南西フランスやポーランドに送られたエルザス・ロートリンゲンだけでなく、すべての「禁止ゾーン」すなわち占領もされなければヴィシー圏にも入らなかった地域でも実施された。ソンム河口（フランス領フランドル）からアルデンヌ山地を経てフランシュ・コンテに至る、住民が休戦前に一部逃亡したり避難して、その後帰還を許されなかった、この広大な帯状地域では、農業経営をドイツ人の手に渡し、残るフランス系住民を追放する試みが組織的に行われた。(75) ここでわれわれにとって興味深いのは、この「禁止ゾーン」の実際の境界線――いわゆる「北東線」あるいは「総統線」――が、かつて「西方研究」者の関連刊行物のなかで――ときにはウエストファリア条約（一六四八年）、ときにはヴェルダン条約（八四三年）にもとづき――正当な「帝国境界」として提示されていたあの歴史的境界線とかなり正確に一致していたことである。これには何らかの関連があったのだろうか。

境界線設定、さらに強制移住措置に歴史家が直接、個人的に参加したことをはっきり示す証拠はまだ見つかっていない。しかしこれを探す試みはまだ始まったばかりである。一般に「西方専門家」として問題になるのは歴史家だけでなく、地理学者、社会科学者そしてその他「領域プランナー」もいた。(76) いずれにせよ研究、宣伝そしてさまざまな併合政策の間に知的同調が働いていたことは見逃せない。それゆえ関係学者の直接参加がなくても少なくとも一定の正当化効果があったことが認められよう。とりわけ一九四〇年に出たエルンスト・アンリヒのドイツ『西部国境史』は「有益」だったにちがいない。この本はドイツの研究水準を要約し、多くの地図をボンの刊行物から引用したうえ、ルクセンブルクや北フランスの併合を奨めていた。(77) 一般に、ボン研究所が書いたものは戦前また戦時中に、旅行案内、写真集や占領軍兵士や故郷にいる家族向けの大衆読み物など手軽なかたちで広く普及していた。(78)

しかし学問的な「西方研究」に直接手を加え利用したことのもっとも重要な内部証拠を提供するのは、ライヒ内務次官で親衛隊少将、ヴィルヘルム・シュトゥッカートの一九四〇年六月一四日付覚書である。この長らく失われたとみなされていた覚書[79]——有名な「東方総合計画」の西方版——では、休戦成立後すぐにもソンム河口からジュラ山系までフランス国内の境界として引かれる、いわゆる「北東線」あるいは「総統線」の正確な位置が説明されていた[80]。その政治的意義ははじめ秘密にされていたが、覚書からうかがえるように、この「禁止ゾーン」は将来ドイツに併合される予定地域であった[81]。このことを学問的に正当化するため、シュトゥッカートは明らかに「上ラインラント」の地理的一体性を説くメッツのテーゼ[82]と、ドイツ・フランスの言語境界についてのシュタインバッハとペートリの歴史研究を利用した。彼は「目的のはっきりした定住政策が民族政策と組みあわされれば」この新しい西部国境は「ライン川をめぐる千年の闘いを最終的にドイツ民族に有利に終わらせ、それにより帝国に西での平和的発展を保証するのに適した」ものとなろう、といった。そしてさらに、この国境は過去千年にフランスがラインを目指す侵略の結果ドイツに加えた何百もの不正をあがなう結果をもたらすだろう、と[83]。

これでやっとわれわれは歴史的「西方研究」の政治的にもっとも論議をよんだテーゼ、すなわち西方での言語境界といわゆる「フランク族の土地占領」にかんするボン研究所の仕事にたどりつく。このきっかけになったのは既に述べた、一九二六年のシュタインバッハの研究で、それは、ベルギーやフランスの研究とは反対に、この言語境界を偶然的な「民族大移動の遺物」あるいは移住の波の最先端と解釈するのでなく、むしろそこでメロヴィング時代の「ゲルマン・ロマンス混合文化」が後で再分裂してできた「［ドイツ］民族の後退線」とみなした[84]。フランツ・ペートリは、彼の長年「西方在外ドイツ民族研究振興会」の援助を受けて書かれた教授資格論文「ワロン地域と北フランスにおけるゲルマンの民族遺産」においてこのテーゼをさらに練り上げた[85]。言語史的資料（地名）および考古学の発見（墳墓群）を手がかりに彼は、ゲルマン人の大規模定住地がはるか南のロアール川にまで達していたと主張した。時代精神に励まされて、彼はこのテーゼに人種主義的誇張も付け加えた。すなわち「地名学と初期中世考古学の連携の上にフランク族の主要定住地域として浮かび上がった地域こそ、人種地図の上で北方人種タイプが［ヨーロッパの］もっとも南西に拡大した地域であることが判明する。この一致はまさに驚くべきものである。アルデンヌ山地の古代遺跡のような地域（ワロン地域の意、シェットラー）を除けば、クローヴィス時代のフランク王国全体が人種的にはっきり一体だったのである。セーヌ下流とオルレアン近くのロアール川湾曲部までは北方人種の住む地域の南限である」[86]。

とりわけ「驚くべき」は国民社会主義者の空想、希望との、そして最後には彼らの目標との一致だった。彼の本のまえがきでペートリは自ら、自分の研究の「現在との関連」は「明白」であると強調した。「フランク族の移動が前もって言語境界で停止せず、この境界線は後期フランク時代以降の文化的均衡を表すにすぎないことが証明されるなら、民族境界の存在根拠についてわれわれの考えを根本から改めねばならなくなる。そのときわれわれはこの境界に、もはやなにか安定したもの、いつにせよ一度できあがってしまい、未来永劫に不変かつ確実になったものではなく、何か躍動的なもの、たとえ千年動かなくても、いつか変わり得、変動しうるものを見なければならない。したがって、もしいつか世界史の流れに取り残されるべきでないなら、われわれはこの境界をいつでも取り戻すことが必要である[87]」。

この言葉をいったいどう理解すべきか。脅迫だろうか。もちろんペートリは自分の平和的意図を請けあった。ベルギーの一中世史家が一九三九年一〇月に彼を学問上の戦争挑発と非難したとき、ペートリはあらゆる「下心」をきっぱり否定し、その代わり「公開書簡」で、「ドイツの指導者」も「ドイツの学者」もともに「千年来存在する、ゲルマン・ロマンス両民族を隔てる分離線は（……）もはや勝手に変更できないという認識を十分もっている」と主張した[88]。これに反し「ドイツ・スラヴ境界領域」でドイツが現にもとめている領土変更は、まさに西部国境に既に存在するのと「同じ明確な民族間秩序」をつくり出すことを目指していた。

だがこの保証は「第三帝国」の宣伝政策でいつも使われるごまかしそっくりだった。イギリスが戦略上の主敵だったので[89]、さしあたりフランスとベルギーに対しては、ヒトラーもいうように、「平和の調べ」が奏でられた。ポーランドが「片づけられた」後やっと「西の防壁」での攻勢がはじまった。その思いがけず急速な終了はすべての関連学問にたずさわる研究者に新しい可能性を開いた。それゆえボン大学がフランスにたいする勝利を祝ったとき「フランスとの休戦の歴史的意義」という題で祝賀講演を行ったのは、他ならぬ「歴史的地方誌研究所」長フランツ・シュタインバッハであった。そこで彼は単に「西方研究」の有益性だけでなくその政治的柔軟性をも強調した。すなわち、戦争の真の「意義」は中世から導き出されるのではなく、「総統」ただ一人によって決められる。彼は高らかに宣言した。「ライン川をめぐる闘いは終わった」。いま始まるのは「ヨーロッパの新秩序」である。「総統は首領《ドゥーチェ》［ムッソリーニ］とともにこの責任を引き受けられた。歴史はこの事業のためのいかなる手引きも提供できない――今日の民族的ヨーロッパは中世の西洋共同体とは異なる課題、国境の線引きと指導の異なる原則をもっているのだから――だが歴史は、過去何世紀にもわたってドイツがヨーロッパで果たした業績にもとづき、このあらたな大事業でもきっと成功するというわれわれの確信を裏づけてくれる。帝国政策が国民にもたらす危険性が二度とくり返されないことを、民族指導者としてのアドルフ・ヒトラーの姿がわれわれに保証してくれる[90]」。

この直後フランツ・ペートリはブリュッセルに「派遣」された。軍司令部付き文化部長として、彼はベルギー人の「ゲルマン化」――それゆえいわば彼自身の研究対象――を担当した[91]。彼が最初にとった措置の一つは、フランツ・シュタインバッハ、レオ・ユスト[92]その他ラインでの自分の同僚を「客員教授」に招聘し、ベルギーの学問をドイツ寄りに転換させることであった。[93]彼の民族政策の関心はもっぱらフラマン系のゲント大学に向けられ、一方カトリックの飛び地ルーヴェンはいくらか寛大に扱われた。これに対し自由主義的でフランス寄りのブリュッセル自由大学はとくに反抗的だったが、この大学の「均質化」も「フラマン化」も失敗に終わった。一九四一年一一月に教授たちはそれどころか――占領軍の驚いたことに――講義を全面的に停止しさえした。これにより一切の「コラボレーション［占領への協力］」は不可能になった。[94]

ペートリは明らかに強硬派のやり手ではなく、しばしば親衛隊やベルギー極右派のなだめ役にまわったとはいえ、[95]彼はベルギー人のゲルマン的本質という自分のテーゼに固執し多くの刊行物や講演でこの考えを世間に広めようと努めた。一九四二年はじめ、彼はブリュッセルの大きな博物館の一つで、あの悪名高い展覧会『ドイツの偉大』をベルギー向けに手直ししたものを組織し、自ら編集したカタログで自分およびシュタインバッハのテーゼをくり広げた。[96]同じころ彼の著書『ゲルマンの民族遺産』も軍司令部の「たっての奨め」で再版された。[97]

多くのナチ官僚と同じく、ペートリも戦後に自分の行動をより悪い事態を防ぐための努力と説明し、「フランク族の定住史にかんするシュタインバッハや自分の研究への偏った評価」を受け入れなかった。[98]しかし「占領軍将校」として自分の研究成果のこうした政治的利用に彼はまったく熱心だった。たがいに競合するベルギーのファシスト諸団体（「フラマン国民団体」、「［ワロン系の］レックス」その他）、また親衛隊兵士（「フランドル」師団や「ワロン」師団）の募集も顧慮すれば、ワロン人の「民族的」帰属は微妙な問題で、これにペートリは専門家として意見を述べることができたし――また積極的にそれを申し出た。フラマン人とオランダ人はナチの観点からすればともに「ゲルマン人」だった一方、ワロン人については、「レックスの連中」がそれを根拠にいつか大ゲルマン国家の内部で自治権を要求する恐れのある特別の地位を与えることなしに、その特殊性にどう配慮するかが問題だった。それゆえペートリは「ワロン地域をまったく異人種の住む、昔から帝国に反抗的な地域として切り捨てる立場と、他方彼らを北方人種の中核諸国のグループに無条件で組み入れる立場の両極端の間」を仲介しようと試みた。[99]ペートリはまた、ブリュッセルでの同僚でシュタインバッハの弟子フリッツ・テクスターと協力して論集『ワロン地域――知られざる境界地方』を編んだ。こうして「将来この地域について政治的決定がなされるときのため……信頼できる事実資料」が準備された。ペートリ自身のテーゼは予言者的だった。すなわち、ベルギーは「ロマンス系民族の北限地域」でもなければ「ゲルマン民族の中核国」でもない、それは「ゲルマンとロマンス両民族が相接する境界国」である、と。[100]だがこれでは政治的には何も決まらなかった。軍政当局はフラマン人の運動を優先させることもできたが、同時にまたワロン人も彼らのもつ「ゲルマン的要素」に応じてそれにふさわしい扱いを受ける期待をもってよかった――とりわけ当時親衛隊は「全国指導者［＝ヒムラー］の奨めで実施されたワロン人の人種生物学的基準にもとづく隊員採用」によりペートリのテーゼを裏づけていたのだから。[101] むしろこのころペートリが憂えたのは、彼のテーゼのナチ政治によってではなく、ワロン人ファシストによる悪用だった。実際、ペートリの驚いたことに、彼らはベルギー国家の存続さえ自分の「新知識」を用いて正当化しようとしていた。すなわち「全体では北方人種的国家として、ベルギーは急進的民族思想の時代においても、引き続きこのまま存続する権利をもつ」というのである。ペートリの『ゲルマンの民族遺産』はもちろんそんなふうに考えてはいなかった。それゆえ彼は「学問的知識の現実政治によるこのような濫用に対し」強く苦情を述べた、ただし、それには次のような一言も付け加えられていたが。「この苦情はもちろん、今日ワロン民族のゲルマン・北方人種的諸条件が昔とはまったくちがうかたちで承認されている根本事実に触れるものではない」と。[102]

この原則的「承認」がどれだけの働きをするかは、おそらくペートリにも予測がつかなかったことであろう。しかしここには、彼とシュタインバッハのドイツ・フランス・ベルギー史の解釈が――とりわけ、それがいくらか単純化され、誇張されると――ナチ指導部の領土拡張計画といかに見事に一致するかが、示されている。ヒトラーさえ当時ペートリの本について感激して語った。ヘンリー・ピッカーの記述によれば、ヒトラーは一九四二年五月五日食卓の同席者たちに、自分は前夜この本を全部読みとおし、それは「私に次のような揺るぎない確信を与えてくれた」と語った。すなわち「ワロン地域と北東フランスはかつてドイツ人の土地であった。多数のドイツ風地名、ドイツ風習慣そしてドイツ語の影響は、この地域がまったく体系的にドイツの領域群から、奪われたとまでいわないにしても、切り離されたものであることを余すところなく証明している。もしわれわれに（とヒトラーは言う）どこか領土の返還を正当に要求できるところがあるなら、それはワロン地域と北東フランスである」と。[103] 前述した一九四〇年のシュトゥッカート覚書とともにこれは「西方研究」の生んだ正当化効果のもっとも明白な証拠であろう。[104]

「西方研究」の現実政治に係わる他の分野についてもスケッチするのが望ましいが、それは本章の枠を超える。さしあたり［ドイツの歴史家の間での］フランスの地方主義運動に対する高い関心について考えるにとどめよう。このテーマについては若い世代のフェルキッシュな歴史家のなかでももっとも傑出したクレオ・プライアー[105]が教授資格論文『新フランスにおける地方』を書いた。[106] 一九二八年に地方主義にかんし本を書いたヘドヴィッヒ・ヒンツェ[107]とはちがい、プライアーはフランスの多様性を民族的・人種的弱点と解した。彼の中心テーゼによれば、「フランスの国家領域の半ば以上が本来フランス人ではない民族居住地域からなっている」そして「フランスの住民は決して単一民族ではなく、それは多様な人種的素材から、そしてまた非常に多くの民族的特性から成っている」[108]。彼の眼からすれば本来のフランスは「イル・ド・フランス」［パリを首都とする地方名］だけに縮小してしまう一方、他では至るところに自由を求める民族運動が広がると予想され、彼は「ドイツ人」がいまやこれらの運動に「思想的先駆者かつ前衛」として味方すべきだと説いた[109]。この意見は一九三五年にはナチ政府にとってすら挑発的過ぎたので、この本は大戦までは発禁になった[110]。もちろんその後プライアーの思いつきはパリの軍政府が分離運動を支援するのにうってつけの提案として役立った[111]。

　対フランス戦勝利後もてはやされたブルグンド（ブルゴーニュ）研究ももっと詳細な調査を必要としているといえよう。ヘルマン・ハインペルのように著名な歴史家も――近くのシュトラスブルクから――ブルグンド公たちの「フランス派（＝アルマニャック派）」との闘い〔五七〕について精力的に研究を発表した[112]。一方、マックス・ヒルデベルト・ベームのような「民族社会学者」は一九四三年に「神秘的なブルグンド」が「ヨーロッパの命運を決する国」だったことを発見し[113]、また「プロイセン邦立文書館」総長エルンスト・ツィプフェルは「西方在外ドイツ民族研究振興会」との取り決めで「西方研究プログラム」を開始した。もっとも後者の唯一の成果は戦争が終わりかけた頃に出版されたブルグンド自由伯領の神聖ローマ帝国への帰属にかんする三巻の史料集だけだったが[114]。こうした学者たちの動きを見れば、それとヒトラーやヒムラーのブルグンドをめぐる諸計画――それが後からいかに荒唐無稽に見えようとも――の間に何らかのつながりがあったのでないかと問うのは至極当然に思える[115]。

　もう一つ重要な調査対象は大戦中に設立されたさまざまな研究所や施設である。パリの「ドイツ研究所」については最近非常に丹念な研究論文が書かれ、研究所のふるった文化的影響力のすべて（宣伝、刊行、翻訳、招待講演）の輪郭が明らかにされたが[116]、一方ブリュッセルにペートリがつくった同種の研究所や、メッツに開かれた「ロートリンゲン地方・民族研究所」もまだ詳しい調査はなされていない[117]。同じ関連でテオドーア・マイアー、『モヌメンタ・ゲルマニアエ』［ドイツ中世史料集成］刊行会会長で元「西方在外ドイツ民族研究振興会」会長がもとめた、パリにわざわざドイツ歴史研究所を――一八八八年以来ローマにおかれた研究所にならって――設立する計画も注目されるべきであろう[118]。というのはこの計画――最終的に一九五八年まったくちがった状況下に、しかし同じ人物（ハインリヒ・ビュットナー）を所長に実現した――では、当時ドイツの歴史家たちのフランスの文書館や図書館の計画的利用や一部略奪に表れていたような[119]、ドイツの覇権要求の貫徹が目指されていたのである。

　この他時代の風潮のなかで浮かび上がったさまざまな流行についてはただキーワードをあげるのにとどめよう。たとえば、オイゲン公[120]〔五八〕あるいはカール大帝崇拝[121]、ウエストファリア条約[122]やフランス革命[123]の弾劾、最後にとりわけ対ソ攻撃後広められ、後に多大の影響を残すことになった「ヨーロッパ・イデオロギー」[124]などである。だが紹介はこれくらいにして、われわれは次に右に描いたスケッチを基礎に、歴史学の「西方研究」の展開とそれが果たした役割についての包括的考察に移ることにしよう。

窮地に立つ歴史学から進撃する歴史学へ

はじめにもう一度強調するが、ナチスによる権力奪取は「西方研究」の分野では何ら大きな区切り目にならず、単に「アクセントの移動」（パウル・エーゴン・ヒュービンガー[125]）をともなっただけだった。すなわち古典的な軍事・外交史の意味での「フランスの膨張政策」の強迫観念じみた強調から領域史や民俗史の広い見通しへの移行である。そして後者では国境の両側での「ゲルマンの民族的遺産」や――いわば最後のよりどころとして――「声なき［民族の］血の叫び」（フランツ・ペートリ[126]）に高い関心が集まった。フランスやベルギーについて古い決まり文句がなお使われ続けたとはいえ、それらは「フェルキッシュに」先鋭化した。こうしてさまざまな専門分野のうけ皿としての「西方研究」では、いわゆる「堕落した」、「黒人化」また「ユダヤ化した」近隣諸民族に対する今日では奇妙に響くだけのひとりよがりの優越感がつくられたが、この感情は一九四〇年に、軍事的オールマイティを背景に公然たる抑圧ととんでもない民族追放妄想に変わった。そのさい特徴的だったのは、はるかに多額の資金が流れこんだ「東方研究」の政治的優先にもかかわらず、何人かのもっとも急進的なナチ歴史家たち――ヴァルター・フランク、クレオ・プライアーとアドルフ・ヘルボーク――がそれぞれ「仇敵」フランスにかんする大きな著作に身をすり減らしていたことである。[127]

もう一つは「西方研究者」が残した仕事の学問的質に係わる問題である。とりわけヴィリィ・オーバークローメとユルゲン・コッカが書いた論考に関連して最近、「民族史」の若干の刊行物のなかにその国家主義的、いや国民社会主義的な基本論調にもかかわらず、もしかしたらなにか今日なお有意義で議論に値する視点や方法が見つかるのでないかという問題が論ぜられている。[128]これに対しては、このように形式と内容、反動的イデオロギーに染まった「外皮」と進歩的な学問的「核心」を切り離すやりかたでは、この種の文章にもう一度まんまとだまされるだけだという反論がなされる。[129]若干の「西方研究者」の業績をここでもう一度見直せば役に立つかもしれない。

上にあげた三人――フランク、プライアー、ヘルボーク――が歴史家としてまったく革新的でないことはいうまでもない。ヴァルター・フランクはドレフュース事件を例に大衆ジャーナリズムにひどく肩入れしつつ伝統的な手法で政治史を書いた。[130]クレオ・プライアーはより強く民族の問題に関心をもっていたが、彼の「作品」はとても先駆的な社会史などとよべるものではない。むしろ彼は人種主義を基礎におおざっぱな諸民族史を書いたにすぎない。[131]方法的により独創的だったのはヘルボークの問題提起で、彼は学際的、比較史的な地方・民族史を目指し、そこでは村落定住、人種そして文化の諸歴史が結びついて「多くの分枝をもつ一つの精神《ゼーレン》生物学」になるはずだった。[132] しかし一見学問的（はしがき、あとがきでの理論的考察、たくさんの地図、統計など）で高い要求をもつ企画（ドイツ・フランスの比較）に見えながら、この『有機体としての民族的身体の発展史』[133]は本当の新機軸でも革新でもなかった。それはむしろ一八・一九世紀、専門的歴史研究がまだ登場しない時期に広がっていた旧い人種、民族そして文化の諸歴史を「奇妙なかたちで現代化したもの」とみなせよう。

　これに対しはるかにより興味深く、かつ複雑な例は「ボン学派」で、彼らは戦後もその革新性の要求を守り通した。オーバン、シュタインバッハ、ペートリらのほとんどすべての刊行物や論集は戦後周知のようにエルンスト・アンリヒが設立し率いた「学術図書協会」[134]の企画のなかでほとんど何の変更もなく再版された。戦前版のフェルキッシュ、ときには人種主義的な用語もほとんど人を驚かせなかった。「西方研究」から「西欧一辺倒」への飛躍は簡単だった。とりわけ近隣諸国にも過去を掘りかえしたくない歴史家がかなりたくさんいたことがこれを助けた。[135] 彼らはたがいに引用しあい、賛辞を呈しあった。[136]「フランク族の土地占領」やドイツ・フランスの言語境界についての研究でもいまや分離ではなく結合や「ヨーロッパ的なもの」が——なにも実質を変えず、「ゲルマン的なもの」の優先も捨てることなしに——強調された。なかでもペートリはくり返し自分の専門分野について研究報告を書いたが、これは戦前および戦時中の自分の足跡を消し、当時まったく正常な国際的な議論が行われていたかのような印象をつくり出すためだったとみなせよう。[137] それによると、当時ボン、ケルン、アムステルダム、パリ、ブリュッセルの間には長年にわたりあたかも一種の「平等な関係での言説」が存在したかと思えるくらいである。だが本当のところこの言説を通じての「研究の道」はまったく違ったものであった。

　研究の制度的枠組みについてはすでに触れた。研究所、講座、研究グループや団体、雑誌や叢書類といったものがネットワークを形成し、それに加わらないでいることはたいていの学者には許されなかった。またどこでも同じ型にはまった発言が支配し、同じタブーが人々を規制していた。「西方在外ドイツ民族研究振興会」の「厳重に内輪だけの」大会で目標が設定され、必要に応じて公表される論議は前もって慎重に検討された。特定の外国の学者が見せしめ的に攻撃される一方、他の学者には、敵の敵は味方というわけで、賞賛のエールがおくられた。一般に、自分の陣営に近い学者や自国人の研究が優先的に引用され、国際的権威に仕立てられた。個人的いさかいや真の論争[138]もないわけではなかったが、「方向」はすでに予め決まっており、たかだか若干の修正や表現の上での違いが許されただけだった。それによれば、目指すは西で奪われた地域の奪回、フランスやベルギーとの闘い（後者では、フラマン・オランダ系住民の独自路線の奨励）そして「西欧的」あるいは「西欧かぶれ思想」との闘争であった。

もっとも主要な敵そして西欧的研究の権化と見られたのは自由主義的なベルギーの歴史家アンリ・ピレンヌであった。彼は二〇年代に民族大移動とカロリング帝国のテーマについて国際的権威になっていた。[139] そのうえピレンヌはドイツと特別の関係をもっていた。すなわちとりわけベルリンで学び、たくさんのドイツ人歴史家と友人関係を育て、ライプツィヒとテュービンゲン大学の名誉博士で『社会経済史季報』の編集者の一人でもあった。[140] しかし第一次大戦とドイツでの彼の捕虜体験はその牧歌的ドイツ像を打ち砕き、彼はプロイセン軍国主義と大学でそれを支持する学者の批判者になった。彼はくり返し書いたが、フェルキッシュなイデオロギー、ゲルマン崇拝や人種主義がドイツの大学を蝕み、膨張政策を正当化していた。いままで人は「ドイツの学問」や歴史学から多くを学ぶことができたのに、これからは「ドイツを忘れねば」ならない。[141]

まさにこの精神浄化《カタルシス》過程から、その後二〇年代にフランス史学の新機運「アナール派」が生まれ、それとピレンヌは深く結びついていた。[142] だがこの学界のアウトサイダー雑誌がはじめほとんど無視されていた間も、世界に名を知られたこのベルギーの学者は保守派にとって批判のかっこうの標的になった。ボンの研究者たちにもピレンヌは闘うべきよそ者の代表だった。彼は自由主義者のうえ、フランスびいきの民主主義者で「わが国」からラインラントやオイペン・マルメディを奪った戦勝国の味方だった。その専門著作で彼ははじめドイツの問題提起から多くを学んだが、その後『ベルギー史』[143]で自分の国のアイデンティティを社会史的にうちたて、ベネルックス三国に対するドイツのあらゆる要求——とりわけ彼の旧友ランプレヒトが主張したような[144]——をきっぱり斥けた。同じく、当時シュタインバッハやペートリがその主張の前提にした、北方ガリアでゲルマン人の展開した広範な定住運動も、彼は認めようとしなかった。[145] 国民のアイデンティティを民族や人種によって基礎づけようとするあらゆる試みは彼にとってくずだった。その代わり彼はローマ人の残した遺産、ヒューマニズムと啓蒙思想をおのが信条とした。

こうしたことすべてがドイツ人の耳にはあまりにも自由主義的「世界観」もしくは「ヴェルサイユ的」にひびいた。それはとうてい民族史のゲルマン中心主義的言説と両立しなかった。それゆえ、「西方研究」のスポークスマンたちはピレンヌの「客観主義」を警戒し、彼らの協力者にはドイツ的「客観性」を求めた。[146] このベルギー人学者を賞賛したり、たとえ弁護するだけでも、人はひどい目にあった。[147] これに対抗して、その研究が「西方在外ドイツ民族研究振興会」の奨励を受けたベルギー専門家で、[148]『国境地域・外国在住ドイツ民族ハンドブック』の関連項目を担当するフランツ・ペートリ[149]は多方面にわたる書評や研究報告でピレンヌの歴史記述批判を開始した。[150] たとえば、『ベルギー史』は感嘆すべき作品であるが、それは現在の政治的状況をあまりにも直接、遠い過去にもちこみすぎている。それは経済的、文化的連続を過大評価する一方、「ゲルマン・ロマンス両民族の境界地域の権力政治的構造」を無視している。「言語や気質」も「歴史をつくる要素」としてもっと強く考慮されるべきだ。[151] ピレンヌを正すものとしてペートリはピーター・ガイル流の「大オランダ主義」的歴史記述を推奨したが、それは「言語や気質」——要するに民族的要素——が叙述の基礎にすえられていたからであった。[152] すでに「民族・文化基盤研究財団」の時代に、いまロンドンで教鞭をとるこのオランダ人歴史家はベルギー・フランス歴史学との闘いでパートナーの役割を果たしていた。ガイルもときにはペートリから教えを受けることがあったにせよ、[153] 一九三三年『史学雑誌』で彼がピレンヌを引きあいに攻撃されたとき、ボンの連中はただちにこうした「無駄ないさかい」(シュタインバッハ)をやめさせ、このオランダ人を「どうしても」ドイツ陣営に留めておくため全力をかたむけた。[154]

こうした「ピレンヌ学派」への批判は長年にわたって続いた。ボン大学の多くの研究プロジェクトがこの批判のために発足したり、また奨励金を得た。[155] さらにピレンヌが一九三五年に亡くなったとき、『社会経済史季報』——前述のようにピレンヌはこの雑誌の編集委員会のメンバーだった——に公けの追悼文を書いたのは他ならぬペートリであった。そのなかで彼は死者が、その偉大な業績およびドイツとの「多方面での学問的、人間的関係」にもかかわらず、「ドイツ人(!)が、また民族の結束を求めて闘うドイツの学問がいだく、もっとも内奥の本質を把握して(いなかった)」と証言した。[156] これはいったいどう理解すればよいのだろうか。ペートリはその少し後、彼が「ゲルマンの民族的遺産」にかんする自分の研究成果をはじめて詳しく紹介した「西方在外ドイツ民族研究振興会」のある大会で、この疑問を解いた。[157] 自分のプロジェクトのとくに議論を呼ぶ側面を明らかにするため、彼は「フランク族の土地占領」に対するフランス学者の象徴的な無関心をあげ、その代表として三人の大学者、ヒュステル・ド・クーランジュ、カミーユ・ジュリアンそしてピレンヌの名を引いていった。すなわち、ピレンヌがブリュッセル大学で行った講義「マホメットとシャルルマーニュ」においてゲルマン族の土地占領の文化的意義をほんの数語で片づけたときに、彼のもらした「かすかな軽蔑の口調」を聴きさえすれば、人はフランク時代についての判断にはしばしば、深く生活感情に根ざしたゲルマン・ロマンス両民族間の本質的対立が潜んでいるのがわかる、と。[158]

この人類学にもとづく「本質的対立[159]」は本来あらゆる会話を成立させなくなったはずなのに、ピレンヌの姿は「西方研究」の地平線上からなかなか消えなかった。たとえば大戦勃発の直前、ボンの中世史家パウル・エーゴン・ヒュービンガーはなんとピレンヌの旧作『マホメットとシャルルマーニュ』を翻訳した。ところが本の表題はすっかり変わり、『西洋の誕生、地中海での古代の没落とゲルマン的中世の勃興[160]』になったが、もしピレンヌが生きていたら、これをけっして認めなかったにちがいない。実際ピレンヌは自分の本のなかでボン学派から一言一言教えられさえした。彼の遺した原稿は本来引用文献の注をもたず、それは弟子の一人によって付け加えられたので、訳者は自分も、たとえベルギー版の補遺と明示されなくても、独自の注でテキストをおぎなってよいと判断した。「まえがき」で訳者はそれを次のように理由づけた。「ドイツでは、ゲルマン古代への思い出およびとりわけベルギーや北フランスの今日ロマンス語圏に属する地域で、フランク族の定住の規模とその意義にかんするシュタインバッハとペートリの見解が議論を引き起こし、本書のテーマとも係わる多くの刊行物が発表された。……それゆえここで扱われている諸問題に貢献するこれら新研究の成果、少なくともその存在を、ドイツ語版の注で紹介することが肝要に思える。そのさいときには、本書の原文が書かれる前（！）にすでに出ていた文献を指示することもあろう[161]」。これを換言すれば、もしピレンヌが、彼の生前に出た多くのボン学派の刊行物を、その問題提起がまちがっているというわけで、わざと無視していた場合、それらをいま「後から」強引に付け加えようというのである。ここで読者は次の二重の印象をもつにちがいない。すなわちまず、ピレンヌはあらゆるドイツの刊行物——とりわけシュタインバッハとペートリの著作[162]——を重要かつ引用に値するとみなしていた。次に、ドイツの研究は国際的になお指導的であるから、ピレンヌの著書をちょっとばかり後から修正することも許される、というのである。ところが、まさに一九三九年、とっくにそうではなくなっていた。むしろピレンヌこそこの最後の書で、「西」ですでにはっきり現れつつあった新しい歴史パラダイムへの転換を代表していた。このパラダイムはその後一九四五年以降世界中にゆきわたるが——他方、ドイツの歴史学は何年もこの動きの後を遅ればせに追うことになる。そこから生まれ、自分自身に向けられた屈辱感はこの国でいまなお尾をひいている[163]。

「西方研究」および他の民族史を国際的研究から孤立させ、その革新性の要求実現を困難にした[164]、内在的なイデオロギー障碍とならんで、それらがナチ政治に果たした具体的貢献ももちろん忘れてはならない。「西方研究者」がときにはまったく浮き世離れしたテーマに取り組んでいたとしても、彼らはけっして象牙の塔の住人ではなく、自分たちの政治的責任をはっきり宣言していた。ましてや大ドイツの大義のためなら！　彼らが「現下の危機に奉仕をかってでた」（シュタインバッハ）とき、「学問の奉仕」と「武器の奉仕」（ハイデッガー）の間の距離はほんの一歩だった[165]。とすれば「西方研究」も——「東方研究」と同じく——「進撃する歴史学」になったのだろうか。

ときとして事態は文字どおりそうなった。クレオ・プライアーの書『戦場の民族』をひもといてみよう[166]。ふたたびそのなかでこのフランス研究者、オンケンの弟子でケーニヒスベルク大学でのロートフェルスの講座継承者は、彼が一九四〇年、中隊の先頭に立ち、どのようにベルギーに進撃したかを記している。「五月一七日一八時三〇分、連隊の先頭がベルギー・フランス国境を越えた。……フランス領での戦争、大陸の敵に対する決戦が始まる。いまそしてここで、つづく何世紀間ヨーロッパを指導するのがだれかが決まるのだ。興隆か没落か、これはわれわれが武器を手に答えを出す問題だ。敵はわれわれの没落を望み、ドイツをふたたびウエストファリア条約の悲惨に押し戻そうとする。だがわれわれは帝国《ライヒ》がふたたび栄えて指導的強国になることを望む(167)」。経験をつんだ「西方研究者」として彼は至るところにゲルマンの足跡を発見する。「古い時代からアルデンヌ山地はゲルマン・ドイツ民族の生活・行動圏に属している(168)」。あるいは「アラスは古ゲルマンのアトレヒトである(169)」。またノルマンディー地方もプライアーにとってドイツ的地方で、「それはゲルマン人の広大な故郷の一部だったし、いまもそうである(170)」。パリの勝利行進で対仏作戦は頂点に達した。そして馬上の著者が「戦友たち」とともにシャンゼリゼー大通りを進んでいったときに、彼は身を隠した人々を子細に観察した。「われわれを見守る住民には劣等人種の特徴があふれていた。たしかに、兵役義務のある男たちがいなかったうえ、無数のパリ市民が、男も女も、逃げてしまっていた。それでもたくさんの人々がカーテンの陰に隠れて、好奇心いっぱいにわれわれを注視していた。だが道に立っている連中もやはりパリの住民だ。それは混血・劣等人種の群で、都会の生きながらの沈澱物、人口政策上のくずである(171)」。これはまさにホロコーストの言葉だ。プライアーは、この後何が起こるかを予想していたのだろうか。いずれにせよ、彼は記している。「有色アフリカ人やアジア的ユダヤ人はいまやゲルマンの剣に服すべきである。彼らとともに傲慢不遜のフランス人気質も消え失せる(172)」。また「(いまや)ヨーロッパの東でも西でも新しい民族大移動が起ころうとしている(173)」。

この『行動の書(174)』は、専門歴史家が自分をものを書く兵士と思いこみ、かつ描いているのであるから、たしかに異常である。だがプライアーは、彼の死後友人で講座継承者テオドーア・シーダーが追悼文でいったように(175)、けっしてアウトサイダーではなかった。他の正教授たちもこの時期、ほぼ似たように、大ドイツ実現を目指す攻勢に積極的に係わり、協力した。彼らは本当に問題はヴェルサイユ条約の修正だけだと信じていたのだろうか。教授たちは長年ドイツの占領地の至るところでくり広げられた未曾有の蛮行について、彼らがしばしば旅をし、多くを「聴いた」というのに、本当に何も気づかなかったのだろうか。これはとても真実とは思えない。

それだけにますます自己欺瞞あるいは言い逃れのための嘘が重要になる。疑わしい場合、とくに保守派の体制批判者にあっては、「仇敵」フランスへの旧い憎悪が戦争協力を維持するパテの役割を果たした。たとえば、ゲルハルト・リッター[五九]は——彼は周知のようにけっしてナチではなく、一九四四年七月二〇日〔ヒトラー暗殺未遂事件〕の後逮捕されたのであるが——一九四三・四四年にはドイツ軍兵士や将校にフランス人の「政治的心理」について講演するためフランス各地を廻った。戦況はすでに絶望的だった。しかしこのドイツ教授は意気軒昂だった。「これからいったい何が起こるかは、まだわからない。われわれドイツ人は昔同じような、いやはるかに厳しい困難をすでに経験しているが、わが西の隣人たちはそれをいまはじめて味あわねばならないのだ。すなわち、偉大な歴史的使命を果たさんとする民族には、懸命に働き、飢えをしのぎ、運命に従うことが必要なことを[176]」。

同じ反フランス・ルサンチマンをリッターはすでに以前にもぶちまけていた。すなわち、一九四一年に彼はふだんは生真面目な『宗教改革アルヒーフ』誌にエルザスの「復帰」を祝って次のような一文をよせた。「どんなにしばしば、われわれはブライザッハ大聖堂のテラスからライン川対岸の花盛りの果樹園を、はるか遠く青いヴォージュの稜線まで見渡したことか、そのときわれわれは脚下の船橋から本当にすぐフランス領がはじまるのをどんなに悔しく思ったことか！　またわれわれは同じ場所から［ライン右岸のドイツ領で］ジークフリート線[10]の恐ろしい要塞建造物が地中から盛り上がり、カイザーシュテュールの麓のブドウ畠や果樹園の丘を貫いて、ベトンの要塞や有刺鉄条網があらゆる侵入者に死を警告しつつ走るさまを眺めた。そしてこのライン右岸に暮らす生きとし生けるものが、何カ月もの間、「向こう岸」からいつ飛んでくるかもしれない弾あられを恐れて身をこわばらせたこと、またこの国境地域の住民がかつて二度も退避を命ぜられ、そのたびに（あらゆる事前の配慮にもかかわらず）ゲーテの『ヘルマンとドロテア』の避難民の場面を思い起こさせる光景を現出したこと――そして最後に、花に飾られ、何千もの歓声に送られながら、わが国防軍の灰色の縦隊がシュヴァルツヴァルト（黒い森）の小径から次から次へ闘いにくり出したあと、たちまちライン の流れを越えてヴォージュ山系まで進撃してエルザスをわが国に取り戻したこと――これらすべてを覚めて、夢ではなく、体に感ずる現実として体験した者だけが、国境地域の運命が何を意味するかを知っているし、また永遠の分裂と政治的無視の千年の歴史がいま幸いに終わったことの意味も理解できるのだ[177]」。これもまた進撃の歴史学であり、それはしばらくの間プライアーのそれとぴったり一致していた。

だがこの二人の歴史家、人種主義の狂信者とドイツ保守主義のルター派はともに異常すぎるとしたら、たとえばボン研究所の地方誌家のような「平均的」西方研究者はいったいどうだろうか。集められた資料によれば、彼らも長年にわたり「西方領域」の大部分が知的、軍事的そして最後に「民族的」にも、併合可能だということをほぼ一貫して論証し続けたことが明らかである。この論証は「エルザス・ロートリンゲン」や「オイペン・マルメディ」に始まり、ついでルクセンブルク、まもなくフランドル、ブルグンドと続いた。諸地域がつぎつぎと民族史的精査の網にかけられ、その歴史的アイデンティティに疑いがさし挟まれた。とりわけ初期中世が、まったく想像の産物であるゲルマン・ドイツ的要因の優越を主張する論拠として役立った。新ヨーロッパ「広域圏秩序[178]」の枠内で、この要因は単に再生されるにとどまらず、手本になるべきであった。まさに歴史的正当化として。こうしてカール大帝の旗幟のもと、ベルギー、オランダ、ルクセンブルクあるいはフランスの青年たちがドイツの軍服を身にまとうことが、突如「考慮可能」になったのである。だがとりわけ民族史の叙述と地図作成が、合併された領域を「再ゲルマン化」する根拠を提供した（そのさい、このような根拠づけがナチ占領者たちの本来の動機でなかったことはどうでもよいことである）。すべての西方の国境諸地域では一九四〇年から歴史的に生成した部分的に二言語を話す住民を「分離」する試みがはじまった。今日なら「民族浄化」といえるかもしれない。ただ戦争の経過だけが東欧と同じような大規模な「民族の入れ替え」を計画かつ実施するのを妨げた。だがこれは何も慰めにはならない。やはり西方でもナチの政策は、住民を服従させ、搾取し、民族の観点から強制移住を行い、一部を追放すなわち殺害することを目指していた。その規模は「「東方」より小さかった」かもしれないが、「西方在外ドイツ民族研究振興会」のメンバーはこうした措置や計画を予め可能と考え、多くの準備をしていた。彼らの文書で採用された方策は、単にありきたりの統計ないし地図作成の技術だけでなく、問題提起や諸概念の処理方法も、問題になるかぎり、それぞれ時代と強く結びついていた。「民族史」は「急進民族主義的」、「民族共同体的」思想を前提にしており、また「民族性」「民族基盤」「文化基盤」などの諸概念はおのずから偏った人種主義的歴史の発想を生みだし、そこでは異なるものの見方——たとえば同時代の社会学的階級分析のレパートリーから採用されたような——は異物として排斥された。それゆえ一九四五年以後行われたような「民族史」から「構造史」[179]への日和見主義的名称変更はほとんど役には立たなかった。アデナウアー時代、ドイツ史学の痛ましいばかりの沈滞と多くの歴史家が西で論議されるさまざまな新傾向をおよそ理解さえできなかったことこそ、この不運な連続性、この排斥と自己満足の混合物の成果であった。どんな変種であれ、三・四〇年代の民族史はけっして革新的な改革の端緒ではなかった——たとえば当時存在した国際的な歴史記述とくらべても、また何か別の比較基準、たとえば「純ドイツ的尺度」といったものもありえない——し、またこの端緒それ自身も改善可能だったり、「民主化しうる」ものでなかった。それゆえ批判的な社会史は別の伝統にみずからの祖先を求めねばならないし、またそれができるはずである。

〔付録〕「ライン流域および西方在外ドイツ民族研究振興会」の大会

開催年月日	開催地	テーマ
一九三一年六月二七・二八日	ビンゲン	「ドイツ文化西部地域の防衛」
三二年七月二七・二八日	ボン	「ルクセンブルク」
七月三一・八月一日	トリーア	「ザールラント」
三三年四月一八・一九日	ゲロルシュタイン	「オイペン・マルメディ」
九月二五・二六日	バーデンヴァイラー	「アレマン族の活動地域」
三四年五月五・六日	クレーフェ	「西方でのゲルマン学の課題」
九月二六―二八日	ザールブルク	「西モーゼル地域での民俗学の課題」
一〇月一九・二〇日	ユーバーリンゲン	「アレマン族の活動地

	域」
三五年三月二・三日	ゲロルシュタイン「西アイフェル北部（オイペン・マルメディ）の学術的諸問題」
三月九・一〇日	ボン（ラインの民俗学）
七月六・七日	バート・ベントハイム「北西ドイツとオランダの文化的課題」
一〇月一九・二〇日	バート・ドュルクハイム「フランスのドイツ人、ドイツのフランス人」
三五年	トリーア（テーマ不詳）
三六年三月七・八日	フランクフルト「オイゲン公とドイツ西部」
七月四―六日	レーア「オランダ・フリースランド」
九月一〇―一二日	ビットブルク「トリーア・ルクセンブルク地域」
三六年三月二八―三〇日	ザンクト・メルゲン（テーマ不詳）
九月一七―一九日	バート・フライエルスバッハ「上ライン地域の諸問題」（エルザス）
三七年三月一二・一三日	ヴォルムス「ドイツとフランスの民族性」
一〇月二―四日	アーヘン（ドイツ・オランダ定住史）
三八年二月二六―二八日	ゲロルシュタイン「西アイフェル」（オイペン・マルメディ）
三月一九―二一日	ショーナウ（ブルゴーニュ）
三九年三月九―一〇日	ビンゲン（テーマ不詳）
三月九―一〇日	バート・ミュンスター「ドイツ西部における民族史の諸問題」

〔省略記号〕

BAK: Bundesarchiv, Koblenz（連邦文書館、コブレンツ：史料の一部はその後ポツダムに移された）
BDC: Berlin Document Center（ベルリン・ドキュメント・センター：連邦文書館ツェーレンドルフ分室）
GSA: Geheimes Staatsarchiv Preussischer Kulturbesitz, Berlin-Dahlem（旧プロイセン邦立文書館、ベルリン＝ダーレム）
HZ: Historische Zeitschrift（『史学雑誌』）
RSHA: Reichssicherheitshauptamt（国家保安本部）
RVjB: Rheinische Vierteljahrsblätter（『ライン季報』）
NL Petri: Nachlaß Franz Petri, Zentrum für Niederlande-Studien, Münster（フランツ・ペートリ遺稿、オランダ研究センター、ミュンスター）
PAAA: Politisches Archiv des Auswärtigen Amtes, Bonn（外務省文書館、ボン）
VSWG: Vierteljahrsschrift für Sozial- und Wirtschaftsgeschichte（『社会経済史季報』）
WFG: Westdeutsche Forschungsgemeinschaft（西方在外ドイツ民族研究振興会）

（1） Franz Steinbach, “Vorwort”, in: ders. u. Erich Becker, *Geschichtliche Grundlagen der kommunalen Selbstverwaltung in Deutschland*, Bonn 1932, S. 7.
（2） BAK, Rep. 90, Nr. 1787, WFG, Protokoll der Tagung in St. Märgen, 28-30. 3. 1936, S. 6.
（3） Leo Just, *Um die Westgrenze des alten Reiches*, Köln 1941, S. 7.
（4） Hermann Heimpel, “Die Erforschung des deutschen Mittelalters

"im deutschen Elsaß", in: *Straßbürger Monatshefte* 5 (1941), H. 11, S. 738-743, 引用の文章は S. 738.

(5) 以下を参照。Heinz-Otto Sieburg, "Die Erbfeindlegende. Historische Grundlagen der deutsch-französischen Beziehungen", in: Ruth Stiel, Gustav Adolf Lehmann (Hg.), *Antike und Universalgeschichte. Festschrift Erich Stier*, Münster 1972, S. 323-345, 同じく Michael Jeismann, *Das Vaterland der Feinde. Studien zum nationalen Feindbegriff in Deutschland und Frankreich 1792-1918*, Stüttgart 1992. なおときおり行きすぎもあるがすぐれた問題提起をしているのが次の：Michael Nerlich, "Der Haß auf Frankreich. Oder: Vom deutschen Veitstanz um die 'nationale Identität'", in: *Neue Gesellschaft* 41 (1994), H. 1, S. 19-24. 一人の国家主義歴史家を例にこの仇敵トラウマを研究したのが：Heribert Müller, "Der bewunderte Erbfeind. Johannes Haller, Frankreich und das französische Mittelalter", in: *HZ* 252 (1991), S. 265-317.

(6) Michael Burleigh, *Germany turns Eastwards. A Study of "Ostforschung" in the Third Reich*, Cambridge 1988.

(7) 地方史・地域史全般にかんしては次を参照。Pankraz Fried (Hg.), *Probleme und Methoden der Landesgeschichte*, Darmstadt 1978; Alois Gerlich, *Geschichtliche Landeskunde des Mittelalters. Genese und Probleme*, Darmstadt 1986; Carl-Hans Hauptmeyer (Hg.), *Landesgeschichte heute*, Göttingen 1987. 一九三〇―四〇年代の「民族史」については、Willi Oberkrome, *Volksgeschichte. Methodische Innovation und völkische Ideologisierung in der deutschen Geschichtswissenschaft 1918-1945*, Göttingen 1993. フランスの歴史研究との比較でドイツの特殊性については以下を参照。Irmline Veit-Brause, "The Place of Local and Regional History in German and French Historiography: Some General Reflections", in: *Australian Journal of French Studies* 16, 1979, S. 447-478; Franz Irsigler, "Zu den gemeinsamen Wurzeln von 'histoire régionale comparative' und 'vergleichender Landesgeschichte' in Frankreich und Deutschland", in: Hartmut Atsma, André Burguière (Hg.), *Marc Bloch aujourd'hui. Histoire comparée & sciences sociales*, Paris 1990, S. 73-85; Peter Schöttler, "Das 'Annales-Paradigma' und die deutsche Historiographie (1929-1939). Ein deutsch-französischer Wissenschaftstransfer?", in: Lothar Jordan, Bernd Kortländer (Hg.), *Nationale Grenzen und internationaler Austausch. Studien zum Kultur- und Wissenschaftstransfer in Europa*, Tübingen 1995, S. 200-220.

(8) これに対しホルスト・ラーデマッハーはボンとライプツィヒの二つの地方史の間の結びつきを強調する。Horst Lademacher, "Franz Petri zum Gedächtnis", in: RVjB 57 (1993), S. VIII. ランプレヒトと彼の文化史の「体系」についてはロジャー・チッカリングの批判的伝記を参照：Roger Chickering: *Karl Lamprecht. A German Academic Life (1856-1915)*, Atlantic Highlands, N. J., 1993.

(9) Hermann Oncken, *Nation und Geschichte*, Berlin 1935, S. 197 (Text von 1924).

(10) ヘドヴィック・ヒンツェさえ彼の――今日なお読むに値する――論文を、全般に報復主義的な論調が目立つ「ドイツ人保護同盟」の論集に寄稿した。*Volk unter Völkern*, Bd. 1, hg. von Kurt E. von Loesch, Breslau 1925, S. 349-367.

(11) 「東方研究」とくらべて歴史学の「西方研究」はこれまでほとんど研究されていないので、本章も試論の域をでない。本章は、したがって素材を提供し、今後の研究で深められるべき論点を整理することを目指すだけである。草稿の段階で本章の原稿を注意深く読み批判してくれたことに対しミハエル・ヴィルト（ハンブルク）とインゴ・ハール（ベルリン）に感謝したい。なおハールの博士論文、原題「ナチズムと歴史家たち――歴史学と東部『民族闘争』『東方研究』の係わり」

も完成が迫っている。［すでに公刊された。第3章注133参照］さらにお礼を申し上げたいのはミュンスター大学付属オランダ研究センター所長ホルスト・ラーデマッハー氏で、氏はセンター所蔵のフランツ・ペートリ（一九〇三―九三）遺稿の利用を私に快く許して下さった。本章を書き終えたあとフランツ・ペートリの知的生涯を扱った浩瀚な論文が発表された。その論文はアクセントの置きどころがやや異なり――私見ではペートリの戦前の人種主義がいくぶん過小評価されている――とはいえ、本質的には本稿の理解と一致している。Karl Ditt, "Die Kulturraumforschung zwischen Wissenschaft und Politik. Das Beispiel Franz Petri (1903-1993)", in: *Westfälische Forschungen* 46 (1996), S. 73-176.

(12) この年（九二五年）が政治的理由からもち出されたことは、それがヴェルダン条約（八四三年）とは違いどの教科書にものっていないことからも察しがつく。それはまた、後に「ドイツ」になる東フランクに九二五年に合併されたロートリンゲンにしか当てはまらなかった。フランス占領軍の不信もそのかぎりではもっともだった。以下を参照：PAAA, Nr. 74592-74593, ならびにFranziska Wein, *Deutschlands Strom – Frankreichs Grenze. Geschichte und Propaganda am Rhein 1919-1930*, Essen 1992; Peter Schöttler, "Der Rhein als Konfliktthema zwischen deutschen und französischen Historikern in der Zwischenkriegszeit", in: *1999. Zeitschrift für Sozialgeschichte des 20. und 21. Jahrhunderts* 9 (1994), 2, S. 46-67.

(13) オンケンについては以下を見よ：Roland A. Eöhne, "Die Frankreich-Historiographie der Weimarer Republik am Beispiel von Hermann Oncken", in: Michael Nerlich (Hg.), *Kritik der Frankreichforschung*, Berlin 1977, S. 96-109; Bernd Faulenbach, *Die Ideologie des deutschen Weges. Die deutsche Geschichte in der Historiographie zwischen Kaiserreich und Nationalsozialismus*, München 1980, 122ff.; ハラーにかんしてはMüller（注5の文献）を参照。一般的にはまたErnst Schulin: "Das Frankreichbild deutscher Historiker in der Zeit der Weimarer Republik, in: *Francia* 4 (1976), S. 659-673, およびHeinz Sproll, *Französische Revolution und Napoleonische Zeit in der historisch-politischen Kultur der Weimarer Republik, Geschichtswissenschaft und Geschichtsunterricht 1918-1933*, München 1992を見よ。これと対をなすフランス側の研究で、今日なお読むに値するのが：Lucien Febvre, *Der Rhein und seine Geschichte*, hg. Peter Schöttler, Frankfurt a. M. 1994（仏での初出は一九三一年）：Gaston Zeller, *Tausend Jahre deutsch-französische Beziehungen. Ein geschichtlicher Abriß in französischer Sicht*, Baden-Baden 1954（仏での初出は一九三一年）。

(14) とりわけ次の三著作が、ドイツの歴史家たちのフランス批判および彼らの学問的議論がときとともに堕落していくさまを記録している。Fritz Kern, *Die Anfänge der französischen Ausdehnungspolitik bis zum Jahr 1308*, Tübingen 1910; Aloys Schulte, *Frankreich und das linke Rheinufer*, Stuttgart 1918; Johannes Haller, *Tausend Jahre deutsch-französische Beziehungen*, Stuttgart 1930.

(15) 以下を参照：Friedrich v. Bezold, *Geschichte der Rheinischen Friedrich-Wilhelms-Universität von der Gründung bis zum Jahr 1870*, Bonn 1920, S. 17ff. u. 54; Leo Just, "Die geschichtliche Sendung der Universität Bonn", in: *Deutschlands Erneuerung 27* (1943), S. 257-270. ボン歴史学全般については以下を参照。Paul Egon Hübinger, *Das Historische Seminar der Rheinischen Friedrich-Wilhelms-Universität zu Bonn: Vorläufer, Gründung, Entwicklung. Ein Wegstück deutscher Universitätsgeschichte*, Bonn 1963; *Bonner Gelehrte. Beiträge zur Geschichte der Wissenschaft in Bonn, Geschichtswissenschaften*, Bonn 1968.

(16) 目標は「ラインラントの分裂した郷土史研究を学問的に下支えすること」である。(Aloys Schulte, in: GSA, NW 5, Nr. 604, Bl. 214)。

(17) 以下を参照：Edith Ennen, "Hermann Aubin und die geschichtliche Landeskunde der Rheinlande", in: RVjB 34 (1970), S. 9-42 (あらたに dies., *Gesammelte Abhandlungen zum europäischen Städtewesen und zur rheinischen Geschichte*, Bonn 1977, S. 444-471 所収); Heidi Gansohr-Meinel, "Die Landesstelle des Atlas der deutschen Volkskunde in Bonn und ihre Bedeutung für die rheinische "Volks-" und "Grenzlandforschung" der zwanziger und dreißiger Jahre", in: RVjB 59 (1995), S. 271-303.

(18) GSA, NW 5, Nr. 604, Bl. 242.「西部国境基金」については次を参照：Fritz Blaich, *Grenzlandpolitik im Westen 1926-1936. Die "Westhilfe" zwischen Reichspolitik und Länderinteressen*, Stuttgart 1978, S. 27ff.

(19) Hermann Aubin u. a., *Geschichte des Rheinlandes von der ältesten Zeit bis zur Gegenwart*, 2 Bde., Essen 1922; ders. (Hg.), *Geschichtlicher Handatlas der Rheinlande*, Bonn 1926 (本書の部分的に改訂された新版は：*Geschichtlicher Handatlas der deutschen Länder am Rhein, Mittel- und Niederrhein*, Köln 1950).

(20) Franz Steinbach, *Studien zur westdeutschen Stammes- und Volksgeschichte*, Jena 1926 (Nachdruck: Darmstadt 1962); Hermann Aubin, Theodor Frings, Josef Müller, *Kulturströmungen und Kulturprovinzen in den Rheinlanden. Geschichte — Sprache — Volkskunde*, Bonn 1926 (Nachdruck: Darmstadt 1966). 近年来、後者の本をときおり「アナール学派の問題提起を先取りしたもの」と評価する向きもあるが、筆者はこれに批判的である。：Schöttler, "Annales-Paradigma" (注7の文献) を参照。

(21) 以下を参照。Meinrad Schaab, "Landesgeschichte in Heidelberg", in: Jürgen Miethke (Hg.), *Geschichte in Heidelberg. 100 Jahre Historisches Seminar. 50 Jahre Institut für fränkisch-pfälzische Geschichte und Landeskunde*, Berlin, Heidelberg u. a. 1992, S. 174-200; Joachim Dahlhaus, "Die Gründung des Instituts für fränkisch-pfälzische Geschichte und Landeskunde", ebenda, S. 295-303. ダールハウスによれば (一九一ページ)、この研究所設立の「音頭をとった」のはギュンター・フランツ (一九〇二—九二) で、彼は、ダールハウスは黙っているが、確信的ナチで一九三五年以来親衛隊員だった (BDC, Akte Günther Franz)。

(22) ミュンスターについては次を参照：Karl Ditt, *Raum und Volkstum. Die Kulturpolitik des Provinzialverbandes Westfalen 1923-1945*, Münster 1988, S. 85ff.; ドイツの「フラマン政策」の枠内でケルンの研究所の果たした役割については、Peter Klefisch, *Das Dritte Reich und Belgien 1933-1939*, Frankfurt a. M. u. a. 1988, S. 217. を参照。

(23) このプロジェクトについては以下を参照：Burleigh (注6の文献) S. 25ff. u. passim; Oberkrome, Volksgeschichte (注7の文献) S. 28ff. u. passim; Michael Fahlbusch, *"Wo der deutsche... ist, ist Deutschland !". Die Stiftung für deutsche Volks- und Kulturbodenforschung in Leipzig 1920-1933*, Bochum 1994; Guntram Henrik Herb, *Under the Map of Germany. Nationalism & Propaganda 1918-1945*, London 1997, S. 65ff. ミハエル・ファールブッシュ (ボン／バーゼル) も目下「在外ドイツ民族研究振興会」について総合的研究を進めている。[Michael Fahlbusch, *Wissenschaft im Dienst der nationalsozialistischen Politik. Die "Volksdeutschen Forschungsgemeinschaften" von 1931-1945*, Baden-Baden 1999.]

(24) これについては本書第4章オーバクローメの論考を参照。

(25) *Stiftung für deutsche Volks- und Kulturbodenforschung Leipzig. Die Tagungen der Jahre 1923-1929*, als Handschriftendruck hg. vom Verwaltungsrat der Stiftung, o. O. o. J., Leipzig 1930, S. 21 (一九二四年三月の大会)。

(26) Albrecht Penck, "Deutscher Volks- und Kulturboden", in: *Volk*

unter Völkern（注10の文献）S. 62-73. これについては、とくに Karen Schönwälder, *Historiker und Politik. Geschichtswissenschaft im Nationalsozialismus*, Frankfurt a. M./New York 1992, S. 51ff. および Herb（注23の文献）S. 131ff. を参照。

(27) *Stiftung für deutsche Volks- und Kulturbodenforschung*（注25の文献）S. 35（一九二四年三月の大会）。

(28) Bayerisches Hauptstaatsarchiv, MA 108045, Bl. 3234. この報告書には一九二四年一月二九日の日付で「極秘」という指示が記されている。この史料をインゴ・ハール（ベルリン）のおかげでコピーできた、感謝したい。

(29) しかしこの指摘はいわゆる「研究委員会」にしか当てはまらない。この専門委員会は、とりわけ歴史家と地理学者からなり、第一次世界大戦末期にさまざまな覚書や地図作成を通じてフランス政府に助言した。*Travaux du Comité d'études*, 2 Bde., Paris 1918/19 を参照。これに対し二〇年代・三〇年代にフランス側には政府に指導されたり、財政援助を受けたりするいかなる「ドイツ研究」もなかった。たとえばライン左岸の政治的帰属をめぐる盛んな論議も政治的な反響を見いだしたにせよ、学問的反響はほとんどなかった。この問題にかんするフェーブルやツェラーの批判的にせよ穏健な態度は象徴的である（注13を参照）。

(30) *Stiftung für deutsche Volks- und Kulturbodenforschung*（注25の文献）S. 15 (Tagung v. Sept. 1923)。ここでレッシュが考えていたのは明らかに、外務省の委託でフリードリヒ・マイネッケが作成した（独仏二カ国語の）覚書である。*Geschichte der linksrheinischen Gebietsfrage. L'historique des questions territoriales de la rive gauche du Rhin*, o.O. o.J. (Berlin 1919), 27 S. ベルリンの歴史家・地理学者ヴァルター・フォーゲルはこの覚書のために四枚の地図を作成し、マイネッケはなによりもアルザスで人民投票の実施を要求した。

(31) この外国人報告者のなかにとりわけオランダのピーター・ガイルとスイスのヘクター・アマンがいた。「西方在外ドイツ民族研究振興会」も外国人学者（とりわけスイスとフラマンの）を招待したが、シュタインバッハがペートリに書いたように、そのさい対象になったのは、その学問的業績が「ゲルマン思想に貢献することが明白な研究者だけ」だった（一九三四年三月一九日の書簡、NL Petri, Korrespondenz-Ordner H）。

(32) しかしわれわれはあらかじめ、「ライプツィヒ財団」の大会議事録に残されている当該論争の記録（注25参照）が、公開も公刊もされなかった「在外民族研究振興会」議事録に比べて、より穏和に書き改められている可能性を考慮すべきであろう。

(33) オイゲン・フィッシャーおよび二〇年代・三〇年代の「学問的」人種主義の系譜については Edouard Conte, Cornelia Essner, *La quête de la race. Une anthropologie du nazisme*, Paris 1995, bes. S. 65-116. を参照。

(34) *Stiftung für deutsche Volks- und Kulturbodenforschung*（注25の文献）S. 210（一九二六年九月三〇日―一〇月二日の大会）。

(35) Wilhelm Volz (Hg.), *Der westdeutsche Volksboden*, Breslau 1925. 同書中でとくにフリードリヒ・ケーニヒの論考を見よ。Friedrich Koenig, "Vom alten deutschen Reichs- und Volksboden im Westen", S. 62-105. 民族概念については以下を参照：Reinhard Koselleck, Art. "Volk, Nation, Masse", in: Otto Brunner, Werner Conze, Reinhard Koselleck (Hg.), *Geschichtliche Grundbegriffe. Historisches Lexikon zur politisch-sozialen Sprache in Deutschland*, Bd. VII, Stuttgart 1992, S. 141ff.; Lutz Hoffmann, "Das 'Volk'. Zur ideologischen Struktur eines unvermeidbaren Begriffs", in: *Zeitschrift für Soziologie* 20 (1991), S. 191-208.

(36) *Stiftung für deutsche Volks- und Kulturbodenforschung*（注25の文献）S. 409（一九二八年四月一九―二一日、クレーフェでの大

会)。

(37) これはカール・フォン・レッシュの発言。Karl von Loesch (ebenda, S. 15; 一九二三年九月二一―二三日、マルクトレドヴィッツでの大会)。

(38) Hans-Adolf Jacobsen (Hg.), *Hans Steinacher. Bundesleiter des VDA 1933-1937. Erinnerungen und Dokumente*, Boppard 1970, S. XXII u. passim を参照。シュタイナッハーは「在外ドイツ民族研究振興会」を「国境地域・外国在住ドイツ民族のため学問の行う一種の奉仕活動」と呼んだ(S. 29)。次の書はシュタイナッハーを批判している：Walter von Goldendach, Hans-Rüdiger Minow, "*Deutschtum erwache!" Aus dem Innenleben des staatlichen Pangermanismus*, Berlin 1994 bes. S. 138ff.

(39) BAK, R 58, 101. ボンの「歴史的地方誌研究所」も戦争末期に「在外ドイツ民族研究振興会」をつうじて親衛隊の国家保安本部から資金の提供を受けていた(BAK, R58, 126, Bl. 279)。

(40) 次を参照：Peter Schumann, *Die deutschen Historikertage von 1893 bis 1937. Die Geschichte einer fachhistorischen Institution im Spiegel der Presse*, phil. Diss., Marburg 1974.

(41) PAAA, R 60270, 一九三一年六月二七―二八日にビンゲンで開催された設立大会の議事録。「西方在外ドイツ民族研究振興会」ははじめ「ドイツ西部研究団体」という名のもとで活動していた。

(42) なお本章末尾の付録に掲げられている「在外ドイツ民族研究振興会大会」の一覧表を見よ。

(43) 以下の記述は関連史料 BAK, R58, R 153, RA 1495, RA 1599 および PAAA, R60270-60284 の利用にもとづく。これらの史料でたびたび言及されている「西方在外ドイツ民族研究振興会」はじめその他の研究振興会について、残念ながら、これまでのところ研究がほとんどなされていない。短いスケッチや指摘は以下の研究に見いだせる：Lothar Kettenacker, *Nationalsozialistische Volkstumspolitik im Elsaß*, Stuttgart 1973, S. 45ff. とりわけ Schönwälder (注26の文献) および Oberkrome, *Volksgeschichte* (注7の文献)。

(44) 戦後、「ライン流域もしくは西方在外ドイツ民族研究振興会」は「西ドイツ地方・民族研究会」の名で活動を続けた。指導者はF・シュタインバッハ、F・メッツ、Th・マイアーらだった。シュタインバッハへの詳細な追悼文のなかでカール・ゲオルク・ファーバーはこの研究会についてしか触れず、はるかに重要かつ政治的に問題をはらむ「西方在外ドイツ民族研究振興会」にかんしては沈黙したままだった(*Berichte zur deutschen Landeskunde* 41, 1968, S. 37f.)。

(45) Adolf Hitler, *Mein Kampf*, München 1937, S. 699. 他の関連文献としては以下を参照：Eberhard Jäckel, *Frankreich in Hitlers Europa. Die deutsche Frankreichspolitik im Zweiten Weltkrieg*, Stuttgart 1966, S. 13ff. Robert Specklin, "La frontière franco-allemande dans les projets d'Adolf Hitler", in *Recherches géographiques à Strasbourg* (1986), H. 24, S. 5-26.

(46) Hitler, *Mein Kampf* (注45の文献) S. 736.

(47) Jäckel (注45の文献) S. 20f. および Hans Umbreit, "Auf dem Weg zur Kontinentalherrschaft", in: Militärgeschichtliches Forschungsamt (Hg.), *Das Reich und der Zweite Weltkrieg*, Bd., 5 / 1, Stuttgart 1988, S. 3ff. を参照。

(48) 「西方在外ドイツ民族研究振興会」の史料(注43参照)から確認される内務省ならびに外務省からの補助金交付は次のとおり：1933: 5900 RM (マルク), 1934 / 35: 5000 RM, 1935 / 36: 6000 RM, 1937 / 38: 7000 RM, 1938 / 39: 8700 RM, 1944: 3000 RM. これにくらべ「東方研究」を担当した「北東在外ドイツ民族研究振興会」は一〇倍以上の補助金を得た。

(49) BAK, R 60271, Bl. 61641, Protokoll der Gründungstagung der *Nordostdeutschen Forschungsgemeinschaft*, 19. -21. 12. 1933 in Berlin, S. 7.

(50) たとえばフライブルクの地理学者で「民族学者」フリードリヒ・メッツも、一九三八年彼がドイツ南ティロルの放棄に抗議したとき、同じ経験をした。ずっと党の路線に忠実なナチで、とりわけ「ライン上流域の統一」すなわちエルザスとロートリンゲンの再獲得に熱心に取り組んできたメッツは、戦後このいざこざを利用して自分を反ナチ抵抗者に仕立てようとした。これについてはベルリン・ドキュメント・センター（BDC）にある彼の個人史料ならびに以下を参照：Kettenacker, *Volkstumspolitik*（注43の文献）S. 46ff., および Mechtild Rössler, "Die Geographie an der Universität Freiburg 1933-1945", in: Michael Fahlbusch u. a., *Geographie im Nationalsozialismus*, Kassel 1989, S. 77-152. メッツの学長職（一九三五年）については、Helmut Heiber, *Universität unterm Hakenkreuz*, München 1992, Bd. II / 2, S. 257f. を参照。

(51) 以下を参照、Fritz Jacoby, *Die nationalsozialistische Herrschaftsübernahme an der Saar. Die innenpolitischen Probleme der Rückgliederung des Saargebietes bis 1935*, Saarbrücken 1973, S. 41 ff.; Ludwig Linsmayer, *Politische Kultur im Saargebiet 1920-1932. Symbolische Politik, verhinderte Demokratisierung, nationalisiertes Kulturleben in einer abgetrennten Region*, St. Ingbert 1992, S. 347ff.「ドイツ学術緊急振興会」およびプロイセン文部省から財政援助を受けた「ザール研究団体」の書記をつとめたのはゲオルグ・ヴィルヘルム・ザンテで、彼は一九二九年にこの目的のためプロイセン邦立文書館館長から休暇をもらい、市文書館員としてザールブリュッケンに出向いたのであった。

(52) Martin Herold, Josef Niessen u. Franz Steinbach: *Geschichte der französischen Saarpolitik*, Bonn 1934; erneut in: Franz Steinbach, *Collectanea. Aufsätze und Abhandlungen zur Verfassungs-, Sozial- und Wirtschaftsgeschichte, geschichtlichen Landeskunde und Kulturraumforschung*, hg. v. Franz Petri u. Georg Droege, Bonn 1967, S. 253-343 の多数の地図がついた記述を参照。

(53) Hermann Overbeck u. Georg Wilhelm Sante in Verb. mit Hermann Aubin, Otto Maull u. Franz Steinbach (Hg.), *Saar-Atlas*, Gotha 1934. これについては：Linsmayer（注51の文献）S. 354-360 が詳しい。

(54) とりわけ「羨望にみちた」フェーブルの批評：Lucien Febvre, in: *Annales d'histoire économique et sociale*, 5 (1934), S. 493f; ebenda, 7 (1936), S. 169ff. を参照。

(55) たとえば『民族科学』一九三五年第二号は「上ラインラントの地方誌について」という特集テーマで、シュタインバッハ（「ドイツ西部国境地域の中核、ザール川とライン川の間」）、メッツ、ヴェンツケ、プラースマン、レフラーの論文を掲載していた。シュタインバッハは自分の戦後出した文献目録では、この論文の出所を『民族科学』ではなくより無難な『ヴェストマルク』にしている。in: *Collectanea*（注52の文献）S. 901.

(56) Martin Roth, *Heimatmuseum. Zur Geschichte einer deutschen Institution*, Berlin 1990, bes. S. 136ff. の若干の指摘を参照。ザールブリュッケンの郷土博物館の成立については Linsmayer（注51の文献）S. 324ff. にあるスケッチを見よ。

(57) 以下を参照、M. Roth, Heimatmuseum（注56の文献）S. 144ff.; J. Klersch, "Un nouveau type de musée: la Maison du pays rhénan", in: *Mouseion* (1936), H. 35 / 36, S. 7-40.

(58) たとえば南プファルツにあるシュタウフェン朝の山城トリフェルスの修復を参照。これについては Celia Applegate, *A Nation of Provincials. The German Idea of Heimat*, Berkeley 1990, S. 220ff. を見よ。本書ではプファルツを例に防衛的な「国境闘争」から攻撃的なそれへの移行にさいし、郷土誌や地方史のはたした役割も調査されている（S. 197ff.）。

(59) ヴォーバンが計画し、一六八七―九八年に築かれたこの城塞はレジィスウィクの講和［一六九七年］ののち破壊された。城塞の施設や発掘作業については Giselher Castendyck, *Burgen, Festungen und Ruinen rund um Traben-Trabach*, Wittlich o. J., S. 51-76 を見よ。ザール復帰闘争との関連でフランスの城塞建設政策がボンの若手歴史家マルティン・ヘロルト Martin Herold（"Von Saarlouis zum Mont-Royal, von der mittleren Saar zur unteren Mosel. Ein Wegstück französischer Rheinpolitik der Vergangenheit und Gegenwart", in: RVjB 3〔1933〕, S. 355-368）やフリッツ・テクスターによってとりあげられた。Fritz Textor（*Entfestigungen und Zerstörungen im Rheingebiet während des 17. Jahrhunderts als Mittel der französischen Rheinpolitik*, Bonn 1937）. また以下も参照。Herold-Niessen-Steinbach, *Saarpolitik*（注52の文献）S. 45ff. 同じく、ヴェルナー・ボイメルブルクのナチ風文体で書かれた小説 Werner Beumelburg: *Mont Royal. Ein Buch vom himmlischen und vom irdischen Reich*, Oldenburg / Berlin 1936. ヴォーバンの一連の城塞計画を今日の視点で考察したものには：Fernand Braudel, *Frankreich*, Bd. I: *Raum und Geschichte*, Stuttgart 1989, S. 338ff. がある。

(60) Kettenacker, *Volkstumspolitik*（注43の文献）S. 45ff.

(61) 安定した地位をもつドイツの正教授たちが自ら戦場におもむいた動機はもっと詳しく調べてみる必要があろう。フランツ・シュタインバッハ、グンター・イプセン、クレオ・プライアーのように講座をもつ教授たちが意気軒昂と将校になったのはなぜか。シュタインバッハは一九四一年にノルウェーから書いた。——「私はいまここで身も心もふたたび兵士になり、この上なく幸せだ」（NL Petri, Q. VIII. 27）。一九四三年に彼は少佐に昇進した（ebd., W. IV. 63）——ほかの人々が英軍陣地をめぐり懸命に闘っていたまさにその最中に。これが、戦後シュタインバッハがくり返し主張した一種の「国内亡命」だった［序章、三ページを参照］のだろうか（Steinbach., Collectaned,〔注52の文献〕S. 867）。それとも、故郷にいれば大学でせいぜい傷痍軍人か女子学生を教えるくらいしかできないので、「この好機に」冒険の誘惑がこの名士たちの心をとらえたのだろうか。

(62)「エルザス・ロートリンゲン住民学術研究所」事務局長パウル・ヴェンツケは一九四一年に書いた。「喜ばしいことに多くの人が長い間無視されてきたわが国の西部地域に注意を向けるようになった。ルクセンブルク、ロートリンゲンそしてエルザスの復帰はいわばこの地域への民族的要求をいっそう深めることを求めている。すでに一九四〇年はじめ、オランダとベルギー進撃にマジノ線の突破が続いたとき、歴史への関心に大きな変化が起こった。小冊子類……が未曽有の売れ行きを示しただけでなく、……ずっしり重い『帝国領全書』（一八七一—一九一八年）も飛ぶように売れた。旧いエルザス・ロートリンゲン地図（ゲオルグ・ヴォルフラムとヴェルナー・グレイの）も二、三週間で売り切れた」。*Deutsche Literaturzeitung*（1941）, H. 49 / 50, Sp. 1183

(63) カイザー・ヴィルヘルム（シュトラスブルク）大学については John E. Craig, *Scholarship and Nation Building: The Universities of Strasbourg and Alsatian Society, 1870-1939*, Chicago 1984, S. 29-99 を見よ。一九四一—四四年の「帝国《ライヒ》大学」については Kettenacker, *Volkstumspolitik*（注43の文献）S. 184-194, および Heiber, *Universität*（注50の文献）Bd II / 1, S. 224-254 を見よ。

(64) Ernst Anrich, *Universitäten als geistige Grenzfestungen*, Stuttgart / Berlin 1936; ders., *Die Bedrohung Europas durch Frankreich. 300 Jahre Hegemoniestreben aus Anmaßung und Angst*, Berlin 1940; ders., *Frankreich und die deutsche Einheit in den letzten 300 Jahren*, Hamburg 1940.

(65) 一九四二年四月の書簡、Heiber, *Universität*（注50の文献）Bd. II / 1, S. 241 に引用されている。またハインリヒ・ラマースが一九四一年六月七日大管区長ロバート・ヴァグナー宛書簡で書いた言葉「ロマンス的西欧に対抗するドイツ的精神生活の砦」（zit. ebenda, S. 223）も参照。

（66）　党籍についての記述はすべてBDC所蔵の個人データにもとづく。

（67）　NL Franz Petri, F. Petri an F. Metz, 5. 3. 1941; E. Anrich an F. Petri, II. 3. 1941; F. Petri an E. Anrich, 8. 7. 1941.

（68）　シュトラスブルク帝国大学にいた歴史家たちについて著者の論文が近く他の場所で公表されるはずである。

（69）　これにかんするより詳細な記述（BDC個人データにもとづく）については Heiber, Universität（注50の文献）Bd. I, S. 417ff.; Bd. II/I, S. 235ff. を参照。

（70）　一九四〇年七月四日、ジークフリート・ケーラーに宛てた彼の有名な書簡を見よ。「歓喜、賞賛そしてこの成果をあげた軍隊への誇り。これらの感情はまず私を圧倒せずに置かない。そしてシュトラスブルクの復帰。私の心は喜びにうち震える」。（Friedrich Meinecke, *Ausgewählter Briefwechsel*, Stuttgart 1962, S. 364）. Hans-Erich Volkmann, "Deutsche Historiker im Umgang mit Drittem Reich und Zweitem Weltkrieg 1939-1945", in: ders.（Hg.）, *Endes des Dritten Reiches — Endes des Zweiten Weltkriegs. Eine perspektivische Rückschau*. München / Zürich 1995, S. 861-911 を参照。

（71）　Kettenacker, *Volkstumspolitik*（注43の文献）S. 163ff. u. passim を見よ。

（72）　次を参照。資料：*De l'Université aux camps de concentration: témoignages strasbaurgeois*, Paris 1947, および一九九三年の記念集会の記録：André Gueslin（Hg.）, *Les Facs sous Vichy. Etudiants, universitaires et Universités de France pendant la seconde guerre mondiale*, Clermont / Ferrand 1994.

（73）　このテーマはこれまでおおまかにしか扱われていないから、今後とりわけ社会史ないし日常史的個別研究が必要であろう。たとえば：Lothar Gruchmann, *Nationalsozialistische Großraumordnung. Die Konstruktion einer "deutschen Monroe-Doktrin"*, Stuttgart 1962, S. 76ff.; Jäckel（注45の文献）S. 229ff.; Valdis O. Lumans, *Himmler's Auxiliaries. The Volksdeutsche Mittelstelle and the German National Minorities of Europe, 1933-1945*, Chapel Hill 1993, S. 179ff. 具体的分析の手がかりをあたえてくれるのは Kettenacker, Volkstumspolitik（注43の文献）、および Dieter Wolfanger, *Die nationalsozialistische Politik in Lothringen（1940-1945）*, phil. Diss., Saarbrücken 1976. なおフランス側の視点で、戦争直後にまとめられた資料集として次を参照。Jacques Lorraine, *Les Allemands en France*, o. O. o. J., Paris 1945 および Jacques Mièvre, *L' "Ostlanda" en France durant la seconde guerre mondiale. Une tentative de colonisation agraire allemande en zone interdite*, Nancy 1973.

（74）　とりわけフランツ・シュタインバッハとボンの地理学者ヨーゼフ・シュミットヒューゼンは当時ルクセンブルクの併合を正当化するさまざまな議論をまとめた。たとえば以下を参照。Josef Schmithüsen, *Das Luxemburger Land. Landesnatur, Volkstum und bäuerliche Wirtschaft*, Leipzig 1940; Franz Steinbach, "Luxemburg", in: *Deutschldnd und der Westraum*, hg. v. Friedrich Heiß u. a., Berlin 1941, S. 145-155, および Josef Schmithüsen, Franz Petri, Leo Just u. a., Art. "Luxemburg" in: *Handwörterbuch des Grenz- und Auslandsdeutschtums*, hg. v. Carl Petersen u. a., Breslau 1936ff., Bd. III（1940）, S. 409-453. これについてはまた Schönwälder（注26の文献）S. 174 u. 348 を参照。具体的な占領政策については Emile Krier, "Die deutsche Volkstumspolitik in Luxemburg und ihre sozialen Folgen", in: Waclaw Dlugoborski（Hg.）, *Zweiter Weltkrieg und sozialer Wandel*, Göttingen 1981, S. 224ff. を見よ。

（75）　アルデンヌ山地およびロートリンゲンでこの入植事業は農業省のもとにある「東ドイツ農業経営協会」（通称「オストランント」）によって

組織された。のちにこの協会は「ライヒスラント」（あるいは「ヴェストラント」）の名で通用した。とりわけアルデンヌ、ムーズそしてモールト・エ・モーゼル県では大農場がドイツの指導でつくられ、労働力には土地を奪われたフランス農民、戦争捕虜あるいはポーランド占領地域から移住させられたポーランド人が使われた。これについてはMièvre（注73の文献）を参照。戦況および大管区指導部と親衛隊の権限争いが原因でこの地域での「入植圧力」は一九四二年からいちじるしく後退した。

(76) ドイツの占領政策と関連して「領域研究」の誕生についてはMechtild Rössler, "*Wissenschaft und Lebensraum*". *Geographische Ostforschung im Nationalsozialismus*, Berlin / Hamburg 1990, zs. 134ff. を参照。

(77) Ernst Anrich, *Die Geschichte der Deutschen Westgrenze. Darstellung und ausgewählter Quellenbeleg*, Leipzig 1940. アンリヒのテーゼがいかに強くかつてのボンの同僚たちの研究に影響されていたかは、のちに出た、より宣伝臭の少ない、それだけより明晰な論文を見てもわかる。*Die Straßburger Eide vom 14. Februar 842 als Markstein der deutschen Geschichte*, Straßburg 1943) Straßburger Universitätsreden, H. 4), bes. S. 8ff., 41ff. u. 101ff. 彼自身の証言によれば、戦争勃発のとき、彼は国防軍最高司令部の「西部担当学術スタッフ」に属していた。この部署は「在外ドイツ民族同盟」のベルリンの建物に部屋をもち、とりわけ「在外ドイツ人中央本部」の手助けをしていた（一九九六年一二月九日付著者への手紙。なおKattenacker, *Volkstumspolitik*〔注43の文献〕S. 47をも参照）。この親衛隊の役所は立案された移住計画の実施を担当していた（Lumans〔注73の文献〕を参照）。

(78) たとえば以下を参照。Hermann von Bothmer, *Germanisches Bauerntum in Nordfrankreich*, Blut und Boden Verlag, Goslar 1939; Heinrich Römer (Hg.), *Rhein — Reich — Frankreich, Zeitgeschichte in Berichten, Reden und Urkunden*, Leipzig 1940; *Deutschland und der Westraum*（注74の文献）、この写真入り論集にはとりわけエルンスト・アンリヒ、アドルフ・ヘルボーク、クルト・フォン・ラウマー、フランツ・シュタインバッハ、マルティン・シュパーンそしてルドルフ・クレーマーが寄稿していた。

(79) この覚書が発見できないことについてはJäckel（注45の文献）S. 47; Kettenacker, *Volkstumspolitik*（注43の文献）S. 51 u. 296; Specklin（注45の文献）S. 10ff.; Schönwälder（注26の文献）S. 175を参照。これまでシュトゥッカートの協力者ハンス・グロプケがニュルンベルク戦争犯罪法廷でした証言――ヒトラーは「できるだけ文書をつくるな」と命じた――にもとづいて、この覚書も故意に「廃棄された」と信じられていた。

(80) Specklin（注45の文献）およびUmbreit（注47の文献）S. 66の地図を参照。

(81) この覚書からの抜粋はSefton Delmer, *Die Deutschen und ich*, Hamburg 1962, S. 767ff. また最近ではLudwig Nestler (Hg.), *Die faschistische Okkupationspolitik in Frankreich (1940–1944)*（= Europa unterm Hakenkreuz, Bd. 3）にある。この覚書の全貌を歴史的・批判的に紹介する出版が著者によって準備されている。

(82) Friedrich Metz, *Die Einheit der Oberrheinlande*, Berlin 1925; ders., *Der Oberrhein und das Elsaß*, Berlin 1940; メッツについては（注50の文献）を参照。戦争中、旧い地名「エルザス」に替えてより長いタイム・スパンで「上ライン」と呼ぼうという計画が存在した（Kettenacker, *Volkstumspolitik*,〔注43の文献〕S. 174）。

(83) 注81の文献を参照。

(84) 引用の諸研究（注20の文献）とならんで、とりわけシュタインバッハの*Collectanea*（注52の文献）を参照。

(85) Franz Petri, *Germanisches Volkserbe in Wallonien und Nordfrankreich. Die fränkische Landnahme in Frankreich und in den*

Niederlanden und die Bildung der westlichen Sprachgrenze (Veröffentlichungen des Instituts für geschichtliche Landeskunde der Rheinlande an der Universität Bonn), 2 Halbbände, Bonn 1937; 2. Auflage: Bonn 1942. BDC にあるペートリの個人データ中には、一九二七年から一九三二年の間、このプロジェクトのため彼に与えられた奨励金や旅費の詳細な記録が残されている。「西方在外ドイツ民族研究振興会」（WFG）からペートリが受けた援助については振興会年報（注43の文献）およびペートリがシュタインバッハとかわした書簡（NL Petri, Q. VIII.）を参照。

（86）Petri, *Volkserbe*（注85の文献）S. 854ff.

（87）Ebenda, S. VI

（88）Franz Petri, "Offener Brief an einen wallonischen Gelehrten", in: RvjB 9 (1939), S. 296f. なお専門誌『中世』ならびにブリュッセルの日刊紙『ル・ソワール』にモーリス・ヴィルモットが書いた書評（*Moyen-Age* 48 (1938), S. 66-74 および *Le Soir* v. 19. 10. 1939.）を参照。

（89）当時「西方研究」とはみなされておらず、したがって本論でもとり上げられなかったイギリス研究については、さしあたりシェンヴェルダー（注26の文献）S. 158ff. u. 178ff. を参照。

（90）Franz Steinbach, *Der geschichtliche Sinn des Waffenstillstandes mit Frankreich*; Bonn 1940, S. 25 (Kriegsvorträge der Rheinischen Friedrich-Wilhelms-Universität, H. 20). シュタインバッハ（一八九五―一九六四）はカトリック教徒で「ゲレス協会」［カトリックの学術奨励財団］のメンバーだった。彼は RVjB ばかりか、雑誌『民族と人種』および『フォルクスシュピーゲル』の共同編集者でもあった。（後の二つの雑誌については彼の業績目録でも触れられていない。*Collectanea*,〔注52の文献〕S. 905）。彼はたしかに一度もナチ党に入党していないが、「ナチス教員同盟」メンバーだった（7. 7. 1934; BDC, Akte Steinbach）。一九四三年には彼にボン大学のエルンスト・モーリッツ・アルント賞が授与された（Heiber, *Universität*,〔注50の文献〕S. 644）。すでに一九三四年に書いた『フランスのザール政策の歴史』のなかで、彼は西での国境改訂にはっきり賛成していた。「われわれが待ち望むのは、民族革命の大波がその荒々しい力でもって、恣意でひかれた人工の国境を粉砕すること、またけがれなき民族の本質から強い力が沸き起こり、それが異文化の過度の影響の結果生まれた精神的奇形に対し仮借なき闘いを挑み、民族を自覚へ導くことである」（注52の文献、S. 257）。彼が戦後、「第三帝国」時代の自分の行動を美化しようとした試みについては、本書序章を参照。

（91）以下を参照。Wilfried Wagner, *Belgien in der deutschen Politik während des Zweiten Weltkrieges*, Boppard 1974, S. 249 u. passim; Etienne Verhoeyen, *La Belgique occupée. De l'an 40 à la Libération*, Brüssel 1994, S. 293-311.

（92）レオ・ユスト（一九〇一―六四）は当時ボン大学私講師であった。一九四〇年はじめ彼は大学で「われわれは敵について何を知るべきか」という題で連続講演を行った。その講演は『フランスとわが帝国――数世紀にわたる変遷のなかで』（= Kriegsvorträge der Universität Bonn, H. 2）という題で刊行された。また注3に紹介した彼の一九四一年の書も参照。

（93）NL Petri, F. IV 46. I, Aktenvermerk Petris v. 16. 6. 1942. シュタインバッハは一九四一年から四二年までヘント（ガン）で教え、ユストがあとを継いだ。ペートリの手書き文書のなかには「彼らの」大学（複数）での授業やそこを支配する陰鬱な空気について語る「客員教授たち」（もちろんシュタインバッハではない！）の報告が多数含まれている。ニュルンベルク戦争犯罪法廷では破壊的な大学政策が厳しく糾弾された。*Der Prozeß gegen die Hauptkriegsverbrecher vor dem Internationalen Militärgerichtshof*, Nürnberg 1947, Bd. VI, 584ff. を参照。

（94）以下を参照。Jean Vanwelkenhuyzen, *Les Universités belges sous l'Occupation allemande*（*1940-44*）, Bruxelles o. D.; Dirk Martin, "Les Universités belges pendant la Deuxième Guerre Mondiale", in: *L'Occupation en France et en Belgique 1940-1944. Actes du colloque de Lille, 26-28 avril 1985*, Villeneuve d'Ascq 1987 (Revue du Nord, Sonderheft), I, S. 315-336.

（95） こうした像は彼の手書き文書（NL Petri）から浮かびあがる。たとえば「フランス在住フラマン人団体の覚書にかんする基本見解」（T. II. 1-11）を参照。そのなかで彼は北フランスにいる親ナチ少数グループの［フランスからの］分離要求を斥けた。これについてはEtienne Dejonghe, "Un mouvement séparatiste dans le Nord et le Pas-de-Calais sous l'Occupation 1940-1944: le 'Vlaamsch Verbond van Frankrijk'", in: *Revue d'histoire moderne et contemporaine* 17 (1970), S. 50-77を参照。またラーデマッハーへの追悼の辞（注8の文献）S. xff. を見よ。

（96） NL Petri, F. I. 38, 1-25. そこには、序文をペートリが書いた展覧会カタログが見いだされる（F. II. 75）。推薦図書にはペートリとシュタインバッハの本があがっていた。「五〇周年記念宮殿」で開催され、三カ国語を用い、ユストも協力した（R. II. 13）この展覧会は六週間で六万三千人の観衆を引き寄せた。（F. III. 51）。これについては、またシェンヴェルダー（注26の文献）S. 234ff. ならびに――めずらしいことに――ブリュッセルの夕刊紙『ル・ソワール』にポール・ド・マンの書いた（erneut in: ders., *Wartime Journalism*, 1939-1943, ed. Werner Hamacher u. a., Lincoln 1988, S. 207）報告を参照。

（97） この再版はとりわけブリュッセル軍政部の「強い推薦」によって実現したらしい（NL Petri, F. I. 11. Briefdurchschlag, 23. 2. 42.）。占領とともに増大した学問的な背景関連文献に対する需要については注62に引用したヴェンツケを参照。

（98） たとえば次の書評での彼の発言を見よ。Ivo Schöffer, *Het nationaal-socialistise beeld van de geschiedenis der Nederlanden*, Amsterdam 1956, in: RVjB 22（1957）, S. 310-315, 引用の文章はS. 312. また注104も参照。

（99） NL Petri, G. III. 43. 1., 一九四二年一〇月七日付、ペートリの文書メモ。

（100） Ebenda. この本はオイゲン・ディーデリクス社から出版されるはずだったが、戦局悪化のため実現しなかった（ebenda, F. v. 4）。ペートリの遺稿中にはテクスターの論文（四三ページ）だけが遺されている（G. III. 43. 1.）。この他ペートリの論文 "La Wallonie et le monde allemand. Idées relatives à un tournant de l'histoire", in: *Wallonie. Cahiers de la commission culturelle wallone* (1942), H. 8/9, S. 14-22 (Ex. im NL Petri), ならびに彼の講演草稿「ゲルマンとロマンスの境界国としてのベルギー」, 24. 8. 1942 (ebd., U. II. 1. 1.).

（101） Franz Petri, "Um die Herkunft der Wallonen", in: *Westland. Blätter für Landschaft, Geschichte und Kultur an Rhein, Mosel, Maas und Schelde*, hg. v. Reichskommissar für die besetzten niederländischen Gebiete, Reichsminister Dr. Seyss-Inquart, (1943), H. I, S. 61 (Exemplar im NL Petri). この人種人類学的調査は一九四一年以来親衛隊中佐Dr・カール・ゾンマーによって実施された（NL Petri, R. III. 69）。またペートリの一九四二年一〇月七日付文書メモ（注99）を参照。

（102） Petri, "Um die Herkunft der Wallonen"（注101の文献）。しかしペートリは、たとえば「大ドイツ展」のカタログ（注96の文献、S. 7）に「ワロン人は先史時代のケルト・ロマン的基質とともに――北方民族の遺伝をその血と本性に深く受け継いでいる」と書いているから、自らもこの解釈を後押ししたのではなかろうか。

（103） Henry Picker, *Hitlers Tischgespräche im Führerhauptquartier 1941-42*, hg. von Gerhard Ritter, Bonn 1951, S. 425.

（104） 戦後、この文章はゲルハルト・リッターを微妙な立場に立たせた。彼は当時「ドイツ歴史家協会」会長で、自分の「ツンフト」を代表する立場にいたからである。そこで彼はペートリに書いた。「問題はこの個所をどう扱うかです。もちろん私は全部削除することはしたくない、それでは史料に手を加えることになる。だが一方この出版であなたに迷惑をかけることは絶対避けたい。そこでお願いだが、私が脚注であなたのお仕事は純粋に学問的性格のもので何ら膨張政策に荷担するものではないことを明言する、ということで了解願えないだろうか。それともあなたはあくまで、自分の名前を消し、その代わりただの一学者という表現に置き換えることを求められるだろうか。出版社はこの後の方の解決策に傾いています」。ペートリは、自分でも書いているように、「当然いくらか狼狽した」が「今日残念ながらわれわれの内に誤解や曲解からまったく安全な者などだれもいない」。それゆえ彼は「自分の利益のためだけでなく、われわれの西側隣邦諸民族との学術交流一般やボン研究所の仕事に配慮して」もう少し長い評注をつけることに賛成した（NL Petri, I. VIII. I. I., リッター、ペートリ往復書簡、13., 16. u. 17. 3. 1951）。ペートリおよびシュタインバッハ（-）との話しあいにもとづきリッターは結局脚注を書き加え、そのなかで、ペートリは「一九四一年七月、当時のベルギー・北フランス方面軍司令官フォン・ファルケンハウゼン将軍の支持と署名を得て一通の覚書を、総統大本営を含むもっとも重要なライヒ中央諸官庁に送ったが、その覚書はこうした千五百年もの時間を無視した政治的結論は支持しがたいと述べ、自分の著書がかかる政治目的に濫用されることに抗議した。この覚書がヒトラーにまで届いたかどうかは不明である」と言明した（Picker, S. 425;　タイプ書き草稿は im; NL Petri）。しかし『[ヒトラー]食卓談話』のその後の版で、この脚注は跡形もなく削られてしまった。［このことの意味は大きい。というのは］この脚注はもともと注目すべきヒトラー像を記録にとどめたうえ、また北フランスの分離主義者に反対するペートリの覚書（注95参照）を、事実に反し、［彼が自分の歴史研究で］正当化していた併合を全面否定する警告に読みかえる［内容をもっていたからである］。

(105)　BDC, Akte Kleo Pleyer (1898–1942). プライアーはかつて「青年ドイツ騎士団」［ワイマル初期に短期志願兵部隊から発足した政治闘争団体の一つで、どの政党にも属さなかった］に加盟していたため、ナチ党への入党が認められたのはやっと一九四〇年一月一日であった。以下を参照。Karl O. Paetel, *Versuchung oder Chance ? Zur Geschichte des deutschen Nationalbolschewismus*, Berlin / Göttingen 1965, S. 149ff., 290ff.; Helmut Heiber, *Walter Frank und sein "Reichsinstitut für die Geschichte des neuen Deutschland"*, Stuttgart 1966, S. 393ff.

(106)　Kleo Pleyer, *Die Landschaft im neuen Frankreich. Stammes- und Volksgruppenbewegung im Frankreich des 19. und 20. Jahrhundert*, Stuttgart 1935. 教授資格論文の指導教授はヘルマン・オンケンだった。またゲルハルト・モルデンハウアーのように若干のナチ・ロマンス語研究者も当時地方主義について研究するか、関連テーマで博士論文を準備していた。Frank-Rutger Hausmann, *"Aus dem Reich der seelischen Hungersnot". Briefe und Dokumente zur romanistischen Fachgeschichte im Dritten Reich*, Würzburg 1993, S. 56ff. を参照。

(107)　Hedwig Hintze, *Staatseinheit und Föderalismus im alten Frankreich und in der Revolution* (zuerst 1928), neu hg. v. Rolf Reichardt, Frankfurt a. M. 1989.

(108)　Pleyer, *Landschaft*（注106の文献）S. 6 u. 24f.

(109)　Ebenda, S. 397：「内なる使命感と外からの運命によってドイツ人は世界の民族解放闘争の先駆者にして前衛となった」。ここでは、プライアーがズデーテン・ドイツ人で、年若くして「国境闘争」を通じて政治化したことを、付け加えておこう。

(110)　BAK, R 58 / 923. 本書に対する禁止措置はやっと一九三八年に解かれた。もっともそれ以前でも、全国書籍出版会議所のコールハンマー社への書簡（一九三六年七月三〇日）によれば、この本は図書館への販売が、非公開を義務づけられてではあれ、許可された。その書簡では次のように書かれていた。「学問的にも欠陥がないわけでない、フランス地方主義にかんする本書のような仕事はわが国の外交利益を損なう可能性が高いので、（押収後）ふたたび公開販売を許すことは国策上からも認められるべきでない」。なお Heiber, *Frank*（注105の文献）S. 389ff. をも参照。

(111) ウルリヒ・ヘルベルトが報告しているように、パリ軍政長官としてフランス領域の新秩序について多くの覚書を作成した親衛隊中将ヴェルナー・ベストは長らくプライアーと友人であった（Urlich Herbert, *Best. Biographische Studien über Radikalismus, Weltanschauung und Vernunft 1903-1989*, Bonn 1996, S. 290ff.）。ドイツ占領軍によるフランス地方主義の利用については、Francis Arzalier, *Les perdants. La dérive fasciste des mouvements autonomistes et indépendantistes au xxe siècle*, Paris 1990. プライアーが親近感を抱いたブルターニュ分離運動に対するドイツ側の支援については（ders., *Landschaft*,〔注106の文献〕S. 358ff. を参照）また Hans Umbreit, "Zur Behandlung der Bretonenbewegung durch die deutsche Besatzungsmacht im Sommer 1940", in: *Militärgeschichtliche Mitteilungen* 1 (1968), S. 145-165. この問題で占領軍はもう一人の専門家、すなわちボン大学のケルト学者レオ・ヴァイスゲルバーを利用できた。彼はすでに語学の領域でペートリやシュタインバッハへの情報提供者だったが、レンヌで「特殊任務指導者」として分離派のラジオ放送のおぜんだてをした。Gerd Simon, "Zündschnur zum Sprengstoff. Leo Weisgerbers keltologische Forschungen und seine Tätigkeit als Zensuroffizier in Rennes während des 2. Weltkriegs", in: *Linguistische Berichte* 79 (1982), S. 30-52 を参照。一時はレンヌに「先史およびケルト学研究所」の設立も計画された。これについては Eckard Michels, *Das Deutsche Institut in Paris 1940-1944. Ein Beitrag zu den deutsch-französischen Kulturbeziehungen und zur auswärtigen Kulturpolitik des Dritten Reiches*, Stuttgart 1993, S. 98 を参照。

(112) Hermann Heimpel, "Peter von Hagenbach und die Herrschaft Burgunds am Oberrhein (1469-1474)", in: Franz Kerber (Hg.), *Burgund. Das Land zwischen Rhein und Rhone*, Straßburg 1942, S. 139-154; ders. "Karl der Kühne und Deutschland" in: *Elsaß-Lothringisches Jahrbuch* 21 (1943), S. 1-51. ハインペルの反仏ルサンチマンについては ders., *Deutsches Mittelalter*, Leipzig 1941 ("Frankreich und das Reich", S. 160-175) ならびに注4で引用したハインペルの論文を参照。ハインペルがシュトラスブルクで発表した論文類はもちろんその利用した文書の質で他のナチ歴史家の作品にくらべ格段にすぐれているが、その世界観でのアクセントの置き方ではそう変わりない。おそらくそのため、ハインペルは戦後これらの論文を二度と公刊しなかった。最近彼の旧研究仲間によって編まれた論文集 *Aspekte. Alte und neue Texte*. hg. von Sabine Krüger, Göttingen 1995 でも「第三帝国」——それについてハインペルはかつて「その血でもって第三帝国はヨーロッパの過去と未来を過去をもたない野蛮人の世界に対し防衛した」（注4の文献、S. 743）と書いた——は意図的に排除された。もちろん、これで問題が解決するはずがない。ハインペルの「第三帝国」期の文献目録および行動の批判的検討は急務である。ハルトムート・ボークマンの簡単なスケッチ Hartmut Boockmann: *Der Historiker Hermann Heimpel*, Göttingen 1990, は残念ながらあまりにも弁明的である。彼はナチ期のハインペルの行動や書いたものに対する批判をすべて「後追いの反ファシズム」といって斥ける（S. 16; S. 53 も参照）一方、歴史家のフェルキッシュで反仏的ルサンチマンを時代に条件づけられた当然な主張として無害化している。

(113) Max Hildebert Boehm, *Geheimnisvolles Burgund. Werden und*

Vergehen eines europäischen Schicksalslandes, München 1944. 参照、ders., *Lothringerland. Anderthalb Jahrtausende Grenzlandschicksal zwischen Argonnen und Vogesen*, München 1942（本書は出版社案内によればもっぱら「公務専用」に販売されるとのことであった）。ベームはイエナ大の正教授でベルリンの「国境地域・外国研究所」所長でもあった。しかし、昔「青年保守派」に属していたためナチ党員に採用されなかった——たび重なる入党志願も却下され、親衛隊の「名誉将校」にとどまった（BDC, Akte Boehm）——とはいえ、彼の理論的業績は先導的な役割を果たした。たとえば彼の綱領的論文、"Seelische Umsiedlung", in: *Volksforschung*, 6, 1943, H. 1/2, S. 133-137. このほか彼は「在外ドイツ人中央本部」の顧問としても活躍した。これについては、Carsten Klingemann, *Soziologie im Dritten Reich*, Baden-Baden 1996, S. 239ff., ならびに本書第8章カール・ハインツ・ロートの論考を参照されたい。ナチ社会学についてはクリンゲマンとともに Otthein Rammstedt, *Deutsche Soziologie 1933-1945. Die Normalität einer Anpassung*, Frankfurt a. M. 1986, および Jörg Gutberger, *Volk, Raum und Sozialstruktur. Sozialstruktur- und Sozialraumforschung im "Dritten Reich"*, Münster 1996 を参照。

(114) *Urkunden und Aktenstücke des Reichsarchiv Wien zur reichsrechtlichen Stellung des burgundischen Kreises*, hg. im Auftrag des Herrn Reichsministers des Innern im Rahmen des Westprogramms der deutschen Archivverwaltung, 3 Bde., Wien 1944/45. 計画された第四巻は遂に出版されなかった。ツィペルは前文で、計画された「西方研究プログラム」はドイツの覇権を史料にもとづき思想的に支える武器を政治と学問に手渡すことを目指す、といっていた（Bd. I, S. III）。

(115) Paul Kluke, "Nationalsozialistische Europaideologie", in: *Vierteljahrshefte für Zeitgeschichte* 3 (1955), 256ff.; Reinhard Opitz (Hg.), *Europastrategien des deutschen Kapitals 1900-1945*, Köln 1977, S. 670ff. 南ティロルからブルゴーニュへの計画された移住——その際都市名さえ（たとえばブザンソンがボーツェン［南ティロルの都市、イタリア名ボルツァーノ］に）変わるはずだった——については Karl Stuhlpfarrer, *Umsiedlung Südtirol 1939-1940*, Wien/München 1985, Bd. II, S. 649ff.

(116) Michels（注111の文献）。

(117)「ブリュッセル研究所」——それにはヘルマン・オーバン、カール・ブランディ、フリッツ・レーリヒ、ハインリヒ・フォン・ズルビクが係わった——についての資料はペートリの遺稿中にある。「ザールブリュッケン研究所」の支所で、その文書がモーゼル県文書館に保存されている「メッツ研究所」についてはヴォルフガング・フロイト（パリ／ザールブリュッケン）が目下博士論文を準備中である。

(118) Michels（注111の文献）。S. 94f. 同じく Conrad Grau, "Planungen für ein Deutsches Historisches Institut in Paris während des Zweiten Weltkrieges", in: *Francia* 19/3 (1992), S. 109-128 を参照。マイアーもまたこのプロジェクトでヴェルナー・ベストの支援を得た（注111参照）。マイアーの伝記にはこれまでまだ大学院生もだれ一人挑戦していないが、ヨハネス・フリートのスケッチを参照、in: Johannes Fried (Hg.), *Vierzig Jahre Konstanzer Arbeitskreis für mittelalterliche Geschichte*, Sigmaringen 1991, S. 12ff.

(119) Karl-Heinz Roth (Hg.), "Eine höhere Form des Plünderns. Der Abschlußbericht der 'Gruppe Archivwesen' der deutschen Militärverwaltung in Frankreich 1940-1944", in: *1999. Zeitschrift für Sozialgeschichte des 20. und 21. Jahrhunderts* 4 (1989), H. 2, S. 79-112; ders., "Klios rabiate Hilfstruppen. Archivare und Archivpolitik im deutschen Faschismus", in: *Archivmitteilungen* 41 (1991), H. 1, S. 1-10.「文書官集団」によって作成された、ライヒ史にとって重要な全史料の目録はやっと最近、——いわば「事が終わっ

たあと」に、また「それにもかかわらず」――公刊された。Georg Schnath, "Zur Entstehungsgeschichte des Pariser Inventars. Persönliche Bemerkungen und Erinnerungen", in: Wolfgang Hans Stern (Hg.), *Inventar von Quellen zur deutschen Geschichte in Pariser Archiven und Bibliotheken*, Koblenz 1986, S. XIX ff. 第二次大戦中に同じ著者がこの活動を「ドイツの文化保護政策の栄光の一ページ」と呼んでいた（Georg Schnath, "Drei Jahre deutscher Archivschutz", in: *Deutschland-Frankreich* 2 (1943), H. 6, S. 114–117）。この行動にとりわけ若手中世史家ハインリヒ・ビュットナー、テオドーア・シーファーやオイゲン・エーヴィヒが参加した。

(120) たとえば Walter Elze, *Der Prinz Eugen. Sein Weg, sein Werk und Englands Verrat*, Stuttgart / Berlin 1940; Hellmuth Rössler, *Der Soldat des Reiches. Prinz Eugen*, Oldenburg / Berlin 1944; Heinrich Ritter v. Srbik, *Wien und Versailles. 1692–1697. Zur Geschichte von Straßburg, Elsaß und Lothringen*, München 1944. またボンの歴史家マックス・ブラウバッハによるオイゲンの浩瀚な伝記（5 Bde., München 1963-65）はこの政治的な重点化が生んだ遅蒔きの成果といえよう。一九三六年に「西方在外ドイツ民族研究振興会」は「プリンツ・オイゲンとドイツ西部」のテーマで臨時大会を開いた。一九四一年ユーゴスラヴィアに派遣された武装親衛隊第七師団も「プリンツ・オイゲン」の名を冠していた。

(121) たとえば Hermann Heimpel, "Der Kampf um das Erbe Karls des Großen. Deutschland und Frankreich in der Geschichte", in: *Deutsche Allgemeine Zeitung* v. 24. 3. 1940（この新聞記事のコピー入手ではカレン・シェンヴェルダーのお世話になった）、Kurt Borries, "Die Staatsschöpfung Karls des Großen", in: *Deutschland-Frankreich* 1 (1942), S. 122–128（パリの「対独協力」グループの祝宴での講演）。カール大帝のこうした英雄化はかつてヒムラーが行った「ザクセンの屠殺者」［カールは三〇年もザクセン族と闘い、遂に征服した］批判と対立した。この対立は他のことでは体制に従順な歴史家ツンフト内部に驚くほど激しい論争を引き起こした。論文集：*Karl der Große oder Charlemagne? Acht Antworten deutscher Geschichtsforscher*, Berlin 1935 を参照。これについては：Karl Ferdinand Werner, *Das NS-Geschichtsbild und die deutsche Geschichtswissenschaft*, Stuttgart 1967, S. 74ff. よく知られているように一九四四年、親衛隊フランス人師団は「シャルルマーニュ」の名を冠した。

(122) 以下を参照。Franz Alfred Six (Hg.), *Der Westfälische Friede von 1648*, Berlin 1940; Heinrich Ritter v. Srbik, *Der Westfälische Friede und die deutsche Volkseinheit*, München 1940; Friedrich Grimm, *Das Testament Richelieus*, Berlin 1940; Theodor Heinermann, *Frankreich und der Geist des Westfälischen Friedens*, Stuttgart / Berlin 1941.

(123) たとえば Albrecht Timm, "Der deutsche Abwehrkampf gegen die Französische Revolution", in: *Vergangenheit und Gegenwart* 31 (1941), S. 28-33. おそらく宣伝省の提案でティムは簡単な『ドイツ史』をも書き、そのフランス語版は一九四三年に明らかに架空のベルリン出版社から「ヨーロッパ版」と銘うって発行され、無料で捕虜収容所や諸大使館に配られた。パリの独大使館だけはこの種の宣伝の価値を認めず、既存のフランス出版社に委託し選ばれたドイツ書を翻訳・刊行する道を選んだ。こうしてハラーの『ドイツ史の諸時代』のフランス語版が一九四三年に出た。PAAA, Deutsche Botschaft Paris, 1211, Kult 11, Nr. 8 ("Buchwesen") を参照。

(124) この種の大ドイツ主義帝国神話に接ぎ木されたイデオロギーの産物として以下を参照。Deutsches Institut für Außenpolitische Forschung (Hg.), *Europa. Handbuch der politischen, wirtschaftlichen und kulturellen Entwicklung im neuen Europa*, bearb. v. Jürgen von Kempski, Geleitwort von Joachim von Ribbentrop, Leipzig

1942: Theodor Mayer, *Die Geschichtsforschung im neuen Europa*, in: *Völkischer Beobachter*, 11./12. 4. 1942 (erneut in: Fried〔注118の文献〕S. 29-32); ders., Walter Platzhoff (Hg.) *Das Reich und Europa*, Leipzig 1941; ders. (Hg.), *Der Vertrag von Verdun 843. Neun Aufsätze zur Begründung der europäischen Völker- und Staatenwelt*, Leipzig 1943 (=Das Reich und Europa, Bd. 6); Adolf Rein, *Europa und das Reich*, Essen 1943; Reinhard Wittram, *Der Deutsche als Soldat Europas*, Posen 1943, usw. また一般的には Kluke, "Nationalsozialistische Europaideologie"（注115の文献）; Robert E. Herzstein, *When Nazi Dreams Come True. The Third Reich's internal Struggle over the Future of Europe after a German Victory. A Look at the Nazi Mentality 1939-1945*, London 1982; Opitz（注115の文献）; Peter Krüger, "Hitlers Europa-Politik", in: Wolfgang Benz u. a. (Hg.), *Der Nationalsozialismus. Studien zur Ideologie und Herrschaft*, Frankfurt a. M. 1993, S. 104-132. 戦後これらすべてが何の苦労もなく「西欧」「古いヨーロッパ」等々に方向転換した。この連続性の問題については Richard Faber, *Abendland. Ein politischer Kampfbegriff*, Hildesheim 1979 を参照。

(125) Paul Egon Hübinger, "Oberlothringen, Rhein und Reich im Hochmittelalter", Vortrag auf der Tagung der WFG in Worms, 1937; PAAA, R 60279, Bl. 62713; leicht veränderte Druckfassung in: RVjB 7 (1937), S. 141-160. フランツ・シュタインバッハは「北東在外ドイツ民族研究振興会」の設立にさいし次のように高らかに宣言した。「一九世紀のドイツ歴史学は、西部国境へのフランスの進出に対し、その地域のドイツ人に必死の防衛戦をくり広げるよう訴えるのではなく、結局いつも敵の進出を受け入れてきた。このような情けない無力に対し、いまや『〔ライン〕在外ドイツ民族研究振興会』は西方とくに大戦で奪われた領土でドイツ帝国の歴史を掘り起こすことにその崇高な任務を見ている」(PAAA, R 60271, S. 8)。

(126) Petri, *Volkserbe*（注85の文献）S. 997. よく知られているようにこの言葉はナチ・イデオロギーの認識標識であった。Viktor Klemperer, *LTI*. Notizbuch eines Philologen,〔zuerst: 1947〕Leipzig 1996, S. 277f. を参照。ヒトラーにとってもドイツやヨーロッパは地理的ないし歴史的概念ではなく、「血によって条件づけられた概念」であった。Krüger, "Hitlers Europa-Politik"（注124の文献）S. 105 の引用を参照。

(127) Walter Frank, *Nationalismus und Demokratie im Frankreich der Dritten Republik 1871-1918*, Hamburg 1933; Adolf Helbok, *Grundlagen der Volksgeschichte Deutschlands und Frankreichs. Vergleichende Studien zur deutschen Rassen-, Kultur- und Staatsgeschichte*, 2 Bde., Berlin 1936/37; Pleyer, *Landschaft*（注106の文献）.

(128) Oberkrome, *Volksgeschichte*（注7の文献）; ders., "Reformansätze in der deutschen Geschichtswissenschaft der Zwischenkriegszeit", in: Michael Prinz, Rainer Zitelmann (Hg.), *Nationalsozialismus und Modernisierung*, Darmstadt 1991, S. 216-238; Jürgen Kocka, "Ideologische Regression und methodologische Innovation. Geschichtswissenschaft und Sozialwissenschaften in den 1930er und 40er Jahren", in: *Historiographie als Methodologiegeschichte. Zum 80. Geburtstag von Ernst Engelberg*, Berlin 1991, S. 182-186; ders., "Geschichtswissenschaft und Sozialwissenschaft. Wandlungen ihres Verhältnisses in Deutschland seit den 30er Jahren" in: Konrad Jarausch u. a. Hg., *Geschichtswissenschaft vor 2000. Perspektiven der Historiographiegeschichte. Festschrift für Georg Iggers*, Hagen 1991, S. 345-359.

(129) たとえばカール・ハインツ・ロートの書評 Karl Heinz Roth in: *1999. Zeitschrift für die Sozialgeschichte des 20. und 21. Jahrhun-*

derts 9 (1994), S. 129-136, 同じく本書序章で紹介した論争を参照。

(130) まとまった紹介としては：Heiber, *Walter Frank*（注105の文献）を参照。

(131) 以下を参照。Pleyer, *Landschaft*（注106の文献）同じくders., "Großdeutsche Geschichtskunde", in: *Reich und Reichsfeinde* 3 (1943), S. 125-142. これは一九三八年の「新ドイツ歴史帝国研究所」年次大会でなされた講演で、プライアーはそこで「総体的歴史観」としての民族史概念を展開した。プライアーの人種主義についてはさらに本章一七四ページを見よ。

(132) Helbok, *Grundlagen*（注127の文献）; ders., *Deutsche Geschichte auf rassischer Grundlage*, Halle / Saale 1939 を見よ。戦後もヘルボークは自分の歴史概念に固執し、彼の文章はオーバン、シュタインバッハらによって引用されつづけた。次を参照。ders., *Deutsche Volksgeschichte. Wesenszüge und Leistungen des deutschen Volkes*, 2 Bde., Tübingen 1964（ここでは「血統」「本質的特性」「民族の道徳意識」といった諸概念が「人種」の代わりの役を果たしている）。「第三帝国」でのヘルボークの役割についてはEsther Ludwig, "Adolf Helbok (1883-1968) und die 'Gleichschaltung' des Seminars für Landesgeschichte und Siedlungskunde an der Leipziger Universität (1935-1941)". in: *Wissenschaftliche Zeitschrift der Humboldt-Universität zu Berlin. Reihe Geistes- und Sozialwissenschaften*. 40 (1991), S. 81-91.

(133) Adolf Helbok, *Was ist deutsche Volksgeschichte ?, Ziele. Aufgaben und Wege*, Leipzig 1935, S. 1.

(134) 一九四五年以後のアンリヒの展開についてはLothar Kettenacker, "Kontinuität im Denken Ernst Anrichs. Ein Beitrag zum Verständnis gleichbleibender Anschauungen im Rechtsradikalismus in Deutschland", in: *Festgabe für Paul Kluke*, hg. von Dieter W. Rebentisch, Frankfurt a. M. 1968, S. 140-160 を参照。

(135) このことはたとえば戦前「ライプツィヒ財団」や「西方在外ドイツ民族研究振興会」に協力してきたフラマン系歴史家やまた「大オランダ主義史」の提唱者で、ボン研究所が彼と組んでピレンヌに対抗したピーター・ガイルにもあてはまる（これについては後述）。ガイルの七〇歳の誕生日にペートリはこのオランダ人学者の論文集を——また もやアンリヒの「学術図書協会」を介して——刊行した。すなわち *Die Diskussion ohne Ende. Auseinandersetzungen mit Historikern*, hg. und mit einer Einführung v. Franz Petri, Darmstadt 1958 である。連邦共和国［西ドイツ］の西側との結びつき強化と再軍備という枠組みのなかで「西方研究」が間接的に復活した経緯についてはより詳細な研究が待ち望まれる。

(136) カールリヒャルト・ブリュールはドイツとフランスの学者間にある本格的な「相互引用カルテル」について語っている。*Deutschland-Frankreich. Die Geburt zweier Völker*, Köln / Wien 1990, S. 181ff. 最近の研究成果としてはReinhold Kaiser, *Das römische Erbe und das Merowingerreich*, München 1993, S. 75ff.; Joachim Ehlers, *Die Entstehung des deutschen Reiches*, München 1994, S. 94ff. を見よ。これらの研究ではボン学派の諸テーゼは「世界観によってゆがめられた解釈」と批判されている。言語学の側からの展望としてはヴォルフガング・ハウブリクスの徹底的な批判を参照。Wolfgang Haubrichs "Germania submersa. Zu Fragen der Quantität und Dauer germanischer Siedlungsinseln im romanischen Lothringen und Südbelgien", in: *Verborum Amor. Festschrift für Stefan Sonderegger*, Berlin / New York 1992, S. 633-666.

(137) Franz Petri, *Zum Stand der Diskussion über die fränkische Landnahme und die Entstehung der germanisch-romanischen Sprachgrenze*, Darmstadt 1954; ders. (Hg.), *Siedlung, Sprache und Bevölkerungsstruktur im Frankenreich*, Darmstadt 1973; ders., *Die fränkische Landnahme und die Entstehung der germanisch-*

romanischen Sprachgrenze in der interdisziplinären Diskussion, Darmstadt 1977.

(138) たとえばシュタインバッハがヘルボークやアーヘンの地理学者ヴァルター・ガイスラーと論争し、テオドーア・マイアーがフリードリヒ・メッツをやっつけ、そのメッツをヘルボークがまた懸命に中傷すれば、ゲルハルト・リッターもレオ・ユストを批判するといった具合にである。

(139) ピレンヌ（一八六二―一九三五）の伝記とその業績については Bryce Lyon, *Henri Pirenne. A Biographical and Intellectual Study*, Gent 1974; *La fortune historiographique des thêses d'Henri Pirenne*, Brüssel 1986.

(140) ピレンヌが果たした独仏歴史学の間の橋渡し役についての詳細な研究はまだできていない。さしあたり以下を参照。Hermann Aubin, "Zum 50. Band der Vierteljahrschrift für Sozial- und Wirtschaftsgeschichte", in: VSWG, 50 (1963), S. 1-24, bes. S. 18-21; Heinrich Sproemberg, "Henri Pirenne und die deutsche Geschichtswissenschaft", in: ders., *Mittelalter und demokratische Geschichtsschreibung. Ausgewählte Abhandlungen*, hg. v. Manfred Unger, Berlin / DDR 1971, S. 377-446.

(141) Henri Pirenne, *La nation belge et l'Allemagne*, Gent 1919; ders., *L'Allemagne moderne et l'empire romain du moyen âge*, Gent 1920; ders., *Ce que nous devons désapprendre de l'Allemagne*, Gent 1921. これらのテキストの注釈付き新版が現在筆者によって準備されている。

(142) *The Birth of Annales-History: The Letters of Lucien Febvre and Marc Bloch to Henri Pirenne (1921-1935)*, hg. v. Bryce u. Mary Lyon, Brüssel 1991; Schöttler "Annales-Paradigma"（注7の文献）を参照。

(143) Henri Pirenne, *Geschichte Belgiens*, 5 Bde., Gotha 1899-1913; ders., *Histoire de Belgique*, 7 Bde., Brüssel 1900-1931.

(144) Karl Lamprecht, *Deutsche Geschichte*, Erg. Bd. 2, Berlin 1913, S. 509ff.; ders., "Belgien und wir", in: *Berliner Tageblatt* v. 25. 12. 1914 を参照。

(145) とりわけ彼の晩年の作：*Mahomet et Charlemagne*, Brüssel 1937, S. 16ff. を見よ。これについては左の注162参照。

(146) たとえばフランツ・シュタインバッハの一九三三年ゲロルシュタインでの「西方在外ドイツ民族研究振興会」大会での発言（BAK, R 153, 1509, B1. 21）。また ders., *Der geschichtliche Sinn des Waffenstillstandes*（注90の文献）S. 12 をも参照。

(147) これはたとえばベルリンの中世史家で無職の歴史家ハインリヒ・シュプレムベルクにも当てはまる。彼は一九三二年『ドイツ文芸新聞』にピレンヌのベルギー史を賞賛する文章を書き、また『ドイツ史年報』でも同書を種々もちあげた。シュタインバッハはこれに単に個人的に憤慨したばかりか、新聞や年報編集者に向かい公然とこの評者をけなした（NL Petri, St. an Petri, 28. 12. 1932 u. 16. 1. 1933）。さしあたりシュプレムベルクも反論できたが（彼がアルバート・ブラックマンに宛てた一九三三年三月三日付書簡、GSA, Rep. 92, Nr. 89 を参照）、年がたつにつれ、この逸脱行為が原因であらゆる執筆チャンスを失った。彼の伝記については、いまのところ Veit Didczuneit, Manfred Unger, Matthias Middell, *Geschichtswissenschaft in Leipzig: Heinrich Sproemberg*, Leipzig 1994 を参照。

(148) ペートリが数年にわたり受け取った奨学金に対するシュタインバッハの推薦状の文言は簡潔でしかも説得力があった。「西部隣接諸国とわが国の関係にとって、一方でピレンヌおよび彼の学派、他方ではフラマン・オランダの学者との、客観的で予断のない対決よりも緊急な課題は他に見つかりません。ペートリ博士は、彼がこの任務に他のだれよりも適していることをすでに証明しています」（PAAA, R 60271, o. pag., Steinbach an Auswärtiges Amt, 14. 3. 1933）。

(149) Franz Petri u. a., "Belgien", in: *Handwörterbuch des Grenz- und Auslandsdeutschtums*（注74の文献）Bd. 1, S. 346-368 を参照。ペートリはさらに後で、フェルキッシュな結論を述べざるを得ない項目「西部国境」も執筆するはずだった。しかしそれは結局書かれずに終わったらしい。

(150) Franz Petri, "Staat und Nation in Belgien. Eine grundsätzliche Kritik des Schlußbandes von H. Pirennes 'Histoire de Belgique' und der pirenneschen Auffassung der belgisch-niederländischen Geschichte", in: RVjB 3 (1933), S. 91-123 u. 205-272（全部で一一〇ページ！）を参照。

(151) Franz Petri, "Grenzfragen im Westen", in: *Jahresberichte für deutsche Geschichte* 8（1932）(erschienen: 1934), S. 513.

(152) Ebenda, S. 513f.

(153) たとえばペートリはガイルの『オランダ史』について比較の視点が欠けていること、およびピレンヌ批判が激しすぎることを批判した。Ders., "Staat und Nation in den Niederlanden", in: RVjB 2 (1932), S. 216-228; また同所にあるガイルの返答、ebenda, 3 (1933), S. 152f. も参照。

(154) NL Petri, Korrespondenz-Ordner H, Steinbach an Petri, 17. 11. 1933 u. 24. 7. 1934. このやりとりの背景になったのはユトレヒトで教え、ピレンヌとも親しかったドイツ人歴史家オットー・オッペルマンがガイルの本に加えた厳しい批判だった。*HZ* 148（1933）, S. 603-605.

(155) ペートリの『民族の遺産』の他、ここではとりわけエーディト・エンネンの中世都市史の研究、あるいはパウル・エゴン・ヒュービンガーのブルゴーニュ・ロートリンゲンの「中間帝国」研究が思い出される。Edith Ennen, "Die europäische Stadt des Mittelalters als Forschungsaufgabe unserer Zeit", in: RVjB 11（1941）, S. 119-146; erneut in dies., *Gesammelte Abhandlungen*（注17の文献）S. 42-66; dies., *Frühgeschichte der europäischen Stadt*, Bonn 1953; Paul Egon Hübinger, *Ausgewählte Aufsätze und Vorträge. Beiträge zur Geschichte Europas und der Rheinlande in Mittelalter und Neuzeit*, Siegburg 1990, S. 89ff.（また注125に引用された彼の講演を参照）。

(156) Franz Petri, "Henri Pirenne", in: VSWG 28（1935）, S. 408-410.

(157) Franz Petri, "Der germanische Anteil am Aufbau des französischen Volkstums", Tagung der WFG in Bad Dürkheim, 19.-20. 10. 1935 (PAAA, R 60274, Bl. 62177-85). このシュタインバッハが司会した大会に約六〇名の「西方研究」者が参加した。彼がそこで行った講演がその場かぎりの仕事でなかったことは、ペートリがのちにこの講演原稿を自分の著書のもっともすぐれた要約とよんでいることからも察しがつく。この著書とは、彼がもっともな理由から一九四五年以後けっして再刊しなかったものである。それゆえ彼はこのテキストを一九七三年にはじめて自分の一著書『定住、言語、人口構造』（注137の文献）で、発表した。そのさい彼はもちろんここでも引用されたまえがきの載ったページを切り捨て、またいくつかの個所で用語を変更した。たとえば「ゲルマン人の占める割合」を「フランク人の」それへ、また「人種的」は「人類学的」にといった具合にである。

(158) Ebenda; PAAA, R 60274, Bl. 62177f. 彼はここでピレンヌがヘントからブリュッセルに移り住んだ後行った講義――それに当時ブリュッセルに住んでいたシュタインバッハも同席した――をあてこすっている。

(159) Petri, "Henri Pirenne"（注156の文献）S. 410. デュルクハイム大会でシュタインバッハが行った同傾向の講演『ドイツとフランス両国歴史学の間の諸対立』も見よ。また Metz: *Der Rhein in der Auffassung der deutschen und französischen Geographie*（注157の文献、Bl. 62170ff.）を参照。とくに後者とそれがフランス歴史学とのやりとりに及ぼした結果についてはフェーヴルのライン川にかんする本

(注13の文献、S. 243ff.) への筆者のあとがきを参照。

(160) Pantheon-Akademische Verlagsanstalt, Amsterdam / Leipzig 1939; 2. Auflage: 1942.

(161) Paul Egon Hübinger, "Geleitwort zur deutschen Ausgabe", ebenda, S. 11f.

(162) ベルギー版とドイツ版をあらためて比較してみると、「補遺」はこの本の前半にとくに多いことが判明する。たとえばピレンヌは本文(ドイツ版の三一ページ以下)と注45(同二九三ページ)および注66(同二九五ページ)でゲルマン人の移住の波の意義を軽く扱い、そのさいドイツで反ペートリの歴史家エルンスト・ガミルシェーグの研究を援用したのに対し、ドイツ語版の翻訳者はペートリ、シュタインバッハ、ヘルボーク、ビュットナーそしてフォン・ワルトブルクの研究の詳細な紹介を――それが読者に訳者の補足だと判らないかたちで――挿入した。

(163) ドイツ史学のこの「遅れ」はとくにフランス「アナール学派」が生んださまざまな新機軸に対するその抵抗から読みとれる。これについてはPeter Schöttler, "Zur Geschichte der Annales-Rezeption in Deutschland (West)", in: Matthias Middell, Steffen Sammler (Hg.), *Alles Gewordene hat Geschichte. Die Annales-Schule in ihren Texten 1929–1992*, Leipzig 1994, S. 40–60.

(164) これを一例で示せば、ペートリが利用したのと――もちろん正しくまとめられているかぎりではあるが――同じ材料もちがったふうに解釈できたはずである。すなわち、メロヴィング時代にしばらく続いた二重言語、混合文化の状況はドイツ・フランス史の遠い昔とはいえ興味ある一時期とも見ることもできた。同じことはもっと後の時期のさまざまな接触や重なりあいにも当てはまる。しかしこのような「ポジティヴな」国境地域史はドイツの「西方研究」者にはとても考えられなかった。なぜならばフェルキッシュなドグマと「仇敵」ドグマは予めこうした問題提起を排除していたからである。その代わり彼らはいわば後から中世初期にすでに「ロマン人」と「ゲルマン人」の「分離」を確認し、さらに一九四〇年にその全体をもう一度くり返し、ケルト人とゲルマン人を民族として選り分けるチャンスが訪れたというわけである。こうした「選択的な」史料読解は他にも一見無害で共感のもてる諸テーゼに潜む政治的含意に対して目を開かせたのである。たとえば、母国語を「[民族という]血の共同体の絶対手放せぬ遺産」とみなす「ロマンティックな考え」は「諸民族ないし民族の一部がその言語をたがいに交換しうることが判ったので」ついに捨て去られた、要するに、言語の境界は必ずしも民族の境界ではない(Studien〔注20の文献〕S. 179)、というシュタインバッハの一見問題のない発言は後から、言語に民族の奥深い実質を見るという要求に解釈し直されるのである。さらに同じやり方で表面的にはフランス語を母国語とする住民を「ゲルマン化」することも正当とされる(たとえばワロン地域で)。シュタインバッハや彼の学派の仕事についてのこうしたフェルキッシュな読解の例はまたアンリヒにもはっきり認められる。"Straßburger Eide"(注77の文献)S. 101.

(165) 前記注61参照。

(166) *Volk im Feld*, Berlin 1943. この著者は自ら「行動の書」といっている(S. 7)。テオドーア・シーダーは友人の書いたこの本を「体験と認識の書」と名づけた。"Kleo Pleyer zum Gedächtnis", in: *Jomsburg* 6 (1942), H. 1 / 2, S. 137. プライアーは死後一九四四年にケーニヒスベルク市からカント賞をうけた。

(167) Pleyer, *Volk im Feld*(注166の文献)S. 55.

(168) Ebenda, S. 50.

(169) Ebenda, S. 69.

(170) Ebenda, S. 132.

(171) Ebenda, S. 83.

(172) Ebenda, S. 98.

(173) Ebenda, S. 73.

(174) Ebenda, S. 7. また S. 126：「歴史学は行動の学問であり、それゆえ行動の人は歴史に惹かれる。またそれゆえ歴史と兵士は『自然な同盟』を形成する」。

(175) Schieder, "Player zum Gedächtnis"（注166の文献）S. 133-137. シーダー自身の「第三帝国」での役割については Angelika Ebbinghaus / Karl Heinz Roth (Hg.), "Vorläufer des "Generalplan Ost" Eine Dokumentation über Theodor Schieders Polendenkschrift vom 7. Oktober 1939", in: *1999. Zeitschrift für Sozialgeschichte des 20. und 21. Jahrhunderts* 7 (1992), H. 1, S. 62-94, ならびに、近く出版されるインゴ・ハールの博士論文（注11の文献）を参照。

(176) Gerhard Ritter, *Zur politischen Psychologie des modernen Frankreich*, Freiburg o. D., S. 36. リッターの［ナチ政権に対する］穏健野党的行動については、Schönwälder（注26の文献）S. 120f. u. 168 ff.; Klaus Schwabe, "Deutsche Hochschullehrer und Hitlers Krieg (1936-1940)", in: Martin Broszat / Klaus Schwabe (Hg.), *Die deutschen Eliten und der Weg in den Zweiten Weltkrieg*, München 1989, S. 328ff., ならびににシュヴァーベとトーマス・A・ブラッディの間の論争 in: Hartmut Lehmann u James Van Horn Melton (Hg.), *Paths of Continuity. Central European Historiography from the 1930s to the 1950s*, Cambridge 1994, S. 83ff.

(177) Gerhard Ritter, "Zum Geleit", in: *Archiv für Reformationsgeschichte* 38 (1941), S. 193-198, 引用文は S. 193 から。

(178) これについては Herbert（注11の文献）S. 265ff. を参照。

(179) 本書第6章アルガージの論考を参照。

第8章 ハイドリヒの大学教授
――「民族強化」と大量殺戮の歴史学 ハンス・ヨアヒム・バイアーの場合

カール・ハインツ・ロート

歴史的枠組

ここ数年来われわれは、ナチズムの「民族強化」政策と絶滅政策の背景、過程、両者の関連について歴史研究の注目すべき深化を見てきた。これを進めてきた業績の多くは、史料による直接的証明を目指す点で際だっている。ふだん史料の裏を読みとることに努める歴史家からすれば、これらの史料は、驚くほど大きな証言力をもっていたが、それでもとてもまだ十分利用しつくされたとはいえない。こうした出発点での実績に力を得て、歴史家は大量の史料のなかから、これまではタブー視されてきた、あらたな認識のきっかけとなるものを得ようと努めており、それに応じて、従来歴史解釈の主流だった側での仮定や推論には早くも激しい批判が浴びせかけられている。(1) これは当然といえば当然である。というのは、この間に出された中間的結論が長期的にも確かなことが明らかになれば、ドイツ・ファシズムがおこなった強制移送、大量虐殺は、ヒトラーの絶滅イデオロギーをそのとおり実行に移したものか（「意図派」の解釈(2)）、それとも多頭支配の権力闘争によって開かれた道が曲がりくねってアウシュヴィッツにまで行き着いたものか（「機能派」の解釈(3)）、あるいは第三に、いかなる歴史的解釈もかなわぬ現代のブラックボックスなのか(4)、をめぐるこれまでの議論もほとんど意味をなさなくなるからである。こうして、従来圧倒的影響力をもっていた解釈類型にかわり、今後、たとえばヒルバーグのいわゆる四本柱、すなわち計画・分業と分業にもとづく行政慣行、［ナチ党の］「民族強化政策」の使命感、［親衛隊やゲシュタポなど］保安警察の時計仕掛けのように精確な仕事ぶり、そして［財界の］経済合理的効率主義の上に築かれた、強制移送・絶滅マシーンを始動させ、回転させ続けたのが、いったいどんな特殊な社会集団や権力利害であったのかが、批判的・分析的に再構成される可能性が生まれた(5)。

事実、競合しつつ計画立案にたずさわるテクノクラートたちがどんなパラダイムや方法に支えられていたのか、「ホロコーストをはじめとする」犯罪をおかした人々に、――われわれをしばしば驚かせるほどの――どれだけ広範な行動が許されていたのか、またこうした知識人や活動家の上に位置した、経済界・軍・国家行政・保安警察〔六一〕の決定の諸中心がたがいにどのように戦略を集約させていったのか、などについて最近の研究はいままでとは異なる結論を出しつつある。こうした研究は、いわゆる「民族の耕地整理〔六二〕」や「最終解決〔六三〕」の実施機関が、ナチ独裁体制の思いのほか広範かつ多様な「機能的エリート」たちに、明白な文書命令のないまま、中身をどうにでも解釈できる指示を与え、彼らに十分イニシャティブを発揮させていた事実を明らかにしている(6)。ある特定の社会集団全体の捕捉・排除・強制移送・絶滅の過程をコントロールしていたのは、重層的に絡み合う諸機関で働く知的プランナーたちだった。人口政策を通じての民族改良モデル、国民経済新秩序構想、戦略的保安シナリオの実現に熱中したこれらの人々は、また同時に、恐慌でおちいった厳しい生活条件から抜けだし、中層知識人として社会を這い上がる、自らの上昇機会を追求していたのであった。彼らは、一九三八年春のオーストリア併合以来次々と開けた「ユダヤ人問題の最終的解決」のための選択肢を、ナチ支配下のヨーロッパで行われる包括的「民族の耕地整理」のさまざまなモデルと結びつけた。この民族強化政策のモデルは、一九四一年から四二年への変わり目以来、東欧・東南ヨーロッパにおけるスラヴ人住民の隔離と強制移送を次のステップに予想していた。ヨーロッパ・ユダヤ人のゲットー化、大量殺戮が、国家保安本部による「東方総合計画」として定められた大規模な「民族強制移住」計画にとって、不可欠の構成部分というだけでなく、その出発点とみなされていたことは、近年もはやだれも疑う余地がない(7)。

こうした史料によって触発された新しい問題視角の文脈では、ナチスの「民族強化」と絶滅政策の絡み合いに積極的に係わった当時の歴史家たちに注目することがますます重要になる。しかし現代を扱う史学史が自分の専門ツンフトのテーマ選択や構造問題に批判的に取り組みはじめたのは比較的遅かった。「民族強化政策」に係わった研究業績の分析ではじめ隣接諸科学が先行し、それを行ったのも歴史家はわずかで、ほとんどそれぞれの専門分野の代表たちだった。地理学(8)、社会学(9)、心理学(10)、民俗学(11)、社会統計学(12)、さらに生物学者や医師(13)が果たした役割についての批判的研究がさまざまな形で示したのは、人口政策諸計画がファシズムのヨーロッパ「新秩序」になした寄与との関連において、第三帝国期の歴史学も、正当化の機能、ないし多くの点で学際的な統合機能をもったことであった。にもかかわらず、ドイツ歴史学界では自らの専門ツンフトが犯罪に深く係わった事実との対決は先送りされた。そして、やっと［一九八八年］イギリスの歴史家マイケル・バーリィが、ドイツ歴史学の「東方研究」の伝統とその連続性についての研究(14)を出した。これによってはじめて、一九六〇年代にまでさかのぼるポーランド、チェコスロヴァキア、東ドイツ歴史学の先行諸研究(15)の成果もあらためて受け継ぎ、さらに問題意識を発展させることが可能になったのである。

最近閲覧できるようになった文書館史料を実際に利用して以来、次のことが確実になった。すなわち、当時のドイツ史学界の代表ないし新進研究者の多くが、ナチ支配下のヨーロッパでのフェルキッシュな、保安警察による「耕地整理」をイデオロギー的に正当化したばかりか、計画自体の準備にも協力したことである。[16] そのさい、学者たちは、常軌を逸した正当化への執念、つねに他人に先んじようとする行動基準、そしてとくにミクロ・ヒストリー的、人口統計学的データや情報獲得でのたえざる先陣争いという、緊張をはらんだ独特の三元構造のなかで動いていた。ワイマル期に修正主義を唱えいまや自分たちの念願を果たした既成体制側の代表者たちは、これから社会の階段を駆けのぼろうとする教授資格取得志願者たちと折りあいをつけた。[17] 世間の目から閉ざされた特別官庁、研究所や出版編集部内では、一九二〇・三〇年代にヴェルサイユ条約やサン・ジェルマン条約の国境線を修正する必要から生まれた、民族[のルーツや履歴の]証明のためのさまざまな方法論（村落定住史、地域史、言語学、民俗学）が、農業社会学や人口経済学の諸パラダイムと結びつけられた。その結果、「大ドイツ」ないし「全ドイツ的」膨張要求には、東欧や東南ヨーロッパの「民族混在地域」の、不況に揺れ革命の危険にさらされた社会構造に、ドイツ人だけがなしうる、歴史に打ち勝つ強力な介入を果たす展望が与えられた。「在外ドイツ民族研究振興会」、『国境地域・外国在住ドイツ民族ハンドブック』編集代表部やさまざまな「出版局」、地方史の諸特別研究所などが官民のさまざまな源泉から資金を分業的に獲得するこの方式には、伝統的な諸補助学を歴史学が支配するかたちで学際的にまとめようとする努力が、対応していた。そしてこの動きは「民族研究」や「独立した民族」（ハンス・フライヤー、グンター・イプセンや、マックス・ヒルデベルト・ベーム）[18] という同一目標へそれぞれに向かうさまざまな社会学万能論に依拠しながら「民族強化史」へと急進化していった。これまでカール・アレクサンダー・フォン・ミュラー、ハインリヒ・リッター・フォン・ズルビク、ヴィルヘルム・シュースラーら[19]が進めてきた「修正主義」的歴史記述は、この過程でハロルト・シュタイナッカー、アドルフ・ヘルボーク、クレオ・プライアーら[20]の陰の「演出」のもとに一つの構想に変質した。これこそは、権力国家や経済帝国主義の弱点をおぎないながら、たえず自己革新を遂げ、階級を超えて一体化をすすめる「民族の力」に、「全ドイツ的」（ドイツがひとり支配する）ヨーロッパへの道で万能の造物主の役割を果たさせる構想であった。

そこからふたたび、たがいに競合していても、さまざまの潮流に共通する、特殊な計画の継続・進展が導き出された。それは、「帝国領域」[21]の「全ドイツ的」拡大を待望しながら「在外ドイツ人」をふたたび覚醒させ、道具化するとともに、歴史なき、また寄生虫の烙印を押された「社会の夾雑物ユダヤ人」をまず社会衛生的「清掃」[22]の対象として除去する、続いて社会の「異民族」集団を「在外ドイツ民族」[23]集団によりおきかえ、それを通じて人口過密の「小農が圧倒的に多いスラヴ農業制度」（ヴェルナー・コンツェ[23]）を一掃して、発展可能な「ドイツ的社会生活秩序」を打ち立てる、というものであった。その精神的指導者ヘルマン・オーバン、アルバート・ブラックマン、アドルフ・ヘルボーク、エーリヒ・カイザー、カール・アレクサンダー・フォン・ミュラー、ハインリヒ・リッター・フォン・ズルビク、ハロルト・シュタイナッカー、退職させられるまでのハンス・ロートフェルスらに庇護されて三〇歳代の後継歴史家たちは、迫り来る「修正主義」戦争を、社会改造――その前提は大規模な「強制移住」――強行のための道具として利用することで、業績をあげていった。歴史の学識は権力の一手段に変わり、逆に膨張主義的権力政治があたかも歴史に精通した「真理の化身」のごとく振る舞い、また学際的な仮面をかぶる歴史学に助けられて、学問のふりをすることもできた。[25] こうして常に新しい補助学問を吸収してゆく「民族強化史」の利用は疑いもなく、一九三〇年代半ばまで続いたドイツ帝国主義の経済的軍事的覇権の、依然不確かな見通しへの荒っぽい、しかし現実的な適応であった。

しかし、学際的方法を明確にし、一九三六／三七年には固まっていたこの民族強化史のパラダイムも、まったく競争相手がいないわけではなかった。一九三〇年代初め以降、「在外ドイツ民族研究振興会」の専門家たちの間でつくられた軍部、省庁官僚そして経済政策上の「修正主義」諸計画にかんする合意は、ますますより若い勢力やアウトサイダーの挑戦を受けるようになった。彼らは「在外ドイツ人民族同盟」（VDA）[26]が一九三四年設立した「民族科学研究サークル」や、全国学生指導部（RSF）内の対外政策ないし民族政策の部局、これと緊密に接合していた親衛隊保安部に根をおろしていた。[27] さしあたりここでは経済界、国防軍防諜部、ライヒ内務省、外務省などから分け与えられる予算や政策立案ポスト（職場）の奪いあいが大きな役割を果たしていた。というのは、VDA、RSF、保安部の民族強化政策に係わるさまざまなサークル、研究会や合同ポストには、大学講師たちの指導のもと、まだたいてい大学卒業、博士号取得以前の「民族研究」のもっとも若い世代が集まっていたからである。同時にこれらのグループは、一九三七／三八年以降、活動家たちの中核として、機能した。親衛隊はワイマル期から引き継ぎ、その後多かれ少なかれナチ化した「民族強化政策」関連の諸研究所を、彼らを通じて統御しようとした（これらの研究施設にはミュンヘンの「ドイツ・アカデミー」〔DA〕、VDA、シュトゥットガルトの「ドイツ外国研究所」〔DAI〕、ベルリンの「国境地域・外国研究所」、「ドイツ東部同盟」〔BDO〕が数えられる）。[28] 彼らの行動や言説の激越さは部分的には世代間対立あるいはそれまで不遇をかこってきた連中のいきり立ちと片づけられるかもしれない。しかし実際はフェルキッシュな歴史意識を体得した若者世代は、一九二〇年代末から定着した学者専門家と実践政治家の間の分業を完全になくそうと努めていたのである。もっとも、この分業は、さまざまな研究振興会の教授資格論文準備中の若手研究者グループにはなお遵守すべき掟であったが。そして「民族科学」になった歴史学は、陰の知的助言者という匿名の役割から抜けだし、「民族間論争」といったアカデミックな看板も取り外した上で、在外ドイツ人小学校教師、政治家、聖職者たちの「在野（日常）生活史派の歴史叙述」を総合したり、さらにチャンスと見れば策謀的活動を諜報機関の手並みで遂行し、こうして学際的に拡大された「民族史」を、「民族生成」に役立つ実践的道具に変えてゆくことにもなった。いつのまにか年老いた青年保守派に挑戦する若者たちにとって重要だったのは結局、旧い世代の学者に刷りこまれた習慣やゆとりの克服で、これらはかつて大先生たち自身によって宣言された高い学識と民族強化のための権力発揚の共棲にとっていまや妨げになっていたのである(29)。

関連する親衛隊諸本部（保安本部ないし一九三九年九月以降の国家保安本部、一九三七年設立の在外ドイツ民族センター［のちセンター本部］〔六五〕、人種・植民本部〔六六〕、ならびに一九三九年一〇月に生まれたドイツ民族強化全権本部〔六七〕）が上部操作機関として勝利をおさめることが明らかになると、人口政策への介入をさらに全面化し、かつ状況に応じて細分化する構想の基準を求める声も高まった。そのさいとりわけ前面に出てきたのは「民族強化政策」実施の前提条件および帰結として同化概念（「民族秩序改変」）を細部にわたり明確にすることで、それは、オーバン、ヘルボーク、シュタイナッカーらによってまだはっきりさせられていない問題であった。換言すれば、オーストリアおよびズデーテン地方の併合以来つねに目標にされた双方向の住民移動（ユダヤ人や他の「異民族」の「立ち退き」およびドイツ人の「入植」と社会人種的「格上げ」）の計画担当者たちにとり、「在外ドイツ人」「異民族」そして「ユダヤ人」［の区分］の場合、過去また現在の社会的現実とはほとんど、あるいはまったく関係のない民族的、系譜学的、宗教的属性が問題であった。ところが、間近に迫った人口政策上の選別では、こうした分類のかわりに、過渡的グレーゾーンにあって行政による選別を非常に困難にする「とらえがたい民族性(30)」こそが問題だったのである。したがって、電撃戦開始直前・直後の親衛隊内部の諸組織では、歴史学の民族性概念のあらたな学際的拡大や操作化に向けて極端に実践志向の要求が高まりつつあった。

親衛隊指導部、とりわけ親衛隊保安部は、自らの組織内部に生まれたこの要求を顧慮し、民族科学のそれに対応した環境を該当官僚組織に整えさせた。そこでは、ヘルマン・オーバン、アルバート・ブラックマン、フリードリヒ・メッツ、内務省第四局などに操られる「在外ドイツ民族研究振興会」の名士たちはマージナルな存在でしかなかった。イニシャティブを握ったのは、いまやその弟子たちや旧い世代の専門家集団内で少数派だった人々だった。彼らは、たとえばアドルフ・ヘルボーク、ハロルト・シュタイナッカーのように自らのフェルキッシュな歴史観の最終的な思想的帰結を引き受ける覚悟をしていた人々であった。親衛隊保安本部で「敵性研究」を担当し、開戦後新設された国家保安本部第七局〔六八〕（学術研究・敵性判断(31)）局長になったフランツ・アルフレート・ジックスはまず手始めに、一九三九年中に設けられたベルリン大学外国学部に一群の歴史的「民族強化学」講座や講師職を新設した(32)。ベルリン大学でのこうしたラディカルな改組と平行して、一九三七／三八年以来親衛隊保安部と国防軍防諜部の間で、「国境地域諸大学」や種々の特殊研究所で計画された関連のポストをめぐって激しい競争がくり広げられた。このレースで、東部の諸研究施設では国防軍がかなり優勢であったが(33)、東南部（グラーツ、インスブルック、ウィーン）およびバルト諸国における、知的レベルでの未回収地回復努力では親衛隊保安本部も負けてはいなかった(34)。

一九三九年から四〇年への変わり目に、第三の、そして最後の集団的専門家配置の波が、強制的に撤去された先行諸大学の廃墟の上に構築されるポーゼン［ポズナニ］、プラハ（ドイツ＝カール大学）、シュトラスブルクなど諸「帝国《ライヒ》大学」の管理ポストをめぐる闘争のかたちで始まった。この争いではもっぱら親衛隊諸組織の内部で「民族強化政策」ないし「民族史」の請求権の範囲を画定することが問題だった。ポーゼンでは最初は国家保安本部、人種・植民本部、ドイツ民族強化全権本部の寵臣たちがたがいに共存し、同時期にポーゼンに設立された「ドイツ東方研究帝国財団」でもこの親衛隊内の三つの官僚組織が帝国元帥ゲーリングならびに国家総督[六]アルトゥーア・グライザー(35)の庇護のもと、民族科学にかんする決定権を分かちあっていた。プラハのドイツ＝カール大学では農学者ヴィルヘルム・ザウレ学長のもと、最初は人種・植民本部が支配権を獲得した(36)。エルザスのシュトラスブルクでは初代保安警察・「親衛隊」保安部司令官として活動していた全国学生指導者グスタフ・アドルフ・シェールの後見のもと、親衛隊「祖先の遺産《アーネンエルベ》」のお気に入りたちと国家保安本部の何名かの若い歴史家（とくにエルンスト・アンリヒとギュンター・フランツ）(37)が権威を確立した。これに対して国家保安本部は、クラクフに本拠をもつ総督府の行政長官たち(38)の大学計画阻止に係わりながら、同時に挫折した「コペルニクス大学」のかわりに一九四〇年に設立された財団「ドイツ東方事業研究所」（フリッツ・アルルト、ハインリヒ・ゴットング、ヨーゼフ・ゾマーフェルト）(39)の民族強化研究プロジェクトへの影響力を確保していた。

開戦後、こうした民族科学の研究機関の専門職化に対応して、人口政策での選別・大量殺戮を実施する機関の強化を目指す中長期目標の指令があいついで発せられた。たとえば、これに係わる人事異動を、全国学生指導部および親衛隊保安部の大学での「民族科学」の牙城になった西南ドイツで見てみよう。親衛隊少尉でシュトゥットガルト「ドイツ外国研究所」の歴史家のヴィルヘルム・グラートマンは、一九三九年末、「帰国した在外ドイツ人」の選別と定住地のふり分けのためのリッツマンシュタット（ウッヂ）「帰国者センター」（ＥＷＺ）に計画局の設置を開始し(40)、親衛隊の同僚のアレクサンダー・ドレシャレクと協働した。ドレシャレクも一九三九年秋には「在外ドイツ人民族同盟」および全国学生指導部における民族強化科学部門幹部の地位から退き、同じくリッツマンシュタットの定住指導部の計画局長となって急速な昇進の道を歩みはじめた(41)。グラートマン、ドレシャレクの上司として影響力をもったのは、法律家で「帰国者センター」の責任者マルティン・ザントベルガーであった。ザントベルガーは一九三七年［親衛隊］西南［大管区］の学生・保安部指導者として民族強化政策大学研究会を創り、対ソ連奇襲のさいには、行動部隊[20]Aの行動隊指揮官としてエストニア方面へ派遣され、さらにレーヴァルの保安警察・保安部［ゲシュタポを中心とした保安警察の国家警察組織系と親衛隊の情報組織である保安部組織系をそれぞれの地域であわせ一括統括した制度］の司令官に任ぜられた(42)。人口政策上の選別の実施でこの対極に位置したのが、同じくリッツマンシュタットでユダヤ人・ポーランド人の強制移送にあたっていた「移住民センター」（UWZ）で、ここに勤務したアルベルト・ラップも、ザントベルガー同様、「民族科学」研究会出身で、バーデン保安部小管区指導者からポーゼン保安部管区指導者に出世した。ラップも一九四二年二月から一九四三年末まで行動部隊Bの行動隊を指揮した(43)。彼は保安部将校オイゲン・シュタイムレのあとを継いだが、シュタイムレは、一九三七年にナチ学生闘争援助組織をつくり、西南ドイツを拠点に「民族科学を推進する若者集団」にたえず新人を送りこむ資金的前提をつくりだした(44)。これに加えて、一群の大卒エリート保安部員は一定期間専門家として行動部隊に加わり、本来の戦線の背後で、上から一方的に遂行される民族一掃・絶滅戦争に従事したが、とくに一九四一年夏に民族強化政策顧問として諸行動部隊に配属されていた歴史家・民族科学者たちの場合、遅くとも年末までにはそれぞれの教授職に戻った。こうして、たとえばベルリンの「外国学研究所」で教鞭をとっていた文化史家・東南欧専門家のフリッツ・ヴァリアヴェッチは、四一年七月から一二月まで、ロシア南部で作戦を展開した行動部隊Dの指揮をゆだねられたが(45)、彼の上司であった外国学研究所所長フランツ・アルフレート・ジックスも四一年七月半ばから八月半ばまでは行動部隊Bに属するモスクワ先遣隊を指揮した(46)。

　要するに、親衛隊保安本部ないし国家保安本部は、一九三七・三八年以来、民族強化歴史学をめぐり驚くべき成果をあげた。以下では、歴史学の「民族研究」の中心として、保安本部ないし国家保安本部がどのように際だった存在になり、またいかにしてあらゆる専門分野をしだいに自らの人口政策計画に奉仕させていったのか、を明らかにしたい。ここでは、一九三七年、学界に彗星のようにあらわれ、戦争終結まで、国家保安本部の「民族強化政策」の推進に鍵となる役割を果たした一人の知識人を例に、問題を検討することとする。

民族至上主義ルター派から親衛隊保安部の「民族強化政策」の紛争処理人《トラブル・シューター》へ

ハンス・ヨアヒム・バイアーは一九〇八年六月一四日ハンブルク近郊ゲーストハハトで生まれた。父親は中等学校教師で、ドイツ国粋主義・プロテスタンティズムの影響を強く受けた生活環境であった。(47) 一九二六年九月末にハンブルクの実科高等学校でアビトゥーアを取得［卒業資格（＝大学入学資格）試験に合格］、その後一年半ほど輸出業者の店で働き、引き続きグラーツ、ケーニヒスベルク、ハンブルクの三大学で、歴史学・公法学・経済学を学んだ。一九二八年以来バイアーは「在外ドイツ人のための活動」サークルに加わり、しかも福音主義教会の在外ドイツ人諸協会にも係わり、さらに「外国在住ドイツ人連合」の総会にも一会員として出席した。一九二九年には――二番目の名ヨアヒムを削って――「ドイツ外国研究所」の一雑誌に小論文を発表して学界にデビューしたが、この論文は、スロヴァキアにおける「ハノーファー・オルデンブルク出身者の忘れられた定住地」のいくつかの事例を扱い、「ドイツ文化連盟」が、これらドイツ人の運命を心掛けるようにと結んだ論稿であった。(48) 学生時代には、女性選挙権の影響いかんにかんする論文でドイツ国家国民党のヘルフェリヒ賞を受賞している。この論文は、女性選挙権が、一方で政治的右翼の安定に決定的に寄与し、他方で権威主義的統治への移行にさいし議会制からあらゆる重要な政治的決定能力を奪うのに役立つという理由で、その維持に賛同した論稿で、一九三二年にはモノグラフとして刊行された。(49) 同じ一九三二年、エドワード七世の対外政策にかんする研究の第一巻も刊行された。これは一九三二年二月ハンブルク大学で歴史学の博士号を得た論文である。(50) バイアーは一九三二年三月に結婚し、翌年四月の女子誕生を皮切りに四三年までに六人の子供をもった。

世界恐慌の混乱にあってバイアーも当初定職を得られなかったが、フリーのジャーナリストとしてこの時代をのりきった。当時は『タート』[七二]グループに属し、さらに北部ドイツ福音主義邦教会の国粋主義＝民族至上主義派の出版界でのスポークスマンとして活躍し、一九三二年には、ベルリンで発行されていた『テークリヒャー・ルントシャウ』（毎日評論）紙や『クロイツツァイトゥング』（十字架新聞）紙の編集嘱託にもなった。これらの活動のなかで彼は、ルター主義の信仰を官憲に頼らず――しかし「民族強化」の中核として――よみがえらせる提案の代表者として頭角を現していった。教会史上重要な、一九三三年一月一一日にアルトナで聖職者たちがフェルキッシュな大衆運動に訴えた呼びかけ（いわゆる「アルトナの信仰告白」）に導いた論議でも彼は一定の役割を果たした。(51)［ヒトラーの政権獲得後］ナチ独裁体制の安定が課題だった数カ月間、バイアーは一冊の闘争宣言書(52)を通じて同志たちに、汽車に乗り遅れないよう、ナチ化された大衆の信仰上の憧れを、ルター主義が「民族教会」に脱皮する好機ととらえ、さらに「全面的解決」を追求するよう、訴え続けた。彼はいう。もしアルトナの運動がボルシェヴィズムや無政府主義に敗れたくなければ、運動は「ドイツ的キリスト者運動」[七三]とともに、「ドイツ国民ルター教会」へと自らを革新し、［国民社会主義＝ナチズムではなく］「国民的な社会主義」と同盟を結び、「ユダヤ人」打倒の共同闘争のなかで「民族浄化の過程」を推し進めなければならない。(53) というのは、人間は、そもそもはじめから神の意志によって、「一つの民族に属し［それを変える］自由はない」と定められているからである。熱狂的ルター主義、差別的心性に満ちた急進民族主義、そしてつねに人に先駆けての絶対服従、この三要素の奇妙な混合こそ、バイアーが本書で説いたものだった。彼自身もこれに、意気阻喪させる大恐慌の影響に耐える心のよりどころを見いだした。以後発揮されるバイアーの非妥協的心性のダイナミズムとその背景を窺わせるものとしてこの書にまさるものはない。一九四〇年にあるアンケートに（「昔はルター派だったが」）いまは無宗教と答えた[54]バイアーは、その後も親衛隊保安部の進める「民族強化闘争」の諸戦線で自分のルター派としての前歴を巧みに利用するすべを心得ていた。

　一九三三年の聖霊降臨祭の日から短期間、バイアーは官庁にも勤めた。プロイセン文化省に当時あらたに設けられた業務「ラントヤール」〔三〕課の専属職員に任ぜられ、後には図書館問題も扱った。一九三三年七月にはナチ突撃隊に入り、三四年四月一日付で自由都市ダンツィヒ市政府から、教員養成大学の講師に、同時に工科大学の非常勤講師として勤務するという条件付きで、招聘された。こうしてバイアーは一九三九年九月のドイツによるダンツィヒ併合まではダンツィヒ市民になった。したがってかたちの上では「外国在住ドイツ人」になり、二年半ダンツィヒで講師を務め、講義用に最初の民族強化史冊子を出している。明らかにそれは、直前に刊行されたクルト・リュックの、ポーランドにおける「ドイツ民族」の歴史形成能力にかんする著作の成功を念頭においていた[55]が、現在にまで勝手に筆をのばし、まったく抑制のきかぬ論旨を展開した点で、それを凌いでいた[56]。すなわち、彼によれば、中世以来続いたドイツの東欧への膨張は、スラヴ民族に「繁栄する都市制度、村落、秩序ある土地配分」をもたらし、そこではとくにフーフェ制度を基礎に、自覚をもつ農民層が成長した[57]。しかし、フス戦争以来ドイツ人定住の波は衰え、「［ドイツ］民族の過疎化」が生じた。ところが、ドイツ人という「人種」がもつ天賦の資質のおかげで東欧・東南欧の近隣諸民族の「能力」が向上し、新しい市民的中間層もしだいに育ち、ドイツ人の観点からすれば望ましくない国民国家の形成さえ助長された。こうした歴史的な民族秩序の改変過程は、加うるにドイツ人の移住が十分でないところに「ユダヤ分子」が割り込んだため混乱や騒ぎを引き起こした[58]が、いまこそわれわれの手でそれを終わらせ、逆転させねばならない。「ドイツ的革命」［＝ナチ革命］以降、ふたたび全ドイツ的に統一された民族は、古い東部ドイツの「民族領域[59]」に対する請求権をもつが、この「領域」は、けっして「外国在住ドイツ人」のための特殊空間でもなければ「言語的離れ小島のモザイク」ともみなしえず、むしろ歴史的統一体として「中欧の核であるドイツ」への再結合・再編入を待っているのだ。それゆえいまこそ、従来の少数民族研究の「お偉方」を排除し、「ドイツ東部の民族意識」を「民族生物学」的に一つにするよう、全力を尽くさねばならない。民族史記述には、「ドイツ流底力」のすべてをあげて「ドイツ東部の〈執行猶予領域〉」奪回に取り組む任務がかかっている。

以上バイアーの言葉を読むと、一九三五年当時、彼ほど「東方研究」を一つのプログラムに沿って徹底的に利用しようとした例は、「在外ドイツ民族研究振興会」や「国境地域研究所」の他のどの関連秘密覚書にも見いだせない。この冊子のとくに論議をよぶ点は、著者が「民族秩序の改変」対「民族の過疎化」［中・東欧でのドイツ民族の進出か後退か］という対概念をもちこんだことにあった。その目的は、一八・一九世紀の「危機と堕落の時代」をいかに正当化するかという未解決の問題をそのままにして、ドイツの東方膨張の神話を一九三〇年代の現在にまで延長しようというのであった。バイアーは活発な言動で世間の注目を集めたが、まもなく「在外ドイツ人民族同盟」の民族科学研究サークルに受け入れられ、一九三六年五月はじめには、ナチ党に入党した。最初の民族強化史構想でバイアーは、次々と新設される「民族強化政策」関連の研究所に根を下ろした後進の若いグループに近づいた。彼らは、民族史の記述は学問的質を守るため政治宣伝に係わるべきでないといったお歴々の託宣に、もはやたじろぐ連中ではなかった。

一九三六年秋にバイアーは絶好の社会的上昇のチャンスをえた。「ドイツ・アカデミー」、「ドイツ外国研究所」、「在外ドイツ人・民族同盟」の民族科学研究サークル、『国境地域・外国在住ドイツ民族ハンドブック』編集代表部等の責任者たちは「在外ドイツ民族研究振興会」のトップと共同編集の雑誌刊行について交渉し、「大在外ドイツ民族科学戦線」をつくりあげようとした。(60) この計画はオーバンとブラックマンの引きのばし戦術の抵抗にあって挫折した。二人はこの分野での従来の独占的地位を放棄したくなかったので、新しい編集スタッフの一人に予定されていたヴァルター・クーンをブレスラウ（現ブロツワフ）大学教授職という餌で釣り上げ、この工作に成功した。(61) 問題はその後「小解決」にゆきついた。交渉が「ドイツ・アカデミー」と「ドイツ外国研究所」との間で難航しながらも、「在外ドイツ人民族研究センター」の設立およびそれと同じタイトルで雑誌『在外ドイツ人民族研究』の刊行が決まった。いっぽう、「在外ドイツ民族研究振興会」事務局は彼らの方でことさら学問的と自負する『地方・民族研究ドイツ・アルヒーフ』誌の発行に取り組んだ。ハンス・ヨアヒム・バイアーはセンターの南ドイツ・プロジェクト長に任ぜられ、一九三六年一〇月一日に就任した。(62)

性急かつ熱心にバイアーはこの新しい活動分野に飛びついた。上司の委任にもとづき、「在外ドイツ民族研究振興会」との一度挫折した交渉を再開したのだが、それは民族強化史記述での教授たちの支配領域にはっきりした組織的・思想的改変を迫るものであった。(63) しかしバイアーも断固たる反対に出会った。とくに彼の抑えのきかぬ情熱は、ベルリンの教授や高級官僚といった交渉相手を激怒させるのに十分だった。さらにバイアーが初日からメディア活動でも大いに精を出し、「センター」（一九三七年一月からは「在外ドイツ人民族研究所」）の将来計画の説明や一九三七年一月から刊行した雑誌のなかで、誇張した表現を用いながら、いわゆる「［ゲルマン］民族とは異質な」

二名の学者を激しく攻撃し、「振興会」の学者たちの研究内容が中世に偏りすぎていると非難したことも対立の火に油を注いだ[64]。バイアーはシュトゥットガルトおよびミュンヘンの研究所を代表するただ一人の専門家としてナチ党の代表権を独り占めすることで、教授たちを早々と屈服に追いこむ一方、いつかきっと彼と「決着をつける」チャンスを教授たちに待ち望ませることになった。「およそ業績らしい業績もない若造が、こんなふうにわれわれを馬鹿にするのを許せようか」というわけである[65]。

数カ月のうちにバイアーは「民族科学」における「若手集団」の後援者として頭角を現した。また親衛隊保安部との密接な協力（彼自身一九三八年六月一日保安部に名誉局員として参加[66]）を通じて、彼は全国学生指導部の組織を民族強化政策のため活動する若い後継者育成の手段に組み替えていった[67]。バイアーはその西南地域指導部内で「ナチ学生闘争援助組織の国境地域・在外ドイツ人委員会」の指導も引き受け、マルティーン・ザントベルガーとともに西南ドイツの諸大学に民族強化政策大学研究会を設け、全国学生指導部のミュンヘン・センターのために在外ドイツ人の離散（ディアスポラ）状況を民族史や「民族生物学」の視点で視察する学生の研修旅行も組織した。加えてバイアーは学生の全国就職コンクールの応募論文の審査もこない、当選論文の刊行を世話し、その執筆者たちの採用を全国学生指導部や親衛隊保安部に推薦して、両組織の民族強化政策諸機関への浸透に役立てようとした。バイアーは全国学生指導部から「ドイツ外国研究所」に送られた一全権委員の活動もコントロールしようとしたが、これはさまざまな国境地域研究所の指導に影響を及ぼすためであり、また保安部がその活動に不満で、解散を予定していた外国政治諸研究所については不利な材料を集めさせた[68]。そしてさらにバイアーは外国に住むドイツ人のマイノリティ集団を訪ねる旅にも再三出かけ、現地で民族科学研究会の助けをかりながら、それぞれの地域教会の代表も含め指導者グループのナチ化を推進した。

しかしこれは、「在外ドイツ人民族研究所」所長、および『在外ドイツ人・民族研究』誌編集主幹としてのバイアーの活動の隠れた面にすぎなかった。バイアーはくり返し、政治的実践から獲得した経験と着想をじっくり理論化し、これまでにわかづくりの粗製品にすぎなかった一九三五年の民族史を時間をかけて仕上げる暇をみつけることができた。その仕事を彼がきわめて易々とやってのけたのも、自分のもっともラディカルな民族史解釈に適合しない議論とはまったく折りあおうとしなかったからである。バイアーは激烈な書評家としても知られており、事実の歪曲や脅迫まがいのジェスチャーさえ辞さなかった。ちょうど刊行されたばかりのポーランドにかんするある本の著者を、バイアーは「品格のかけらもない」とこき下ろしたが、その理由は、著者がポーランド史におけるドイツ人の功績について沈黙し、ドイツ人が建設した町にさえポーランド名を用いたからだった。幸い政治的事態の展開は早晩この本を無用のものにしてしまうだろうが、「できればそれ以前に消えてしまってもらいたいものだ」[69]と、バイアーは毒づいている。また、ある英語圏の著者が、東オーバーシュレージエン〔七四〕住民の「民族のヒエラルヒーからも外れた」性格というバイアーの見方を否定している点について、彼は著者がポーランド人女性と結婚しているから、こういう受け取り方になると説明している。[70]一九三八年チューリヒで開かれた国際歴史家会議の報告者たちも、「民族という生の躍動」を理解せず、あるいは小国の、権力への断念を模範とみなすことで「菜食主義の理念を賛美する歯抜けの大伯母さんのまね」をしているにすぎぬと切り捨てた。[71]さらに「在外ドイツ民族研究振興会」の事務局長で競合誌『地方・民族研究ドイツ・アルヒーフ』編集長エミール・マイネンに対しても「ドイツ民族の一体性問題についての鈍感さ」を公然と非難したが、それはマイネンが「自分の雑誌に」「ルクセンブルクの国民感情」について、スイスあるいはオランダ流の非帝国主義的国民アイデンティティを称える巻頭論文の掲載を許したからであった。[72]マックス・ヒルデベルト・ベームの民族学に対してさえ、マイノリティの権利を考慮するよう説くことで「民族集団の新しい権利」への道を妨げ、その一般化の傾向によって「偉大な全ドイツ的現象」の比類のなさをけなし、わけても「民族の内的一体性」貫徹にとり絶対不可欠な「ドイツ民族の対ユダヤ人およびボルシェヴィズム打倒の闘争をドイツ国の領域だけに限定できない」という認識に到る道を塞いでいる、と異論を唱えたのであった。[73]バイアーにとって「民族研究」で「民族強化闘争」の情熱の解放・活用を妨げるようなあらゆるものを一掃することが重要であったのは、明らかである。

　このように当時の状況でも異常な全面攻撃に、さらに大構想を築き上げようとする彼の熱意が加わった。民族史を「歴史を超える民族生成」の直接手段に変えたいという要求をバイアーは多数の知識人と分かちあっていたが、遅くとも一九三六年秋以降彼が活動した舞台はこの要求が諸研究施設として順次実現してゆくプロセスに他ならなかった。では、この目標をいったいどういう方法で実現するか。この問題にも彼は真っ先に取り組んだ。というのは「在外ドイツ人民族同盟」の民族強化研究会の同じ要請に応じ、「民族科学の概念世界」のため「統一的用語法」を策定し、それにより「あらゆる個別科学をすべて民族至上主義に方向づける」基本方針を貫いても、それだけでは片づかなかったからである。[74]とりわけ「民族生物学と人口学」を、真の民族研究に役立つ資料収集のために参加させよというとおり一遍の要求も、[75]なお積極的な解決策を示すことにならなかった。バイアーにとってむしろ決定的だったのは、民族概念を静態的固定化から解放し、歴史的・生物学的「民族強化」のダイナミズムを基礎にあらたに定式化すること、そのさい歴史研究のさまざまな補助専門分野を、明確な「人種性」を特色とする「ドイツ民族学」にとけこませることであった。すなわち、「ドイツ圏内のあらゆる民族研究は、わが民族に固有の生活形態の実現によって人間のあらたな形姿を創造する使命を負わされている、という事実と切り離せない。あらゆる民族研究は、ドイツ人の理想像を目指すものでなければならない。そして学問的評価に値するあらゆる民族研究は、単に地理学、歴史学あるいは文献学的研究の〈民族強化に役立つ〉副産物を掘り起こすだけでなく、学問そのものの再生を求める闘いにも参加すべきである(76)」。

この動態化された民族強化学のキー概念としてバイアーは人口政策上の同化と異化（「民族秩序の改変と民族の過疎化」）という二分法を選んだ。自分のあらたな活動領域にこのキー概念を定着させるため、彼は一九三七年八月「ドイツ外国研究所」の年次大会を利用してある会議を主催した(77)。その基調講演で、彼は世界の特定地域のうち、とくに豊かな才能で際立つ「ドイツ民族」がそれぞれの「寄生民族」によって能力を吸い取られてしまった例について、人口史的概観を試みた(78)。次いで彼は従来の、こうした同化と異化現象を普遍化する、彼の考えでは、誤った試みを批判し、最後に自らの理論を展開した。すなわち、民族秩序の改変は「人種的特性」の意識的な変更と無意識的な変化の相互作用のなかで進行する。そのさい「［民族間の］混血婚」を受け入れることが決定的な転換点となる。混血婚は、社会人類学者カール・ヴァレンティン・ミュラー(79)が「能力の可能性［高さ］と影響力がおよぶ範囲［広さ］との間の緊張関係の法則」と定義した社会的「上昇同化」過程に組みこまれている。「ドイツ民族」という人種に備わった、群をぬいて高い能力は、それぞれの国でまだ「未利用の広い活動空間」をもつ、周囲の「低能力諸民族」によってたえず吸い取られてゆくおそれがあった。だが実際にそれが起こったのは、歴史的自覚に支えられた民族の誇りが生んだ「理想像」が色あせたときだけであった。全体としてこの「民族秩序の改変」は一気にではなく何世代もかけてゆっくり進行し、その民族のいわゆる人種構成が完全に変化（「人種転換」）した後に、はじめて終結する。

バイアーの構想は、「民族秩序の改変」過程へのさまざまの介入可能性を予示していたが、同時に彼は、従来ヴィルヘルム時代に（またアメリカ合衆国で）行われた同化政策の形を、歴史を無視した恣意的態度として、また中途半端なお役所仕事として厳しく斥けた。「われわれの時代の全ドイツ的民族意識は「将来に向けてもはや旧来の意味での『民族秩序の改変』」を許さず、せいぜい「亡命者ないし改宗者の集団を」認めるだけとなるだろう、とバイアーは講演をしめくくった(80)。こうしたラディカルな「民族秩序改変」の再定義によってバイアーは一九三七年、計画的な再定住・追放・絶滅の実践に道を開いた。この実践は、二年後に最初の組織的輪郭をはっきりさせ、「ユダヤ的ボルシェヴィズム」および「スラヴ民族」という負の像に対置されたポジティヴな「ドイツ民族」の名において、戦争終結までに戦線の背後で千二百万人を超える人々を死にいたらしめた(81)。バイアーは一九二〇年代以降おこなわれた民族強化をめぐる論議を決定的に過激化させていた。彼のイニシャティブが広く受け入れられたことは、この会議で一部は非公開、一部は公開でおこなわれ、のちに雑誌『在外ドイツ人民族研究』に発表された他の報告も示すとおりである。「民族秩序の改変」操作を構想として先取りし、また選別を行政レベルで組織するのに積極的に係わっていたのは、たとえば上記会議を指導した心理学者のオズヴァルト・クロー、[82]あるいはインスブルックからやってきて参加したハロルト・シュタイナッカー[83]のような、すでに親衛隊保安部に近づいていた学界周辺の人間ばかりではなかった。ナチ党からも、国防軍防諜部[三三]のウクライナ専門家ハンス・コッホ、[84]ベルリン「国境地域・外国研究所」のカール・フォン・レッシュ、[85]「ドイツ外国研究所」専任研究員オットー・アルブレヒト・イスベルト、[86]「ルーマニア・ドイツ民族評議会」の人口統計専門家のアルフレート・チャルナー[87]が参加し、学生の全国就職コンクールの受賞者もこの雑誌に論文をはじめて発表することができた。[88]成功に酔ったバイアーは早速次の課題に移り、戦争あるいは平和の問題を「諸民族のさまざまな生物学的力」[89]と関連づけ、また一九三八年に始まった領土拡張の歩みと競うかのように、差し迫った「在外ドイツ民族にかんする学問的諸問題」の重要性を強調した。この問題とは、彼の意見では、第一次世界大戦の終結以後プラハ市や「ボヘミア内部領域」その他で起こった人口移動の結果発生したものであった。[90]とにかくここで誤解の余地がなかったのは、彼がすでに一九三八年六月の段階で［というのはミュンヘン会談よりもずっと以前に］チェコスロヴァキア共和国の国際法上の生存権をまるごと否定していた点である。バイアーによれば、「歴史と地理は世界民族たるドイツ人とその近隣諸種族に一つの共通課題を与えているが、その課題は、圏内の諸国家が民族の権利を基礎にしたポジティヴな理念と協働への意志に担われてはじめて解決しうるものである」[91]。

しかし、バイアーと背後で彼を支えた保安部は、「民族学」の戦線で成功したパラダイムの転換を、すぐ組織上の主導権樹立に換えられるものと錯覚していた。一九三八年晩秋にバイアーは秘密情報機関の仲間と語らい、大企業からとびぬけて豊富な資金や設備の援助を受けていた「ドイツ外国研究所」を完全にコントロールする工作をおこなった。[92]「無能」のレッテルをはられた「ドイツ外国研究所」所長リヒャルト・チャーキは、保安本部ないし在外ドイツ民族センターから送られる「幕僚長」の後見を受けることになった。[93]いまや一番目立つ保安部名誉将校としてバイアーは燃えさかる権力闘争にひきこまれた。[94]「つまるところ」それはチャーキとバイアーの間の「個人的対決」になり、「外向けにだけ何とか調停に持ちこまれた」。親衛隊の若い野心家たちは結局急ぎすぎたうえにやりすぎて、チャーキとその保護者、シュトゥットガルト市長で「ドイツ外国研究所」総裁カール・シュトレーリンに敗北を喫したのであった。バイアーは一九三九年一月に辞職せざるをえなくなり、表向きは「相互の了解にもとづき」四月末日をもって退任した。

「民族秩序改変過程」にかんする教授資格取得手続き

この一歩後退のあと、バイアーは一九三九年春に保安本部専任スタッフとして、ベルリンの保安部中央に迎え入れられ(95)、同年四月二〇日には親衛隊少尉に昇進、「敵性研究」部長アルフレート・フランツ・ジックスのもと、図書課長に任ぜられた。つづく数カ月間、彼はいくつかの評判の良くない民族科学研究機関の解体に携わった。高位聖職者ゲオルク・シュライバーに主導されたミュンスターの「外国研究所兼民族学研究所」の場合も、バイアーはすでに一九三七年一二月以降シュトゥットガルトから、存続不可の［判定］資料を集めていたが(96)、ついに整理解散された(97)。この作戦は成功すればいつも一石二鳥だった。それは第一に、「民族科学」で自らの指導権を貫徹するのに役立ったし、第二には、清算される破産財団が増えれば増えるほど、それを利用して親衛隊保安部に役立つ学問分野の研究施設増強を費用をかけずに行うことが容易になったからである(98)。

それでもこれはバイアーにとって二級の「仕事」にすぎなかった。彼が何より望んでいたのは「民族研究」を推進することであり、大学教授になることだった。ジックスはバイアーに対しケーニヒスベルク大学の教職を約束していたが(99)、教授資格取得手続きの遅れでこれが駄目になると、まだできあがる途中だったベルリン外国学研究所の講師の地位を提供した。そのためには、教授資格論文の提出および正規の手続きを済ませることが必要だった。この点でも親衛隊保安本部は協力的であった。ジックスが、ミュンヘン大学文学部長であったヴァルター・ヴュストと話をつけたあと、バイアーは一九三九年二月末ミュンヘン大学に五百頁もの原稿『民族秩序の改変過程――なかんづく東欧における』を教授資格論文として提出した(100)。これは一九三七年八月の民族秩序改変にかんする会議以降書き続けていたものであった。この研究は従来の同化理論の概観から始まり、つづいてヨーロッパの東部、東南部、南部、さらに海外（合衆国、ブラジル、オーストラリア）の同化現象について概観し、次に本章でドイツ人とユダヤ人の「ポーランド化」「マジャール化」「チェコ化」を扱っている。バイアー自身の言葉によれば、そこでは「事実の歴史的研究と心理学的・社会学的分析が結合」されていた。「自分の研究は同化の過程をその原則面から解明しようとつとめるものであり、一つ一つ見ていけば、同化の段階には、信条の変化から人種の性格の変質にいたるまでさまざまある。心理学的観点からは、宗旨がえタイプに特別の関心が払われる(101)」。結論部分には「ハンガリーにおけるドイツ民族集団にとっての政治的帰結と、まだ公表できない民族至上主義的対外政策」が含まれていた(102)。この論文で重要だったのは、バイアーが一九三七年八月喝采を博した同化と異化にかんする思考をさらに体系的に発展させたことであった。[103] 原稿は散逸し、なお一九四五年はじめにブリュンで刊行された約六三〇頁の増補版も同様に失われた。しかし教授資格取得手続きの鑑定書[104]や一九三九年から一九四二年までに書かれた諸論考――バイアー自身の申し立てによれば多少の改訂をほどこした分冊――にもとづけば、論理の基本的筋は再構成可能である。[105]

一九三五年から三七年までの予備的論考同様、バイアーは東部・東南部の一つにまとまった「民族領域」を出発点にしていた。しかしそれはいまや――一九四〇年に発表された論文のなかでは――はっきりと「バルト海からバイカル湖まで、フィンランド湾から黒海まで、ドラウ［ドーナウ支流］川からヴォルガ川まで、ヴァルテ［オーデル支流］川上流からブルゲンラント［オーストリア東部］まで」の領域とされていた。[106] この領域では一九世紀の都市市民の社会は、バイアーによれば、なおドイツ人によって規定されていた。しかし「血」と「信条」との悲劇的矛盾によってこの社会は「［ドイツ］民族の過疎化」を経験した。この挫折は、ドイツ系住民が東欧の諸革命に指導者として参加した上、革命から生まれたこのあらたな民族主義エリートが自分たちの支配するスラヴ系諸民族の低い能力に比して明らかに行きすぎた行動をとって失敗したことにはっきり表れている。このとき起こったドイツ人の「ポーランド化」や「マジャール化」「チェコ化」にはユダヤ人が決定的触媒として機能した。というのは、まず第一に、彼らは意図的にドイツ人指導層の競争相手として投入されたからである。第二に、ユダヤ人は「人種的に」格別遠いところにいる「社会の夾雑物」として自分自身の同化をただ見かけだけで（擬態として）行ったにすぎなかったからであり、したがってまた第三に、ユダヤ人はドイツの「［帝国《ライヒ》］理念」という理想像を完全に崩壊させることができたからだった。これに照応して結果は悲惨だった。それは、人種的に遠い混血婚から生まれた子供たちの情緒や性格の状態が示しているとおりである。彼らは不安定で、また同時に極端であり、宗旨がえに夢中になったり、狂気におちいりやすく、コスモポリタンの知的ニヒリズムを宣伝したり、ボルシェヴィズムの救済の教義の虜になり、ヨーロッパ諸民族の多様な文化景観のなかをさまよい歩き続けた。この総じて暗い展開は、海外の諸経験によって、とりわけアメリカ合衆国の社会学者たちが唱えた民族融合のるつぼ理論の破産によって、確証されている。

こうした歴史的筋書きを前提に、バイアーは一九三七年の民族秩序改変の理論をより厳密にしていった。いわく、同化は、つねに信条の変化というかたちではじまるが、「生物学的基質」が「混血婚」によって変わらないかぎり、同化は依然可逆的である。ドイツ人にとって同化は社会的に「上昇同化」として生じるが、それには常に少なくとも三世代かかる。これに続いてバイアーは、いくつかの新しい行動を方向づける原則をまとめている。人種的に近い民族間をのぞいて混血婚への傾向は無条件に阻止されねばならないし、一九世紀のかくも致命的な信条の変化は「ドイツ民族強化」のために逆転されねばならない。

いまや決定的な「異化政策」のときが到来したのだ。［したがって必要なのは］まず第一に、「ユダヤ人の擬態」をあらゆるヨーロッパ諸民族から排除すること、第二にドイツ人の能力遺伝質を回復させること、それはまだ損なわれていない血のエネルギーをふたたび信条の力と合体させるためである。[107]第三には、東欧諸小民族の価値を、それぞれそのドイツ的特性の多寡によって規定しなおさねばならない。この場合、バイアーにしたがえば、チェコ人の方がウクライナ人よりは高くランクづけられ、ウクライナ人はまた明確にポーランド人よりも高位におかれる。東方および東南諸民族には表層のスラヴ語という共通点以外に、どんな歴史的共通性もあるいはまた「民族生物学的」共通性も存在しないがゆえに、一方では厳密な階層化が可能であり、しかしまた他方では、この民族がドイツ的「遺伝質継承分」から離れてしまった分だけ、はたしてヨーロッパ新秩序のなかに占める場所を要求できるかどうかが問われねばならない。

以上のように学問的装いをこらした、ルサンチマンにもとづく精神病すれすれの作文は、一九三九年六月、カール・アレクサンダー・フォン・ミュラー、オズヴァルト・クロー両教授によって審査を受けることになった。[108]ところが、フォン・ミュラーの病気のため、大学講師で歴史家のウルリヒ・クレーマーが代わりをつとめざるをえなくなった。バイアーは、当時『史学雑誌』の編集者だったフォン・ミュラーとは長年同誌の「在外ドイツ民族」項目の担当者として、また、この間ミュンヘン心理学研究所に移っていたクローとも一九三七年八月の会議を通じてともに旧知の間柄だった。したがって何かめんどうが起こるなど考えられなかった。クレーマーはあえて、バイアー論文がいささかバランスを失しているとはいえ、歴史家にとりまったく新しい、評価の難しい問題について最初の見取り図を描いたと批評しつつ、基本的には彼が暗く描き出した東欧・東南欧における「ドイツ民族の墓場」説をポジティヴに評価した。[109]カール・アレクサンダー・フォン・ミュラーは手書きの批評のなかで、クレーマーに同調し、「ある種の不均質性」と「文体のお粗末さ」を批判し、「論文を完成させるのに書き急ぎすぎた」点に触れてはいたが、それ以外では、「学問的な未開拓地」にあえて踏みこんだ点を全面的に賞賛し、この「新領域」が「該博な知識」「自立性」「徹底性」「客観的な判断力」をもって切り開かれているとし、「独立の成熟した学者としての人柄」を証明するものだとした。[110]同様にもっぱら形式的な批評ながら、いちばん詳しくのべたクローは、異常にきわだった資料収集には、残念ながら「一貫した統一的な形での構成」が欠けている、と苦情を述べていた。しかしこの点は、一方では「課題の独自性」にもよるとし、「歓迎すべき民族政策上の責任の表現」、また「ドイツ人の研究のきわめて重要な新開拓地征服への貢献」として合格を推奨していた。[111]審査鑑定書も総じて内容の吟味を避けていた。審査報告者が要求していたのは、とにかくあまり可能性があるとは予想されていない論文公刊に備えていくつかの不備を正すことだけだった。一九三九年一二月一六日、審査手続きの最後におこなわれた口頭発表にさいして、審査報告者は、バイアーを「民族強化活動の理論と実践の実りある相互作用を体現した」「民族強化研究」の代表者として褒め称えた。[112] このバイアーの論文審査を通じて、一九三〇年代の民族強化歴史学の多分もっとも重大な作品が、大学世界による禊ぎを受けたことになる。他の親衛隊保安部知識人の予備的作業とともに、この論文は国家保安本部において一九三九年末にはじまった人口政策にかんする東方計画構想の基礎として役立った。ドイツ民族強化全権委員［ヒムラー］宛の印刷費助成申請にさいし、右の東方計画に権限をもつことになった国家保安本部内、第三局Bは、一九四一年二月になお、「対外政策上の理由」から変更され補充されたこの教授資格論文の改訂増補版について、現在唯一存在する「同化問題の研究」であると述べ、「同化問題は今後の民族政策活動にとってもっとも重要な意味をもつ」にもかかわらず、参照できるのはこれしかないといっていた。[113] 一九三九年八月末から国防軍の歩兵部隊に召集されたバイアー自身、一九三九年一二月には国家保安本部に再度召還され、第七局「学術研究・敵性判断」から第三局B「民族強化」に（ウクライナ課「ⅢB15」長として）異動させられた。[114] 最初の配置のためバイアーは、ただちにポーランド総督府へ派遣された。その後一九四〇年一月末に、活動を開始した国家保安本部（東方）総合計画部の部長ハンス・エーリヒの、すぐ隣の研究室に仕事場を移した。[115] 一九四〇年四月二〇日にバイアーは親衛隊中尉に昇進している。[116]

バイアーは、ヨーロッパ「民族秩序改変」顧問としてはじめたばかりの活動と並行して、大学での栄達も精力的に追い求めた。この面では、その後も後援者フランツ・アルフレート・ジックスと緊密な関係を保っていた。ミュンヘン大学での教授資格審査が終了した二日後、はやくもベルリン大学の外国学部から学長宛に、バイアーの名も載った候補者リストが提出された。[117] もっともバイアーもはじめから幸運の星に恵まれていたわけではない。ベルリン・ナチ党大管区大学教員同盟はバイアーのことを知らず、これまでジックスがライヒ文部省を通じて提出していたすべての候補者案に対する詳細な論評で、同盟が反対したごく少数の候補者のなかにバイアーも含まれていた。[118] ベルリンの大学教員同盟指導者ヴィリングにとって、さしあたり東欧史担当に予定されているハンス・ユーバースベルガーに加え、さらにもう一人、ハンス・ヨアヒム・バイアーなる官庁からの出向講師を追加する必要はないように思われた。バイアーについては、民族研究の諸問題に広くたずさわってはいるが、東欧史家としてはまだ未知数なうえに、「政治的な点」でも「さしあたり彼の就任を支持するものは何もない」とされたのだった。[119] このような異議にもとづき学長事務局は一九四〇年一月六日正式に申請を却下した。理由は、「公開講義テストも果たしていないし、学識・業績ともに東欧史および民俗学の担当専任講師には不十分」とのことであった。[120]

しかしジックスも、大学当局があらゆる機会を利用して、外国学部の組織を背景とする強い圧力から、わずかに残った大学の自治を守ろうとしていることを知っており、バイアーの件についても予め手配をおこたらなかった。ジックスは一九三九年一二月中に入手していたバイアーにかんする一連の意見書を四〇年二月学長に届けた。そのなかでハロルト・シュタイナッカーは、バイアーのこれまでの専門分野およびジャーナリズムでの活動を見れば、予定されたポストに「きわめて適任」であると保証し[121]、わけても「ユダヤ人と姻戚関係にある」ドイツ人が「東部・東南部の在外ドイツ民族プロテスタントの過疎化」に果たした役割についての諸論考は、「皮相ではなく、独自に問題の本質に迫る能力」を証明していると評価した。ヴィルヘルム・シュースラーも、バイアーが「疑いもなく真の学者」であり、「十分、東欧民俗学講座を担当しうる」と助け船を出した[122]。カール・アレクサンダー・フォン・ミュラーは、「民族秩序改変という根本的問題を尋常ならざる徹底性と慎重さで解明した」バイアーをミュンヘン大学の文学部に採用しなかったことが悔やまれると述べた[123]。ちょうどそのころリガのヘルダー研究所からポーゼンに移ったばかりのラインハルト・ヴィットラムも、バイアーが「歴史に作用する血と人種の自然法則が、民族闘争のさまざまな過程や事件にいかに現われているか」という国民社会主義的「民族研究」の中心問題の解明に努力している、と証言し[124]、さらにバイアーが「わが民族にとり、わけても東部において、きわめて重要な民族秩序改変現象にはじめて学問的関心を向けた」と述べていた。

　このような結束に直面した学長事務局と教員同盟指導部は、当初の異議を引っこめたが、バイアーはホッペがクレームをつけることになった公開授業を免れえなかった。一九四〇年三月一二―一五日ベルリン大学文学部で「東部ドイツ諸民族の近代史における都市と農村」についてバイアーは講義をおこなった[125]。彼の講義はきわめてポジティヴな印象を残したが、文学部が任命した委員会は、「近代東欧におけるドイツ民族学」にバイアーの講義権を制限してもらいたいとの見解を表明した。バイアーが、東欧の「外からやってきた諸民族」についてほど、彼らを迎えた「主人役の民族」のことをマスターしておらず、ロシア語も話せないし、「中世東欧におけるドイツ民族の歴史」についても精通していないというのがその理由だった[126]。バイアーが遭遇したのは、民族歴史学の古い世代の代表者による最後の退却戦であった。かたちの上ではとるに足らぬ闘いであったが、結果は重大だった。というのは、専門的な批判者の一人だったユーバースベルガーが、外国学部の講座を断念したので、一九四〇年四月以降はバイアーが新設ドイツ外国学研究所の専任講師として「東欧民族研究」の講座を単独で代表するようになったからである[127]。

　ふたたびバイアーは手に負えぬ情熱で仕事に着手し、いまやバイアー一人にまかされたドイツ外国学研究所「東中欧民族学・地域事情」部をゼロから構築する仕事に取り組んだ[128]。一九四一年六月に退職するまでに学期ごとに二つないし三つの講義をこなし、平均三つのゼミを担当した。バイアーは講義では「人種・民族・領域」「一九一七―一九二〇年の東方・北方の外交諸問題」「東方ユダヤ人」「ヴァティカンの東方政策」「フス派運動以降のボヘミア・モラヴィア・スロヴァキア史」「分割以降のポーランド貴族共和制下の諸民族史」等について講じ、ゼミでは「東部占領地域」あるいは「ドイツ・イギリス・フランスの東方イデオロギーの歴史的発展」というテーマを扱った。フランツ・アルフレート・ジックスの編集する『世界政治年報』に一九四一年以降バイアーは、スロヴァキア、ポーランド総督府、ボヘミア＝モラヴィア保護領の最新の事情にかんする論稿を寄せた。[129] これらのなかで彼は、開始された「非ユダヤ化過程」の促進を支持し、指導層の根絶を正当化していた。指導層の「反ドイツ的ナショナリズム」がとくに都市部では「ソヴィエトの政策」との危険な総合にゆきついたとみなしたからである。[130] そしてとくに「一九世紀半ば以降再三ヨーロッパの秩序を掘り崩してきたポーランド中間層」を「アーリア化」がもたらす経済的成功にあずからせないよう警告した。[131] これと並行してバイアーは、同じく外国学研究所で出されていた『政治学雑誌』でも広範な書評活動を続けた。そこでは、国家保安本部の民族強化政策にまい進することを妨げたり、他方で外交的考慮から寛大に扱われ、あるいはまた進行する強制移住政策にひそかに反対しているあらゆるジャーナリズムの立場を攻撃した。[132] ジックスからまかされて任についた雑誌編集主幹ヴォルフ・ハインリヒスドルフは、とくに研究所図書室および担当部図書室の構築にも気を配るバイアーが他の専門領域にたえず口をだすのを阻止するのに苦労した。[133] バイアーは、大学世界での自分の助言者ジックスに戦争が終わるまで忠実であり続けたし、国家保安本部内の敵性研究のエキスパートであったジックスも、バイアーが過去および現在の民族強化政策上の誤った見解を追及するさいの水際だった権力志向シニシズムを高く買っていた。『世界政治年報』の最終号にもなおバイアーの一九一八年までのドイツの東方研究にかんする論文が掲載されていた。そのなかで彼は、当時「ウクライナ国家思想の新洗礼者たち」がいわば十分に「指導され」ていなかったと非難し、当時の「ポーランド学」の弱さの原因を、「ひどくユダヤ化した印象を与える」状況に帰せしめた。[134]

ジェノサイドの実験における「民族秩序改変」

一九四一年六月半ば、バイアーは急遽ベルリンの活動の場をあとにして、保安警察兼親衛隊保安部長官［ハイドリヒ］の指揮下、ウクライナ作戦に出撃予定だった行動部隊Ｂ（すぐあとにＣ）に合流した。[135] 部隊は、民族強化政策顧問バイアーとともに、対ソヴィエト奇襲攻撃開始一日後の六月二三日、オーバーシュレージエンとガリツィアへ向けて進発した。そのちょうど一週間後には——バルト地域に展開した行動部隊Ａの対応作戦と連携して——国家保安本部の民族秩序改造オプションを最終的に軍事戦略的絶滅戦争と結びつける事件が起こった。六月三〇日早朝国防軍の戦闘部隊がルヴフ（独語名レンベルク）の要塞を占領し、国防軍防諜部のブランデンブルク特別連隊の「第八〇〇大隊」も同地の戦略拠点を手に入れた[136]。この国防軍防諜部の特別部隊はフリードリヒ・ヴィルヘルム・ハインツ少佐指揮下ながら、その大多数は国防軍の制服を身につけたウクライナ出身兵士からなっていた[137]。ブランデンブルク連隊と国防軍防諜部の連絡将校として、本業はプラハのドイツ＝カール大学経済学正教授テオドーア・オーバーレンダーがハインツ少佐を補佐していた。このとき、ハインツとオーバーレンダーは劇的な状況を目の当たりにした。ソヴィエト内務人民委員部（NKWD）は、六月二二日を期して行動を起こしたウクライナ民族運動（OUN）の武装蜂起を鎮圧し千名以上を捕虜にしたが、レンベルク撤退直前に彼らを殺害した。国防軍部隊が進撃してくると、生き残ったOUN支持者が今度は民兵組織をつくり、共産党員およびルヴフ・ユダヤ人地区住民に対して報復をはじめた。一方で国防軍防諜部特別大隊も、事実上、あるいは誤ってそうみなされた「略奪兵」（「ユダヤ人」および「街の暴民」）を「処刑」した[138]。ウクライナの武装蜂起運動がウクライナ民族国家を宣言し、この宣言がレンベルク・ラジオ放送を通じて広まり、まもなく東方帰一正教会首都司教の承認を得ると、事態はいっそう複雑化した[139]。ハインツ、オーバーレンダー、そしてこの間に国防軍防諜部の全権としてレンベルクに到着していた東欧研究者ハンス・コッホは、ウクライナの武装蜂起運動を軍事的に利用し、「慎重に操作された郷土感情」を「ドイツに指導されたヨーロッパ」に導こうとして[140]、かえって騙されたのだった。たしかにウクライナ民族国家宣言は性急すぎるという彼らの警告は何ら功を奏さなかった。しかし、彼らの指揮したウクライナ国防軍特別部隊が、ウクライナ民族運動民兵による過剰殺人行為に参加するのをかなり阻止することはできた。

この大量虐殺に係わったのは、六月三〇日午後あいついで進軍してきた行動部隊Cの部隊だった[141]。彼らはウクライナ民兵を指揮下におき、民兵の無秩序なポグロム衝動を一つの秩序だった虐殺作戦計画に変えた。すなわち、ウクライナ民兵にレンベルクのユダヤ人を見境無く追い立て集合させ、監獄やNKWD本部建物に放置された遺体の埋葬をユダヤ人に強制し、それが終わると今度はユダヤ人自身を残虐な方法で殺せるよう、お膳立てをしたのであった。さらにこれにユダヤ人地区の街路上での大量殺戮という事態が加わり、約五千名のユダヤ人がポグロムの犠牲になった[142]。進軍中に出されたハイドリヒの命令、すなわち、自らは前面にあらわれずにユダヤ人や共産党員に対するポグロムを操作せよという命令は、このようなかたちで実行に移された。しかし、オットー・ラッシュに指揮され、バイアーが顧問をつとめた行動部隊Cの部隊はその後の数日間にそれ以上のことを遂行した。七月二日、三日に三千人の「容疑者」（ほとんどがユダヤ人）が、レンベルクのスタジアムで「処刑」された。七月三日、四日、親衛隊保安部の行動隊（コマンド）はあらたに行動を起こし、国家保安本部ウクライナ課が準備したリストにもとづき約四〇名を逮捕し、ウクライナ民兵を使って凄惨な拷問を加えたあと、レンベルク大学神学研究所あるいはまたレンベルク大学地区の路上で射殺したのだった[143]。

最後に親衛隊の部隊は、民族国家を求める、コントロールのきかなくなったウクライナ蜂起運動の熱狂の「調整」に移った。バイアーが六月三〇日／七月一日の主権宣言の公式否認をウクライナの新聞に流しても効果のないことがわかると、国防軍の目の前で民族国家宣言をおこなった（バンデラ・グループの）指導者たちを「賓客処遇」ながら逮捕し、八月以降「地下」に潜行した運動の中核も片づけた[144]。これによっても、親衛隊保安部がコントロールするウクライナ民兵の対独協力が決定的に弱まることはなかった[145]。

親衛隊、とくに国家保安本部にとってレンベルクの一連の出来事は、格別重要な意味をもった。それは、エストニアやラトヴィアでの行動部隊Aの経験と相まって、ソヴィエト周辺地域の民族運動について、その民族国家構想に実質的同意を与えなくても運動を親衛隊の民族強化総合計画に引き入れることが可能なことを裏書きした。民族運動の反ユダヤ主義的・反共産主義的情熱の動員は、政治的反対給付への過度の要求が厳しく抑えこまれているかぎり、行動部隊によって開始されたジェノサイドをエスカレートさせるのに十分な手段であることが明らかになった。したがってまた第二に、とくにはじめはユダヤ人男性に向けられた「処刑」を女性・子供を含むユダヤ人全体に向けて拡大し、親ソ的とみなされる東欧指導階層除去にこの措置を結びつけ、さらに実際にはなお対独協力者であった少数民族に対しても後に「耕地整理」をもくろむことが可能になった。第三に、国家保安本部は、国防軍防諜部の昔風の帝国主義的民族政策を現地で妨げ、国防軍そのものを保安本部の民族強化政策の共犯者にしうることも立証した。親衛隊保安部とウクライナ民兵のポグロム政策に対するハインツ少佐の苦情は、南方軍団で国防軍の民族強化専門家だったオーバーレンダーがその後おこなった申し立てと同じく効果がないままだった[146]。オーバーレンダーは、一九四一年一〇月末以来、ジェノサイドおよび行き過ぎた搾取[147]に対する反応として反ドイツ抵抗戦線が強化されると警告していたが、ついに一九四三年三月、彼の考えでは学問的にまだ証明されたとはいえない人種論、国家保安本部がそれでもってジェノサイド路線を正当化した人種論を、はじめてはっきり批判したのだった[148]。

自らも深くかかわったレンベルクの「実験」の恐るべき成果に感激しながらバイアーは、親衛隊保安部の作戦に参加している間、ふたたび出版活動にも精を出した。一九四一年四月すでに骨格ができあがっていた「ポーランド人の運命」なる草稿に手を加え、四一年九月にはサポロシュイェ手前のホルティーサで原稿を完成した[149]。この稿でバイアーは、当時西側の視点からすでにまとめていたものを今度は東側から点検することができた。バイアーはそのなかで、「レンベルクのポーランド系」知識人が、ボルシェヴィズムに反対するという名目でウクライナ民族主義に逆らったから、OUNおよび国家保安本部ウクライナ課の資料にもとづく自分の選別リストの犠牲になった「リストの下位におかれた」のだ、とあざけり、似た例を他の東欧のいくつかの大都市についても指摘した。しかし、彼によれば、レンベルクの大学人の辿った運命は「[ドイツ中心の]いかなる中欧秩序も否定するという立場から、大陸に敵対するものであればどのような同盟や裏切り行為にも加担するつもりのポーランド民族」に対して警告を与える事例になったのだった。[151] したがって「平均化」「同化」か、あるいは「排除・駆逐」か、という民族強化政策上の選択にあたっては「心の整理統合」という問題が前面に押し出されねばならない。スラヴ人同様、ポーランド人ももともと「脱北方の混合人種」であり、その「価値」は彼らの人種生物学上の特性、彼らの「部族心理」、そして指導層の質の分析から明らかになる。こういいながらバイアーは「ポーランド人の諸部族景観」を詳しく描き、その分肢諸部族の性格を論じたうえで、以下のような結論に達した。すなわちポーランド人とはさまざまな民族の混淆に他ならず、ただ表面上共通の日常語によって結びついているだけであり、彼らが歴史で活躍することがあっても、それは他の諸民族を自らに吸収したからなしえたにすぎない。また、貴族や市民にはたしかにかなり強くドイツ「系の血」が流れているが、それも「リトアニア・ロシア」系、タタール系、ユダヤ系の血の占める分量によって「壊されて」おり、そのため指導者層は、とりわけユダヤ人との緊密な関係のため「大陸秩序」の圏外にいる、[152] と。そしてこの判断は広範な農民大衆、「労働者層」にも必ず妥当する。これら大衆は、たいていの他のヨーロッパ国民よりもかなり劣っており、「鈍感で、自発的精神にも欠け、衝動的であり、エゴイスティックであると同時に弱腰なうえに、ずるがしこくて、高次の秩序法則に対する洞察力もない」[153] とし、リトアニア、ウクライナ、白ロシア（ベラルーシ）等の近隣諸民族と異なり、発展の可能性もない、と結論づけていた。総じて、ヨーロッパの諸民族のなかでも、ポーランド人は自らの力で自らの定住地を国家的・経済的・文化的に形成しえない民族に属する。[154] したがって、ドイツ人のどんな「血の一滴」も取り戻す必要があるし、またリトアニア人、ウクライナ人、「白ロシア人」によって始められたポーランドに対する「返還請求」も促進されねばならない。「性的観点から見て幅広い変種」のためとくに危険なポーランド女性[155]の悪行もやめさせる必要があるし、「非ユダヤ化」によってますます利益を得ている「ポーランド民族中産階級」も排除しなければならない。全体として、ヨーロッパ建設へのこの民族の参画は「ユダヤ人の寄与」と同じく考えられぬくらいわずかだから、[156]「合理的な対ポーランド政策」の選択肢としては「ドイツ民族の強化・拡大」によるポーランド人の駆逐という道しか存在せず、あるいは将来の展望としても「国家秩序が住民の居住領域を民族ごとに思い切って切り離すことを進め、画期的な民族の耕地整理実施を決断する」こととしか考えられない。[157] バイアーの民族秩序改変構想のこうしたグロテスクな最初の適用はすでにある程度公然の秘密になっていた。一九四三年一月に担当部局がなお「マル秘」の本書を少なくとも「公務専用」として解禁にしようと議論していた間にも、(158) すでに一九四二年八月から関連諸雑誌に最初の論評が出始めていた。(159) とにかくこの成稿を読むと、国家保安本部がそのヨーロッパ総合計画のなかで、なぜポーランド人に、最低のユダヤ人やのちにはまた大ロシア人に次いで、二番目に低い「再ドイツ化」率（前二者のゼロパーセントに対し一五ないし二〇パーセント）を割り当てたかを跡づけることができる。(160) バイアーのパンフレットは一九四四年にはウクライナ語にも訳されて出版された。(161)

国家保安本部の民族政策上の新秩序計画へのこうした貢献（およびわれわれのまだ知らない他の貢献）のためにバイアーは大学の世界でも報いられた。一九四一年四月に『国境地域・外国在住ドイツ民族ハンドブック』中央編集部の一員だったハンス・シュヴァルムがポーゼン大学への招聘を一度受け入れながら、その後親衛隊「祖先の遺産《アーネンエルベ》」での別の活動のためにそれを辞退したとき、(163) 同年九月末バイアーはポーゼン大学の「国境・外国在住ドイツ人問題を含む民族学」講座への招聘を受けた。(162) バイアーが大学でのこの経歴上の飛躍にきわめてふさわしかったことは疑いない。この研究機関も彼の積極的活動にぴったりであった。一九四一年三／四月国家保安本部との緊密な協力のもと創設されたこの帝国《ライヒ》大学および「ドイツ東方研究帝国財団」(164) は、ベルリン外国学研究所の民族科学施設や、親衛隊保安部外国局ヴァンゼー研究所、親衛隊全国指導者の「祖先の遺産《アーネンエルベ》」等の間のこれまでの無秩序な関係を補うため、国家保安本部の民族強化政策総合計画の思想的サブセンターとして構築されることになった。この任務を担当したのが、帝国総督グライザーの大学・科学全権委員として活動中で、同時に全国学生指導部の民族政策課も指揮し、国家保安本部第三局Bの総合計画プランナーたちの内部サークルの一員でもあったハンス・シュトライト親衛隊中佐であった。(165) シュトライトはまた同時にポーゼンの保安部活動家たちの第一世代を行動部隊の諸部隊に配置替えした後、保安部将校で党大管区民族強化問題部長でもあったロルフ＝ハインツ・ヘップナーと密接に協力して活動した。ヘップナーはポーゼンないしリッツマンシュタットの住民政策上の選別実施にあたる二つの地方機関（EWZおよびUWZ）を調整協力させ、この作業に不可欠な民族価値査定システム（「ドイツ民族リスト」）の作成を推進し、一九四一年七月から一一月にかけて民族秩序改造・絶滅作戦の促進と組織化のためバイアーに一連の提案をおこなって自らの才能を誇示した。(166) バイアーは一九三〇年代半ば以降シュトライトとの交友を続けていたが、(167) ヘップナーも上記ポーランド稿作成にさいして議論した仲間の一人だった。今後ヘップナーも手伝って、これまでとりわけ民族心理学に傾いていた帝国財団の活動を歴史民族学の側から補完することになった。この点でもう一人の理想的協力者がバイアーを心待ちにしていた。それはバルト・ドイツ人の社会心理学者ルドルフ・ヒッピウスで、彼は、一九三九年末以降心理学にもとづく人口計画のシナリオを起草し、ドイツ＝ポーランド人の間の「混血」について、スラヴの「血がみなぎる者」からドイツの「種をしっかり伝える者」まで、何段階にも等級づけすることを想定していた。[168] 一九四二年一月にバイアーはポーゼンへの招聘を受け入れた。[169]

四カ月の延引にはそれなりの理由があった。バイアーは一九四一年九月末サポロシュイェを前にし行動部隊の第六行動隊内で肝炎にかかり、キエフの行動部隊Cの隊医の診察を受け、勤務をつづけられない病状との診断を受け、ベルリンに召喚されたのである。[170] つづく六週間はベルリン郊外ラングスドルフの自宅でほとんど寝たきりの状態で過ごした。したがって彼が例の不吉な協議に参加したかどうかはわからない。すなわち約一五〇名の国家保安本部民族強化専門家たち（第三局B）が一九四一年一〇月半ば、ベルナウ親衛隊保安部幹部候補生養成学校で「東部の五定住予定地域三〇年計画」について話しあい、「安楽死問題」も詳細に検討したという協議である。[171] 一一月にバイアーは健康状態がさらに悪化したので、国家警察病院に入院させられた。そのあと回復療養期間を終え、やっと勤務可能と診断されて一二月二二日に退院し、ベルリンの国家保安本部に戻ることができた。バイアーは一二月三一日、行動部隊Cから離隊し、[172] 一九四二年一月にようやく健康上でも勤務上でもポーゼンの教授職に就くことが可能になった。彼は病気で余儀なくされた強制休養期間を多くの書評執筆に利用し、また教授資格取得論文を印刷用に改訂するために使ったのであった。

快復後ポーゼンの民族学講座を引き受けるまでの時間は、国家保安本部のためのこまごまとした計画・宣伝・実践活動に費やされた。ポーゼンでバイアーは、一九四二年二月一三日に「ドイツ人の定住地としての東方」にかんする合同講演にはじめて登場した。この講演で、彼はこれまで東方に固定されていた民族強化政策を、全ヨーロッパを覆う大ゲルマン帝国理念の方向へ拡張せよ、と要求した。[173] 講演は、一八世紀末には全ヨーロッパが、指導的エリートの次元では、古い帝国思想を反映して「ドイツにならう」傾向にあったという主張で始められた。一九世紀になってようやくそれが崩れはじめ、しかも結果として致命的な「生物学的邪道」に陥った。全般的な「民族の覚醒」は、影響の大きな「民族秩序の改変」に導いた。しかし、この場合諸民族は、ロシア、フランス、のちにはまたイギリスの、反ドイツ的強国政策の手先に利用された。さらに「民族のもつ力」は、「ユダヤ・キリスト教」に貫かれたカトリック反動のウルトラモンタニズム（教皇中心主義）、ルター派「信仰の深遠」を否定するカルヴィニズムの「浅薄さ」、フランス啓蒙主義の誤った「人民」主権論、とりわけ知識人やエリートへの「ユダヤ人の浸潤」等々によって打ち砕かれた。[174] このような帝国信条の堕落の、実際のあらわれとみなされたのが、カール・バルトの「弁証法神学」、バッハオーフェンのロマン主義、精神分析、日常的なものばかりに目を向ける文化史等であった。[175]「ゲルマン的ヨーロッパの歴史が完成される」べきなら、「ドイツ人という世界民族」は、このような負の遺産には背を向けなければならない。そしてドイツ民族は「ハンメルフェスト＝ダンケルク＝ジュネーヴ＝ブカレスト＝ドン河畔のロストフを結ぶ五角形[176]」のなかで、生物学的に基礎づけられた新秩序づくりに取り組み、——「生存可能」と格づけできるかぎり——それぞれの国民共同体に、「大中欧統一体」内での場所をあてがわねばならない、というのがバイアーの主張であった。(177)

このように国家保安本部が従来の東欧・東南欧を舞台とする民族強化構想を大ゲルマン全体計画に適応させていくのと平行して、バイアーは第三局Bの民族新秩序シナリオの宣伝家として行動し、そのさい適当に自分の功績を強調することも忘れなかった。彼は法学専門雑誌で、保安警察・親衛隊保安部長官およびポーゼン管区長の文書をはっきり示しながら、「ドイツ民族リスト」の成立や選別手続きの民族政策上の諸原則について報告した。(178)そこでは、ヴィルヘルム時代のモデルに依拠しながら、「民族秩序改変」過程をもっぱら言語や文化面に限定して考察しようとするライヴァルたちの見解は斥けられ、かわりにバイアーがすでに一九三九年、その教授資格論文のなかで「ポーランド化過程」を例に作り上げた諸原則が幅をきかせていた。(179)それによれば、「併合東方地域」で実施される手続きは、とりわけ「心の整理統合」という前提にもとづくとされた。被験者は「ポーランド時代」の自分の行動により、また鍵となる「異宗婚」現象によって規定された「血統」基準によって選別されるのである。そして付加的要素(とりわけカトリック教会の「ポーランド化現象」や「ルター主義信仰の硬直形態」)も考慮しつつ、あらゆる個別ケースをできるだけ厳密に分析し、「改宗転向」も追及できるためには、「信仰信条原理」と「血統」の組みあわせこそがすぐれたフィルターとなる。(180)併合ポーランド西部の諸州で開発された選別登録方式にかんするこの論文があらわれたとき、バイアーはすでに第三局Bの委任を受けてポーランド総督領で働いていた。一九四二年二月/三月以降彼は「総督領ドイツ系住民村落目録」(181)を作成したが、計画されたゲルマン化のため「ドイツ民族リスト」を総督領に拡大するのに、この目録は決定的意義をもった。

ハイドリヒの教授

一九四二年はじめまでにバイアーはエーリヒが率いる保安部内国局集団のもっとも重要な民族政策顧問として認められていた。しかしその間にも彼の声望はさらに高まり、ついには国家保安本部長官で一九四一年九月二七日以降ボヘミア・モラヴィア帝国保護領総督代理を兼任したハイドリヒも、プラハの学界を再編し、民族強化政策に利用するためバイアーをプラハに呼び寄せた。(182)一九三九年一一月のチェコの諸大学閉鎖のあとも、プラハのドイツ゠カール大学は長期の構造的危機から立ち直れなかった。一九四〇年はじめから学長に就任していたのは農業法学者ヴィルヘルム・ザウレで、彼はかつて急進民族主義運動の練達の闘士、また親衛隊人種・植民本部の代表的人物でもあった。(183)ドイツ工科大学とくらべ進行していた[ドイツ゠カール大学の]地盤沈下を押し止めるかわりに、ザウレはとくに人種・植民本部の利益をはかる下部機関となっていたプラハ地所局に積極的にかかわり、武装親衛隊の傘下での前線配置を再三志願していた。さらにチェコ大学委員およびスラヴ学施設保護領特別全権でもあったザウレは、一九四〇年以降「ドイツ・スラヴ研究帝国財団」創設のため尽力していた。[184] しかし、ドイツ＝カール大学を地方大学の存在から脱却させ、ポーゼンでの事態の展開に似たかたちで、接収したスラヴ学関連研究所・図書館の資源をドイツの諸計画のため利用するのに必要な、帝国諸官庁に対する交渉能力や要求貫徹力が彼には欠けていた。ザウレはハイドリヒがプラハで目論んだ学問政策の野心実現に適した人物ではなかった。東欧・東南欧における親衛隊のゲルマン化計画について一九四一年一〇月二日におこなった不吉な秘密演説以降、国家保安本部長官ハイドリヒは、もはや併合ポーランド西部地域ではなく、ボヘミア・モラヴィア保護領をこそ、「東部領域」の新秩序と「指導」の核とみなしていること、[185] しかもプラハ＝カール大学が「最古のドイツの大学、精神的なドイツ東部戦線の管制高地」として決定的な役割を果たすようになることを明らかにしていた。[186] このためには大学の研究と教育における民族強化政策優先の貫徹が必要であった。ポーゼンのように大学再編が帝国財団と組みあわされれば、構想はもっともはやく実現されるはずであった。しかもこのときプラハでは、ポーゼンでは避けられなかった競合する親衛隊諸本部との共存をやめ、最初から国家保安本部だけの利害を貫徹させるチャンスが与えられていたのである。国家保安本部第六局、第七局はすでに対応した研究機関（ヴァンゼー研究所および ドイツ外国学研究所）を自由にできたから、今度は第三局Bが優先権を得た。一九四一年一〇月、一一月親衛隊保安部プラハ管区は、これまでザウレによって追求されていた「ドイツ・スラヴ研究帝国財団」創設に実際に着手する最初の計画を提示し、国家保安本部中央の意向との調整に努めた。[187] ハイドリヒはひそかにエーリヒの第三局B下に財団を置くことを了承しており、ザウレやその他のプラハ東方研究諸機関の役職候補者たちには、[188] 一九四一年末以降成功の見こみがなくなっていた。ハイドリヒが、一九四二年二月今後の処置を協議するためバイアーをプラハへ呼び寄せたとき、状況は以上のようなものだった。

バイアーと親衛隊保安部プラハ管区が、結局ハイドリヒに死をもたらした一九四二年五月二七日の襲撃事件[※]のあとの二、三カ月間にとりかわしたいくつかの書簡が右の協議の結果を知らせてくれる。[189] それによれば、帝国保護領総督代理ハイドリヒとバイアーは、国家保安本部第三局Bによって進められた「ドイツ・スラヴ研究帝国財団」プロジェクトの継承を、ドイツ＝カール大学が人事政策上、学際的に進められている「民族強化研究」の基準に合格し、親衛隊保安部に忠実な大学教官幹部によって支配されるようになるまで、延期するという点で一致していた。この場合、再編は上から始められることになっていた。バイアーがザウレに代わって学長になる予定だったが、彼自身は、抵抗が大きくなりすぎないよう、プラハの大学事情によく通じた人物を表に立て、自分は副学長にとどまる方がよいと判断した。[190] 教授の何人かには名誉教授称号を与えて退職させるか、褒め上げて他大学へやっかい払いする一方、[191] 保安部の計画にかなった教授——わけても民族史家ハインツ・ツァチェク、法制史家ヴィルヘルム・ヴァイツゼッカー[192]——をよびもどし、さらに第三の方策として、帝国財団の教授にバイアーが予定していた人々にとりプラハへの異動がより魅力あるものになるよう、いくつかの新講座も設けられることになった。ハイドリヒがまだ活躍していた最後の数カ月間に、プロジェクトは、いくぶん削られたものの、遅滞なく実行に移された。ザウレは一九四二年三月学長職から遠ざけられ、ドイツ工科大学の学長兼親衛隊保安部名誉将校アルフレート・ブントゥルーが一時その職を代行した。ザウレはスラヴ学諸施設担当全権委員も辞めざるをえなかった。[193] ポーゼンでのバイアーの講座はハイドリヒの介入によって「撤去移送」され、バイアーは新設の「民族学・少数民族事情研究所」所長に任命された。[194] ただちにバイアーは、以前から目をかけていたカール・ヴァレンティン・ミュラーと緊密な協働を開始した。ミュラーは、すでに一九四一年新設の社会人類学・民族生物学研究所所長としてプラハに招聘されていた。[195] さらに人類学者ブルーノ・クルト・シュルツのために人種生物学講座がつくられ、[196] ポーゼンから彼の意中の候補ルドルフ・ヒッピウスを社会・民族心理学講座に迎えることも、かなりの抵抗があったとはいえ何とか成功した。[197] これらの人事とツァチェクとヴァイツゼッカーの呼び戻しとは密接に連動していた。かなり以前からプラハで教鞭をとり、将来財団での活動を予定された民俗学者・地方史家たちの株は上がった。[198] 一九四〇年自ら進んでカトリック神学部から辞任した教会史家エドゥアルト・ヴィンターのためにさえ、親衛隊保安部のプランナーたちは、「とくに東欧を考慮したヨーロッパ精神史」講座のかたちで、文学部のなかに大学での再出発の足場を用意してやった。[199] 数カ月後にはバイアーとハイドリヒは、ドイツ＝カール大学は、十分目標が達成されたことを確認した。いまやドイツ＝カール大学は、保護領の領域・民族強化政策の将来計画をたてる能力を備え、さらに国家保安本部の戦後構想のなかでのすべての「東欧・東南欧民族」を「人種学的に再編成」するのにも役立つかのように見えた。[200] とりわけ、二年半以上機能が麻痺していたスラヴ研究諸施設を国家保安本部が目指す特殊民族強化政策の野望実現の物質的・学問的基盤として動員できる前提がつくられた。

それにもかかわらず、大学政策でのバイアーの猪突猛進はハイドリヒ暗殺事件後いくらか減速状態になった。ハイドリヒの後継者（ボヘミア・モラヴィア帝国保護領総督代理）カール・ヘルマン・フランクが、親衛隊保安部の大ゲルマン帝国構想にどんなに忠実であっても、ある程度限界があったのは、たがいに対立する大学関連諸機関の利害を保護領に特有な仕方で調整せざるをえなかったためである。バイアーが一九四二年八月に行ったラジオ・インタビューのなかで大学教員たちをひとまとめにして「自由主義的」とこきおろすと、[201] すでに瀬戸際まで追いこまれながらもまだまったくは無力化していなかった教授集団も全国大学教員指導部を通じて大規模な抗議行動を起こした。[202] しかし教員指導部もこれまでにつくられた大学政策の既成事実を修正することはできなかった。他方、ハイドリヒの生前、バイアーが大学政策でとった措置も制度的にもはや保証されなくなったため、わずかに残った大学自治を代表する勢力と現状維持で妥協せざるをえなかった。この間バイアーが親衛隊保安部に後援され学長に就く野心をもっているという噂が流れたため、その効果をうち消すため副学長職を当面断念した。それにより学長代理のブントゥルーは諸研究所や学部間ではじまったひそかな陣取り合戦のためにますます消耗させられることになった。バイアーとの激しい角逐をへて一九四三年一〇月、ブントゥルーは辞任し、[203] その直後保安部派教授連による「民族」の全面的優位要求に対する明白な批判者がそれにとってかわった。しかしこの経済法・協同組合法学者フリードリヒ・クラウジング[204]も、バイアーの取り巻き連中がこの間に築き上げた支配的地位を打ち砕くことはできず、親衛隊保安部プラハ管区が一九四四年四月意地悪く記したように、その強い連帯意識にぶつかって挫折した。[205] クラウジングは四四年九月自殺した。バイアーも、ドイツ＝カール大学を国家保安本部の民族強化構想のアカデミックな牙城にかえることに完全に成功したとはいえないにせよ、大学と結びついた保安部民族強化プランナーたちの帝国財団のために、十分効果ある人員補充地盤・共鳴板を、古い学者世代とのあらゆる小競りあいにもかかわらず、確保することでかなり成果をあげた。

このように神経をすり減らす大学権力闘争にもかかわらず、一九四二年春以降もプラハ帝国財団の設立とその学問政策上の整備は、バイアーのもっとも重要な活動領域であった。「ドイツ・スラヴ研究帝国財団」設立のためのこれまでの計画を評価査定し、国家保安本部の利害に適合させることが二月に取り決められると、続いて一九四二年四月一日には帝国保護領総督代理によってバイアーがザウレの後継としてスラヴ学諸施設特別全権に任命された。[206] ちょうどその月末バイアーはプラハのもつ「東方研究」関連の学問的潜在能力を親衛隊保安部の財団［スラヴ研究帝国財団］によって利用する最初の提案を行い、次官カール・ヘルマン・フランクの承認も得て、五月半ばからはハイドリヒと諸主要研究所の総設備ならびにプロジェクトについて最終的な交渉をおこなっていた。五月二七日のハイドリヒ襲撃事件の後三週間前後して計画貫徹促進の決定がなされた。事件がなくてもすでにかなり前から問題になっていた「スラヴ」を取り「ラインハルト・ハイドリヒ財団――学術研究帝国財団」という名にかえることになったのである。バイアーは一九四二年六月一九日最終的な構想案を提示した。[207] その組織、構成はかなりポーゼンの帝国財団にならっていた。代表はそのときどきのドイツ＝カール大学学長が務めることになっていたが、終戦まで事実上ブントゥルーの手に握られつづけた。監督理事にはカール・ヘルマン・フランクが予定された。設立業務の行われている間、事務局長をバイアー自らつとめたが、それは、管理責任者に任ぜられたヴィルヘルム・ヴァイツゼッカーがプラハ着任後、自分は学事指導に集中しつつ、四つのグループ長（法学・経済学担当ヴァイツゼッカー、文献学・歴史学担当ツァチェク、民族強化学担当バイアー、自然科学担当の地質学者アルトゥーア・ヴィンクラー・フォン・ヘルマーデン）の間で調整をはかれるようにとの配慮からであった。設備と運営資金についてもポーゼンが手本になった。閉鎖されたチェコの大学の当該研究所・各研究室もその一部研究者もろとも新しい機関設立の基礎に利用され、学外のもっとも重要なスラヴ研究諸施設も同様にドイツ人指導部の下に編入された。財源には、編入されたチェコないしスラヴ関連諸施設への予算の他、マサリク財団の有価証券（一五〇万ライヒスマルク）ならびに国家保安本部によって差し押さえられたラウジッツ・ヴェンド人財団の有価証券があてられ、保護領政府の財産管理部による種々の差し押さえ不動産も運用された。バイアーにとっては、明らかに国庫によるコントロールの可能性を排除し、帝国保護領予算への依存も並の枠をこえないようにすることが重要だった。[208]彼の構想は、国家保安本部民族強化プランナーたちが学術センターとしての帝国財団に外部から影響を及ぼすのを、組織的・機構的・経済的に阻止することを目指していた。一九四二年七月六日バイアーはカール・ヘルマン・フランクによって財団プロジェクト全権に任命された。[209]彼の構想案文書に添えられていたラインハルト・ハイドリヒ財団にかんする条令案文はそのまま七月一一日に発効し七月二五日公示された。[210]

設立業務期間が終わると引き続き、任務および方法と民族科学にかんする基礎的全課題がふたたび集中的に議論された。保安部プラハ管区が一九四一年一二月に提起していた要求、すなわち帝国財団の枠内で「スラヴ民族性研究」、スラヴ人の定住境界線の画定、民族政策に役立つ性格学のためできるだけはやく「親衛隊研究者」を養成せよという要求は、もちろん異論なく受け入れられた。[211]一九四二年親衛隊大尉に昇進した[212]バイアーは、まず第一に、「民族科学テーマ群――ボヘミア・モラヴィア」を考案し、それをさらに東欧・東南欧全域での「民族の耕地整理」に拡大することで、この要請に応えようとした。国家保安本部総合計画というかたちで人口政策があらたな頂点に達するなかで、「各分野専門家の協働作業」によって「ボヘミア・モラヴィアのスラヴ語を話す住民の精神的、心情的な編入」計画のための基礎をつくり出すことがさしあたり重要になったが、そのさい「ドイツ人・チェク人の関係にとってユダヤ人がもつ意義」、「ボヘミア人・モラヴィア人の心情史的にみた行動様式」、さらに「ドイツ人・チェク人の間の混血婚」の分析が、もっとも優先される課題となった。[213]ついで第二に、「チェク人の特性」によって引き起こされたゲルマン化過程の諸困難克服へのこうした寄与と、「帝国」がいつのまにかその「生活を引き受けてしまった」他のすべての民族の「心のひだ」に入りこめという要求とは一致するものとみなされた。[214]この巨大な課題に向かってラインハルト・ハイドリヒ財団はまだ先駆けの役割しか果たせない。しかし財団は、個別科学によって基礎づけられた人種学や民族心理学がそのための最良の方法的手がかりを提供し、こうして「東方・東南方の学問的世界でカール大学がかつて果たした指導的役割」を取り返すのにも寄与することをアカデミックな世界に対し証明するはずであった。そのさい、目標の年として、プラハ大学創設六百年にあたる一九四八年が定められた。それまでにカール大学の歴史とその意義の再生についてさまざまな著者による論集を刊行する予定だった。バイアーによれば、ラインハルト・ハイドリヒ財団だけがそれに必要な「研究者と財政上の便宜を提供する力」を備えていた。バイアーは一九四二年八月にまず国家保安本部次期総合計画で強調された保護領の利害に配慮する一方、ラインハルト・ハイドリヒ財団の研究活動開始の日——ハイドリヒ襲撃事件一周年にあわせた——のフランクの挨拶のために書いた原稿[215]のなかでは、財団の存在をただプラハ大学の最終的な「復活」のために伝導ベルトの役割を果たすだけと思わせようとした。プラハはいまやバイアーとその仲間には壮大な夢となり、彼の目にカール大学は、親衛隊が一九三八・三九年以降、従属化あるいは絶滅されるべきヨーロッパ「諸民族の異化」をそのために推進した、あの革新的大ゲルマン帝国理念を代表する未来の学問的中心としてそそり立っていた。

活動を開始したラインハルト・ハイドリヒ財団

一九四二・四三年の変わり目以降、ラインハルト・ハイドリヒ財団プロジェクトは輪郭をしだいにはっきりさせた。一九四三年二月に、チェコ大学スラヴ研究所、歴史研究所、オリエント学研究所が合併された。[216]それと平行して、学外のスラヴ諸施設が接収され、[217]さらに大規模な略奪行為によって、中央図書館の構築が進められた。[218]ラインハルト・ハイドリヒ財団は市内マラー・ストラナ［独語ではプラーガー・クラインザイテ］の元ユーゴスラヴィア公使館および元聖トーマス教会付属アウグスティノ会修道院の建物に拠点を移した。一九四四年夏まで総計約九〇名のスタッフを揃えた八つの研究所が設立され、所長は、専任兼任の差はあれいずれも例外なくドイツ＝カール大学に勤務している面々だった。[219]核となったのは、バイアーとヒッピウスがともに指導した「ヨーロッパ人種学・民族心理学研究所」であった。ヴィルヘルム・ヴァイツゼッカーが「東方ドイツ法研究所」を主宰し、ハインツ・ツァチェクと経済史家アントーン・エルンストベルガーが「ボヘミア・モラヴィア地方史研究所」を設立した。エートゥムント・シュネーヴァイスとヨーゼフ・ハーニカは、「ボヘミア・モラヴィア民俗学研究所」の設立にあたり、オイゲン・リップルが「チェコ語・チェコ文学研究所」の指導を引き受けた。定年退職後復職したスラヴ学者ゲルハルト・ゲーゼマンは東中欧民謡・民族音楽の研究につとめた。国家保安本部が略奪し手に入れた膨大な資料をもとに、エドゥアルト・ヴィンターは「東欧精神史文書館」を設立し、一九四四年七月には最後の企画としてフェルディナント・ウルマー指導のもと、「民族経済研究所」が人口・社会統計研究のプロジェクトを発足させた。一九四四年九月、学事指導部は「ヨーロッパ人種学・民族心理学研究所」ともどもノスティッツ・パレへ移った。相応する他の研究機関の設置強化がすでにかなり以前から制限されていたのに、財団関連研究所の開設・拡充は順調に進行した。一九四四年一〇月からはじまった「総力戦動員」令による学術政策上の極端な制限もラインハルト・ハイドリヒ財団にはさしたる影響を与えなかった。縮小されたのはもっぱら東欧・東南欧民族問題と取り組んでいた伝統的な民俗学施設だけで、それはこうした施設が、依然「戦争にとくに重要」と格付けされたゲルマン化計画にとりもはや重要でなくなったからであった。[220]だが「民族強化政策」の核は手をつけられずにすんだ。これには、国家保安本部の後ろ盾以外に、ラインハルト・ハイドリヒ財団がバイアーの指揮下に戦争最後の二年間くり広げた大がかりな科学・メディア・政治宣伝活動がものをいった。

民族強化計画の極秘領域でなされた協議・諒解工作だけでも大変な量にのぼった。国家保安本部と保護領諸官庁のために問題によっては大部の覚書が作成された。主題の重点がおかれていたのは、ウクライナ、バルト海沿岸地域、西部ロシア、スロヴァキアの民族強化政策にかんする諸問題、および保護領での「逆選抜」であった。[221]明らかに一九四五年はじめまで続いた財団主催の行事には、国家保安本部「諸部局」のもっとも影響力ある教師・介添者・協力者たちが登場して、アルザスの民族政策、再活性化したパン・スラヴ主義、ソ連の少数民族政策、チェク人の心理、第一次世界大戦中のドイツの民族政策等の諸問題、しかしまた他方では、フラマン人の運動、ダンテの「ヨーロッパ秩序理念」に対する関係といったテーマで講演をおこなった。[222]また、一九四四年以降、「ヨーロッパ人種学・民族心理学研究所」によって極秘に編集された『民族科学情報サーヴィス』が、内部の意思疎通手段として機能した。その記事欄では、「ボルシェヴィキ以外の左翼運動におけるヨーロッパの伝統路線」「西欧の共産主義プロパガンダ」とくらべてナチ宣伝の欠陥、共産党の「反ファシズム統一戦線」戦術、等の問題について驚くほど率直な議論が闘わされた。[223]さらに、前線に配属された大学の若手研究者や武装親衛隊[七]の若い将校団向けのよりプロパガンダめいた活動も行われた。とりわけ『民族科学の軍事郵便』への寄稿論文は、普通の検閲手続きに頓着しなかった。それは、他ならぬ東欧および東南欧の敵が行う通常の、あるいはゲリラ的軍事抵抗が高い志気と知的な闘争手段という点で際立っているという自分たちの体験を公然と扱っていたのである。しかもこうしたことも、バイアーや他の執筆者たちに民族強化政策の狂暴さを和らげさせる契機とはならず、かえって「民族生物学的に」根拠づけられた「諸民族の指導」のため最後の力をふりしぼり[224]、一九四二年対ソ連戦線で戦死した民族史家クレオ・プライアーを見倣えと呼びかけるきっかけを与えただけだった[225]。

一九四四年六月はじめ、ラインハルト・ハイドリヒ財団およびプラハ・カール大学の教授たちが、バート・トェルツの武装親衛隊士官学校で行った「東方でのわれわれ共通の課題」という題の「ゲルマン的連続講演」でも、右のような調子が支配的であった[226]。バイアーはここで「中欧におけるボルシェヴィキの利害」と題する講演をおこなった。ソ連との「世界観をめぐる闘い」では、国境線をドニェステル川で引くか、あるいはドニェプル川で、あるいはまたヴォルガ川で引くかは本質的な問題ではない。それよりむしろ、敵の権力の全中枢を破壊しなければならない。「能率原理によって価値をはかる諸民族共同体の構築は、モスクワからの邪魔がくり返しはいるかぎり、ありえないからである」というのがバイアーの主張であった[227]。

以上のような傾向にもかかわらず、財団の活動の決定的な重心は、学問的自負をもってなされた研究と出版活動にあった。四グループの指導者たちの調整をはかるバイアーは、「ウクライナの民族」「民族としてのチェク人」「ボヘミア・モラヴィアにおける貴族の政治的役割」といった諸テーマについての「共同作業」を強調し、さらにベルリン・ブレスラウ・ポーゼンの教授たちと協力して「パン・スラヴ主義」にかんする二巻の論集の公刊を進めた[228]。個々の研究所では、とくにカール大学の歴史、ボヘミア・モラヴィア姓名辞典、「ボヘミア・モラヴィアにおける非ドイツ系諸部族と景観の民俗学的類型」、「チェコの民族的性格」、スロヴァキアの都市法、スラヴ法律語彙集、チェコ土地改革の人口統計への影響、正教会とパン・スラヴ主義の関係、東欧のカトリック教会と正教会の権力闘争、等についての研究・出版がなされた[229]。これらの個別研究のいくつかは直接保安警察に役立った[230]。これに対し、ラインハルト・ハイドリヒ財団の事業のなかでも伝統的民族史記述の各専門分野の研究成果は、たいていミクロ・ヒストリーや人口史のデータ、民族心理学、社会人類学的方法が適用され、直接「民族強化政策形成」のてことなることによって、はじめて注目を集めた。たとえば、ルドルフ・ヒッピウスは民族学者ヨーゼフ・ハーニカらとともに、チェコ民族主義抵抗運動の主張する、いわゆるホーデンドルフ（ホジュコ村落）の原チェコ的性格を否定し、かわりにその農民的貴族的気質を「ドイツ的血」にもとづくものと主張する論文を書いた[231]。ラインハルト・ハイドリヒ財団の出資を受けたカール・ヴァレンティン・ミュラーの研究、すなわち保護領での代表的な企業従業員層、社会層、市区に占める「ドイツ的遺伝質」の役割にかんする研究では、村落・耕地・氏族・家系台帳が基礎として役立った[232]。さらにミュラーは、チェコ住民に対する社会人類学的ないし社会心理学的な等級づけ手続きを迅速化することでヒッピウスと意見調整した。また彼はヒッピウスや他の関連大学研究所所長と分業態勢をとりつつ、ゲルマン化の計画対象として優先順位の高い社会集団の詳細な調査を行った。[233] ラインハルト・ハイドリヒ財団主導の下、戦争最後の二年間にプラハは、人種生物学・社会人類学・民族心理学に方向づけられた選別科学の中心的実験場へと躍進した。この選別科学により――完璧な民族史的データ蓄積を背景に――従来知られていた「民族生物学」の個別的調査モデルは、新しい大量統計処理によるアプローチと結合された。公表可能とみなされた研究「成果」公刊のために多数の出版社・雑誌社が動員された。[234] ラインハルト・ハイドリヒ財団および提携研究所の学者たちは、他の研究者にはとうに日常経験になっていた紙や印刷枠の配給制限を知らずにすんだ。一九四四年末バイアーは、ラインハルト・ハイドリヒ財団専任スタッフが、わずか一年半のうちに計六十頁分の印刷物を出したことを誇った。[235]

こうした研究の全ヨーロッパ再定住・ゲルマン化計画への最終的な統合ないし拡張の決定権は、バイアーとヒッピウスの主導したヨーロッパ人種学・民族心理研究所に与えられていた。しかしバイアーとヒッピウスは分業態勢のまま問題の処理を続けた。ヒッピウスは自分の二分法をとる等級づけシステムを当時国家保安本部トップの目にひときわ重要になっていた東欧・東南欧人口政策の焦点、すなわちバルト海沿岸地域、ウクライナ、西部ロシアへ拡大し、加えてそれを、かつてのポーランド、いま問題になっている保護領に特徴的な結果も考慮しつつ、比較民族政策の評価方式へとまとめあげた。[236] 他方バイアーはならぶ者のいない一般化の名手として広く認められていた。彼は、自分が先鞭をつけた遺伝・人種生物学を数百万人の「異民族」大量選別の必要に適応させるプロセスを民族強化思想の方法論に組みこむためいまいちど大変な方法的努力をこころみた。[237] それと並行して、「民族秩序改変」にかんするおそるべき大作の最後の仕上げをおこなった。[238] 先行の活動期間同様、第三期の重点をなしたのも、自分の主義を、非妥協的な論争の武器ならびに権力を目指す民族強化政策への指導要求に変えることであった。バイアーのユダヤ人憎悪は、出版物のなかでも衰えを知らなかった。[239] 彼は、歴史上強力に展開されてきた「民族闘争」において無条件の過酷さを要求し、あらゆる権力政治の緩和を求めるヤーコプ・ブルクハルトの訴えを、この文化史家がスイスの狭い無気力な環境のなかで教えていたことに帰せしめた。[240] バイアーはまた、大ゲルマン帝国理念の英雄的精神に忠実な「民族科学」を、「反ボルシェヴィズム」にだけ向けた防御戦略のため、和らげ薄めようとしてしだいに蔓延しつつある傾向とも闘った。彼の民族秩序改変の学説からみれば、「アメリカニズム」の「民族のるつぼ」観と、諸民族を英雄的なソヴィエト国民に融合しようとする「ボルシェヴィズム」との間には何ら違いはなかった。[241] アメリカニズムとボルシェヴィズムは、ともに「同種の人間」と「異種の人間」の間の結婚をすすめ「優秀な新国民」の誕生を目指すがゆえに、本質は変わらない。その結果は同化ではなく、やっかいな「アマルガム化」で、そこには文化も生み出せない不協和な「民族性」が形成されるだけである。というのは「歴史の『化学』

も、破れば必ず罰を受ける法則性をもつ」からであり、[242] そこから利益を引き出すのが「ユダヤ人」だけというのは、彼らだけが「アマルガム化」という条件のもとでも自分たちの民族的個性を保てるからである。

一九四三年秋からナチ独裁没落がはっきりしはじめたのに、バイアーはむしろ権力・勢力・威信の頂点へ近づいていった。三〇代半ばのバイアーは、一九四四年二月までは、高能率の財団機構を構築しそれを国家保安本部の民族強化戦略のためにいつでも自由に利用することができた。バイアーに忠実な親衛隊保安部系教授たちの助けを借りて彼はドイツ＝カール大学を統制し、大学運営とジャーナリズムで親衛隊と「民族科学」の大学出の若手に対しますます影響力を強めることができた。[243] バイアーはきわめて巧みに、学問的にとびきり優秀な東欧の少数民族や反ソ・ロシア人亡命者のエキスパートを自分のプロジェクトに参加させることに成功した。ラインハルト・ハイドリヒ財団は親衛隊諸組織が行う研究の世界で指導的な役割を獲得した。バイアーおよびプラハ帝国財団のなかで彼ともっとも緊密な関係にあった専任スタッフは、国家保安本部、また他の親衛隊本部の関連行事でもっとも歓迎される報告者になった。[244] 親衛隊保安部の委任を受けて、彼らは諸学会の大会でも活躍し、東欧・東南欧の占領地域でそれぞれにどのような民族強化政策の課題が割り当てられているかを学会各メンバーに知らせた。[245] 国家保安本部が国家保安本部第三局Bと外国保安部（第六局g）の協働作業として一九四三年一〇月から、全国の民族強化政策ないし外国学に係わる有力研究者を支配下におき、秘密の「地域・民族研究センター／帝国地誌財団」に統合したとき、[246] バイアーは民族政策研究・計画の利害を貫徹させるため、エーリヒのもっとも重要な顧問として影響力をふるった。[247] 一九四四年三月九・一〇日にナチ独裁の民族科学関係研究諸機関の全代表がバイアーに招待された。[248] 彼らの間では戦前の論争や競合はすでに忘れられていた。一つにそれは、民族研究のかつての有力者たち自身がとっくに「大ゲルマン帝国理念」の実践的帰結を受け入れるようになっていたからだった。[249] しかしまた一方で、ハイドリヒの教授バイアーがこの間研究資金やポストの配分、代替施設の割り当て、兵役免除指定などで獲得していた影響力に対する現実的評価もそこに作用していたことは明らかだった。保安部の将校としては親衛隊大尉どまりだった思想的前衛・学術組織オルガナイザーのバイアーが、最後には政治レベルの問題で決定権をもつに至ったのであった。一九四四年春以降バイアーは、保安部将校、経済界幹部、教授たちが保護領国務相カール・ヘルマン・フランクのためあらゆる重要な政治問題の処理を準備したあの悪名高いプラハ権力サークルに属していた。[250]

このようなバイアーすら、戦争最後の半年間、戦局悪化の影響が自分のつくった民族科学戦線にもおよぶのを避けられなかった。バイアーはプラハでのもっとも緊密な協力スタッフとともに、一九四四年一二月には、それまで自分がほとんど思いどおり形作ってきた保安部内国局の民族強化構想がいつのまにか局長からも無視されていることに気づいた。保安部内国局長オットー・オーレンドルフは一九四四年一二月一日にヴァンゼー湖畔でおこなわれた「社会学者会議」を主宰した。[251] 基調報告者はバイアーの方法論での宿敵マックス・ヒルデベルト・ベームであった。[252] ベームの議論は、次のように問いかけた点で、民族学説をふたたび社会学の出発点にもどそうとするオーレンドルフのこころみに役立った。すなわち、社会学の助けをかりて「ヨーロッパ諸民族」異化の見通しをたてることはもはやできないが、軍事的敗北に向かいつつある「ドイツ民族」の戦後の未来は、逆に社会学の助けをかりることでいっそうよく占うことができるのではないか。バイアーはこうしたパラダイムの転換に抵抗したが、無駄だった。[253] オーレンドルフがたびたびバイアーに反対するかたちで介入したし、プラハのバイアーの同志たちも、その社会人類学的選別問題を間接的に議論にもちこめたかぎりでしか力を発揮できなかった。[254] 全体として議論はプラハの民族理論家たちの頭越しに進行した。優先順位がすでにすっかり変わってしまったのである。オーレンドルフは「自立した民族」の「民族秩序」を、すでに始まっていた戦時経済の機械化・合理化効果やそれによって引き起こされた「大衆社会状況」から守る手段を探すほうが、これまで進めてきた「民族科学」のジェノサイド版よりも重要とみなした。したがって出発点はもはや「民族強化」それ自体ではなく、それを脅かす、ベルトコンベヤー式生産、マンモス工場、巨大な組織に膨張した複合企業といった環境になった。社会構造の社会経済的変動に対し、ネオリベラルで中間層本位の規制解除をとりわけ農業および経済政策分野で進めるというオーレンドルフの構想に、[255] ハンス・ヨアヒム・バイアー、ルドルフ・ヒッピウス、カール・ヴァレンティン・ミュラーはついてゆけなかった。

しかしバイアーはこれにも動揺しなかった。ベルリンの国家保安本部の幹部たちがバイアーの方法論・政治理論をてのひらをかえすように斥けるのを体験しても、プラハの彼の権力的地位にただちに影響が出ることはなかった。とくにバイアーが所属していた第三局Bは、ますます経済政策面を顧慮するオーレンドルフの戦後志向によってほとんど影響を受けなかったからである。バイアーは攻勢に転じ大資本にも社会主義にも同じく攻撃的な中間層モデルを採用した。オーレンドルフのように戦後の発展について熟慮することなく、迫りつつある軍事的敗北を目前にして、バイアーはプラハを、反「ボルシェヴィズム」、反「アメリカニズム」の「ヨーロッパ内戦」状況を解き放つ核になるところと宣伝した。プラハの国務相フランクをそうした見方に誘うためにバイアーはいくつかの覚書を書いている。そのうち現在も残されているのは「ヨーロッパの民族問題」と題する第二の覚書で、一九四五年三月四日付の示唆に富んだ添え書きがある。[256] そのなかでバイアーは、ベルリンの中央官庁を、新しい精神的針路への切り替えができないとしてまるごとけなし、ヨーロッパ問題を扱う特別省の設置を要求していた。

最後にもう一度アクロバット飛行を試みるかのように、バイアーはプラハを「帝国理念」の中心にすえる民族強化政策を、提唱した。アメリカもソ連も「これまでヨーロッパ文化をになってきた民族強化勢力の原則的な敵」であると、バイアーはこの第二の覚書に記している。[257]両国はいまや、自らが占領した地域でヨーロッパ文化を全面的に破壊し、民族強化の社会的主役である中間層を根絶しようとしている。これを防ごうとするわれわれの決意は固い。いまやヨーロッパの至るところで「ヨーロッパ内戦のさまざまな前提ができている」。欠けているのはそのための展望と計画だけだ。開戦時に活性化しながら、その後とくに東欧で無駄に使い果たされた思想、すなわち「純粋な民族の生をボルシェヴィキの野蛮と資本主義の隷従から解放する」という思想は、再活性化される必要がある。国民社会主義がイタリア・ファシズムの全体主義国家モデルから受けた「過度の影響」は押し戻されねばならない。必要なのは「国民社会主義革命」の完成であり、それは、基底にある「帝国理念」を戦術的にカムフラージュしながら「生物学的、また思想的＝精神的に理解されたヨーロッパ諸民族構想に沿った」革命なのである。

敗北に近づきつつある熾烈な軍事的闘いを、たえず移動する戦線の背後で民族強化政策の内戦に転換せよ、というバイアーのアピールはさしあたり十分に受けとめられた。一九四五年三月末になってもなお、人種生物学・民族心理学に通じたバイアーの同志たちは彼の計画のもっとも目立つ弱点、すなわちこれまで宣伝され実行されたヨーロッパ内部での絶滅戦争を、計画としてはなかったことにする作業に取り組んでいた。絶滅戦を認めることは、東部・西部・南部から侵攻してくる連合国占領軍に対する闘いのために必要な動員を阻害したからである。したがって彼らは、これまでの「北方ゲルマン的支配人種」優位の主張とは訣別し、そのかわりに、アメリカニズムとボルシェヴィズムに対し「西洋ヨーロッパ文化」の共同防衛を呼びかけるため、これまでとは正反対の調和的ヨーロッパ人種学説を宣伝するつもりだった。[258]この目的のため、一連の原則を扱う論考が書かれることになった。[259]その間バイアーは、一九四一年一一月以降ザルツブルク総督となった保安部の同志グスタフ・アドルフ・シェールやもっとも頼りになる腹心の教授たちとともに「ヨーロッパ内戦」のアルプス・ボヘミアセンター構築の前提となる構想づくりに血道をあげていた。[260]この動きは国務相カール・ヘルマン・フランクによって四月末ようやくとめられることになった。戦争最後の日々、バイアーはヘルマン・ラッシュホーファーを法律顧問とする企業家・政府代表団の一員としてバイエルンに派遣され、アメリカ軍に対し反ソ連分離講和提案をおこなった。[261]

結論と今後の課題

ハンス・ヨアヒム・バイアーは、ナチ独裁が「民族秩序改変」と大量殺戮を目指す過程で生み出したもっともラディカルな「意図派」の一人であった。自らの思想と計画によって、彼は一九三七／三八年以来戦線の背後で強制移住とジェノサイドに協力するため国家保安本部第三局Bに集まった約三百人の民族強化エキスパート集団を代表した。しかし、「大ゲルマン帝国理念」をほとんどもっぱら選別による住民構成と住民移動への介入を通じて実現しようとするこの狂気の権力集団も、計画を完全に独占できたときはなかった。むしろ彼らは親衛隊諸組織のなかで、ともにヨーロッパ大陸支配という幻覚にとり憑かれながらそれをいかに実現するかでまったく違う事柄を優先させようとする他の見解と折りあいをつける必要があった。たとえば、ドイツ民族強化全権本部計画本課は、農業移住・住民経済・地域開発を何より優先的に後援した。また親衛隊主管本部のプランナーたちは、とくに武装親衛隊での尽きることのない人員需要に応えるためヨーロッパ規模での補充ネットワークを確保しようとつとめた。こうした傾向もすべて一九四二・四三年以降はふたたび、労働によって殲滅される強制収容所囚人の死屍累々の上に全親衛隊の戦略的保安任務に必要なインフラストラクチャーを築こうとする、親衛隊経済管理本部[七八]の戦後に向けたシナリオへの合流を強いられた。またバイアーおよび国家保安本部で彼とともに民族強化を夢見た連中も、すでに親衛隊内部で自分たちの計画のなかからできるだけ多くのものを次々と展開し、くるくる変わる親衛隊の「全体計画」にもちこむため［情勢に応じていつでも変わる］「機能派」と同様に振る舞わざるをえなかった。最後に、親衛隊と提携しつつ競合した省庁官僚、国防軍、とりわけ経済界といった伝統的エリートの権力集団が、軍事戦略的防衛への移行にあたり、自分たちの優先事項を引き下げ、取引の道具にした(262)ことを考えれば、バイアーに代表される民族秩序改変・絶滅政策の現象を、今日連邦共和国で支配的な意図派、機能派あるいはブラックボックス派の間の解釈をめぐる対立にもとづいて批判的に解明することなど、不可能なことは明白である(263)。

しかし、近年強調されている、いわばイデオロギーと係わりのない大量殲滅計画という解釈も、政策決定レヴェルの背後に隠れた絶滅思想の先駆的存在に目を向けさせてくれたとはいえ、結局それ以上には出ない。バイアーのケースが示すように、「絶滅の先駆け」を、イデオローグや実行犯罪者とくらべ、決定的な位置におくことは間違いである。バイアーはいわばイデオロギーの督励者でもあれば、計画立案者でもあり、処刑執行人でもあった。彼はジェノサイド志向をもつ学者集団のため学問的野心も含んだ巨大なイデオロギー的シナリオを書き上げたが(264)、それはこれまでもっとも知的な歴史家の想像力をも超えるものであった。このシナリオは「村落カタログ」、地図づくり、住民台帳といった「計画作成の土台」と人的、制度的に切り離しがたく絡み合っていた。そしてイデオロギーと計画という二つのレヴェルも、行動部隊の民族政策強化「顧問たち」、とりわけルヴフ（レンベルク）事件の例が示したように、実行犯罪者の処刑リストと切り離せるものではない。それにもかかわらず忘れてならないのは、バイアーとその同志たちがとくに

「アイヒマン的人々」（ハンス・サフリアン）に、知的導き手、行動に意味を与える人間、黒幕として影響を与えた、という事実である。本章の目的は、戦争が終わった直後、洞察力ある少数の生存者がヒトラーの教授たちの役割について書き残してくれた認識をもう一度取り上げ、さらに深めることにある。[265] バイアーの民族強化理論は要するに、ワイマル共和国期の修正主義にも、それに続くナチ帝国主義にも、第一次世界大戦の結果を古典的・膨張主義的やり方で一掃するに足るだけの政治的・軍事的・経済的力量はない、という前提からくり広げられたドイツ殲滅科学の巨大なフォーラムを代表するものといえよう。

ハンス・ヨアヒム・バイアーは並外れた性格の持ち主だったうえ、自らの専門の構想を急進化させる能力を、制御のきかぬ計画推進衝動と絶滅にまでいたる実践とに結びつけて、ナチ独裁の最後まで変わらなかった民族強化史家として知られている。国家保安本部の政策決定の担い手たちは、一九三九／四〇年以降バイアーの概念思考および民族強化史にもとづく全体化要求をしだいにわがものにしていった。国家保安本部諸組織内で彼が行ったことは専門家の間で広く知られており、ナチ独裁期間をとおしてそれへの、学問的あるいは政治的に根拠ある批判がさし控えられることもなかった。ハイドリヒの教授バイアーは親衛隊という身内の世界以外では、さまざまな理由から嫌われていた。とりわけ「民族強化闘争」のイデオロギーや方法論を手当たりしだいに政治手段化し、またこれら新機軸への適応を強制して、学者たちの、相互批判のほとんどない平穏のなかでマイペースの分業を前提に協力してきた、従来の慣行を打ち砕いてしまう、その遣り口が嫌われた。では一九四五年以後、生き延びた絶滅の先駆け仲間、ライヴァル、批判者のだれも、おそらく皆が知っていたはずの親衛隊保安部の絶滅政策に係わる秘密を暴き、真相を明らかにするよう迫らなかったのはいったい何故かという疑問が浮かぶにちがいない。これが解明されていたら、ニュルンベルク継続裁判[三九]（とりわけ行動部隊裁判や人種・植民本部裁判）もあのように中途半端に終わらず、われわれも真に批判的自己反省とカタルシス（精神の浄化）にたどり着けたはずなのである。

家族とともに無事プラハを脱出したバイアーは、非ナチ化も苦労せずくぐりぬけた。一九四七年、シュレスヴィヒ＝ホルシュタイン福音ラント教会はバイアーを教会スポークスマンにとりたてた。[266] 一九五〇年以降バイアーはフレンスブルク教育大学で教え、正教授として大学への復職を果たしたのだった。その後は教会史家ということで通り、シュレスヴィヒ州立文書館の史料を用いながら地域史を研究し、西ドイツ・オーストリアの東部・東南部研究で急速に出世した弟子や同僚のバックアップも受けて仕事を続けたのであった。「東南ドイツ歴史委員会」（委員長ハロルト・シュタイナッカー）[267]、「ミュンヘン東欧・東南欧研究所」（所長ハンス・コッホおよびフリッツ・ヴァリアヴェッチ）[268]、「東部ドイツ文化評議会」（副会長ヴィルヘルム・ヴァイツゼッカー）[269] で目立たぬ役割を果たしながら研究・報告・出版を続けたバイアーは巧妙に古いテーマと自分の戦時経験をかくしおおせた。もしかしたら、フィッシャー論争という大きな切れ目、さらに一九七〇年代の世代交代まで、西ドイツの歴史家は、医者や法律家以上に、ポスト・ナチ時代も、過去とのつながりを保ついっそう口の堅いエリート集団だったのではなかろうか。バイアーやその仲間は死ぬまで（彼の死亡は一九七一年）無事であった。他ならぬそうした歴史家の一人が自分の属した国家保安本部部局が作った処刑リストの犠牲者たちを、主にポーランド人を対象とするハイドリヒの総合計画を解説した歴史パンフレットのなかであざけっているのには、驚かざるをえない。こうした愕然たる事実を知れば、われわれは次の問いに真っ向から答えることがますます必要になる。すなわち、一九五〇年代、一九六〇年代に、ドイツ語圏の歴史学、わけても民族史、東方史の分野はいったいなにをしていたのかという疑問である。(270)

しかしバイアーのケースは、ドイツ・ファシズムの民族強化史記述を、忌まわしい修正主義的目標と学際的革新的着想に二分して考えようとする、最近の試みがはらむ史学方法上の問題性をも示唆する。(271)「革新」という概念は、歴史学上進歩を意味するプラス評価傾向を含んでいる。しかしそうすると、バイアーや彼を助けた保安部の歴史家たちは、「在外ドイツ民族研究振興会」に集まった民族強化史家や『国境地域・外国在住ドイツ民族ハンドブック』編集者たちよりも、スペンサーの社会進化論やゴビノーないしゴールトンに由来する社会人類学の助けもかりて、学際的な歴史学のさまざまな補助学を総合したモデルの全体化をさらに深く進めていったから、より「革新的」と格づけられることになる。歴史研究は「人間の条件」に義務を負っている以上、この章で輪郭を素描してきた民族強化歴史学の大量殺人の論理に対して、目的と方法との分離を認めることはできない。われわれはそれに革新的モデルとか近代化の推進力を見るべきではなく、むしろ人口学、民俗学、地方史、社会人類学、民族心理学などを付け足しに利用した問題処理方法を見るほうがよい。この方法で利用された諸専門分野は「全ドイツ的」歴史理解という枠組みのなかで、極端な反ユダヤ主義、スラヴ人憎悪、女性蔑視、人種差別に熱中する民族強化理論のルサンチマンに向けて束ねられていた。それが明白な意図に貫かれた前提をもつかぎり、いかにさまざまな個別科学を付け加えても、またその上に歴史を超える「民族生成」という一般原則の覆いをかぶせても、この方法への内在的な批判には耐えられない。そのさい、われわれはこうした狂気の組織を成り立たせるすべての構成分子が、凡庸ながら、憑かれたように文章を書きまくる幾人かのジェネラリスト（総合家）たちに操作されるドイツ・ファシズムの絶滅マシーンにそれぞれ潤滑油を供給していたという事実を忘れてはならない。

(1) たとえば、ズザンネ・ハイムとゲッツ・アリィの公刊研究をめぐる論争について参照、Wolfgang Schneider (Hg.), *"Vernichtungspolitik": Eine Debatte über den Zusammenhang von Sozialpolitik und Genozid im nationalsozialistischen Deutschland*, Hamburg

1991.

（2）とりわけ以下の二つの研究を参照。Gerald Fleming, *Hitler und die Endlösung. "Es ist des Führers Wunsch..."* Wiesbaden / München 1982; Eberhard Jäckel, Hitlers Herrschaft. Vollzug einer Weltanschauung, 3. Aufl. Stuttgart 1986.

（3）このような視角からもっとも深く考察したものとして，参照，Hans Mommsen, "Die Realisierung des Utopischen. Die 'Endlösung der Judenfrage' im 'Dritten Reich'", in: *Geschichte und Gesellschaft*, 9 (1983), S. 381-420. また意図派と機能派の論争を記録編集したものとしては，参照，Eberhard Jäckel / Jürgen Rohwer (Hg.), Der Mord an den Juden im Zweiten Weltkrieg. Entschlußbildung und Verwirklichung, Frankfurt a. M. 1987. さらに最近，機能派に転じたものとして，Götz Aly, *"Endlösung". Völkerverschiebung und der Mord an den europäischen Juden*, Frankfurt a. M. 1995.

（4）とくに次の文献を参照，Dan Diner (Hg.), *Ist der Nationalsozialismus Geschichte? Zu Historisierung und Historikerstreit*, Frankfurt a. M. 1987; ders. (Hg.), *Zivilisationsbruch. Denken nach Auschwitz*, Frankfurt a. M. 1988; Zygmunt Bauman, *Dialektik und Ordnung. Die Moderne und der Holocaust*, Hamburg 1992.

（5）Raul Hilberg, *Die Vernichtung der europäischen Juden. Die Gesamtgeschichte des Holocaust*, Berlin 1982 を参照。

（6）とくに，参照，Götz Aly / Susanne Heim, *Vordenker der Vernichtung. Auschwitz und die deutschen Pläne für eine neue europäische Ordnung*, Hamburg 1991; Hans Safrian, *Die Eichmann-Männer*, Wien / Zürich 1993, とりわけ S. 18ff. 以下。

（7）参照，Wolfgang Scheffler, *Chelmno, Sobibór, Bélzec und Majdanek*, in: Jäckel / Rohwer (Hg.), *Der Mord an den Juden im Zweiten Weltkrieg* (注2の文献) S. 145-151; Czeslaw Madajczyk, "Besteht ein Synchronismus zwischen dem 'Generalplan Ost' und der Endlösung der Judenfrage?" in: Wolfgang Michalka (Hg.), *Der Zweite Weltkrieg. Analysen - Grundzüge - Forschungsbilanz*, 2. Aufl. München / Zürich 1990, S. 844-857; Karl Heinz Roth, "'Generalplan Ost' - 'Gesamtplan Ost'. Forschungsstand, Quellenploblemе, neue Ergebnisse", in: Mechtild Rössler / Sabine Schleiermacher (Hg.), *Der "Generalplan Ost". Hauptlinien der nationalsozialistischen Planungs- und Vernichtungspolitik*, Berlin 1993, S. 25-117; Hans Mommsen, "Umvolkungspläne des Nationalsozialismus und Holocaust", in: Helga Grabitz / Klaus Bästlein / Johannes Tuchel (Hg), *Die Normalität des Verbrechens. Bilanz und Perspektiven der Forschung zu den nationalsozialistischen Gewaltverbrechen. Festschrift für Wolfgang Scheffler zum 65. Geburtstag*, Berlin 1994, S. 68-84.

（8）とくに，Mechtild Rössler, *"Wissenschaft und Lebensraum". Geographische Ostforschung im Nationalsozialismus*, Berlin / Hamburg 1990 を参照。

（9）指針となったのは，Carsten Klingemann, "Vergangenheitsbewältigung oder Geschichtsschreibung? Unerwünschte Traditionsbestände deutscher Soziologie zwischen 1933 und 1945", in: Sven Papcke (Hg.), *Ordnung und Theorie. Beiträge zur Geschichte der Soziologie in Deutschland. Ein verdrängtes Kapitel sozialwissenschaftlicher Wirkungsgeschichte*, Opladen 1987; ders., "Angewandte Soziologie im Nationalsozialismus", in: *1999*, 4 (1989), H. 1, S. 10-34; Jerry Z. Müller, "Enttäuschung und Zweideutigkeit. Zur Geschichte rechter Sozialwissenschaftler im 'Dritten Reich'", in: *Geschichte und Gesellschaft*, 12 (1986), S. 289-316; ders., *The Other God That Failed. Hans Freyer and the Deradicalization of German Conservatism*, Princeton, N. J. 1987.

(10) とくに、Ulfried Geuter, *Die Professionalisierung der Psychologie im Nationalsozialismus*, Frankfurt a. M. 1984を参照。

(11) たとえば、Ute Michel, "Ethnologie und Nationalsozialismus am Beispiel Wilhelm Emil Mühlmanns. Wissenscaftliche Hausarbeit" (MA), Universität Hamburg 1986.

(12) Götz Aly / Karl Heinz Roth, *Die restlose Erfassung. Volkszählen, Identifizieren, Aussondern im Nationalsozialismus*, Berlin 1984を参照。

(13) このテーマに係わる諸研究をまとめれば、代表的なものとして、Ernst Klee, *"Euthanasie" im NS-Staat. Die "Vernichtung lebensunwerten Lebens"*, Frankfurt a. M. 1983; Hans-Walter Schmuhl, *Rassenhygiene, Nationalsozialismus, Euthanasie. Von der Verhütung zur Vernichtung 'lebensunwerten Lebens' 1890-1945*, Göttingen 1987.

(14) Michael Burleigh, *Germany Turns Eastwards. A Study of "Ostforschung" in the Third Reich*, Cambridge usw. 1988.

(15) とくに、参照、Rudi Goguel, "Über die Mitwirkung deutscher Wissenshaftler am Okkupationsregime in Polen im Zweiten Weltkrieg, untersucht an drei Institutionen der deutschen Ostforschung", Phil. Diss. Humboldt-Universität Berlin 1964; Karel Fremund, "Die Reinhard-Heydrich-Stiftung — ein wichtiges Instrument der faschistischen Ausrottungspolitik in der Tschechoslowakei 1942-1945", in: *Informationen über die imperialistische Ostforschung*, Berlin, 5 (1965), Nr. 3, S. 1-48; Erich Siebert, "Die Ostforschung an der Auslandswissenschaftlichen Fakultät der Berliner Universität in den Jahren 1940-1945", ebenda, Nr. 1, S. 1-34; ders., "Entstehung und Struktur der Auslandswissenschaftlichen Fakultät an der Universität Berlin (1940 bis 1945)", in: *Wissenschaftliche Zeitschrift der Humboldt-Universität zu Berlin, Gesellshafts- und sprachwissenshaftliche Reihe*, 15 (1996), H. 1, S. 19-34; T. Wróbleska, "Die Rolle und Aufgabe einer nationalsozialistischen Universität in den sogenannten östlichen Reichsgebieten am Beispiel der Reichsuniversität Posen 1941-1945", in: *Informationen zur erziehungs- und bildungspolitischen Forschung*, 14 (1980), S. 225-252; S. Gaweda, Die Jagiellonische Universität in der Zeit der faschistischen Okkupation 1939-1945, Jena 1981.

(16) 参照、Angelika Ebbinghau / Karl Heinz Roth, "Vorläufer des 'Generalplans Ost'. Eine Dokumentation über Theodor Schieders Polendenkschrift vom 7. Oktober 1939", in: *1999*, 7 (1992), H. 1, S. 62-94.

(17) 以下のものを参照、Ingo Haar, "Kontinuitäten und Diskontinuitäten der deutschen Politik- und Sozialgeschichte 1933-1987. Eine ideologiekritische Untersuchung", Wiss. Hausarbeit (MA), Univ. Hamburg 1990 (MS.); Karen Schönwälder, *Historiker und Politik. Geschichtswissenschaft im Nationalsozialismus*, Frankfurt a. M. / New York 1992; Willi Oberkrome, *Volksgeschichte. Methodische Innovation und völkische Ideologisierung in der deutschen Geschichtswissenshaft 1918-1945*, Göttingen 1993; Wolfgang Jacobeit / Hannjost Lixfeld / Olaf Bockhorn (Hg.), *Völkische Wissenshaft. Gestalten und Tendenzen der deutschen und österreichischen Volkskunde in der ersten Hälfte des 20. Jahrhunderts*, Wien / Köln / Weimar 1994.

(18) 一九三〇年代のパラダイムとなった重要な著作は、Hans Freyer, *Soziologie als Wirklichkeitswissenschaft. Grundlegung eines Systems der Soziologie*, Leipzig / Berlin 1930; ders., *Revolution von rechts*, Jena 1931; ders., Der politische Begriff des Volkes, Neumünster 1933; ders., "Volkwerdung: Gedanken über den Standort und über die Aufgaben der Soziologie", in: *Volksspiegel*,

1 (1934), S. 3-9; Gunther Ipsen, *Das Landvolk. Ein soziologischer Versuch*, Hamburg 1933; Max Hildebert Boehm, *Das eigenständige Volk. Volkstheoretische Grundlagen der Ethnopolitik und Geisteswissenschaften*, Göttingen 1932; ders., *Volkstheorie und Volkstumspolitik der Gegenwart*, Berlin 1935; ders., Volkskunde, Berlin 1937.

(19)　とくに，Karl Alexander von Müller, *Vom alten zum neuen Deutschland. Aufsätze und Reden 1914-1938*, Stuttgart / Berlin 1938; *Heinrich Ritter von Srbik, Gesamtdeutsche Geschichtsauffassung*, Leipzig 1932; ders., "Zur gesamtdeutschen Geschichtsauffassung. Ein Versuch und ein Schicksal", in: *Historische Zeitschrift*, 156 (1937), S. 229-262; Wilhelm Schüßler, *Deutsche Einheit und gesamtdeutsche Geschichtsbetrachtung. Aufsätze und Reden*, Stuttgart 1937を参照。

(20)　学派形成に作用したものとして，とくに，以下を参照，Adolf Helbock, "Durch Volksgeschichte zur Neuform unserer Staatsgeschichte", in: *Volkstum und Kulturpolitik*. Eine Sammlung von Aufsätzen, gewidmet Georg Schreiber, Hg. H. Konen / J. P. Steffes, Köln 1932, S. 327-357; ders., *Was ist deutsche Volksgeschichte?* *Ziele, Aufgaben und Wege*, Berlin 1935; ders., "Wesen und Aufgaben der deutschen Volkstumsgeschichten", in: *Zeitschrift für Deutsche Bildung*, 12 (1936), S. 417-424; ders., *Deutsche Geschichte auf rassischer Grundlage*, Halle 1939; Kleo Pleyer, *Die Kräfte des Grenzkampfes in Ostmitteleuropa*, Hamburg 1937; ders., *Gezeiten der deutschen Geschichte*, München 1939; Harold Steinacker, "Vom Sinn einer gesamtdeutschen Geschichtsauffassung", in: *Deutsche Rundschau*, 226 (1931), S. 182-196; ders., *Die volksdeutsche Geschichtsauffassung und das neue deutsche Geschichtsbild*, Leipzig 1937.

(21)　とくに例示できるのは，Walter Kuhn, *Deutsche Sprachinselforschung*, Plauen 1934, ならびに Kurt Lück, *Deutsche Aufbaukräfte in der Entwicklung Polens*, Plauen 1934.

(22)　参照，Theodor Oberländer, *Die agrarische Überbevölkerung Polens*, Berlin 1935; Peter-Heinz Seraphim, *Das Judentum im osteuropäischen Raum*, Essen 1938. これにかんする批判的分析については，Aly / Heim, *Vordenker der Vernichtung*（注6の文献）S. 91ff.

(23)　Werner Conze, "Die ländliche Übervölkerung in Polen", in: *Arbeiten des XIV. Internationalen Soziologen-Kongresses Bucuresti. Mitteilungen, Abt. B - Das Dorf, I. Band*, Bukarest o. J. (1939), S. 40-58, Zit. S. 46.

(24)　参照，Hans Rothfels, *Ostraum, Preußentum und Reichsgedanke. Historische Abhandlungen, Vorträge und Reden*, Leipzig 1935. これを批判した論稿としては，本書のインゴ・ハールの論文を参照。

(25)　はじめてこの問題をとりあげたものとして，Burleigh, *Germany Turns Eastwards*（注14の文献）S. 253ff.

(26)　VDAの会長は，ベルリンの大学講師クレオ・プライアーであった。同盟会員には主に，マックス・ヒルデベルト・ベーム，ヴェルナー・コンツェ，グンター・イプセン，ヘルマン・ラッシュホーファー，テオドーア・シーダーといった人々がいた。同盟は「民族強化論」を大学に講座として導入可能にし，「中欧および世界全体のドイツ民族」にかんする，一つの包括的な「民族集団概観」を準備することになった。参照，連邦文書館・ポツダム分所（以後は略称BAPを使用），『ドイツ財団』一一四九号。

(27)　重点をなしたのは，南西ドイツ（ハイデルベルク，シュトゥットガルト，テュービンゲン）大学であった。全国学生指導部地域指導部と親衛隊保安部西南管区の共棲は全国学生指導者グスタフ・アドルフ・シェールの肝いりで一九三六／三七年もっとも進捗したからである。

参照、連邦文書館支所ツェーレンドルフ（かつてのベルリン・ドキュメント・センター、以下ではBAAZの略号を用いる）、グスタフ・アドルフ・シェール、マルティン・ザントベルガー、フランツ・アルフレート・ジックス、オイゲン・シュタイムレ各関係個人文書(Personalakten)、およびコブレンツ連邦文書館（以下ではBAKと略称）NS 38 / 6, 17, 18, 44, 45; BAK, R 57 / 743; BAK R 57 neu / 531, 931.

(28) 参照、NL（ナハラス［個人文書］略号）184（ハンス・シュタイナッハー）、NL195（ヘルマン・ウルマン）、R51（ドイツ・アカデミー）、R 57 u. 57 neu（ドイツ外国研究所）、R 59（在外ドイツ民族センター）文書の諸所：BAAZ　ヘルマン・ベーレンツ、エルンスト・ホフマイアー、ヴェルナー・ローレンツ各関係個人文書：外務省外交文書館（以下PA　AAと略称）、R 60 265 bis R60 268; Hans Steinacher, *Bundesleiter des VDA 1933-1937. Erinnerungen und Dokumente*, Hg. Hans-Adolf Jacobsen, Boppard am Rhein 1970. Ernst Ritter, *Das Deutsche Ausland-Institut in Stuttgart 1917-1945. Ein Beispiel deutscher Volkstumsarbeit zwischen den Weltkriegen*, Wiesbaden 1976; Wolfgang Schlicker, "Die 'Akademie zur wissenschaftlichen Erforschung und Pflege des Deutschtums (Deutsche Akademie)'. Eine Institution imperialistischer Auslandskulturpolitik in der Zeit der Weimarer Republik und des Faschismus", in: *Jahrbuch für Volkskunde und Kulturgeschichte*, 20 (1977), S. 43-66; Kurt Poßekel, Verein für das Deutschtum im Ausland (VDA) 1881-1945, in: *Lexikon zur Parteiengeschichte*, Bd. 4, Hg. Dieter Fricke u. a., Köln 1986, S. 282-297; Manfred Weißbecker, Bund Deutscher Osten (BDO) 1933-1937 (1945), ebenda, Bd. 1, Köln 1983, S. 308-315; Carsten Klingemann, "Angewandte Soziologie im Nationalsozialismus"（注9の文献）.

(29) この世代間抗争の背後には、「在外ドイツ民族研究振興会」の形でまとまっていた学者たちの科学政策上の自律性に対する過激な攻撃がひそかに存在することを、学者たちもはっきり意識しており、組織上の分画をおこないながら、同時にこのあらたな「民族強化政策」行動の中心に過剰同調するという二重戦略によって対応しようとした。参照、BAK R 153 / 83 u. 1479; Michael Burleigh, "Albert Brackmann (1871-1952): Ostforscher", in: *Journal of Contemporary History* 23 (1988), S. 573-588; 同論文のドイツ語版抄訳 "Wissenschaft und Lebenswelt: Generaldirektor Brackmann und die nationalsozialistische Ostforschung", in: *Werkstatt Gesichte* 3 (1994), H. 8, S. 68-75.

(30) 「民族秩序改変」にかんする文献は、事実上ほとんどなく、二義的で議論の余地も多い。とくに、参照、Karl C. von Loesch, "Eingedeutschte, Entdeutschte und Renegaten", in: ders. (Hg.), *Volk unter Völkern*, Breslau 1925; Max Hildebert Boehm, "Auslandvolkstum und Konnationale", in: *Europäische Revue*, Hg. K. A. Rohan, Oktober 1926; ders., *Das eigenständige Volk*（注18の文献）S. 148ff.; ders., "Volkstumswechsel und Assimilationspolitik", in: *Festschrift für Justus Wilhelm Hedemann*, Jena 1938, S. 134-158.

(31) BAAZ関係個人文書、Franz Alfred Six.

(32) BAP, Reichsministerium für Wissenschaft, Erziehung und Volksbildung, Nr. 1249; Universitätsarchiv der Humboldt-Universität Berlin (以下HUAの略称を用いる), Rektor und Senat, Nr. 233を参照。

(33) ドイツ東方においては、とくに「ドイツ東部同盟」（ＢＤＯ）ならびに「ドイツ財団」への浸透、さらにハンブルクの大商人アルフレート・テップファーによって組織され「国境地域大学」で効果を発揮した財団システムが国防軍に役立った。国防軍防諜部のなかでも飛び抜けた代表者はブロツワフ（ブレスラウ）東欧研究所所長ハンス・コッホ、ならびに一九三四―三七年ＢＤＯ全国指導者で、ケーニヒスベルク大学東欧研究所所長もつとめたテオドーア・オーバーレンダーだった。参照、BAAZ: ハンス・コッホ、テオドーア・オーバーレンダー関係個人文書；Schulungsbrief des Bundes Deutscher Osten, Jg. 1934ff.; Jomsburg. Völker und Staaten im Osten und Norden Europas, 2. Jg. 1938ff. (Rubrik "Nachrichten"); Kurt Opitz, "Die Deutsche Stiftung und ihre Tätigkeit bei der Vorbereitung des zweiten Weltkrieges", Diss. Potsdam 1973.

(34) 活動の中心は、とくにフーゴー・ハッシンガーないしハロルト・シュタイナッカーによって主導された東南ドイツ研究振興会、ドルパト大学、リガのヘルダー研究所、「ラトヴィア・ドイツ在外民族集団」指導部であった。ここで募集獲得された若い学者たちは、親衛隊保安部のちの「民族強化政策」において重要な機能をになった。参照、BAAZ: ユルゲン・フォン・ヘーン、ルドルフ・ヒッピウス、ヴィルフリート・クラレルト関係個人文書；BAK; R 58 / 101, 125, 126, 242, 304.

(35) 参照、BAAZ: ペーター・カールステンス（ポーゼン帝国大学初代学長兼ドイツ東方研究帝国財団事務局長）、ハンス・シュトライト（全国学生指導部民族政策課長、ポーゼン帝国大学理事兼帝国財団理事）、ゲオルク・ブローム（ポーゼン帝国大学農業経済・労働学研究所所長、帝国財団「東方ドイツ帝国管区農業経営へのポーランド人労働配置」にかんする研究チーム班長）、ヴァルター・ガイスラー（ポーゼン帝国大学地理学正教授、学長代理）、ルドルフ・ヒッピウス（一九四二年までポーゼン帝国大学心理学ゼミナール長代理、帝国財団「東方定住研究振興会」「適性検査」研究チーム班長）、アルフレート・ラッターマン（ポーゼン帝国大学図書館長全権）、クルト・リュック（在外ドイツ民族連合会長、親衛隊保安部ヴァルテ管区シュトライト連絡担当）各関係個人文書。

(36) 参照、BAAZ: ヴィルヘルム・ザウレ関係個人文書；Statni Ústredni Archiv Prag（以下SUAと略称）, Fond URP, 1-10 / K. 542.

(37) 参照、BAAZ: Personalakten Ernst Anrich, Günther Franz und Gustav Adolf Scheel; *Straßburger Monatshefte*, 4. Jg. 1940ff.

(38) ヤギウェヲ大学の「遺産」からは、第四の「帝国大学」として「コペルニクス大学」が成立することになった。しかし総督府政庁は権限をもったライヒ（帝国）諸機関、親衛隊に対し自らの主張を貫徹しえず、直属の「ドイツ東方労働研究所」の設立で満足せざるをえなかった。

(39) 参照、BAAZ: フリッツ・アルルト、ハインリヒ・ゴットング、ヨーゼフ・ゾマーフェルト関係個人文書；Rudi Goguel, "Über die Mitwirkung deutscher Wissenschaftler am Okkupationsregime in Polen"（注15の文献）の5. Kap. S. 132ff; S. Gaweda, Die Jagiellonische Universität in der Zeit der faschistischen Okkupation（注15の文献）; Aly / Heim, *Vordenker der Vernichtung*（注6の文献）S. 194ff.

(40) 参照、BAK; R 57 / 164, R 69 / 139, 147 u. 158; BAAZ: ヴィルヘルム・グラートマン関係個人文書；Wilhelm Gradmann, "Die Erfassung der Umsiedler. Vorbereitungen zur Ansiedlung", in: *Zeitschrift für Politik*, 32 (1942), S. 346-351.

(41) 追加してさらにドレーシャクはヴァルテ親衛隊・警察高権指導者付き計画担当に任ぜられ、一九四一年にはウンターシュタイアマルク定住部計画課を設け、一九四三年末には親衛隊主管本部計画（D）課長に栄進した。BAK: R 49 Anh. VII / 4, R 57 / 164, R 75 / 1; BAAZ: アレクサンダー関係個人文書。

(42) 参照、BAK: NS 38 / 18, R 57 / 743; BAAZ: マルティン・ザントベルガー関係個人文書；*Fall 9. Das Urteil im SS-Einsatzgruppenprozeß*, Hg. Kazimierz Leszczynski, mit einer Einleitung von Siegmar Quilitzsch, Berlin 1963, S. 172f.

(43) BAAZ: アルベルト・ラップ関係個人文書；Helmut Krausnick /

Hans-Heinrich Wilhelm, *Die Truppe des Weltanschauungskrieges. Die Einsatzgruppen der Sicherheitspolizei und des SD 1938-1942*, Stuttgart 1981, S. 645. リッツマンシュタットUWZは、一九三九年一一月はじめに設立された「ポーランド人・ユダヤ人立ち退き（強制移出）局」から形成された組織で、最初からラップが指導した。彼の活動については、BAK: R 75; Biuletyn Glównej Komisji Badania Zbrodni Hitlerowskich w Polsce, Bd. XII, Warszawa 1960; Bd. XXI, Warszawa 1970.

(44) 一九四一年九月から一二月までの最初の出動のあと、二回目の出動（行動部隊B特別行動隊4a配備）は四二年八月から四三年一月までであった。参照、BAAZ: オイゲン・シュタイムレ関係個人文書；Krausnick / Wilhelm（注43の文献）S. 645f.

(45) フリッツ・ヴァリュアヴィッチにかんするホフマンの日付のない所見文書、BAAZ: Research REM 5, Taras von Borodajkewicz / Fritz Valjavec を参照。

(46) BAAZ: フランツ・アルフレート・ジックス；*Fall 9. Das Urteil im SS-Einsatzgruppenprozeß*（注42の文献）S. 159ff. を参照。

(47) バイアーに係わる伝記的事実として本文に述べているところは、以下の文書に入っている、彼自身が書いた履歴書、個人カードその他の書類にもとづいている。Archiv der Ludwig-Maximilian-Universität（以下 AUM の略称使用）, O-N habil. Beyer; BAAZ: ハンス・ヨアヒム・バイアー関係個人文書（Research Karteikarten, RS, SSO）; BAK: R 21 Anhang Hochschullehrerkartei / 10001 u. 10032; HUA, Philosophische Fakultät, Personalakten, Nr. 212.

(48) Hans Beyer, "Vergessene hannöversch-oldenburgische Siedlungen in der Slowakei", in: *Der Auslandsdeutsche*, 12 (1929), Nr. 6, S. 164-165. 二番目の名ヨアヒムをバイアーは一九三四年に初めて用いたが、一九四五年以後ふたたびこれを削っている。さらにバイアーは、ナチ独裁期、独裁後を通じてこのヨアヒムに、自分の母親の旧姓キュールをつけて（すなわち、ヨアヒム・キュールないしヨッヘン・キュールという形で）ペン・ネームとした。

(49) Hans Beyer, *Die Frau in der politischen Entscheidung. Eine Untersuchung über das Frauenwahlrecht in Deutschland* (Soziologische Gegenwartsfragen, H. 2), Stuttgart 1932.

(50) Hans Beyer, Die Reisen König Eduards VII. und ihr politischer Ertrag. Teildruck. Hamburg 1932.

(51) 一九五〇年代末の、バイアー自身による事後的粉飾（そして隠蔽）化として、参照、Hans Beyer, "Das Altonaer Bekenntnis vom 11. Januar 1933. Zur Ablösung des Luthertums vom staatskirchlichen Erbe des preußisch-deutschen Ostens", in: *Ostdeutsche Wissenschaft. Jahrbuch des Ostdeutschen Kulturrates*, 5 (1958), S. 515-539.

(52) Hans Beyer, *Deutschland ohne Protestantismus ? Eine Kampfschrift*, Breslau 1933.

(53) Ebenda, S. 76 以下の引用は S. 17 から。

(54) ベルリン・フリードリヒ＝ヴィルヘルム大学教員調査票、一九四〇年二月二四日のハンス・バイアーの項：HUA, Personalakten, Nr. 212, Bl. 4. これに対し、親衛隊の質問表にバイアーは一九四三年までは「福音教会所属」と答えている。

(55) Kurt Lück, *Deutsche Aufbaukräfte in der Entwicklung Polens*（注21の文献）.

(56) Hans Joachim Beyer, *Aufbau und Entwicklung des ostdeutschen Volksraums*, Danzig 1935.

(57) Ebenda, S. 59ff.

(58) Ebenda, S. 117.

(59) 以下、Ebenda, S. 118ff.

(60) DAI, Bisherige Entwicklung des Planes einer wissenschaftlichen Zeitschrift des Auslandsdeutschtums (Stand Ende November 1935), BAK: R 153 / 1479.

(61)　参照，Walter Kuhn, "Ein Leben für die Sprachinselforschung. Erinnerungen", in: *Jahrbuch der Schlesischen Friedrich-Wilhelms-Universität zu Breslau*, Würzburg, 23 (1982), S. 225-278, ここでの引用は S. 264ff.

(62)　BAK: R 57 / 181-7, R 153 / 1479; PA AA: R 60365; Rössler, "*Wissenschaft und Lebensraum*" (注∞の文献) S. 124f. を参照。

(63)　この過程については，BAK: R 57 / 163-5; PA AA: R 60365 u. 60366.

(64)　Hans Joachim Beyer, Undatierte Notiz über die Forschungsmethode der Arbeitsstelle, BAK: R 57 neu / 907; (Hans Joachim Beyer), "Was wir wollen!", in: *Auslandsdeutsche Volksforschung*, 1 (1936), H. 1, innere Titelseite; Hans Joachim Beyer, "Zur Einführung", ebenda, S. 1-16; ders., "Zur Volkslehre, insbesondere M. H. Boehms", in: *Zeitschrift für Deutsche Bildung*, 13 (1937), H. 7 / 8, S. 323-330.

(65)　Friedrich Metz an Brackmann, 4. 1. 1938, BAK: R 153 / 83.

(66)　BAAZ: RS Hans Joachim Beyer.

(67)　以下を参照，BAK: NS 38 / 6, 17, 44 u. 45, R 57 / 743, R 57 neu / 531, 687, 688, 931.

(68)　BAK: とくにパウル・ヴェンツケによって指導された帝国内エルザス・ロートリンゲン研究所（フランクフルト大学）をバイアーは言葉鋭く攻撃した。そしてミュンスター大学学生指導部に対し「高位聖職者シュライバー教授の活動，ことに外国在住ドイツ人領域にかんする教授の活動について」資料を集めるように指示した。Beyer an den Studentenführer der Universität Münster i. W., 28. 12. 1937, BAK: R 57 / 743. DAI付き全国学生指導者全権はロルフ・ヴィルケニングであったが，当時全国学生指導部民族強化課も主導していた。

(69)　Hans Joachim Beyer, "Schluß mit schlechten Polenbüchern!" in: *Der Auslandsdeutsche*, 20 (1937), S. 93-96.

(70)　Hans Joachim Beyer, Besprechung von William John Rose, "The Drama of Upper Silesia", Vermont o. J., in: *Auslandsdeutsche Volksforscchung*, I (1937), S. 215-216.

(71)　Hans Joachim Beyer, "Volksdeutsche Fragen auf dem Internationalen Historikerkongreß in Zürich", ebenda, 2 (1938), S. 426-428.

(72)　Hans Joachim Beyer, "Zur Volkslehre, insbesondere M. H. Boehms", in: *Zeitschrift für deutsche Bildung*, 13 (1937), H. 7 / 8, S. 323-330, ここでの引用は S. 324f.

(73)　Ebenda, S. 327ff.

(74)　Der Volkswissenschaftliche Arbeitskreis des VDA, o. D., BAK: R 57 neu / 867.

(75)　(Hans Joachim Beyer), "Was wir wollen!", in: *Auslandsdeutsche Volksforschung*, I (1937), H. 1, 中のタイトル頁。

(76)　Hans Joachim Beyer, "Zur Einführung", ebenda, S. 1-16, 引用は S. 15.

(77)　BAK: R 57 neu / 217 にドキュメント。補足の史料として，参照，"Die Jahrestagung 1937 des DAI", in: *Der Auslandsdeutsche*, 20 (1937), H. 9, S. 591-600, ここでの引用は S. 594f.

(78)　Hans Joachim Beyer, "Zur Frage der Umvolkung", in: *Auslandsdeutsche Volksforschung*, 1 (1937), S. 361-386. この場合重要なのは，元の草稿が調子を弱めている点であって，とくにいわゆる異宗婚にかんする問題についての章節は，そこから削除された。「全ドイツ圏における民族秩序改造過程の範囲と様相」というタイトルをもった原稿の行方がわからなくなっている。

(79)　参照，Karl Valentin Müller, Der Aufstieg des Arbeiters durch Rasse und Meisterschaft, München 1935; ders., "Zur Rassen- und Gesellschaftsbiologie des Industriearbeiters", in: *Archiv für*

Rassen- und Gesellschaftsbiologie 29 (1935), S. 187-234; ders., Gesetzmäßigkeit bei Wandlungen von sozialanthropologischem Gefüge von rassisch nahestehenden Nachbarvölkern durch Umvolkungsvorgänge, ebenda, 31 (1937), S. 326-347. ラインハルト・ハイドリヒ財団の枠のなかでの、のちの、バイアーとK・V・ミュラーの密接な協力については、以下本文を参照。

(80) Beyer, “Zur Frage der Umvolkung”（注78の文献）S. 386.

(81) バイアーによって急進化された民族秩序改造概念の先取的機能にはじめて言及したのは、エルンスト・リッターの功績である。Ernst Ritter, *Das Deutsche Ausland-Institut*（注28の文献）S. 89を参照。

(82) Oswald Kroh, “Zur Psychologie der Umvolkung”, in: *Auslandsdeutsche Volksforschung*, 1 (1937), S. 386-397. この講演でもってクローは、民族秩序改造会議の公開セッションの冒頭を飾った。

(83) シュタイナッカーは、「大ドイツ主義・小ドイツ主義・外国在住ドイツ民族の歴史観」について会議の公開セッションで報告した。参照、Die Jahrestagung des DAI（注77の文献）S. 594.

(84) 論文はのちに提出された。Hans Koch, “Zur Frage der Umvolkung der evangelischen Deutschen in Kongreßpolen”, in: *Auslandsdeutsche Volksforschung*, 1 (1937), S. 398-406.

(85) Karl C. von Loesch, “Entvolkte und Renegaten”. 講演は内部会議でなされ、講演記録も公刊されなかった。「彼はとりわけ歴史から個々の事例を取り上げて扱い、その場合（道徳的な意味での）転向者がはたして問題になりうるのか、そうならばどの程度問題になりうるのか、検討した」。Arbeitsstelle für auslandsdeutsche Volksforschung, Vertraulicher Tagungsbericht, Tagung über “Umvolkung” August 1937, Bl. 6a. BAK: R 57 neu / 217.

(86) Otto A. Isbert, “Madjarisierung oder Madjarisation”, in: *Auslandsdeutsche Volksforschung*, 1 (1937) S. 406-420（後で提出されたもの）.

(87) Alfred Csallner, “Die Mischehen in den Siebenbürgisch-sächsischen Städten und Märkten”, ebenda, 1 (1937), S. 225-255, 2 (1938), S. 14-36.

(88) たとえば、参照、Wilhelm Sattler, “Umvolkung im Südostraum. Aus einer Gruppenarbeit im diesjährigen Reichsberufswettkampf über Verschiebungen deutschen Volkstums in Südslawien”, in: *Deutschtum im Ausland*, 21 (1938), H. 5, S. 242-251.

(89) Hans Joachim Beyer, Die Erforschung des Friedens, in: *Deutschtum im Ausland*, 21 (1938), H. 5, S. 234-238.

(90) Hans Joachim Beyer, “Volkstumsfragen der früheren Tschechoslowakei. 1. Eine Nachlese im Schrifttum”, in: *Auslandsdeutsche Volksforschung*, 2 (1938), S. 543-548.

(91) Hans Joachim Beyer, “Sudetendeutsche und Tschechen im Völkerrecht”, in: *Volk im Werden*, 6 (1938), H. 6, S. 269-279, 引用部分はS. 279.

(92) もっとも重要な資金提供者はダイムラー＝ベンツ社およびイー・ゲー・ファルベン社であった。参照、BAK: R 57 / 162-1, 162-2 / 1, 163-1.

(93) 諸過程は、BAK: R 57 / 181-7.

(94) Beyer an den Dekan der Philosophischen Fakultät der Universität München (Walther Wüst), 26. 6. 1939. AUM: O-N habil. Beyer.

(95) 以下の文書を参照、BAK: R 18 / 5649, R 58 / 840; Bundesarchiv Dokumentationszentrale Berlin（以下BADBと略称）: ZR 257; BAAZ: SSO Hans Joachim Beyer.

(96) 注68の文献を参照。

(97) Geheimes Staatsarchiv Berlin Dahlem, Rep. 151 / 980; Erich Siebert, Die Ostforschung an der Auslandswissenschaftlichen Fakultät der Berliner Universität（注15の文献）S. 19f.

(98) Vermerk Herbert Scurlas über eine Besprechung mit Six und anderen am 22. 6. 39. BAP: Reichsministerium für Wissenschaft, Erziehung und Volksbildung, Nr. 1249, Bl. 474f.

(99) Franz Alfred Six an den Dekan der Philosophischen Fakultät der Universität München, Walther Wüst, 21. 6. 1939. AUM: O-N habil. Beyer.

(100) 以下の文書を参照、AUM: O-N habil. Beyer.

(101) Chef der Sicherheitshauptamts und des SD, III B 15, an den Reichskommissar für die Festigung deutschen Volkstums, zu Hd. Ernst Fähndrich, 17. 2. 1941. BAAZ: SSO Hans Joachim Beyer. Das Schreiben war von einem Vorgesetzten Beyers, wahrscheinlich Obersturmbannführer Heinz Hummizsch, unterschrieben, aber von Beyer verfaßt (Paraphe III B15 / By.).

(102) Beyer an den Dekan der Philosophischen Fakultät der Universität München, 25. 2. 1939. AUM: O-N habil. Beyer.

(103) Hans Joachim Beyer, *Umvolkungsstudien zur Frage der Assimilation und Amalgamation in Ostmitteleuropa und Übersee*. Verlag Rohrer, Brünn 1945. この著作のタイトルは、バイアーの以下の著作目録から孫引き、BAK: R 21 Anhang / 10032. ハロルト・シュタイナッカーは、一九五八年になってもなお自らの論文のなかで、このバイアーの著作を紹介している。しかしながら、これまでのところ本はみつけられていない。

(104) 論文審査をおこなったのは、ウルリヒ・クレーマー（短い意見表明でクレーマーに合流したK・A・v・ミュラーのかわり）とオズヴァルト・クロー。AUM: O-N habil. Beyer.

(105) Schreiben des Chefs der Sicherheitspolizei und des SD, III B 15, vom 17. 2. 1941（注101の文献）を参照。バイアーの民族秩序改造理論を要約した本文記述は、以下の彼の論稿を参照してまとめた。Hans Joachim Beyer, "Mittelpolen in der neueren deutschen Volksgeschichte", in: *Vergangenheit und Gegenwart*, 29 (1939), S. 510–524; ders., "Hauptlinien einer Geschichte der ostdeutschen Volksgruppen im 19. Jahrhundert", in: *Historische Zeitschrift*, 162 (1940), S. 509-539; ders., "Reich, Neutralität, Judentum und außendeutsche Voksgruppen. Bemerkungen zu dem Werke Chr. Stedings und einigen Schriften über das ostmitteleuropäische Judenproblem", in: *Volksforschung*, 3 (1939 / 40), S. 164-177; ders., "Die Rolle der Deutschen bei den ostmitteleuropäischen Revolutionen des 19. Jahrhunderts", ebenda, S. 7-41; ders., "Auslese und Assimilation. Völkerpsychologische Bemerkungen zur Umvolkungsfrage, zugleich eine Auseinandersetzung mit J. von Farkas", in: *Deutsche Monatshefte, Kattowitz*, 7 (1940 / 41), S. 407-419; ders., "Der Ursprung der polnischen Führungsschicht und der Zusammenbruch des polnischen Staates", ebenda, 7 (1940 / 41), S. 220-230; ders., "Ghetto oder Assimilation? Die amerikanische Soziologie und ostmitteleuropäische Volkstumsfragen", in: *Zeitschrift für Politik*, 32 (1942), S. 329-346; ders., "Rassische Kräfte in der Umvolkung", in: *Deutsches Archiv für Landes- und Volksforschung*, 6 (1942), S. 1-16.

(106) Beyer, Hauptlinien einer Geschichte der ostdeutschen Volksgruppen（注105の文献）S. 510.

(107) Beyer, Auslese und Assimilation（注105の文献）S. 417.

(108) 四カ月遅れたのは、一九三八／三九年の冬学期の終わりに予定されていた教授資格取得手続のために必要な書類をバイアーが提出できなかったからである。

(109) Ulrich Crämer, Gutachten vom 8. Juli 1939, AUM: O-N habil. Beyer.

(110) Ebenda, handschriftliche Notiz auf Bl. 3 des Crämer-Gutachtens.

(111) Oswald Kroh, Gutachten vom 5. 7. 1939, ebenda.

(112) Kroh, Aussprache mit dem Habilitanden Dr. H. J. Beyer, 16. 12. 1939, ebenda.

(113) Chef der Sicherheitspolizei und des SD, III B 15, an Fähndrich, 17. 2. 1941. BAAZ: SSO Hans Joachim Beyer.

(114) バイアーはけっしてウクライナのスペシャリストとは認証されていなかったから、この人事は、「ウクライナの専門家たちの間全体に驚愕」を生み出した、とDAI再定住記録委員会委員長ヘルマン・リューディガーは一九四〇年三月一九日の第一二情勢報告で述べている。BAK: R 57 / 164, Bl. 6. リューディガーは、バイアーがまず第一にウクライナのエキスパートとしてではなく、差し迫った民族強化政策全体計画のジェネラリストとして求められていると誤認した。各専門への配属は、少なくとも最初はまったく形式的だった。

(115) バイアーはベルリン・ヴィルヘルムシュトラーセ一〇四番地第三局B、計画センターのエーリヒの隣の二室を使っていた。参照、Fernsprechverzeichnis des Amtes III, Stand 15. Mai 1940, BADB: ZR 535 A. 3. エーリヒの役割については、参照、BAAZ: Personalakten Hans Ehlich; Karl Heinz Roth, “Ärzte als Vernichtungsplaner: Hans Ehlich, die Amtsgruppe III B des Reichssicherheitshauptamts und der nationalsozialistische Genozid 1919-1945”, in: Medizingeschichte und Gesellschaftskritik. Festschrift für Gerhard Baader, Frankfurt a. M. 1997.

(116) BAAZ: SSO Hans Joachim Beyer.

(117) Rektor Hoppe an den Gau-Dozentenbundsführer Willing, 18. 12. 1939. HUA: Rektor und Senat, Nr. 233.

(118) Gau-Dozentenbundsführer Willing an Rektor Hoppe, Stellungnahme zu den Besetzungsvorschlägen für die Auslandswissenschaftliche Fakultät der Universität Berlin, ebenda.

(119) Ebenda, Bl. 7

(120) Rektor Hoppe an das Reichsministerium für Wissenschaft, Erziehung und Volksbildung, 6. 1. 1940. HUA: Rektor der FWU Berlin, Personal-Akten Nr. 212, 頁数のない付帯文書。

(121) Rektor der Universität Innsbruck Steinacker an Six, 5. 1. 1940, ebenda, Bl. 33-35.

(122) Wilhelm Schüssler, Historisches Seminar der Berliner Universität, 18. 12. 39. Ebend, Bl. 36.

(123) Der Präsident der Bayerischen Akademie der Wissenschaften, Gutachten vom 17. 12. 1939. Abschrift. Ebenda, Bl. 38.

(124) Undatierte Stellungnahme Reinhard Wittrams, ebenda Bl. 39.

(125) Ankündigung der öffentlichen Lehrprobe durch den Dekan der Phlosophischen Fakültat, Koch, am 5. 3. 1940. Ebenda, Bl. 9.

(126) Aufzeichnung und Bericht des Dekans der Philosophischen Fakultät, Koch, an den Rektor der Berliner Universität über die Lehrprobe Beyers, 15. 3. 1940 u. 21. 3. 1940. Ebenda, Bl. 50, 52-54.

(127) Schreiben des Reichsministers für Wissenschaft, Erziehung und Volksbildung an die Philosophische Fakultät der Universität Berlin, 30. 4. 1940. Ebenda, Bl. 55.

(128) ベルリン・ドイツ外国研究所（一九四〇—一九四二年）の、本文のニュースについて、Erich Siebert, “Die Ostforschung an der Auslandswissenschaftlichen Fakultät der Berliner Universität”（注15の文献）S. 20f. を参照。

(129) 参照、*Jahrbuch der Weltpolitik 1941*, Hg. Franz Alfred Six, Berlin 1941; *Jahrbuch der Weltpolitik 1942*, Hg. Franz Alfred Six, Berlin 1942; ならびにそれに付随した、redaktionelle Korrespondenz zwischen Six und Beyer in: BAP: *Deutsches Auslandswissenschaftliches Institut*, Nr. 8.

(130) Hans Joachim Beyer, “Das Generalgouvernement”, in: *Jahrbuch der Weltpolitik 1942*, S. 148-157, ここでの引用は S. 149f.

(131) Beyer, ebenda, S. 152.

(132) *Zeitschrift für Politik*, 31 (1941) ff. を参照。

(133) バイアーとハインリクスドルフの間の往復書簡については，BAP: *Deutsches Auslandswissenschaftliches Institut*, Nr. 4 u. 6 を参照。

(134) Hans Joachim Beyer, "Zur Entwicklung der deutschen Ostforschung bis 1918. Bemerkungen zu einer ostpolitischen Dogmengeschichte", in: *Jahrbuch der Weltpolitik 1944*, Berlin 1944, S. 1081-1111.

(135) バイアーの休暇申請は，一九四一年六月二〇日，外国学部の学部長室から，教育省およびベルリン大学学長に回された。ライヒ教育省は，バイアーに対し，一九四一／四二年の冬学期間に「与えた特別任務」に鑑み，一九四一年一〇月六日，休暇の延長を認めた。Harmjanz an Beyer, 6. 10. 1941. HUA: Rektor der FWU Berlin, Personalakten, Nr. 212, 頁数のついていない付帯文書。行動部隊Cの編成および作戦については，参照，BAK: R 58 / 214-221. (Ereignismeldungen UdSSR des Chefs der Sicherheitspolizei und des SD); 上記史料を補う研究として，Helmut Krausnick / Hans-Heinrich Wilhelm, *Die Truppe des Weltanschauungskrieges* (注43の文献) S. 141ff., 186ff.

(136) 第八〇〇大隊については，指揮官ハインツ少佐の以下の文書を参照，Schlußmeldung über Einnahme Lemberg und vollzogene Objektsicherung, 1. 7. 1941. Bundesarchiv-Militärarchiv Freiburg (以下，BA-MA を用いる): WF03 / 3470.

(137) 戦後は，連邦共和国首相アデナウアーのために，「FWH情報部」を構築した，この元義勇軍《フライコール》戦士の，波瀾に満ちた評伝として，参照，Susanne Meinl / Dieter Krüger, "Der politische Weg von Friedrich Wilhelm Heinz. Vom Freikorpskämpfer zum Leiter des Nachrichtendienstes im Bundeskanzleramt", in: *Vierteljahrshefte für Zeitgeschichte*, 42 (1994), H. 1, S. 39-69.

(138) Heinz, Schlußbericht (注136の文献).

(139) 参照，John A. Armstrong, *Ukrainian Nationalism* (1955), 新版 Littleton / Col. 1980, S. 77f.; Roman Ilnytzkyj, *Deutschland und die Ukraine 1934-1945. Tatsachen europäischer Ostpolitik, Ein Vorbericht*, 2. Bd., München 1956, S. 165ff.; Bohdan Krawchenko, "Soviet Ukraine under Nazi Occupation", 1941-44, in: Yury Boshik (ed.), *Ukraine during World War II. History and its Aftermath. A Symposium*, Edmonton 1986, S. 15-38, 本文引用箇所は S. 17ff.

(140) Hauptmann Prof. Hans Koch, Der Sowjet-Nachlaß in der Ukraine. Stimmungs- und Erfahrungsbericht vom 30. 9. 1941. BAK: R 6 / 69, Bl. 53ff.

(141) レンベルクの競技場での処刑を実行したのは，まず，特別行動隊4b，つづいて行動部隊C司令部，第六行動隊，最後にクラカウ保安部司令官によって派遣された支援部隊であった。Krausnick / Wilhelm, "Die Truppe des Weltanschauungskrieges", S. 186f. を参照。

(142) この部分と本文の次の部分は，参照，Richard Breitman, "Himmler's Police Auxiliaries in the Occupied Soviet Territories", in: Simon Wiesenthal Center Annual, 7 (1990), S. 23-39; ders., "Himmler and the 'Terrible Secret' among the Executioners", in: *Journal of Contemporary History*, 26 (1991), S. 431-451, とくに関係部分は S. 438ff.

(143) このバイアーの特別行動は東独で一九六〇年四月おこなわれた裁判で，不当にもオーバーレンダーの責任とされた。参照，Ausschuß für Deutsche Einheit (Hg.), *Der Oberländer-Prozeß. Gekürztes Protokoll der Verhandlungen vor dem Obersten Gericht der DDR vom 20. - 27. und 29. 4. 1960*, Berlin o. J., S. 64ff., 216; Ausschuß für Deutsche Einheit, *Die Wahrheit über Oberländer. Braunbuch über die verbrecherische faschistische Vergangenheit des Bonner Ministers*, 2. erw. Aufl. Berlin o. J. (1960). ヘルマン・ラッシュホー

ファーは、その他の点では少なからず描き損なっている弁明書のなかで、レンベルクにおける一九四一年六月末・七月はじめの事実・事件の歴史的真相に逆説的ながらむしろ近づいている。Hermann Raschhofer, *Der Fall Oberländer. Eine vergleichende Rechtsanalyse der Verfahren in Pankow und Bonn*, Tübingen 1962, S. 64ff., 77ff. もちろんラッシュホーファーは一九四三／四四年プラハで「国家と民族」にかんする共同講義をおこなった友人のバイアーについては一言も触れず、もはや生きていなかった保安部指導者に罪を転嫁した。

(144) 参照、Armstrong, *Ukrainian Nationalism*（注139の文献）S. 88f.; Ilnytzkyj *Deutschland und die Ukraine 1934-1945*（注139の文献）S. 170.

(145) 保安部に協力したＯＵＮ派の中核集団（メリニク・グループ）は、協力の見返りとして自治を要求したが、結局バンデラ・グループにしたがって「地下」に潜行し、一九四一年九月以降同じく行動隊によって一掃された。

(146) これについて、ハインツは最終報告で以下のように述べている（注136の文献、Bl. 3）:「諸中隊の報告が証示しているように、各部隊は粗暴な行為と拷問については憤っており、ボルシェヴィキ大量虐殺の責任者に対する容赦なき断罪を無条件に必要とみなしているが、無差別に駆り集めたユダヤ人、わけても女や子供を苛み射殺したことは理解しがたい。とくにウクライナ人中隊にはこうした行為全体が紀律を揺るがす印象を与えている。彼らには国防軍と警察の違いもはっきりしないし、ドイツの軍人をかがみとしてきたから、今回のことはドイツ人への評価全体を震撼させるものだった。昨日ユダヤ人の略奪者を情け容赦無く射殺した同じ部隊が、無情な拷問を非難している」。ハインツは、最初から無駄な抵抗をなしたようなものであった。権限をもった国防軍自体レンベルク市を――要塞占領のための戦闘部隊と第八〇〇大隊はのぞいて――自らの諸部隊から遮断したが、「レンベルクで特別任務を実行する保安部別動隊」には進駐を命じていたからである。したがって国防軍指導部は、保安部のレンベルク作戦計画を知っており、あらかじめ同意していた。Befehl des Generalkommandos des 49. Armee-korps vom 29. 6. 41 für den Stadtkommandanten von Lemberg, BA-MA: WF 03 / 3470 を参照。

(147) Oberleutnant Oberländer, Abwehr II bei Heeresgruppe Süd: Voraussetzungen für die Sicherheit des Nachschubes und die Gewinnung höchster Ernährungsüberschüsse in der Ukraine, 28. 10. 1941. EAK: R 6 / 69, Bl. 69ff.

(148) Theodor Oberländer, 24 Thesen zur Lage (Abschrift), 15. 3. 1943. EAK: R 6 / 60a, Bl. 5ff.

(149) Hans Joachim Beyer, *Das Schicksal der Polen. Rasse-Volkscharakter-Stammesart*, Leipzig / Berlin 1942, Vorwort S. VIII.

(150) 同右、まえがきｖページ参照。おまけにバイアーはレンベルクの犠牲者の幾人かについては名前まであげている。

(151) 同右、ｖページ参照。

(152) Ebenda, S. 161f.

(153) Ebenda, S. 163.

(154) Ebenda, S. 158.

(155) 同。ポーランド女性とは「既婚女性」か「売春婦」をつねに指した。「民族政策のコースを明瞭に保障するはずの税を、合法非合法を問わず毟り取るポーランド女性の名をだれがいちいちあげるだろう？」（同、一五九ページ）。バイアーの女性蔑視、反ユダヤ主義、スラヴ人敵視自体、心理分析研究に値する。

(156) Ebenda, S. 163.

(157) Ebenda, S. 166.

(158) Heinrichsdorff an Beyer, 11. 1. 1943. EAP: Deutsches Auslandswissenschaftliches Institut, Nr. 6, Bl. 41.

(159) 口火を切ったのはカール・ヴァレンティン・ミュラー。Besprechung von Hans Joachim Beyer, "Das Schicksal der Polen", in:

Böhmen und Mähren, H. 7 / 8, Juli / August 1942, innere Titelseite.

(160) 参照、Karl Heinz Roth, "'Generalplan Ost' - 'Gesamtplan Ost'"（注7の文献）S. 41.

(161) Hans Joachim Beyer, Dolja Poljakow, Prag 1944.

(162) バイアーによれば文学部（ラインハルト・ヴィットラム学部長）は一九四一年夏学期に対応した決定を行い、ライヒ教育省は、このときなお行動部隊Cの顧問としてキエフにいたバイアーに対し、九月末承認を伝えた、という。Beyer an den Persönlichen Referenten des Staatssekretärs Karl Hermann Frank beim Reichsprotektor in Böhmen und Mähren, Robert Gies, 29. 8. 1942 (Abschrift). Hamburger Stiftung für Sozialgeschichte des 20. Jahrhunderts（以下略称HSGを用いる）, Reinhard-Heydrich-Stiftung, Nr. 2.

(163) BAK: R 153 / 126; Rössler, "*Wissenschaft und Lebensraum*"（注8の文献）S. 105f.

(164) 参照、Goguel, "Über die Mitwirkung deutscher Wissenschaftler am Okkupationsregime in Polen im zweiten Weltkrieg"（注15の文献）S. 90ff.; T. Wróbleska, "Die Rolle und Aufgabe einer nationalsozialistischen Universität in den sogenannten östlichen Reichsgebieten am Beispiel der Reichsuniversität Posen"（注15の文献）passim; Rössler, "*Wissenschaft und Lebensraum*" S. 103ff.

(165) BAK: R 21 / 322; BAAZ: Personalakten Hanns Streit. シュトライトは一九四三年以来ポーゼンから全国学生指導部の民族政策課「極秘報告」をおこなった。――一部は回顧の――この報告には国家保安本部総合計画の「環境」にかんする重要な諸情報が含まれている。BAK: R 21 / 221 u. 764を参照。

(166) BADB: ZR 890 A 2 (622 A 7); BAAZ: Personalakten Rolf-Heinz Höppner; Biuletyn Glownej Komisji Badania Zbrodni Hitlerowskich w Polsce, Bd. XII u. XXI, Warszawa 1960 u. 1970.

(167) シュトライトは全国学生指導部でまず学生互助会のオルガナイザーとして名をあげていた。Hanns Streit, "Das Reichsstudentenwerk", in: *Volk im Werden* 3 (1935), S. 130-136を参照。

(168) BAAZ: Personalakten Rudolf Hippius; Rudolf Hippius, Entwurf über die Aufgaben und Wege einer Bevölkerungsplanung im Warthegau, 5. 12. 1939, abgedruckt im Dokumentenanhang von Goguel, "Über die Mitwirkung deutscher Wissenschaftler"（注8の文献）S. 46ff.; Rudolf Hippius, Die Umsiedlergruppe aus Estland. Ihre soziale, geistige und seelische Struktur, Posen 1940; ders., "Die psychische Gruppenstruktur Jugendlicher aus deutschen Ehen und völkischen Mischehen, in: Zeitschrift für Psychologie, 154 (1943), S. 249-286; ders. und Mitarbeiter I. G. Feldmann / K. Jellinek / K. Leider, *Volkstum, Gesinnung und Charakter. Bericht über psychologische Untersuchungen an Posener deutsch-polnischen Mischlingen und Polen Sommer 1942*, Stuttgart / Prag 1943.

(169) Beyer an Heinrichsdorff, 25. 1. 1942. BAP: Deutsches Auslandswissenschaftliches Institut, Nr. 4, Bl. 30.

(170) BADB: Zx 4592, Beyer.

(171) Streng geheimer Aktenvermerk Peeges, EWZ Litzmannsstadt, Betr. Tagung der Gruppe III B des Reichssicherheitshauptamtes in Bernau bei Berlin, SD-Führerschule, 13. -15. 10. 41. BAK: R 69 / 826, Bl. 81ff., 引用はBl. 100.

(172) 参照、die Karteikarte Hans Joachim Beyer in: BAK: R 21 Anhang / 10001, Bl. 593ff. 一九四二年三月にバイアーは戦争功労章を授与された。RSHA III A 1 d an Gruppe III B, 3. 3. 42, Betr. Kriegsverdienstkreuze. BADB: ZR 890 A 2 (622 A 7)を参照。

(173) Hans Joachim Beyer, *Die deutsche Einheit des größeren Mitteleuropa und ihr Verfall im 19. Jahrhundert* (Reichsuniversität Posen, Vorträge und Aufsätze, H. 6), Posen 1943. これは一九四二年二月一三日の講演の増補版である。

(174) Ebenda, S. 16ff., u. 23ff.
(175) Ebenda, S. 30f.
(176) Ebenda, S. 43.
(177) Ebenda, S. 44.
(178) Hans Joachim Beyer, "Streitfragen bei der Klärung der Volkszugehörigkeit in den eingegliederten Ostgebieten, in: *Archiv des öffentlichen Rechts*, N. F. 33 (1943), H. 1, S. 1-25.
(179) Ebenda, S. 3, Anm. 5（ここでバイアーは自分の教授資格論文の一〇〇―一七〇ページを指示）。
(180) バイアーがここで含意したのは、アウクスブルク教会と司教ブルシェのサークル（ebenda, S. 22）で、「インテリの数も改宗者の数もとくに多い」としたが、バイアーこそ紛れもないカトリック教会敵視者であり、自分の民族強化政策のイメージに相応しくないすべてのプロテスタント・グループも敵視した。
(181) Fernschreiben Ehlichs (RSHA III B 1) an den BdS Krakau, Betr. Einführung der Deutschen Volksliste und Erfassung der Deutschstämmigen im Generalgouvernement, 12. 3. 1942. 以下にも転載、Karol Marian Pospieszalski (Hg.), *Hitlerowske "Prawo" Okupacyjne w Polsce, Bd. II: Generalna Gubernia* (Documenta Occupationis, Bd. VI), Poznan 1958, S. 192-194, 本文の引用はS. 194.
(182) 以下を参照、SUA Prag: Fond ÚRP, I-10-K. 542; 110-4 / 555, 110-4 / 558, 110-4 / 559, 110-10 / 30, 110-10 / 64; Hamburger Stiftung für Sozialgeschichte（以下HSGの略称を用いる）, Reinhard-Heydrich-Stiftung, Nr. 1 bis 4; Karel Fremund, Die Reinhard-Heydrich-Stiftung—ein wichtiges Instrument der faschistischen Ausrottungspolitik in der Tschechoslowakei 1942-1945（注15の文献）; Stanislav Šisler, "Vznik a formování nacistického 'Slovanského bádání' v Praze v letech 1940-1943 ("Entstehung und Formierung der 'slawischen Forschung' in Prag in den Jahren 1940-1943"), in: *Cesky Lid* 78 (1991), H. 4.
(183) 以下を参照、BAAZ: Personalakten Wilhelm Saure.
(184) 参照、Fremund, Die Reinhard-Heydrich-Stiftung（注15の文献）S. 2f.; Šisler,（注182の文献）deutschsprachige Zusammenfassung, S. 270.
(185) Rede Heydrichs vor leitenden Persönlichkeiten der Okkupationsbehörden am 2. 10. 1941 im Czernin-Palais. 原典批判新版公刊史料として、Miloslav Kárny / Jaroslava Milotova unter Mitarbeit von Margita Kárna (Hg.), *Protektorátni politika Reinharda Heydricha* (Die Protektoratspolitik Reinhard-Heydrichs), Prag 1991, Dok. Nr. 9, S. 98ff.
(186) Letzter Lagebericht Heydrichs an den Chef der Parteikanzlei Martin Bormann vom 18. 5. 1942. 以下にも転載、同上（Kárny / Milotova, 注185の文献）、Dok. Nr. 79, S. 249ff., 本文の引用は、S. 258.
(187) Vorgänge in: SUA: Fond ÚRP, I-10-K. 542.
(188) 他のライヴァルとならびとりわけナチ党全国指導者アルフレート・ローゼンベルクも自分たち「高等派」党外政局プラハ支部の設立を追求した。「プラハ東方研究所」と名乗ることになった機関がこれである。参照、SD-Leitabschnitt Prag an Staatssekretär Karl Hermann Frank, Betr. Reichsstiftung für slawische Forschung, 2. 12. 1941, ebenda.
(189) HSG: Reinhard-Heydrich-Stiftung, Nr. 1 u. 2. に当該史料。
(190) Beyer an Staatssekretär Karl Hermann Frank und den SD-Leitabschnitt Prag, Betr. Führung der Universität, 19. 6. 1942. HSG: ebenda, Nr. 2.
(191) 該当者は、教育学者・言語学者のエルンスト・オットー、歴史家のヨーゼフ・プヒットナー、心理学者のフランツ・スコーラ。Vermerk des Unterstaatssekretärs von Burgsdorff vom 20. 3. 1942,

ebenda.

(192) von Burgsdorff, ebenda; BAAZ: Personalakten Wilhelm Weizsäcker u. Heinz Zatschek.

(193) 水利技師アルフレート・ブントゥルーは一九四〇年工科大学からプラハ・ドイツ工科大学に召還され学長に任命された。彼は親衛隊大佐で保安部プラハ管区の名誉将校だった。参照、BAAZ: Personalakten Alfred Buntru; HSG: Reinhard-Heydrich-Stiftung, Nr. 4.

(194) ライヒ科学・教育・国民教養省は一九四二年四月一日付で講座副代表を彼に委任し一九四三年一月一日には正教授かつ終身官吏に任じた。EAAZ: SSO Hans Joachim Beyer; BAK: R 21 Anhang / 10001, Bl. 593ff.; HUA: Rektorat, Personalakten, Nr. 212, Bl. 32ff.

(195) BAAZ: Personalakten Karl Valentin Müller; BAK: R 73 / 13294.

(196) ベルリンに員外教授で招聘されたブルーノ・クルト・シュルツは、親衛隊人種・植民本部人種局長で、祖先の遺産《アーネンエルベ》の著作文献委員会メンバーだった。参照、BAAZ: Personalakten Bruno Kurt Schultz. この招聘にさいし、プラハ研究センターの周囲の人種・社会人類学の多彩な陣容をすべて集めようとしたこととならんで、国家保安本部の民族強化プランナーたちにとって、とくに重要な関心事は、親衛隊諸組織の相異なる人種政策活動を彼らのコントロール下におくことだった。

(197) BAAZ: Personalakten Rudolf Hippius; Universitätsarchiv Poznan: Personalakte Rudolf Hippius.

(198) こうした学者として、言語史・住民移動史家フランツ・J・ベラーネク、経済史家アントーン・エルンストベルガー、スラヴ学者ゲルハルト・ゲーゼマン、民俗学者ヨーゼフ・ハーニカ、スラヴ学者オイゲン・リップル、民俗学者エートゥムント・シュネーヴァイス、経済学者フェルディナント・ウルマーの名をあげられよう。参照、BAK: R 21 Anhang / 20046.

(199) 学問的にとくに利益を得て、のちのバイアーの協働スタッフとなったこのヴィンターの生涯については、それ自体また別個独自に研究する価値がある。参照、Eduard Winter, *Mein Leben im Dienst des Völkerverständnisses*, Bd. 1, Berlin 1981, bes. S. 117ff. u. 131ff. これは、一九四五年以後国際的に名声を得た東独スラヴ学者で教会史家ヴィンターの、自己弁護的叙述を多く含みながら示唆に富む自伝である（これについては、ベルリン・アカデミー出版社編集顧問ハイデマリー・クルーシュヴィッツ氏の御教示に感謝する）。

(200) Letzter Lagebericht Beyers vom 18. 5. 1942 an Bormann（注186の文献）S. 258.

(201) Text der Sendung über die Reinhard-Heydrich-Stiftung am 10. August 1942, HSG: Reinhard-Heydrich-Stiftung, Nr. 1.

(202) Reichsdozentenführer Walter Schultze an Karl Hermann Frank, 5. 11. 1942, ebenda.

(203) ブントゥルーによれば、バイアー自ら彼の前でも辞任を要求したというのであるが、バイアー自身はこれを強く否認している。しかしブントゥルーはとりわけラインハルト・ハイドリヒ財団によるプラハの大学生活の周縁化を批判した。参照、Beyer an den Führer des SD-Leitabschnits Prag, Walter Jacobi, Betr. Rektoratsfrage, 3. 4. 1943, HSG: Reinhard-Heydrich-Stiftung, Nr. 4; Beyer an den Adjutanten Franks, Robert Gies, und den Führer des SD-Leitabschnitts Prag, Jacobi, 22. 5. 1943, ebenda, Nr. 2.

(204) クラウジングは保安部プラハ管区の反対に遇いながらブントゥルーの提案にもとづきフランクフルト大学からプラハへ招聘され、一九四三年一一月一日新学長として就任した。参照、BAAZ: Personalakten Friedrich Klausing; SD-Leitabschnitt Prag an Gies, Betr. Rektoratsfrage an der Deutschen Karls-Universität, 7. 10. 1943, HSG: Reinhard-Heydrich-Stiftung, Nr. 4.

(205) SD-Leitabschnitt Prag, Jacobi, an Karl Hermann Frank, Betr.

Stimmung und Haltung der Hochschullehrer, 27. 4. 1944, SUA Prag: 110-4 / 529.

(206) Stanislav Šisler, "Vznik a formování nacistického 'Slovanského bádání'"（注182の文献）S. 270を参照。

(207) Hans Joachim Beyer, Vermerk Betr. Reichsstiftung, 19. 6. 1942, SUA Prag: Fond ÚRP, I-10 / K. 542.

(208) これに加えて、一九四二年一〇月のバイアーの極秘覚書も参照、Betr. Haushaltsplan 1943 für die Institute der Reinhard-Heydrich-Stiftung, ebenda.

(209) Staatssekretär Karl Hermann Frank, Verfügung, Betr. Aufbau der Reinhard-Heydrich-Stiftung, Reichsstiftung für wissenschaftliche Forschung in Prag, 6. 7. 1942, ebenda.

(210) Verordnung über die Errichtung einer Reinhard-Heydrich-Stiftung, Reichsstiftung für wissenschaftliche Forschung in Prag vom 11. Juli 1942, in: Verordnungsblatt des Reichsprotektors in Böhmen und Mähren, 1942, Nr. 30 vom 25. 7. 1942.

(211) SD-Leitabschnitt Prag an Staatssekretär K. H. Frank, Betr. Reichsstiftung für slawische Forschung, 2. 12. 1941, SUA Prag: Fond ÚRP, I-10 / K. 542.

(212) BAAZ: SSO Hans Joachim Beyer.

(213) Hans Joachim Beyer, Volkswissenschaftlicher Themenkreis Böhmen-Mähren. Beilage zu einem Schreiben des SD-Leitabschnitts Prag an Staatssekretär K. H. Frank, Betr. Tschechenkundliche Forschung im Rahmen der "Reinhard-Heydrich-Stiftung", 24. 8. 1942, HSG: Reinhard-Heydrich-Stiftung, Nr. 2.

(214) Entwurf Beyers für eine Ansprache Karl Hermann Franks anläßlich der Eröffnung der Reinhard-Heydrich-Stiftung, o. D., HSG: Reinhard-Heydrich-Stiftung, Nr. 4.

(215) すなわち一九四三年五月二七日。

(216) HSG: Reinhard-Heydrich-Stiftung, Nr. 3を参照。

(217) すなわちコンダコフ研究所、ロシア歴史外国公文書館、ロシア文化史博物館、ウクライナ解放博物館、ウクライナ歴史特別陳列室。これに対し、ロシアおよびウクライナ大学は、純粋の教職施設として依然、スラヴ学施設特別全権としてのバイアーの自由な支配にゆだねられていた。

(218) 一九四四年半ばまでにラインハルト・ハイドリヒ財団中央図書館に合併されたのは、閉鎖されたチェコ大学スラヴ・セミナール（四万冊）、編入スラヴ研究所（六千冊）、閉鎖されたチェコ大学マジャール図書室（三千冊）、元ヴァインガルト図書室（三千冊）の蔵書であった。これにさらにワルシャワ、ミンスク、ピンスクからもちこまれた蔵書（計約一万冊）が加えられた。参照、Anlage 7 zu dem von Beyer verfaßten Tätigkeitsbericht der Reinhard-Heydrich-Stiftung in der Zeit vom 1. 6. 1943 bis 31. 5. 1944, SUA Prag: 110-4 / 555.

(219) 以下に含まれているバイアーの活動報告も参照、ebenda; SUA Prag: 110-10 / 64（Archiv für osteuropäische Geistesgeschichte）; HSG: Reinhard-Heydrich-Stiftung, Nr. 4（Volkswirtschaftliches Institut）.

(220) これにかんする諸通信参照、HSG: Reinhard-Heydrich-Stiftung, Nr. 2 u. 4.

(221) Undatierter Bericht Beyers, Betr. Reinhard-Heydrich-Stiftung, Punkt 5, SUA Prag: 110-4 / 558を参照。

(222) Tätigkeitsbericht Beyers für die Zeit vom 1. 6. 1943 bis 31. 5. 1944（注218の史料）Anlage 5; Undatierter Bericht Beyers（注221の史料）Punkt 4を参照。

(223) タイプ原稿の複製版で現在までに見つかっているものはごくわずかしかない。ここで報告されたものは以下が出所である。Volkswissenschaftlicher Informationsdienst, Reihe A: Rußland,

Bolschewismus und die Völker, Nr. 2 vom 25. 10. 1944, SUA Prag: 110-4 / 555.

(224) Karl Valentin Müller, Volksbiologie und Völkerführung, in: Volkswissenschaftliche Feldpostbriefe, 1944, H. 1.

(225) Harold Steinacker, Kleo Pleyer zum Gedächtnis, ebenda, 1944, H. 4.

(226) Fünfte germanische Vortragsreihe der Waffen-SS in Bad Tölz, Leitgedanke: "Unsere gemeinsame Aufgabe im Osten", Anlage zu einem Schreiben Beyers an den Chef des Ministerrats, SS-Standartenführer Robert Gies vom 24. 5. 1944, HSG: Reinhard-Heydrich-Stiftung, Nr. 1.

(227) Hans Joachim Beyer, Über das bolschewistische Interesse an Mitteleuropa, Anlage zu einem Schreiben Beyers an Gies vom 4. 7. 1944, SUA Prag: 110-4 / 558.

(228) Tätigkeitsbericht Beyers für die Zeit vom 1. 6. 1943 bis 31. 5. 1944（注218の史料）Bl. 1f.

(229) Ebenda, Bl. 2ff.; ergänzend die Veröffentlichungen in: Böhmen und Mähren, 4 (1943) ff.; Deutsche Volksforschung in Böhmen und Mähren, 2 (1943) ff.; Südostforschungen, 7 (1943) ff.; ならびにブリュンのローラー出版社（Verlag Rohrer）から出されたいくつかのモノグラフ。

(230) 以上との関連で保安部プラハ管区は戦争功労十字勲章をラインハルト・ハイドリヒ財団の専任スタッフ六名に授与するための提案リスト披露にさいし「エドゥアルト・ヴィンターは東方研究近世史分野で重要な課題を解決した。正統教会近世史分野での彼の論考は一部は直接戦争にかかわる重要な目的に役立った」と書いている。Schreiben des SD-Leitabschnitts Prag an den Chef des Ministerrats des Deutschen Staatsministers Robert Gies, Betr. Kriegsdienstkreuze für die Reinhard-Heydrich-Stiftung, 31. 3. 1944. HSG: Reinhard-Heydrich-Stiftung, Nr. 4.

(231) 三人目の専任スタッフは、一九四〇年以来ドイツ＝カール大学の遺伝・人種衛生学研究所所長をつとめていたカール・トゥームスだった。参照、BAAZ: Personalakten Josef Hanika; Schreiben des SD-Leitabschnitts Prag, Betr. Kriegsverdienstkreuze（注230の史料）Josef Hanika; BAK: R 73 / 15195.

(232) 参照、BAAZ: Personalakten Karl Valentin Müller; BAK: R 73 / 13294; Tätigkeitsbericht Beyers vom 30. 6. 1943 bis 31. 5. 1944（注218の史料）, Bl. 2; Karl Valentin Müller, "Volksbiologie und Heimatforschung", in: Deutsche Volksforschung un Böhmen und Mähren, 2 (1943), S. 344-382; ders., Die Gegenauslese im tschechischen Volke, ebenda, 3 (1944), S. 297-300.

(233) 学術政策上ミュラーはドイツ＝カール大学領域研究振興会を主導していたから、ラインハルト・ハイドリヒ財団の社会人類学・人種生物学的諸利害の「最適解」を目指す調整役も買って出た。ミュラーやヒッピウスによる「民族強化」志向領域研究のさまざまな可能性の展開に寄与したのは、ミュラー自身所属した社会人類学・民族生物学研究所のほか、ドイツ＝カール大学側では、人種生物学研究所（ブルーノ・クルト・シュルツ）や遺伝・人種衛生学研究所（カール・トゥームス）、それに一九四三年以来プラハに「人種局」を移していた親衛隊人種・植民本部だった。

(234) ラインハルト・ハイドリヒ財団は以下の定期刊行物・シリーズの発行責任をもちあるいは共同編集責任をになった。*Deutsche Volksforschung in Böhmen und Mähren, Prager Studien und Dokumente zur Geistes- und Gesinnungsgeschichte Ostmitteleuropas, Slavia, Südostforschungen*. さらにこれらの刊行物は、一九四一年発行拠点をプラハに移したヒムラー主宰「民族・帝国財団」の「民族・帝国出版社」と緊密な協力関係にあった。

(235) Beyer an den persönlichen Referenten K. H. Franks, SS-

Standartenführer Robert Gies, Betr Besprechung mit Reichsminister Rust, o. D., SUA Prag: 110-4 / 558.

(236) Tätigkeitsbericht Beyers（注218の史料）Bl. 5f. ヒッピウスは行動様式（「順法的」：「ずるがしこい」）について、二分法による以下のような百分比基準の結論に達した。東部ドイツ人の場合五四：四六、チェク人の場合三七：六三、ポーランド人の場合三三：六七、西部ロシア人の場合二八：七二。Prof. R. Hippius, Zusammenfassung zum Vorbericht über psychologische Untersuchungen der tschechischen bürgerlichen Bevölkerungskreise in der Stadt Prag, o. D., Bl. 2, HSG: Reinhard-Heydrich-Stiftung, Nr. 1. 以下も参照、Rudolf Hippius, "Vom russischen Volkscharakter", in: *Volkswissenschaftliche Feldpostbriefe*, Hg. Reinhard-Heydrich-Stiftung, 1944, H. 5, S. 1-8.

(237) Hans Joachim Beyer, "Um die Klärung des Volksbegriffs", in: *Deutsche Volksforschung in Böhmen und Mähren*, 3 (1944), H. 4 / 5, S. 193-214.

(238) 注103の文献を参照。

(239) たとえば、Hans Joachim Beyer, "Prag-Preßburg-Budapest auf jüdischer Schiene. Zum Streit um Ady", in: *Deutsche Volksforschung in Böhmen und Mähren*, 3 (1944), H. 1 / 2, S. 90-93を参照。

(240) Hans Joachim Beyer, "Klein - also tugendhaft? Ketzereien zur Philosophie der 'kleinen' Völker", ebenda, 2 (1943), H. 4 / 5, S. 300-303. 引用部分はS. 303.

(241) Hans Joachim Beyer, "Amerikanisches oder bolschewistisches 'Volkstum'?", ebenda, 2 (1943), H. 4 / 5, S. 201-208.

(242) Ebenda, S. 204.

(243) 刊行物『ボヘミア・モラヴィアのドイツ民族研究』の報告に信憑性があるとすれば、一九四四年ドイツ＝カール大学の学生一三九名がバイアーの本講義「ポーランド人・ウクライナ人に焦点をすえたヨーロッパ民族闘争史」を聴講し、彼の第二講義「東部ドイツ民族史」には一〇二名が聴講した。参照、"Das volkswissenschaftliche Interesse der Studentenschaft", in: *Deutsche Volksforschung in Böhmen und Mähren*, 3 (1944), H. 4 / 5, S. 304.

(244) バイアーはたとえば一九四二年一〇月三一日・一一月一日プラハ近郊スラピィでの人種・植民本部ボヘミア・モラヴィア支部活動会議で「強制移住」についてすでに講演を行っていた。参照、SUA Prag: 109-12 / 74.

(245) 一九四三年一〇月「心理学戦時動員問題」をテーマとするドイツ心理学会の一分科会で基調報告を行ったバイアー、ヒッピウスの参加については、参照、Ulfried Geuter, *Die Professionalisierung der deutschen Psychologie im Nationalsozialismus*（注10の文献）S. 421f.

(246) これにかんする包括的なドキュメントは、BAK: R 58 / 101, 125, 126, 242, 304 u. 792.

(247) エーリヒは一九四三年一一月、あらたに選任された学長フリードリヒ・クラウジングがバイアーの兵役免除措置を廃棄しようとしたそのこころみを次の理由で斥けた。すなわちバイアーを「すでに国家保安本部から放逐しえない……、なぜならそれは最近すべての調査機関・研究所に対する権限が内務省から国家保安本部に移行したからだ。バイアーは権限を拡大させたこの国家保安本部の文書判定任務のために至急必要とみなされたのだ」。SD-Leitabschnitt Prag, Besprechungsunterlage für Obergruppenführer Frank, Betr. Rektor Dr. Friedrich Klausing, HSG: Reinhard-Heydrich-Stiftung, Nr. 1.

(248) Vermerk Wilfried Krallerts über die Tagung des Kuratoriums (der Zentrale für Landes- und Volksforschung / Reichsstiftung für Länderkunde) mit den deutschen Forschungsgemeinschaften und Publikationsstellen in Prag, 9. / 10. 3. 44. BAAZ: Research Ahnenerbe Wilfried Krallert. 親衛隊中尉クラレルトは保安部外国課

（Ⅵg）長として中央の事務局長であった。

(249) Bericht des Vor- und Frühhistorikers Peter Paulsen über die Tagung der Nord- und Ostdeutschen Forschungsgemeinschaften am 1. u. 2. Februar 1941（Auszug）, BADB: ZB I 493, Bl. 87f. を参照。

(250) 参照、Karel Fremund, “Professor Hermann Raschhofer - früher politischer und Rechtsberater der nazistischen Okkupationsmacht in der Tschechoslowakei, heute ‘Rechtsexperte’ der Ostforschung und des Revanchismus in Westdeutschland”, in: *Informationen über die imperialistische Ostforschung*, 6 (1966), Nr. 2, S. 1-36, ここで引用しているのは、S. 5f.

(251) Korrespondenz- und Protokollunterlagen in: BAK: R 7 / 2024.

(252) ベームは「社会学の状況と課題」と題する講演を行った。講演の中身は、ebenda, Bl. 57ff.

(253) ebenda, Diskussionsprotokoll Bl. 86 u. 128 を参照。

(254) Die Diskussionsbeiträge von Rudolf Hippius und Karl Valentin Müller, ebenda, Bl. 105ff., 108f., u. 134f. を参照。

(255) とりわけ、Die Redebeiträge Ohlendorfs, ebenda, Bl. 34ff., 115ff., u. 148ff. を参照。

(256) Beyer an Staatsminister Karl Hermann Frank, 4. 3. 1945, SUA Prag: 110-10 / 30.

(257) 九ページの覚書（同右）にはタイトルがつけられていない。添付書類によれば、フランクに依頼され「とくにヨーロッパの民族問題に取り組んだ」推敲第二稿。

(258) Aktennotiz über eine Besprechung zwischen Rudolf Hippius, Karl Thums und Lothar Stengel-von Rutkowski am 29. 3. 1945, SUA Prag: 114-341 / 3. シュテンゲル・フォン・ルトゥコフスキはテューリンゲン州人種局医療顧問兼親衛隊少佐で、一九四四年、プラハに移った親衛隊人種・植民本部人種局に配置転換となった。参照、BAAZ: Personalakten Lothar Stengel-von Rutkowski; undatierter Sonderbericht der Hauptabteilung B des Rassenamts des RuSHA, HSG: Reinhard-Heydrich-Stiftung, Nr. 1. 一九四四年春、医学教授資格論文の通ったルトゥコフスキはバイアーにより保安部大学教授サークルの一員に選ばれたが、彼が一九四〇年に公刊していた生物学的民族概念にかんする論考はそこであらたに民族強化理論をめぐる原則的論議をまき起こした。参照、Lothar Stengel-von Rutkowski, *Was ist ein Volk? Der biologische Volksbegriff*, 2. Aufl. Erfurt 1942.

(259) すなわち “Die Wissenschaft von der europäischen Substanz”, “Das schöpferische Erbpotential Europas”, “Um die Existenz der europäischen Familie”, “Polare Harmonie der abendländischen Rassenseele”（Bl. 4 der Aktennotiz vom 29. 3. 1945）, SUA Prag: 114-341 / 3.

(260) 諸経過は、SUA Prag: 110-4 / 559.

(261) Fremund, “Professor Hermann Raschhofer”（注250の論文）S. 29f. を参照。

(262) これについては、Karl Heinz Roth, “‘Generalplan Ost’ - ‘Gesamtplan Ost’ Forschungsstand, Quellenprobleme, neue Ergebnisse”（注7の文献）S. 78ff. を参照。

(263) このことは、ナチ大量殲滅を説明不能とする説にいっそうあてはまる。バイアーのケースを批判的に分析した本章が、あらゆる点でこうした説を反証していると思う。

(264) たとえばカルニは国家保安本部の総合計画をばかげた駄作とみなしている。ドイツ民族強化国家委員本部のコンラート・マイアーがたてた総合計画の場合には知的バックグラウンドが欠如しているというのである。Miloslav Kárný, “Generální Plán Vychod”, in: Československy casopis historicky 25 (1977), S. 345-382.

(265) 模範的研究として、Max Weinreich, *Hitler's Professors. The Part*

of Scholorship in Germany against the Jewish People, New York 1946.

(266) 以下の項を参照' Hans Beyer, in: *Kürschners Deutscher Gelehrten-Kalender*, 8. Ausgabe Berlin 1954, S. 147f.; 9. Ausgabe, A-N, Berlin 1961, S. 134; Ausgabe A-M, Berlin 1966, S. 165f.; Ausgabe A-M, Berlin 1970, S. 201.

(267) たとえば参照' Hans Beyer, "Die britische Labourpartei und die Probleme des Sudeten- und Karpatenraumes 1936-1939", in: *Südostdeutsches Archiv*, Hg. Harold Steinacker in Verbindung mit Balduin Saria und Fritz Valjavec, 1 (1958), S. 169-186; ders., Hans Koch (1894-1959), ebenda, 3 (1960), S. 128f.; ders., Viktor Glondys (1882-1949). "Ein Beitrag zur Geistes- und Kirchengeschichte des Südostdeutschtums zwischen den beiden Weltkriegen", in: *Festschrift für Balduin Saria zum 70. Geburtstag* (Buchreihe der Südostdeutschen Historischen Kommission, Bd. 11), München 1964, S. 408-459.

(268) こうした環境で刊行されたきわめて重要な論考として' Hans Beyer, *Die Mittelmächte und die Ukraine 1918* (Jahrbücher für Geschichte Osteuropas, Beiheft 2), München 1956; Joachim Kühl (ハンス・ヨアヒム・バイアーの偽名) *Föderationspläne im Donauraum und in Ostmitteleuropa* (Untersuchungen zur Gegenwartskunde Südosteuropas, Hg. Südost-Institut München, Bd. 11), München 1958; Hans Beyer, "Nationales Erwachen und Romantik", in: *Historia Mundi*, Hg. Fritz Valjavec, 9. Ed., Bern / München 1960; S. 481-509; ders., "Die Emanzipationsbewegungen im Osmanischen Reich, in Asien und in Afrika", ebenda, 10. Ed., Bern / München 1961, S. 384-424.

(269) とりわけ参照' Hans Beyer, "Arnold J. Toynbee und das Preußentum", in: *Ostdeutsche Wissenschaft. Jahrbuch des Ostdeutschen Kulturrates*, Bd. VII, München 1960, S. 200-228; ders., "Grundlinien des Kirchenkampfes im Osten und Südosten, ebenda, Bd. IX (1962), S. 301-340.

(270) バイアーの戦後の経歴にかんしては' 雑誌『一九九九年』近刊に掲載予定の拙稿を御覧戴きたい。

(271) Willi Oberkrome, "Reformansätze in der deutschen Geschichtswisenschaft der Zwischenkriegszeit", in: Michael Prinz / Rainer Zitelmann (Hg.), *Nationalsozialismus und Modernisierung*, Darmstadt 1991, S. 216-238 を参照。

訳注・参考図版

序　章

［一］　**ルートヴィヒ・クヴィッデ**　一八五八―一九四一、歴史家、政治家。一八九〇年代はじめプロイセンのローマ歴史研究所を主宰し、学界で指導的地位を占めたが、一八九三年に著書『カリグラ、ローマ皇帝の狂気の研究』でカイザー（ヴィルヘルム二世）を批判したため学界から追放された。その後平和主義の政治運動に献身し、一九二七年にノーベル平和賞を与えられた。三三年ナチ政権成立後スイスに亡命。

［二］　**ファイト・ヴァレンティン**　一八八五―一九四七、歴史家。ドイツ三月革命の研究で若くして名声を得たが、自由主義思想のため学界で孤立。第一次世界大戦中、「全ドイツ派」の拡張主義や海軍の無制限潜水艦戦を批判したため、フライブルク大学員外教授の職を解かれた。ワイマル共和国時代もポツダムの国立《ライヒ》文書館に勤務。三三年ナチ政権成立後、失職。イギリスついでアメリカ合衆国に亡命した。

［三］　**ヴァルター・フランク**　一九〇五―四五、歴史家。一九世紀後半の反ユダヤ主義者アドルフ・シュテッカーの研究で博士となる。ナチ党副総統ルドルフ・ヘスの幕僚として活動し、三五年には「新生ドイツ史帝国研究所」を設立、ユダヤ研究を推進して、ナチス歴史学を代表した。しかしナチ・イデオローグの第一人者アルフレート・ローゼンベルクと争って敗れ、四一年以後は影響力を失った。四五年敗戦とともに自殺。

［四］　**リカルダ・フーフ**　一八六四―一九四六、女性作家。三〇年戦争を舞台に多くの歴史小説を書いた。一九三三年、ナチズムの強制的「均質化」政策に反対してプロイセン芸術アカデミーを脱退した。

［五］　**マルク・ブロック**　一八八六―一九四四、フランスの歴史家。一九一九年ストラスブール大学の中世史の教授になる。二九年ルシアン・フェーブルとともに雑誌『社会経済史年報（アナール）』を創刊、「アナール派」が生まれた。主著には『フランス農村史の基本性格』（三一年）や『封建社会』（四〇年）がある。第二次大戦が始まると進んで従軍、敗戦後も抵抗運動に参加し、ドイツ軍に捕らえられて銃殺された。

［六］　**ドイツ歴史家協会**　ドイツの歴史研究者・教育者を代表する公式団体。一八九五年にクヴィッデらの尽力で設立された。その大会（「歴史家大会」）は一年おきにドイツ諸都市の大学を会場に開催され、さまざまなセッションで学界の最新のテーマについて報告や論議がかわされ、注目を集めることが多い。

［七］　**シュナイダー／シュヴェアテ事件**　H・シュヴェアテ（一九〇九―）はドイツ文学の教授でアーヘン工科大学の学長もつとめた著名人だった。その彼が一九九五年、本当はH・シュナイダーで、元親衛隊将校の経歴を隠すため、戦後まったくの別人になりきって――しかし元の妻とは「再婚」し、博士号ももう一度取り直して――半世紀間生き続けたことが暴露され、ドイツ社会に衝撃を与えた。

［八］　**東方総合計画**　ヒムラーの委任による、全東部領域の「ゲルマン化」計画。一九四〇―四三年、ドイツ民族強化全権本部、国家保安本部、親衛隊経済管理本部（巻末参考図版2参照）がかかわって、ドイツ人、在外ドイツ民族、オランダ人をはじめとする「ゲルマン諸民族」の移住とポーランドやソ連のユダヤ人、スラヴ諸民族の強制移送にかんする諸計画を策定していった。コンラート・マイヤー＝ヘルトリング教授による一九四〇年一月の覚書をもって嚆矢とする。計画策定に携わった人々は、ユダヤ人の「ゲットー化」、さらには大量殺戮にも決定的にコミットすることになったが、それは序の口にすぎず、

戦争勝利後の青写真として、東部スラヴ民族の殲滅を視野に入れていたのが実態である。マイヤー＝ヘルトリングはニュルンベルク継続裁判・第八号事件（「民族強化」問題裁判）で有罪判決を受けた。

〔九〕 **ローゼンベルク機関** 正式名称は（ローゼンベルク統括）「ナチ党全精神・世界観錬成教育監視のための総統全権」。アルフレート・ローゼンベルク（一八九三―一九四六）は生え抜きのナチ党員で一九二三年から党機関紙『フェルキッシャー・ベオーバハター』の主筆になり、三〇年には『二〇世紀の神話』を著して、ナチ・イデオローグの第一人者と目された。三三年からは党全国指導者として彼の率いる党機関「ローゼンベルク機関」は対外政策や、とりわけ党の世界観教育・訓練の監視を担当し、「第三帝国」でナチ・イデオロギーの普及と引き締めに絶大な影響力をもった。

〔一〇〕 **祖先の遺産**《アーネンエルベ》 親衛隊全国指導者ヒムラー、人種・植民本部長官ダレ、フェルキッシュな民族精神の古層研究者H・ヴィルトらの肝いりで一九三五年、設立されたナチ親衛隊「研究・教育振興会」。一九四二年からは親衛隊組織編成上、ヒムラー幕僚部A局を構成。一九四四年には自然科学部門含め約四〇の科学分野を包括。ヒムラーの当初のねらいは、ナチ・イデオロギー的観点からのゲルマン先史・ドイツ民俗学研究振興にあったが、戦争期からは大学政策や占領地におけるゲルマン民族強化政策、さらには人体実験にもコミットした。

〔一一〕 **フェルキッシュ** völkisch は本来「民族」を意味するVolkの形容詞形で「民族の」ないし「民族的」を意味したが、ワイマル期に急進保守派のナショナリストの間では、ドイツ民族の人種的優越性を主張する「国粋主義的」あるいは「急進民族主義的」の意味で使われることが多くなり――たとえばナチ党機関紙『フェルキッシャー・ベオーバハター』――、ナチ期にはこれが一般的になった。

第2章

〔一二〕 **国境闘争** 独墺露三帝国の崩壊（とパリ講和会議による承認）であらたに生まれた継承国家ポーランドやチェコ、さらにはバルト三国やソヴィエト・ロシアと、かなりの東部領域を失ったドイツとの間では、とくにドイツ側で国境修正を求める義勇軍、各種民間軍事団体、過激民族派の活発な動き、さらにはそれらの組織集団の「闘争」を利用しながら秘密再軍備をはかるドイツ軍の背後の動きによって、ワイマル共和国期を通じて絶えなかった国境紛争が含意されている（巻末参考図版1を参照）。

〔一三〕 **フリッツ・ハルトゥング** 一八八三―一九六七、メッツ付近のザールゲミュント生まれ。フライブルク大学、ベルリン大学で歴史学・経済学・哲学を修める。オットー・ヒンツェ、ディートリヒ・シェーファー、エーリヒ・マルクスに師事。第一次世界大戦直前の一九一四年春刊行した『ドイツ国制史』（邦訳は成瀬治・坂井栄八郎訳、岩波書店、一九八〇年）が彼の名を不朽たらしめる。一九二三年には恩師ヒンツェの後任としてベルリン大学に迎えられた。第二の大作が『ドイツ史 一八七一―一九一四年』（一九二〇年）。第三帝国期には『ドイツ史における民族と国家』を著す。

〔一四〕 **三級選挙法** 選挙権者をそれぞれ所得ないし納税額によって三つの等級に振り分け、各級同数の選挙人が選ばれる不平等選挙法。プロイセン邦では、一八四八年四月以降の普通・平等・秘密選挙にとってかわって公開投票も定めたこの下院選挙法のために、保守二党と国民自由党とで全議席数の過半数を確保し、社会民主党の進出がきわめて困難な状況が続くことになった。これは普通選挙で選ばれる帝国議会選挙の動向と対照的であった。一九一八年に廃止。

〔一五〕 **新ランケ派** 歴史家は価値判断から自由に列強の権力利害を客観的に分析すべきであるという見方をとる。ランケの勢力均衡論を、当時の国際場裡の列強の紛争に適用し、まさにこうした争いこそが歴史の中心テーマであって、内政問題は外政の必要に従属させられなければならないとし、事実上帝政ドイツの艦隊政策や植民地政策を擁護・正当化した。

［一六］『ドイツ社会民主党と世界大戦中の統一戦線の解体』　第一次世界大戦開戦時のドイツでは、「城内平和」と称される挙国一致体制が、帝国政府提案の戦時公債案（戦争予算の要）に社会民主党が賛成することで、ようやく成立したが、大戦が長引くなかで、社会民主党自体、戦争政策の是非をめぐって分裂するにいたり、また一体とみえた国内諸党派間にも亀裂が走るようになって、やがて「協和を乱し破壊したのはだれか」という責任論に公論を操作しようとする動きも出てくる。その後の大戦史研究もこうした背景・コンテキストから自由ではなかった。

［一七］「匕首」伝説　第一次世界大戦終了直後のドイツでは、軍が軍事的に敗北したのではなく、「銃後」における意図的・陰謀的なサボタージュが前線で勝利していた軍を、まるで背後から「匕首」で刺すかのように「裏切った」がためにドイツは敗れたのだ、という見解がルーデンドルフや皇帝ヴィルヘルム二世サイドから流された。新共和国大統領エーベルトが首都ベルリンに帰還した兵士たちを「ドイツ軍は不敗である」とねぎらいもちあげたことも、軍はけっして負けていたわけではないという一九一九年国民議会敗戦調査委員会での参謀総長ヒンデンブルク証言による軍正当化に、拍車をかけさせ、すでに一八年夏にドイツ軍が力尽き軍事的抵抗力を喪失していた事実から国民の目を逸らさせることになった。

第3章

［一八］ハンス・ロートフェルス　一八九一―一九七六、歴史家。ベルリン大学でマイネッケに学ぶ。一九二六年からケーニヒスベルク大学教授。本章に述べられているような事情で、三四年に解任されたが、教授の俸給を受けながら、ブラックマンが所長のプロイセン文書館で研究を続けることができた。しかし三八年に出国、イギリスをへて合衆国に亡命、シカゴ大学に教授職をえた。戦後いちはやく帰独、テュービンゲン大学教授となる。戦後西ドイツでは歴史学界の大御所として「ミュンヘン現代史研究所」（機関誌『現代史季報』）の設立に尽力した。最近、ケーニヒスベルク時代の急進保守派としての言動が明らかにされただけでなく、彼の代表的な業績、ビスマルクの国家社会政策にかんする研究でも、批判が高まっている。邦訳著書に『第三帝国への抵抗』片岡啓治・平井友義訳、弘文堂、一九六八年。

［一九］ダンツィヒ大管区　ダンツィヒ・西プロイセン大管区、巻末参考図版1を参照。ダンツィヒは、中世以来ポーランド王権の宗主権のもと、ハンザ同盟に加盟する自由都市として栄えた。ポーランド分割にさいし、一八世紀末プロイセン領になったが、第一次大戦後ポーランド領に復帰、しかし国際自由貿易都市としての地位を保証された。しかしヒトラーは三九年ダンツィヒおよびその後背地域（ポーランド回廊）の奪回を口実にポーランドに侵攻、占領後には同市および西プロイセンを一つの大管区にした。

［二〇］テオドーア・シーダー　一九〇八―八四、歴史家、ミュンヘン大学のカール・アレクサンダー・フォン・ミュラーの下で博士号をとり、一九三四年ロートフェルスを慕ってケーニヒスベルク大学に移る。三九年第二次大戦勃発とともに大学助手のシーダーはナチ党のポーランド占領政策に協力し、そのなかでオーバン、ブラックマンら中堅歴史家とともにポーランド農民の東方への強制移住、その前提として全東欧でのユダヤ人の排除を提案する覚書を作成した（ゲッツ・アリー『最終解決』山本尤・三島憲一訳、法政大学出版局、一九九八年、六ページ以下を参照）。四〇年に教授資格を得て講師、四二年ロートフェルスの後任教授クレオ・プライアーが戦死したあと教授に就任。敗戦後、四八年ケルン大学に招かれ、以後同大学で多くの弟子を育てながら、学長（六二―六四年）、ドイツ歴史家協会会長（六六―七〇年）などを歴任した。邦訳著書に『転換期の国家と社会　一九・二〇世紀史研究』岡部健彦訳、創文社、一九八三年。

［二一］ヴェルナー・コンツェ　一九一〇―八六、歴史家、ケーニヒスベルク大学、ロートフェルスのもとで博士号取得後、同大学の社会学教

授グンター・イプセン――ナチ的「民族社会学」の提唱者――の助手（三七―三九年）になる。三七年ナチ党に入党、三九年大戦勃発とともに出征し、東部戦線で闘いながら、休暇中ウィーン大学（イプセンはウィーン大学に移っていた）で教授資格論文の研究をすすめ、教授資格を得た。この間の新事実については G. Aly, *Macht, Geist, Wahn Kontinuitäten deutschen Denkens*, Berlin 1997, S. 153-183 にくわしい。四三年に新設のポーゼン大学の講師、四四年には員外教授に任ぜられたが、軍務を解かれず、負傷して野戦病院で敗戦を迎えた。戦後ゲッティンゲン大学で非常勤講師を務めた後、五一年ミュンスター大学、五八年からハイデルベルク大学教授に就任。ここでコンツェは伝統史学の枠を超え、歴史の全体的な把握を目指す「構造史」「社会史」を提唱し、多くの若手歴史家を育成しつつ戦後ドイツの歴史研究に新しい流れをつくり出した。彼もハイデルベルク大学学長（六九・七〇年、学園紛争のまっ最中）やドイツ歴史家協会会長（七二―七五年）を歴任した。多くの著書があるが、ブルンナーやコゼレックとともに編纂した『歴史的基礎概念辞典』八巻が大きな業績である。邦訳に『ドイツ国民の歴史』木谷勤訳、創文社、一九七七年、『社会民主主義とナショナリズム』（D・グローとの共著）東畑隆介訳、青山社、一九九七年。

[二二] **義勇軍《フライコール》** 一九一八・一九年のドイツでは、正規軍が革命の鎮圧に無力であったため、一八年末から急遽志願兵からなる軍事組織が作られた。大部分が旧軍将校のもとで編成・組織されたにわか造りの軍隊で、参加したのは敗戦や帝政の崩壊に不満をもつ旧軍兵士、中間層の青年や学生、失業者など。政府や軍部はそれを一九年一月ベルリンの共産党蜂起の鎮圧はじめ各地のレーテ政権の打倒や対ポーランド国境紛争に投入した。本章四八ページに登場する対ボルシェヴィキの「バルト義勇軍」はラトヴィアで二二年まで戦闘を続けたが、他はたいてい二〇年末までに解散され、その一部は二三年共和国打倒を目指すカップ一揆やナチ突撃隊に参加し、また「オーバーラント同盟」や「ヴァイキング同盟」のような学生団体に加わった。

[二三] **ハインリヒ・フォン・トライチュケ** 一八三四―九六、歴史家、ビスマルクに指導されるプロイセン中心のドイツ統一を熱心に支持し、一八六六年プロシア・オーストリア戦争でバーデン大公国がオーストリアに味方すると、それに抗議してフライブルク大学教授の職を棄てた。七四年ベルリン大学に招聘され、八六年ランケの死後、プロイセン史学界の頂点に立った。ランケとちがい歴史記述に政治的立場を強く打ち出し、また反ユダヤ主義を唱えたが、その雄弁な講義や力強い叙述は人気をよび、若い教養市民層に大きな影響力をもった。主著に『一九世紀ドイツ史』五巻、一八七九―九四年。

[二四] **テオドーア・オーバーレンダー** 一九〇五―九五、農業経済学者、政治家。急進右翼青年として一九二三年ヒトラーのミュンヘン一揆に参加。その後若くしてケーニヒスベルク大学教授また東欧経済研究所所長となり、一九三五年著書『ポーランドの農業過剰人口』で、ポーランド社会の停滞と貧困の原因は零細農が多い農村の過剰人口にあり、農民の階層分解を妨げているのは地方都市や農村市場を支配するユダヤ人の存在であり、したがってユダヤ人の除去が東欧社会の近代化には必要という「人口政策理論」を提唱、これが広く受け入れられて、三九年大戦勃発後は、この「理論」が東欧占領地域での住民の強制移住やユダヤ人排除実施を助けた。その後オーバーレンダーはプラハのドイツ＝カール大学に移り、第8章で言及されているように、四一年独ソ戦開始とともに、国防軍情報将校として従軍、ウクライナのリヴォフで撤退するソ連軍とドイツ軍の双方がくり広げたウクライナ民族主義者やユダヤ人に対する大量虐殺に遭遇した（彼自身がどう係わったかは不明）。戦後、彼は政治家の道を歩み、アデナウアー内閣の難民問題担当相として活躍した。しかし一九六〇年、ドイツ民主共和国（東ドイツ）の最高裁判所がオーバーレンダーを、不在のまま、ウクライナでの一連の大量虐殺への関与を理由に終身刑に処した。西ドイツの世論も彼に厳しかったのでアデナウアーも辞任させざ

るを得なかった。

［二五］　**エルンスト・ニーキッシュ**　一八八九―一九六七、ボルシェヴィズムのロシアへの依存・提携を重視する多様な民族主義運動の総称たるナショナル・ボルシェヴィズムを代表する人物。一九一七年に社会民主党に入党、ドイツ革命ではアウクスブルク労兵レーテの議長、およびアイスナー暗殺後バイエルンの労働者・農民・兵士評議会の新議長を務め、二八年まで左翼運動に係わる。ワイマル国家の「西欧志向」と連合国の賠償政策に反対して、一九二六年以来国民革命的な『抵抗』誌を発行し、資本主義とヴェルサイユ体制のくびきからの労働者の解放、プロイセン主義と共産主義ロシアを頼みとしてヴェルサイユ体制と西欧へのドイツの従属の打破を目指した。ナチズムに反対し、一九三七年には逮捕され終身刑を宣告されたが、一九四五年に赤軍によって解放された。戦後はマルクス主義者として東ドイツで生活したが、一九五三年の労働者蜂起を転機に西ベルリンへ移住した。

［二六］　**エルンスト・ユンガー**　一八九五―一九九八、保守革命の新ナショナリズムの精神的指導者。第一次大戦に期待と熱狂をもって志願した「一九一四年世代」の典型。戦争で倒れた者に生き残ったものが負う義務の感情を強く意識し、ドイツ民族の実質がその核心において無傷であること、敗戦は結末でなく「始まり」であることを説き、市民的・資本主義的民主主義やワイマル共和国と闘い、俗物的な市民社会の破壊の後に支配的になるはずの「新しい人間」を待望した。一九二〇―二五年に著した『鋼鉄の嵐のなかで』などの戦争本のなかで、戦争を、単調な市民生活にない危険、エクスタシー、集中性を与えてくれる偉大な、男らしい冒険として描き、前線兵士を理想化した急進的ナショナリズム思想を展開した。戦争のなかで発揮される英雄主義や陶酔により、人間の生を枯渇させる近代的技術世界を克服しようとしたが、やがて生の哲学的な技術批判を斥け、近代総力戦・総動員の時代に技術を能動的に使いこなす新しい人間を求めた。『労働者』（一九三二年）では、保守的な「兵士」と社会主義的「労働者」という図式を破り、二〇世紀・総動員の時代の新しい人間像（＝一九世紀的な市民俗物の反対像としての「労働者」）を描く。当初ナチズムの思想に共感をもったが、一九三二年頃よりはこれと距離を置き、やがて自らの初期の急進ナショナリズムからも訣別して、一九三九年には野蛮なナチ権力とこれへの抵抗を題材にした『大理石の断崖の上で』を書く。

［二七］　**ランゲマルクの神話**　第一次大戦でドイツ軍は一九一四年一〇月一八日からベルギー領イープルで大攻勢をかけ、一一月末まで激戦が続いた。ランゲマルクはイープル近辺の最激戦地で、ここでドイツ軍は学生出身の志願兵を中心に四万五千人の戦死者を出した。この大きな犠牲は司令部の拙劣な作戦が原因だったが、「ランゲマルク」は戦時中そして戦後も、ドイツ青年の勇敢さを称え、励ます合い言葉になった。

［二八］　**アルトゥーア・メラー・ファン・デン・ブルック**　一八七六―一九二五、ワイマル期の「青年保守派」の代表的思想家。第一次大戦での前線体験をへて、生の哲学・文明批判的世界観の影響のもとに、啓蒙主義以来、近代文明によって頽廃した西欧に対してドイツ民族の若さ、「救世主的使命」を語る。一九一八年の革命とヴェルサイユ体制を否定し、ヴェルサイユ体制に反対する右翼的ないし保守的知識人の集まりである「六月クラブ」に所属、その精神的指導者の一人になり、「第三の立場」としての「保守革命」の思想、すなわち革命的理念と保守的理念を結合した「ナショナルな革命」としての「民族の革命」を説いた。その課題は一八世紀と一九世紀の生活秩序、民主主義、自由主義、議会主義を解消する「国民的な社会主義」（＝「ドイツ社会主義」）、そして新しい世界秩序の構築である。ドイツナショナリズムは「ドイツ的普遍主義の表現」だとし、ドイツがヨーロッパの中央に存在するがゆえに、ヨーロッパ新秩序へのドイツの使命、とくにドイツの「東方への課題」を主張した。彼の主著『第三帝国』（初版一九二三年）は、小ドイツの「第二帝国」（＝「過渡的帝国」）を克服

する未来のドイツ国家、大ドイツ統一帝国、自由主義を克服しドイツ的価値を実現する帝国を語ったものだが、ワイマル期の保守革命の新しいナショナリズム運動の旗印になった。なお「保守革命」とは、「保守するに値する状態」の革命的創出、とりわけ精神的刷新と新しいナショナリズムにもとづく安定的国家の建設を目指すワイマル期の思想潮流の総称で、そのなかにはさまざまな流れがあったが、本訳書に登場し訳注でコメントしたユンガー、フライヤー、ニーキッシュ、マルティン・シュパーン、シュミットもその代表的な人物たちである。

[二九] **国家**《ライヒ》 「帝国」、「全国」、「国家」などさまざまな意味をもつ。まず「帝国」は皇帝 Kaiser（カイザー）をいただく帝政国家で、中世の「神聖ローマ帝国」――これが本当に今日の意味での国家と呼べるかどうかは別にして――や一八七一年に創建された「帝国」Kaiserreich（カイザーライヒ、第二帝政ともいう）がこれにあたる。また長い間政治的に多数の邦 Land に分裂した状態が続いたうえ、統一後も連邦制をとるドイツでライヒは邦国や地方に対して「全国」を意味した。また、ドイツの大学は国立ではあるがその大部分は「邦」立で、ナチ期に中央政府によって新設されたシュトラスブルク大学、ポーゼン大学はとくに Reichs Universität と呼ばれたが、これには「帝国大学」の訳語をあてた。また諸政府省庁も中央と邦の区別が必要だが、これでも中央省には「全国」あるいは「ライヒ」の語を冠した。なお、共和政体のワイマル共和国も国名に「ライヒ」をもちいたが、この場合単に「国家」あるいは「共和国」として、次のナチ期の――皇帝なき「第三帝国」Der Dritte Reich（「神聖ローマ帝国」、「第二帝政」につぐ三番目のライヒ）との差異がわかるようにした。

[三〇] **ゴットフリート・ラインホールト・トレヴィラーヌス** 一八九一―一九七一、保守政治家。国家国民党に属したが党首フーゲンベルクと対立したため、分かれて一九三〇年「民族保守連合」をつくった。三〇―三二年議会多数派の基盤をもたないブリュニング大統領緊急令内閣に交通相として入閣。三三年以後スイスに亡命した。

[三一] **アルフレート・フーゲンベルク** 一八六五―一九五一。クルップの重役として戦前すでにルール地方の影響力ある経済指導者の一人であり、同時に自分の新聞コンツェルンを興す。第一次大戦では急進的な併合主義政策の立場。一九一九年以降は国家国民党の国会議員として活動したが、議会制民主主義の原則的な敵対者であった。一九二八年には同党議長になり、ヤング案反対闘争とハルツブルク戦線への参加のなかでナチ党に接近。一九三二年にはフーゲンベルクの強行路線に反対する穏健派が党をさり、国家国民党は分裂した。ヒトラー・パーペン内閣に経済相・農業相として入閣したが、はやくも六月には退陣を余儀なくされた。

[三二] **ハインリヒ・リッター・フォン・ズルビク** 一八七八―一九五一、オーストリアの歴史家。グラーツ大学（一九一二―二二年）ついでウィーン大学（二二―四五年）教授。ショーバー内閣の教育相（二九／三〇年）、ウィーン学術アカデミー総裁（三八―四五年）を歴任。ドイツ統一をめぐる伝統的な小ドイツ対大ドイツ史観を批判して「全ドイツ的」歴史記述を提唱したが、方法的には政治史重視の枠組みを超えられなかった。このことは彼がヴェルナー・コンツェがウィーン大学に提出した、教授資格論文『リトアニアと白ロシアの農地制度と人口』を「あまりに社会学的」として、合格させながらも東欧史の講義資格を与えなかったことにも現れていた。主著に『メッテルニヒ』三巻、『ドイツ統一』五巻。

[三三] **カール・ハウスホーファー** 一八六九―一九四六、軍人、地理学者。陸軍将校としてインドや東アジアを旅行、日本にも滞在（一九〇八―一〇年）した。のちミュンヘン大学で地理学の客員教授となり（二一年）、地政学を講じた。初期のヒトラーの外交政策に影響を与え、「生存圏」などの理論でナチスの膨張主義外交を理論的に支えた。ナチ政権下アカデミー総裁をつとめるなど影響力をもったが、第二次大戦の前途には悲観的であった。とくに長男のアルブレヒト・ハウス

ホーファーが四四年七月ヒトラー暗殺未遂事件との係わりで射殺されてからは、自宅に引きこもり、敗戦後しばらくして自殺した。

［三四］　**フォン・ガイル男爵**　一八七九―一九四五、保守政治家。本章に第一次大戦中、東部占領地域の行政長官を務めたとある。ワイマル期には東プロイセン州のユンカー（地主貴族）グループを代表する国家国民党系の保守政治家であった。共和国の最終局面では、保守派がブリューニング内閣（一九三〇―三二年）を倒すためヒンデンブルク大統領に働きかけた秘密工作で中心的役割を果たし、その後成立した反動的なパーペン内閣（三二年六―一二月）の内相となった。ロートフェルスがバルト地方での失地回復運動でガイルのような中央政界の有力政治家と組んでいたことは興味深い。

［三五］　**フリードリヒ・マイネッケ**　一八六二―一九五四、歴史家。一九〇一年シュトラスブルク大学にはじまり、〇六年フライブルク大学をへて、一四年ベルリン大学教授（二八年まで）。一九世紀にドイツの教養市民層が世界市民から国民国家へ移行した思想的過程を描き、二〇世紀前半のドイツ史学の第一人者とみなされる。穏健な自由主義者で、ワイマル共和国時代には心情的に君主制に惹かれながら民主主義を支持した少数派、「理性の共和派」に属した。ナチ政権成立とともに学界でもしだいに時流に乗る急進保守派に追いつめられ、三五年には学界の代表雑誌『史学雑誌』の編集者の地位を失った。第二次大戦後も、ドイツが東西に分裂するなかで西ベルリンに新設されたベルリン自由大学の初代学長に就任した。邦訳された著書に『世界市民主義と国民国家』二巻、矢田俊隆訳、岩波書店、一九六八・七二年、『ドイツの悲劇』矢田俊隆訳、弘文堂、一九五一年他。

［三六］　**ヘルマン・オンケン**　一八六九―一九四五、歴史家。シカゴ大学（一九〇五／〇六年）、ギーセン大学（〇六年）、ハイデルベルク大学（〇七―二三年）、ミュンヘン大学（二三―二七年）、ベルリン大学（二八―三五年）教授を歴任。穏健な自由主義・ナショナリストで、ランケの客観的歴史記述の復活を提唱した。マイネッケとともに一九二〇年代の歴史学界をリードしたが、ナチ政権成立とともにブラックマンら急進保守派の攻撃にさらされ、定年前の退職を余儀なくされた。主著に『ラサール』一九〇四年、『ドイツ帝国と世界大戦前史』二巻、一九三三年。

［三七］　**ヘルマン・オーバン**　一八八五―一九六九、歴史家。一九二〇年ボン大学に「ラインラント歴史的地方誌研究所」の設立に指導的役割を果たし、のちギーセン大学（二五―二八年）、ブレスラウ大学（二九―四五年）、ハンブルク大学（四六―五四年）を歴任。伝統的な歴史主義の枠を超えて、歴史学と経済史、民俗学などとの学際的総合を目指し、「民族史」や「東方研究」を推進した。最近、ナチ期、とくに第二次大戦中の占領政策や住民の強制移住との関係が論議され、二〇〇〇年の歴史家大会（アーヘン）では論議が彼に集中した。*Zeitschrift für Geschichtswissenschaft 49. Jg.* (2001) *H. 1* を参照。

第4章

［三八］　**ハンス・フライヤー**　一八八七―一九六九。ワイマル共和国における保守革命潮流のなかの「青年保守派」の一人として文筆活動をした社会学者。青年運動のなかで思想形成し、第一次大戦は彼にとっても原体験であった。ジンメルのもとで教授資格論文を書く。一九二二―二五年キール大学教授、一九二五―二八年ライプツィヒ大学教授、一九五五年以後はミュンスター大学教授。彼は本書でも何度か言及されている『右からの革命』という小著（一九三一年）のなかで、進歩思想と、人間をも機械に貶め生自体を抽象化する工業社会に対する批判を展開した。そして進歩思想に立脚するマルクス主義をはじめ、一九世紀を特徴づけた左からの革命は、そのエネルギーもそれを担うはずのプロレタリアートも工業社会の完成とともにそのなかに統合されてしまったことによって解体したとして、革命の主体の転換と性格の完全な変化を主張した。すなわち、階級でも利害でもない、底知れず革命的なものである民族が、いまや漠然とした理念から歴史的な現

実・革命の主体になり、工業社会に対する「右からの革命」を遂行し、したがって「民族と国家が革命的に一つになる」、と。ナチ党への評価はネガティブであったが、その綱領的な曖昧さゆえにヒトラーの権力掌握を「右からの革命」の始まりとみなしえた。一九三四年のいわゆるレーム事件を機にナチ運動に幻滅、これから明確に離れた。

[三九] **グンター・イプセン** 一八八九―一九八四、社会学者。インスブルックとライプツィヒの大学で学び、一九二二年に学位を、一九二五年に社会学と哲学の教授資格を取得した。一九三一年にライプツィヒ大学に員外教授として赴任したが、一九三三年以後哲学と社会学の正教授としてケーニヒスベルク大学に、さらに一九三九―四五年はウィーン大学に奉職した。イプセンの社会学は、概念・ターミノロジーにおいて、ゲーテ学やヘーゲル・青年マルクスの哲学の影響を受け、また、民族の社会的現実の歴史的解読と具体的叙述を、J・メーザー、J・グリム、W・H・リールから学んでいる。ハンス・フライヤーによって創立されたドイツ社会学のライプツィヒ学派は、イプセンから決定的な刺激をうけ、現実社会学的研究のプログラム（人口社会学、ドイツ民族社会学、農村社会学、中・東欧社会学）や工業社会のエコロジーの研究プログラムを彼に負っており、彼はこの学派のリーダーであった。イプセンが普及した人口理論は、すぐれて生物学的観点に限定されていた従来の人口学の狭隘さを打破し、人口動態の歴史・社会学理論の基礎を築いた。

[四〇] **ミリュー** ドイツでは、長く続いた領邦分離主義の伝統や宗教的な分裂に加え、身分制的対立意識や階級対立があわさって、社会に根深い複雑な亀裂が入っており、一九世紀末には強い社会的・道徳的な結合力をもつ、次の四つのまとまり＝ミリューが形成された。保守陣営の基盤たるエルベ川以東のプロテスタント的農業ミリュー、国民自由党陣営の基盤をなすプロテスタント都市地域の市民層、中央党が結集するライン・ルール地方や西南ドイツのカトリックを絆とした諸階層、社会主義陣営というサブカルチャー的対抗ミリューがそれである。

第5章

[四一] **マルティン・シュパーン** 一八七五―一九四五、「青年保守派」の一人。中央党政治家の息子で自らも同党に属し、ドイツ帝国へのカトリックの統合を目指した政治家にして歴史家。二六歳でシュトラスブルク大学に就職し、この地を中心に中央党政治家として活動。第一次大戦の敗戦後ナショナリズムを強め、ワイマル共和国とヴェルサイユ条約を拒否し、一九二〇年には新設ケルン大学の教授となるが、一九二一年以降にはベルリンで民族政治的後進の教育に当たるとともに、国家国民党に移行、一九二四―三三年の間同党の国会議員。国家国民党分裂後はフーゲンベルク率いる党に残る。ナチの権力掌握後一九三三年六月にナチ党に入党し、終戦までナチ党国会議員。

[四二] **ポツダムの日** ナチスは、権力掌握後、一九三三年三月五日の国会選挙で大幅に得票率をのばした（三三→四四％）が、当面、伝統保守エリートとの同盟を重視し、新国会の召集の日にプロイセン軍国主義の象徴的な場所ポツダムで祝典を催して、ナチ運動とプロイセン保守主義との和解をきわめて効果的に演出した。舞台中央には亡命中のカイザーのために空席が留保され、大統領ヒンデンブルクは第二帝政期の軍隊の制服とプロイセンのピッケルヘルメットを着用して出席し、突撃隊や親衛隊とならんで国防軍が行進した。福音主義教会のベルリンの主教が祝福の説教をし、カトリックでもミサが行われた。

[四三] **カール大帝** ヨーロッパ中世史上もっとも偉大な支配者と目されているフランク王国カロリング朝最盛期の王（在位七六八―八一四）。フランス語ではシャルルマーニュ。ガリア地方に移動した西ゲルマンの中心部族フランク族がつくったフランク王国において、七五一年に王位を簒奪しカロリング朝を樹立したピピンの子供がカール大帝である。カール大帝は、ザクセン征服をはじめ、ゲルマン諸部族を征服し、カトリックをヨーロッパに布教した。八〇〇年にローマ教皇庁か

ら「ローマ皇帝」の称号を授与される。

〔四四〕 **フリードリヒ・バルバロッサ** シュタウフェン朝第二代で神聖ローマ皇帝フリードリヒ一世（在位一一二五年ごろから一一九〇年）のことで、「バルバロッサ」とはイタリア語で赤ひげを意味し、フリードリヒ一世のあだ名。大胆な領土再編政策をおこなった。

〔四五〕 **エーリヒ・ブランデンブルク** 一八六八—一九四六。ライプツィヒ、ハイデルベルク、ゲッティンゲンおよびベルリンで法学と歴史学を学び、教授資格論文を書いてからはライプツィヒで近代史を担当する。初期には宗教改革の時代が研究対象であったが、のちにはドイツ帝国（第二帝政）の成立と没落を中心テーマとした。主著には『帝国創立史』（一九一六年）と『ビスマルクから世界大戦まで』（初版一九二四年）がある。

〔四六〕 **中世のカイザー政策** 「神聖ローマ帝国」（九六二—一八〇六）においで皇帝の支配権はドイツだけでなくイタリアやブルグンド（フランス東部）にもおよんだ。そもそもこの帝国は、ドイツ国内の貴族勢力を抑え王権の強化をはかるためキリスト教会を利用しようとするドイツ国王と、イタリア貴族の圧迫に悩みドイツ王の力に頼るローマ教皇の利害の一致から生まれたもので、歴代ドイツ国王はアーヘンで国王戴冠式を終えた後、ローマで教皇から帝冠を受けてはじめて皇帝になった。しかし皇帝にとりイタリアを実質的に支配することは困難なうえ、教皇との対立さえしばしば起こった（一一世紀の「カノッサの屈辱」）。しかしドイツ王にとりイタリア支配と結びついた帝冠は国内支配の前提であったから、歴代皇帝はイタリアの政治にたえず介入、ときには自ら遠征せざるを得なかった。これが「カイザー政策」（「帝国政策」）である。一二世紀後半、「帝国」の最盛期を代表するフリードリヒ一世（バルバロッサ）は生涯に六回もイタリア遠征を行ったが、目的は達成されなかった。ドイツ国王の「カイザー政策」は国内政策を空洞化し、ドイツ国民国家の成長を妨げた要因の一つとされる。

〔四七〕 **カール・ブランディ** 一八六八—一九四六。ミュンヘン大学で学んだ後、一八九〇年にシュトラスブルク大学で博士号を取得、一八九五年にゲッティンゲンで、ラントフリーデ（中世に国王・皇帝などが国内の騎士たちに出した平和保持の命令）と盟約制度にかんする教授資格論文を書き、一八九七年にマールブルク大学の正教授となる。一九〇二年から一九三六年まではゲッティンゲン大学で正教授ポストにあり、また数年の中断をへてその後も代理として死の直前までこのポストを保持したドイツ史の大家。政治的には、一九一九年以後州議会でドイツ国民党ＤＶＰの議員を務めるなど活発な役割を果たした。

第6章

〔四八〕 **オットー・ブルンナー** 一八九八—一九八二。ウィーン大学で歴史学と地理学を修め、ウィーン市の財政史研究によりウィーン大学私講師になったのち、一九三一年助教授、四一年正教授となった中世史研究の大家。本章の主題となっているその代表作『領邦と支配』の公刊（一九三九年）により、一躍ドイツ中世史学界のホープとして注目されるようになった。第二次大戦後は、一九五四年にハンブルク大学教授となり、六〇年からは総長を務めた。六七年定年退官の後も、『社会経済史四季報』の編集に当たるなど、西ドイツ歴史学界の長老としての位置をしめた。

〔四九〕 **ラインハルト・コゼレック** 一九二三年生まれ。ハイデルベルク大学に学び、一九五九年にカール・シュミットの大きな影響がみられる学位論文を出版した（『批判と危機』村上隆夫訳、未来社、一九八九年）。一九六七年に一八世紀末から一八四八年までのプロイセンにおける改革と革命的運動をテーマとする教授資格論文を書いた。ボッフム大学、ハイデルベルク大学、ビーレフェルト大学で教鞭をとる。一九七八年に来日。

〔五〇〕 **ハインリヒ・ミッタイス** 一八五九—一九二一、ローマ法研究者世代に属する法制史家。ウィーン大学で法学を学び、一八八四年にローマ法にかんする教授資格論文を書く。プラハとウィーンの大学をへて、一八九九年以後はライプツィヒ大学で教鞭をとる。一九〇一年以来ライプツィヒでザヴィニー法制史研究財団の雑誌に編集部の一員として影響力をふるい、国際的な学派を形成するまでになった。

[五一] **カール・シュミット** 一八八八―一九八五、国法学者、国家学者。終生カトリック教会に忠実で、原罪の教義にもとづくペシミスティックな人間観をもち、この立場から国家の主権性を重視する国家主義者。啓蒙主義の進歩楽観主義を斥け、多元主義、リベラルな「法治国家」と国法的実証主義を攻撃し、国家の統治課題を果たしていないと見たワイマル共和国の現実を厳しく批判したが、ナチの急激な台頭を前に、パーペン内閣およびシュライヒャー内閣の助言者の一人として、大統領権力の強化といくつかの憲法条項（改選期間の延長）の一時的無視、場合によっては期限付き軍事独裁によってナチの権力掌握を阻止しようとした。ナチの権力掌握後は一転して入党、ナチスの桂冠法学者と目される地位を占める。しかしこれは長くつづかず、カトリック教会の立場を堅持したために一九三六／三七年には親衛隊から攻撃されナチ体制の役職を解任された。

本書でブルンナーによる摂取が問題にされている「具体的秩序思考」とは『法学的思考の三様式』（一九三四年）で表明されたものである。ここでシュミットは、規範主義、決断主義、具体的秩序思考の三種類を区別し、法学的思考の展開を規範主義から決断主義をへて具体的秩序思考へといたる過程と描いた。具体的秩序思考とは、具体的な生活秩序と歴史的現実の超個人的制度から、ある規範的な効力を発揮する具体的な法が成立するという考え方であり、この考え方は、とりわけ一九世紀の法実証主義とその延長にあるワイマル期の憲法思想に対置されている。シュミットは「中世のゲルマン的思想は徹底的に具体的秩序の思想であった」とし、実体的で具体的な秩序思考のみがドイツ的本質に照応すると主張した。

第7章

[五二] **ランプレヒト学派** カール・ランプレヒト（一八五六―一九一五）は一八九一年からライプツィヒ大学教授であったが、経済史、文化史、社会史を総合し、ドイツ民族発展の法則性を明らかにする普遍史として、『ドイツ史』一六巻の執筆に取り組んだ。これは明らかに歴史学界の主流、ランケ以来もっぱら政治的事件や個人の役割を重視してきた「歴史主義」の方法への挑戦であった。「法則性」を求め「個性無視」の社会科学を敵視する歴史学界は一斉にランプレヒト批判に立ち上がり「ランプレヒト論争」になった。この論争は、ランプレヒト側の方法的弱み――彼が唯物史観とみなされるのを恐れて歴史の経済的、社会的側面よりも、精神的、心理的要因をことさらに強調した――もあって、彼の一方的敗北に終わった。しかし彼の主張は外国では好感をもって迎えられ、また国内でも、文化・経済・社会など歴史への多面的な接近は時代の要請に応えるものであったから、ライプツィヒに彼を中心に小さいながら学派が育っていった。

[五三] **ギュンター・フランツ** 一九〇二―九二、歴史家。一九三〇年マールブルク大学で教授資格をとり、講師、三五年ハイデルベルク大学助教授、三六年イエナ大学教授、四一年にはシュトラスブルク大学教授になった。政治的経歴について日本ではほとんど知られていなかったが、本書第3章および7章によればゲッティンゲンの学生時代にはシーダーやコンツェと同じく「ドイツ・アカデミック・ギルド」の一員であったし、三〇年代に大学教員としてのキャリアを歩みつつ親衛隊のエリート（四〇年頃にはSS少尉、SD保安部協力者）として活動した。この経歴のため戦後の復職は遅れ、一九五七年にホーエンハイム農業大学教授になり、六三―六五年には同大学長をつとめた。ドイツ農民戦争史研究の第一人者として知られる。邦訳著書に『ドイツ農民戦争』寺尾誠他訳、未来社、一九八九年。

[五四] **ヘルマン・ハインペル** 一九〇一―八八、歴史家。フライブルク大学で助手、講師をへて一九三一年教授に昇任、その後ライプツィヒ

大学（三四―四一年）、シュトラスブルク大学（四一―四六年）を歴任。戦後はいちはやく四六年にゲッティンゲン大学の中世史教授となり、学長（五二／五三年）、西ドイツ大学学長会議議長（五三／五四年）学術振興会（DFG）副会長、マクス・プランク歴史研究所所長など教育・研究行政のトップを歴任した。彼は戦後自らの第三帝国との係わりを公の場で反省した数少ない歴史家の一人である。邦訳著書に『人間とその現在　ヨーロッパの歴史意識』阿部謹也訳、未来社、一九九一年。

［五五］　**フランツ・ペートリ**　一九〇三―九三、歴史家。一九三六年ケルン大学で教授資格を得、三七―四二年同大学講師、四二年教授。しかし本書で詳しく扱われているように、この間、ペートリは占領下のベルギーに派遣され、ブリュッセルの軍司令部付き文化部長としてベルギーの諸大学の「ドイツ化」工作に従事した。戦後、ケルン大学に帰ったが、ミュンスターの「ヴェストファーレン州地方誌・民俗学研究所」所長（一九五一―六一年）をへて六二年からボン大学教授（ライン地方史）となった。主著は *Germanische Volkserbe in Wallonien und Nordfrankreich*, 2. Bde. 2. A. 1942.

［五六］　**バルドゥーア・フォン・シーラッハ**　一九〇七―七四、ナチ政治家。一九二七年「ナチ学生同盟」指導者。三一年以降、ナチ党「ライヒ青年指導者」として「ヒトラー・ユーゲント」を国家組織に再編成する任務を委ねられた。四〇―四五年ウィーンの大管区長ならびに総督。ニュルンベルク軍事法廷で禁固二〇年の刑を受けた。

［五七］　**フランス派（＝アルマニャック派）との闘い**　百年戦争（一三三九―一四五三年）の後半期に、ブルゴーニュ（ブルグンド）公ジャンを中心とする大貴族の党派（ブルゴーニュ派）はパリのヴァロア朝を支持する党派（アルマニャック派）と対立抗争した。ジャンは一時はイギリス王とさえ同盟して、フランス王位を要求したので、フランスは内乱状態に陥った。

［五八］　**オイゲン公**　一六六三―一七三六、オーストリア（ハプスブルク家）の将軍、政治家。フランスの大貴族の出身で、ルイ一四世につかえ軍務につくことを望んだが、それを拒否されると敵のオーストリアの軍隊に入った（一六八三年）。この年ウィーンに迫ったトルコ軍を破って以来、東欧各地、北イタリア、南フランス、フランドルなどで闘い、輝かしい勝利をおさめて元帥になった。スペイン継承戦争（一七〇一―一三）ではイギリスのマールバラ公と組んでルイ一四世軍を破り、ブルボン家の野望を阻止した。

［五九］　**ゲルハルト・リッター**　一八八八―一九六七、歴史家。ヘルマン・オンケンの弟子で一九二四年ハンブルク大学をへてフライブルク大学教授になる（二五―五六年）。本章にも描かれているように保守派のナショナリストであったが、ナチズムとは一線を画し、四四年七月のヒトラー暗殺未遂事件とも係わり一時逮捕された。多方面にわたり多くの著書があるが、その学風は「歴史主義」の伝統に忠実で、戦後西ドイツ歴史学界の長老として六〇年代に出現したフリッツ・フィッシャーの新しい潮流を厳しく批判した（「フィッシャー論争」）。邦訳された著書に『教育力としての歴史』島田雄次郎訳、創文社、一九五七年：『権力思想史』西村貞二訳、みすず書房、一九五三年：『宗教改革の世界的影響』西村貞二訳、新教出版、一九六七年：『ドイツのミリタリズム』西村貞二訳、未来社、一九五三年。

［六〇］　**ジークフリート線**　第二次世界大戦直前の一九三八・三九年に、ドイツがフランスの攻勢を防ぐために築いた国境要塞。要塞はアーヘンからバーゼルまで、ライン川対岸、フランス側のマジノ線とほぼ平行に約六〇〇キロメートルにわたり続いていた。

第8章

［六一］　**保安警察**　Sicherheitspolizei（略称 Sipo）。ゲシュタポ（秘密国家警察）を核とする政治警察だけでなく、刑事警察をも含んだ組織。この保安警察と、秩序警察 Ordnungspolizei（略称 Orpo、防護警察・ジャンダルメリー・市町村警察・交通警察等を含む）とを二本

柱にして、ナチ親衛隊全国指導者ヒムラーは、一九三六年創設されたドイツ警察長官のポストに就任すると全国警察組織を編成していった。親衛隊内には情報組織として三一年以来ハイドリヒを長とする保安部 Sicherheitsdienst（略称 SD）があり、他の親衛隊機関が膨張して本部化すると保安部も保安本部 Sicherheitshauptamt（略称 SDHA）に昇格したが、親衛隊に警察を合体させようとするヒムラーの動静のなか、親衛隊保安部は保安警察のなかのゲシュタポと権限争いを強めた。戦争に突入すると、ハイドリヒを責任者として保安警察と親衛隊保安部を組みこんだ国家保安本部 Reichssicherheits-hauptamt（略称 RSHA）が成立した。

[六二]　**民族の耕地整理**　Arrondierung ないし Flurbereinigung は元来耕地を整理統合する（後者は直訳すればフロアの掃除ないし片づけも含意）という意味であるが、ヒトラーや親衛隊将官等ナチ・エリートのジャーゴン、隠語としては、在外ドイツ民族を人口政策上移動させたり、民族強化政策上ポーランド人はじめスラヴ系民族やユダヤ人を追放したりする措置へと転義されて使われた。ことに三九年九月以降の対ポーランド戦開始直後遂行されたポーランド指導者層・知識人層の文字どおりの一掃殲滅というグロテスクな政策の意味でも用いられた。

[六三]　**最終解決 Endlösung**　ユダヤ人問題の最終的解決という意味ではもとよりナチ以外でも用いられ、また多様な方策、選択肢がそこでは考えられていた。ナチ体制の初期にはドイツ・ユダヤ人の出国で最終的解決と考えられた局面もあったが、大戦勃発、なかんずく四一年の独ソ戦開始以降は、もっぱらヨーロッパ・ユダヤ人の絶滅という意味をナチスはこの言葉に含ませるにいたった。

[六四]　**在外ドイツ民族**　フォルクスドイチェ（Volksdeutsche）。民族ドイツ人と訳される場合もある。古くからポーランドやチェコまたヴォルガ川沿いに比較的多く、さらに他の東欧やバルカンにも広く散在して暮らし、ドイツ語を話しながらドイツ国籍を有しないドイツ系の民族集団を、ドイツ本国人が指して呼んだ呼称。ドイツ語を話すオーストリア人はこれには含めない（オーストリア併合後、オーストリア人はドイツ本国人、在外ドイツ人とあわせ Reichsdeutsche と呼ばれた。巻末参考図版1を参照）。

[六五]　**在外ドイツ民族センター本部**　在外ドイツ民族の問題総体を取り扱う組織として一九三六年ナチ党内に設立された（本部ベルリン）が、翌年には親衛隊のヴェルナー・ローレンツにゆだねられた。

[六六]　**人種・植民本部**　親衛隊の人種イデオロギーとドイツ民族至上主義を体現した本部組織。農業・食糧相も務めた親衛隊幹部ヴァルター・ダレによって最初指導された。

[六七]　**ドイツ民族強化全権本部**　一九三九年一〇月対ポーランド戦勝利後、ヒトラーが、親衛隊に東欧・バルカン占領地域での民族移住・ゲルマン化政策を独占させるべく、ヒムラーをして新設のドイツ民族強化全権に就かせた。ヒムラーはそのためのスタッフ組織を親衛隊の中央本部組織に昇格させ、ドイツ民族強化全権本部とした。

[六八]　**国家保安本部第七局**　「世界観研究および敵性判断」を任務とする。特別課「学術組織問題・刊行組織」、七局A「資料把捉」（A1図書、A2報道・新聞資料検閲評価、A3興信所）、七局B「敵性判断」（B1フリーメーソン、B2ユダヤ人、B3政治的教会、B4マルクス主義、B5自由主義、B6他の敵対組織（亡命組織・分離主義・平和主義・反動派等））から構成。

[六九]　**国家総督 Reichsstatthalter**　一九三三年四月「中央政府首相の打ちたてた政治原則の、州における遵守を促進するため」、州首相職やナチ党大管区指導者職とパラレルに新設されたポスト。グライザーの場合、対ポーランド戦が終わり新国家大管区として編入されたヴァルテラントの国家総督兼ナチ党大管区指導者に三九年一〇月任ぜられた。

[七〇]　**行動部隊A**　Einsatzgruppe（行動部隊）はハイドリヒがチェコ侵入にさいし軍の背後で「保安」警察的任務を果たさせるべく特別編

成したのをもって嚆矢とする組織。対ポーランド戦においても編成されたが、四一年の対ソ戦にさいしては国家保安本部の長としてハイドリヒがゲシュタポを核とする保安警察や親衛隊保安部からメンバーを多数募ってA—Dの四つの行動部隊を編成し戦線背後で文字どおりの殺人作戦を展開した。対ソ戦開始から北部ロシアやバルト諸国で展開した行動部隊Aの場合、開戦から四カ月間に「一三万五五六七名を片づけることができました」との報告をヒムラーに送っている。

[七一] 『タート』 フェルキッシュな傾向の編集者によって一九〇九年に発刊された雑誌。ヴェルサイユ条約およびワイマル共和国の廃絶を志向。ときに、ハンス・ツェーラーが編集代表を務めたワイマル末期(一九二九—三三年)には、反民主主義のエリート主義や経済のアウタルキーを強調し、「保守革命」推進の旗手となったが、ナチ体制下、一九三七年には廃刊された。

[七二] ドイツ的キリスト者運動 一般的には、ナショナリスティックなイデオロギーを熱烈に支持し、ナチ党の抬頭・躍進を促進した福音教会内諸グループの運動を指すが、狭義の意味ではナチ党大管区指導者のヴィルヘルム・クーベのイニシャティブで生まれ、牧師ヨアヒム・ホッセンフェルダーがその全国指導者を務めた「信仰運動・ドイツ的キリスト者」を指す。この運動の目標は、人種・民族を基礎に、(ナチ党の組織原則)指導者原理にしたがって組織される帝国福音教会の樹立にあった。従来の福音教会の、邦教会制の「克服」が含意されていた。

[七三] ラントヤール Landjahr ナチ時代、都市の生徒たちを農村に行かせて農業奉仕させた勤労動員的教育措置。

[七四] オーバーシュレージエン ポーランド名、ゴルニ・シュロンスク。帝制期にはプロイセン行政区オッペルン(一三、二三〇平方キロ、人口二二〇万八〇〇〇人〔この内ポーランド語を話す住民は五三%〕、ブレスラウ〔ブロツワフ〕が中心都市)。ルール地方につぐドイツ資本主義最重要の工業資源地域。ヴェルサイユ条約にもとづく住民投票(一九二一年三月二〇日実施)で、七〇万票強(六〇%)がドイツ帰属に賛成(反対は四八万票弱)。その後の独ポ間の紛争は三九年のナチ体制による対ポーランド戦で決着がつけられることになった(巻末参考図版1参照)。

[七五] 国防軍防諜部 両大戦間期のドイツ国防軍の防諜・情報組織。一九三五年以降は海軍大佐ヴィルヘルム・カナーリスが部長を務め、一九三八年の国防軍統合司令部(OKW)成立後、その外国・防諜局となった。国内ではハイドリヒが統括した親衛隊保安部(SD)と激しく競合対立し、一九四四年七月二〇日ヒトラー爆殺失敗事件後カナーリスが逮捕されてからは国家保安本部に吸収統合された。

[七六] 一九四二年五月二七日の襲撃事件 ロンドンのチェコ亡命政府からひそかに派遣されたコマンドがこの日プラハにおいて、勤務先に車で向かっていたハイドリヒを機銃と手榴弾で襲い、ハイドリヒは一週間後に死亡した。

[七七] 武装親衛隊 ナチ親衛隊の軍事的翼。親衛隊主管本部によって兵員補充・世界観教育を受け、親衛隊作戦指導本部によって軍事訓練を受けたが、戦線で闘うのみならず強制収容所監視のための隊員補充でも重要な人員プールとなり、さらにユダヤ人絶滅「作戦」のために毒ガス研究もおこなった。

[七八] 親衛隊経済管理本部 強制収容所管理をおこなった親衛隊本部組織。傘下のさまざまな親衛隊企業組織は、強制収容所の労働力を酷使するのみならず世界最大の化学コンツェルン、イー・ゲー・ファルベンはじめドイツのビッグ・ビジネスに労働力を提供して巨利を得た。

[七九] ニュルンベルク継続裁判 ニュルンベルク国際軍事裁判終了後、同じニュルンベルク裁判所でアメリカ軍政府によって一九四六年一〇月から一九四九年四月まで開廷された計一二の戦争犯罪裁判。人道に対する罪の追及が一大焦点になった。

参考図版 1　ドイツ帝国行政管区（1939-45）

「大ドイツ帝国」境界

ボヘミア・モラヴァア保護領

ポーランド総督領

帝国編入地域（編入日）

■ 大管区庁所在地

▣ ナチ党全国指導部本部所在地

騎士団城所在地

出典）Werner Hilgemann, *Atlas zur deutschen Zeitgeschichte 1918-1968*, Piper, München 1984.

スウェーデン
デンマーク
シュレースヴィヒ・ホルシュタイン
キール
ハンブルク
シュヴェーリン
メクレンブルク
ポメルン
クレッシンゼー
シュテッティーン
オルデンブルク
リュネブルク
オランダ
ヴェーザー・エムス
東ハノーファー
ベルリン
ハノーファー
マグデブルク・アンハルト
ポーゼ
ミュンスター
マルクブランデンブルク（クアマルク）
ヴァルテラン
南ハノーファー・ブラウンシュヴァイク
ヴェストファーレン・北
エッセン
デッサウ
エッセン
ボーフム
ヴェストファーレン・南
デュッセルドルフ
デュッセルドルフ
カッセル
ハレ・メルゼブルク
ハレ
ニーダーシュレージエン
ケルン
ザクセン
ケルン・アーヘン
クアヘッセン
ワイマル
ブレスラウ
ドレスデン
ベルギー
フォーゲルザング
ライヘンベルク
テューリンゲン
コーブレンツ
モーゼルラント（コーブレンツ・トリーア）
ハッセン・ナッサウ
ズデーテンラント
プラハ
保護領総督府
(1941年)ルクセンブルク
マイン・フランケン
フランクフルト
ヴュルツブルク
バイロイト
ズデーテンラント
ザールプリュッケン（ザールプファルツ）
ボヘミア・モラヴィア保護領
ヴェストマルク(1940年)
ニュルンベルク
フランケン
カールスルーエ
バイロイト（バイエルンオストマルク）
シュトゥットガルト
ニーダードーナウ
エルザス
バーデン
ヴュルテンベルク・ホーエンツォレルン
アウグスブルク
オーバードーナウ
クレムス
フランス
(1940年2月8日)
シュヴァーベン
ミュンヘン
リンツ
ウィーン
ミュンヘン・オーバーバイエルン
ザルツブルグ
ゾントホーフェン
オストマルク
インスブルック
シュタイアマルク
ザルツブルグ
チロル・フォアアルベルク
グラーツ
スイス
ケルンテン
クラーゲンフルト
南シュタイアマルク
オーバークライン(1941年4月14日)
イタリア
ユーゴスラヴィ

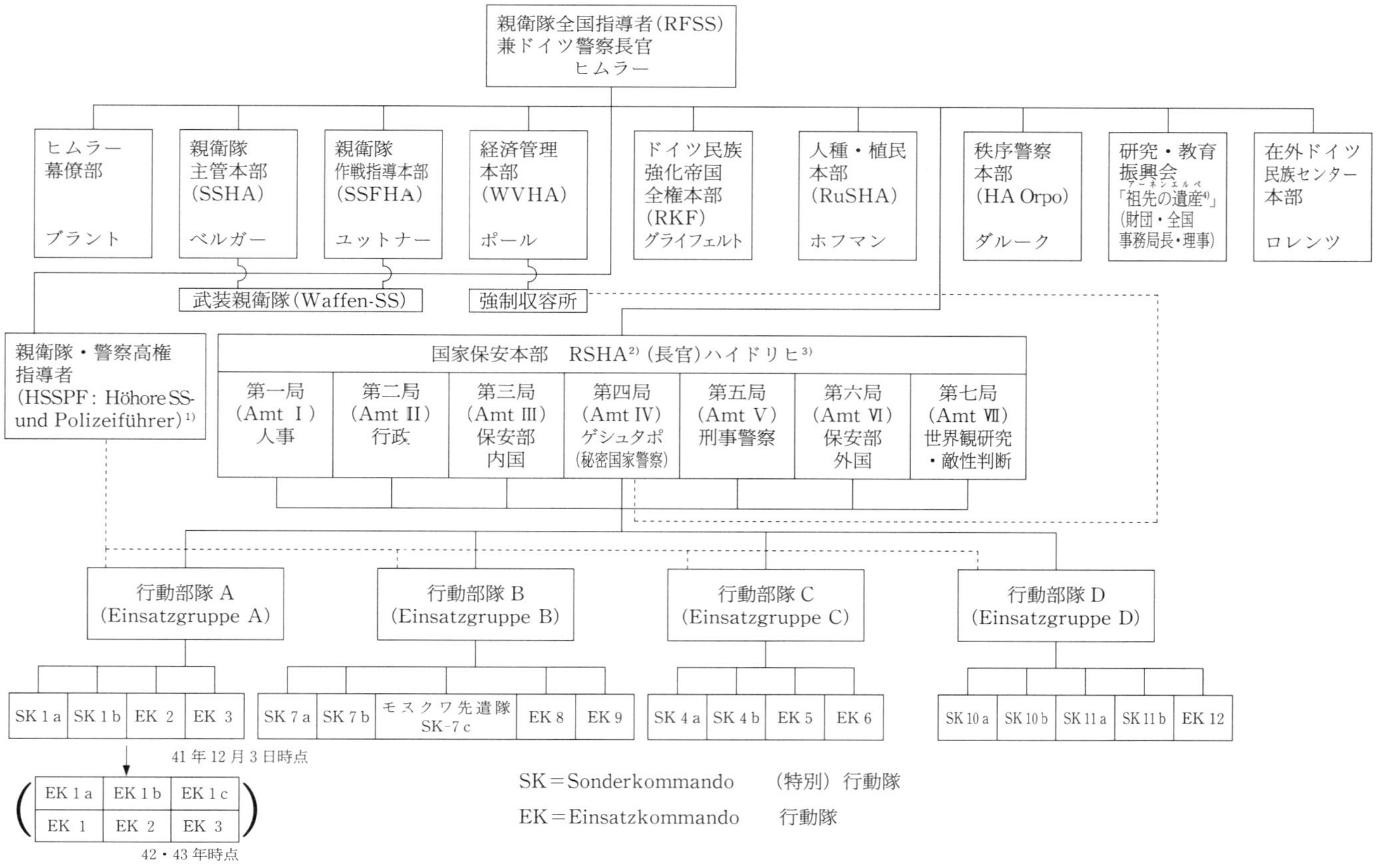
親衛隊全国指導者(RFSS)
兼ドイツ警察長官
ヒムラー
ヒムラー幕僚部
ブラント
親衛隊主管本部(SSHA)
ベルガー
親衛隊作戦指導本部(SSFHA)
ユットナー
経済管理本部(WVHA)
ポール
ドイツ民族強化帝国全権本部(RKF)
グライフェルト
人種・植民本部(RuSHA)
ホフマン
秩序警察本部(HA Orpo)
ダルーク
研究・教育振興会「祖先の遺産《アーネンエルベ》4)」(財団・全国事務局長・理事)
在外ドイツ民族センター本部
ロレンツ
武装親衛隊(Waffen-SS)
強制収容所
親衛隊・警察高権指導者(HSSPF: Höhore SS- und Polizeiführer)1)
国家保安本部 RSHA2) (長官)ハイドリヒ3)
第一局(Amt Ⅰ)人事
第二局(Amt Ⅱ)行政
第三局(Amt Ⅲ)保安部内国
第四局(Amt Ⅳ)ゲシュタポ(秘密国家警察)
第五局(Amt Ⅴ)刑事警察
第六局(Amt Ⅵ)保安部外国
第七局(Amt Ⅶ)世界観研究・敵性判断
行動部隊A(Einsatzgruppe A)
行動部隊B(Einsatzgruppe B)
行動部隊C(Einsatzgruppe C)
行動部隊D(Einsatzgruppe D)
SK 1 a
SK 1 b
EK 2
EK 3
41年12月3日時点
EK 1 a
EK 1 b
EK 1 c
EK 1
EK 2
EK 3
42・43年時点
SK 7 a
SK 7 b
モスクワ先遣隊 SK-7 c
EK 8
EK 9
SK 4 a
SK 4 b
EK 5
EK 6
SK 10 a
SK 10 b
SK 11 a
SK 11 b
EK 12
SK＝Sonderkommando (特別)行動隊
EK＝Einsatzkommando 行動隊

国家保安本部第三局（1943 年、ドイツ人生活領域）

III A	法秩序・帝国構成問題
III B	民族性強化
〃 1	民族強化活動
〃 2	少数民族
〃 3	人種・民族衛生
〃 4	国籍・帰化
〃 5	占領地域
III C	文　化
III D	経　済

参考図版 2　親衛隊組織図

注記）本図は国家保安本部（RSHA: Reichssicherheitshauptamt）および行動部隊（EGr: Einsatzgruppen）に焦点をあわせた組織図になっており、ここに示した以外の、親衛隊のその他の本部組織は省略した。

注 1）HSSPF も上記諸本部より下位の格ではなくヒムラーに直属している点に注意。
2）RSHA も上記諸本部と同格である点に注意。
3）ハイドリヒの称号は保安警察兼親衛隊保安部長官。
4）1942 年からアーネンエルベはヒムラー幕僚部の一機関となる。

資料）Nürnberger Dokument 219-L, in: *Der Prozeß gegen die Hauptkriegsverbrecher vor dem Internationalen Militärgerichtshof Nürnberg*, *XXXVIII*, S. 60ff; Helmut Krausnick / Hans-Heinrich Wilhelm, *Die Truppe des Weltanschauungskrieges*, Stuttgart 1981, S. 637, 644-646; Reinhard Rürup (Hrsg.), *Topographie des Terrors*, Berlin 1995[10], S. 41f. u. 71-80; Heinz Boberach (Bearb.), *Reichssicherheitshauptamt*. Bestand R 58, Bundesarchiv Koblenz 1992, S. xxix.

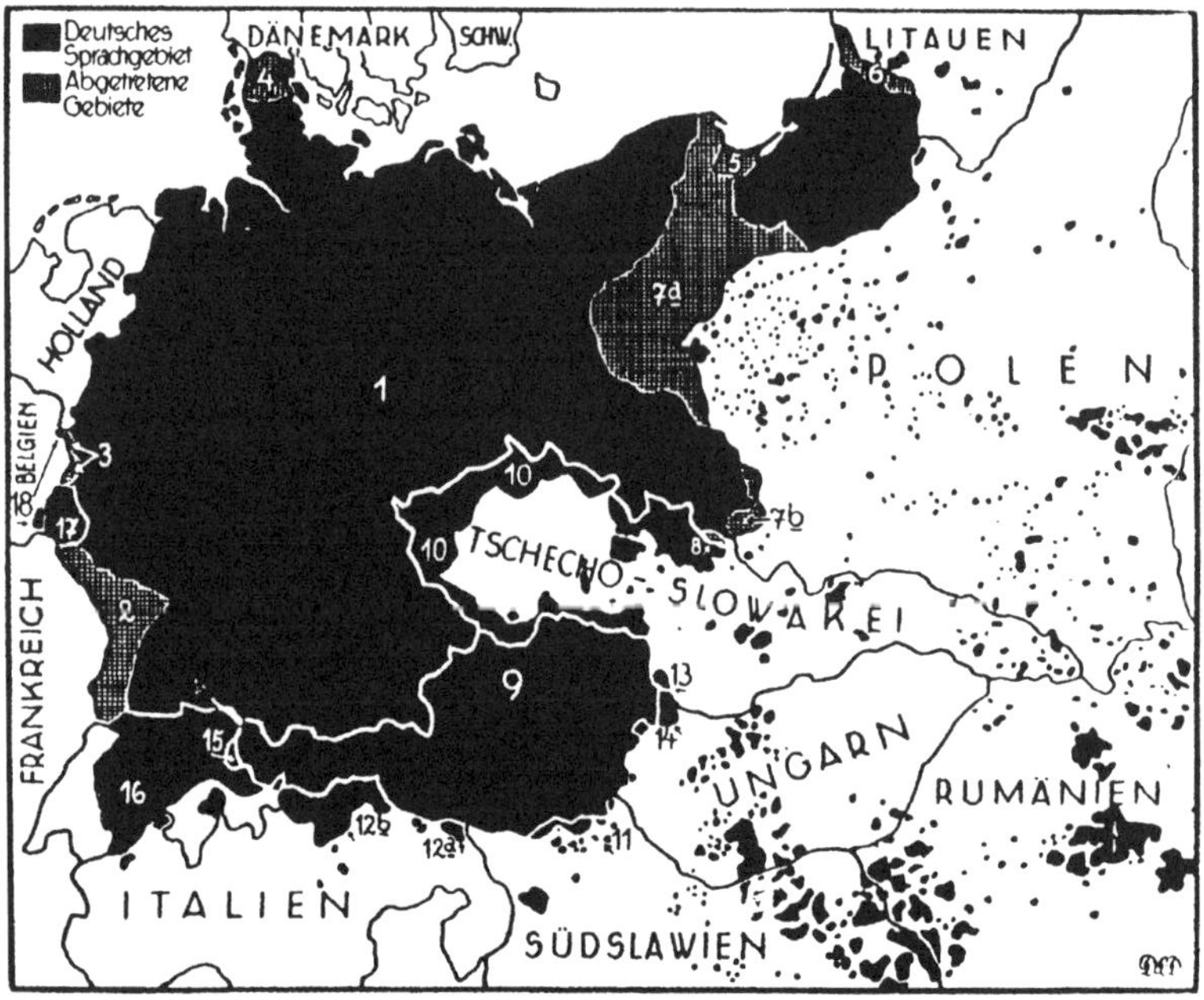

Deutsches Sprachgebiet mit den abgetretenen Gebieten.

■ ドイツ語地域の分布　　▒ 割譲された地域

1. ドイツ・ライヒ
2から8まで：割譲された地域
　2. エルザス・ロートリンゲン
　3. オイペン・マルメディ
　4. 北シュレースヴィヒ
　5. 自由都市ダンツィヒ
　6. メーメル地方
　7a. ポーゼン・西プロイセン
　7b. 東オーバーシュレージエン
　8. フルトシーン地域

9から12：オーストリアの後継諸国のなかのまとまったドイツ語地域
　9. ドイツ・オーストリア
　10. ズデーテンドイツ
　11. 南シュタイアマルクと南ケルンテンのドイツ人地域
　12a. カナール渓谷
　12b. 南チロル
13から14：ハンガリー後継諸国のなかのまとまったドイツ語地域
　13. プレスブルクとその周辺
　14. ブルゲンラント東部
15から18：その他の諸国のなかのまとまったドイツ語地域
　15. リヒテンシュタイン
　16. スイス・ドイツ語地域
　17. ルクセンブルク大公領
　18. 古ベルギーのなかのドイツ語地域

参考図版3　「割譲された地域を含むドイツ語圏」(Fittbogenの1928年の著作より)

Herb注）この地図は1932年に「在外ドイツ人協会」(VDA)の年次報告書に、「中欧におけるドイツ民族」というタイトルをつけて再録された。ただ一つ原版と違うところは、VDAが「割譲された地域」を「失われた地域」といいかえたことである。

出典）Guntram Henrik Herb, *Under the Map of Germany*, Routledge, 1997.

訳者解説

本書はPeter Schöttler, Hg., *Geschichtsschreibung als Legitimationswissenshat 1918-1945*, Frankfurt a. M., Suhrkamp 1997, 2. Aufl., 1999の翻訳である。原題は、序章の表題にもなっている「権力を正当化する学問としての歴史学」であるが、日本の読者に本書の内容をより直截かつ分かり易くつたえるため『ナチズムと歴史家たち』を書名に選んだ。

なお、編者ペーター・シェットラーはじめ執筆者の略歴は巻末におさめられた「執筆者紹介」（巻末一ページ）をご覧いただきたい。これからも判るように、本書の執筆者は歴史学界の中堅から新進の若手で、もっとも年長のロートやファウレンバッハもいわゆる「六八年世代」、もっとも若いハールは一九六五年生まれで、まだ博士論文を書き上げたばかりの大学院生（本書刊行時）にすぎない。またロートが医者を兼ねる歴史家で、「ハンブルク二〇世紀社会史研究財団」Hamburg Stiftung für Sozialgeschichte des 20. Jahrhunderts の共同設立者、かつ『一九九九年　二〇・二一世紀社会史雑誌』*1999. Zeitschrift für Sozialgeschichte des 20. u. 21 Jahrhunderts* の編集者の一人であったり、シェットラーもベルリンにフランス政府が設けた歴史研究所「マルク・ブロック・センター」の教授資格をもつ主任研究員といった肩書きで、執筆者のなかにドイツの大学で講座をもつ正教授は一人もいない。皆——少なくとも今までのところ——学界の主流に地歩を確立しているとはいえない人々である。こうなったのも、ナチ期の歴史家の言説や行動を明らかにするという本書のテーマ自身が戦後——とくに西ドイツで——長い間タブー視され、これを最近打ち破ったのが学界の周辺にいた「六八年世代」やそれに続くより若い研究者だったからである。

この間の事情については本書の序章（シェットラー）に詳しく描かれているが、日本の読者のためさらにその背景についていくらか敷衍しておこう。まず、戦後西ドイツの歴史学界での「過去の克服」の遅れは敗戦直後とつづく一九五〇年代に社会と学界を支配した政治的空気に起因した。連合軍の占領下、「歴史家ツンフト」は「非ナチ化」の嵐をやりすごすためほとんど一体となって協力した。その結果、少数の大物——ヴァルター・フランク（ナチ史学の代表で「新ドイツ歴史帝国研究所」所長）のような狂信者や学長、所長など責任ある地位にいた者——以外は、まもなく起こった冷戦による政治的風向きの変化に助けられ、大学や研究機関からの追放を免れるか、あるいは短期間で復職を許された。この間に学界では、大多数の歴史家は保守派であってもナチではなく、ヒトラーに抵抗しなかったとしても、その悪行に手を貸すことはなかったという一種の定説が生まれた。この「神話」の定着にもっとも貢献したのはハンス・ロートフェルス（一八九一―一九七六）で、本書第3章でも詳しく扱われているこの元ケーニヒスベルク大学教授――急進保守派でありながらユダヤ人だったため亡命を余儀なくされた――は、戦後アメリカから帰国後西ドイツ（ドイツ連邦共和国）で絶大な影響力を振るい、ナチ期にドイツに留まった歴史家の大多数は道を踏みちがえた同調者かひそかな反対派のどちらかで、彼らはナチスの政治や犯罪とは無関係だった、と証言した。また、このような印象を育てるため、「ツンフト」が仲間のナチ時代の地位、言動、とりわけナチスとの係わりについて徹底した「沈黙」ないし「隠蔽」工作を行ったことは、第7章一六七ページおよび注104に紹介されている例（当時「ドイツ歴史家協会」会長ゲルハルト・リッター〔一八八八―一九六七〕がヒトラーの『食卓談話』刊行にあたり、独裁者が中世史家ペートリ〔一九〇三―九三〕の学説に賛同し、これからベルギー・北フランス併合への確信を得たと語っている個所をめぐり周到な配慮をめぐらし、後にはこの部分を削除した）からも明らかである。こうした社会の趨勢および学界ぐるみの隠蔽工作に助けられて、ナチ時代、とりわけ第二次大戦中に、多くの指導的歴史家によるナチ政権の政策や占領行政への協力、さらに住民の強制移住、大量虐殺などへの直接・間接の荷担は忘れられ、彼らは民主主義と親西欧に転換した戦後社会でも指導的役割を果たし続けることができた。こうした例に、ロートフェルスの弟子で、当時ケーニヒスベルク大学の講師や助手だったテオドーア・シーダー（一九〇八―八四）やヴェルナー・コンツェ（一九一〇―八六）ら若手研究者も含まれ、最近この二人についてはナチ党員だったこと、彼らも加わった「東方研究」がポーランドはじめ東欧でのユダヤ人追放計画に深く係わったことが明らかにされて物議を呼んだが、こうした若手学者も戦後、長老歴史家と同じく、自分たちの過去を「封印」して再出発し、歴史学の新潮流の指導者として学界での階段を登りつめていったのである。

もちろん、一つの専門分野をあげて「過去の隠蔽」、指導者の免罪と温存がはかられたのは歴史学だけではない。しかし医学界などは、「安楽死」やホロコーストといった衝撃的事件との係わりを非難されたため、学界も正式の謝罪や積極的な「過去の克服」への取り組みによって追及に応えざるをえなかった。この転機になったのは、一九六八年前後の学生反乱で、当時大学だけでなく、至るところで息子世代が父親や祖父に向かってナチ期、戦時中に彼らが戦場で、強制収容所その他で、何をしていたかを問いつめ、ジャーナリズムはそれを「父親殺し」と呼んだ。では何故この学生反乱が歴史学では「父親殺し」に、そして歴史学界のタブーを破る転機にならなかったのか。それは、当時教授の権威主義を追及した急進派学生は、先生の学問を批判する専門知識をまだ持ち合わせていなかったし、たいていまだ助手かせいぜい講師だった現在の教授たちも「ツンフト」のきずながあり、またそれを破るにはあまりにも深く師匠を尊敬し信頼していたからだった。もっとも、彼らも一九六〇・七〇年代――たとえばシーダーやコンツェがそれぞれ「ドイツ歴史家協会」会長に選ばれた折、当時しばしば起こったように、東ドイツ（ドイツ民主共和国）からの暴露・非難を恐れて、師匠が戦時中に公刊した全業績にあらかじめ目を通したこともあったが、とくに問題を発見できなかったという。これは、シーダーやコンツェが戦時中に発表した主な学術論文や著作にナチ・イデオロギーの痕跡が目立つかたちでは残されていなかったことを意味し、これも二人の沈黙の効果を高めたといえよう。

しかし近年、ナチ期のドイツ諸大学での学問と政治の係わりにかんする関心がドイツ国内ばかりか英米でも高まり、これとともに歴史学者のナチズムとの協力関係もより具体的に明らかにされてきた。そのうえ歴史家の世代交代が進み、八〇年代にはシーダー、コンツェら「祖父」世代の学者があいついで物故する一方、九〇年代には「六八年世代」以降の若手歴史家が学界の第一線に登場してきた。これらの「孫」世代は「父親」世代とちがい「祖父」の歴史家たちにはじめから敬愛の情なども たなかった（たとえば、大学紛争時にハイデルベルク大学学長コンツェは造反学生からトマトを投げつけられた）。さらに歴史家の世代交代に加え、タブー打破に大きく貢献したもう一つの要因は、一九八九年ベルリンの壁崩壊以後急速に進んだ東ドイツはじめ東欧・ソ連の公文書館の公開で、これによりナチ期、大戦中の「東方研究」の実態、それと戦争・占領政策との関係、そこでの多くの歴史家の言動を記録したさまざまな「新」史料が研究者の目に晒されるようになったことである。これらの新しい条件の上にドイツ歴史学界の「過去の克服」がようやく日程に上り、それが専門家の間にとどまらず、医学や法学界での先例と同じく世間の注目を集めながら、公開論議されるようになった。そして、この一連の動きは、一九九八年九月八—一一日に開催された「第四二回ドイツ歴史家大会」（フランクフルト）においてピークを迎え、その一セッション「ナチズムとドイツの歴史家たち」では本書の編者シェットラーも含む五人がそれぞれのテーマで報告し、活発な議論がくり広げられた。二千人もの聴衆が詰めかけたそのセッションでの報告、討議内容は翌日以降さまざまな新聞、雑誌をつうじて世間につたえられ、大きな反響を呼んだ。

訳者の一人（木谷）はこの大会に出席し、関連諸報告を聴いてあらためて衝撃を受けた。その理由はまず、渦中の歴史家たち、とりわけロートフェルス、オットー・ブルンナー（一八九八—一九八八）、シーダー、コンツェらはすべて戦後西ドイツの学界をリードした大物学者（さらに個人的に、コンツェはかつて一九六〇年代はじめ、筆者が最初の在外研究で師事した恩人）であった。それゆえ、もし戦後西ドイツ史学の指導的歴史家の多くが、今回明らかにされたように、その学問の根と出発点をナチズムないしそれにきわめて近いイデオロギーと実践にもつとすれば、ドイツ史学史の戦前から戦後にかけての連続性（あるいは非連続）の問題は根本的に考え直さねばならなくなるからである。これは、ドイツ史学史のいままで比較的手薄だった部分——ワイマル期やナチ時代、とくに第二次世界大戦中——を今後まったく新しい視点で再検討する必要を示すものであった。また特殊には、このセッションでもっとも大きな注目を集めたゲッツ・アリィの報告、そこで彼が主張した「東方研究」および中東欧での人口政策とユダヤ人追放・ホロコーストとの関連——それゆえアリィはシーダー、コンツェらを「ホロコーストの先駆け」と呼んで物議をかもした——も戦後史学のナチ期のそれとの連続・非連続を問題とするいっぽう、ゴールドハーゲン論争以来議論の多い、ホロコーストをいかに説明するかというテーマにあらたな光を投げかけるものであった。要するに、九八年の「ドイツ歴史家大会」で一気に世間の注目を集めた歴史家の「過去の克服」は、ナチズムのもとでの政治と学問の係わりだけでなくドイツ史学史の見直しやホロコースト研究にも新しい地平を開くなど、その投げかけた問題の広がりと衝撃は大きかった。その後、筆者（木谷）が日本で「歴史家大会」の議論とその背景を紹介したさい（「ナチズムと歴史家たち——一九九八年ドイツ歴史家大会の話題をめぐって」『ドイツ研究』一九九九年二九号）、問題の所在とそれをめぐるドイツでの研究状況を整理するのに一番役立ったのがシェットラーの編んだ本論集であった。本書を翻訳してわが国の読者にも広く紹介したいという希望はこのとき生まれた。

さて、序言および七編の論考からなる本書の内容には二つの重点がある。その一つはワイマル期および「第三帝国」のもとで歴史家の果たした政治的役割、その言説や行動の具体的紹介および批判的解明である。この課題は本書の各章でさまざまな分野と時期にかんする諸考察によって果たされている。

すなわち序章（シェットラー）は本書の導入部で、歴史家とナチズムの関係をめぐる問題と研究の戦後半世紀にわたる全般的推移を紹介する。興味深いのは、戦後五〇・六〇年代有力歴史家たちが彼らの沈黙をどんな論理と意識で正当化したのか、また六〇・七〇年代にこの沈黙と隠蔽を破るいくつかのささやかな努力がなされながら、それらがほとんど効果をあげえなかった理由の紹介、そして九〇年代本書の寄稿者たちも含め若手歴史家による新研究が輩出しはじめてから生まれたあらたな論争への著者自身の見解である。

第2章（ファウレンバッハ）は、ワイマル共和国時代に、それまでアカデミズムから軽視されてきた現代史が「復権」したが、ドイツの歴史家の多くが保守的で帝政に郷愁を抱き続けたばかりか、ときとともに急進化して、彼らの現代史が「まったく政治的議論の媒体」になってしまった経緯を描く。敗戦、革命、共和国成立、ヴェルサイユ条約（戦争責任問題）など、政治的諸転機・諸問題をつうじて、ドイツの代表的歴史家たちがビスマルク帝国（第二帝政）の内政や外交、第一次世界大戦をめぐる諸事件についてどう考え、また何を発言したかが具体的に紹介され、両大戦間期のドイツ史学史の、政治と学問の関係を軸に展開する立体的で、興味深い叙述になっている。

第3章（ハール）は本書の白眉の一つで、共和国やヴェルサイユ体制に反対する「修正主義」歴史家の一例としてケーニヒスベルク大学教授ハンス・ロートフェルスをとりあげる。ワイマル末期とナチ時代の初期にかけて、彼は当時弟子たち（シーダーやコンツェら）も加わる保守的青年運動（「ドイツ・アカデミック・ギルド」）に東欧での失地回復という政治目標をあたえた。ハールは、ケーニヒスベルクだけでなく、全ドイツにわたり、当時の学生団体の組織や運動の実態を明らかにし、ドイツ教養知識人の予備軍としての学生の間に行きわたった急進保守的でナショナルな意識や行動様式を詳しく具体的に描いている。とくに東欧での「失地回復」を目指すロートフェルスの呼びかけで始まった学生諸団体のバルト諸国への徒歩旅行やこの地域に残る少数民族としてのドイツ人定住地（「ドイツ語の離れ小島」）めぐりの生き生きとした描写は貴重である。さらにハールは、ロートフェルスが一九三二・三三年当時、急進保守派の一人として中央の歴史学界でも自由主義ないし穏健保守派で彼の旧師でもあるマイネッケやオンケンの追い落としに演じた役割を一次史料にもとづき明らかにした。彼はヒトラーに中欧での覇権国家の建設を期待して積極的に支持したが、皮肉なことにユダヤ人のロートフェルスは一九三四年「職業管理再建法」にもとづいて教職を追われ、三八年にはアメリカ合衆国への亡命を余儀なくされた。しかし戦後真っ先に帰国して西ドイツ歴史学界の長老として大きな影響力をふるった。それから今日まで、戦前の、ナチズムと非常に近かった彼の政治思想や行動はすっかり忘れられ――あるいは沈黙によって隠され――ていたから、その全貌――弟子である若きシーダーやコンツェの言行もふくめ――を明らかにしたハールの研究はドイツの学界に衝撃をあたえた。

次に第4章（オーバークローメ）はワイマル期に急速に台頭し、ナチ時代に圧倒的な力を振るった「民族史」を扱う。著者は人文・社会科学の多分野にまたがるこのフェルキッシュな新学問を学際的に組織し、かつ「修正主義」外交や大戦中の占領政策などに役立てた学術機関「在外ドイツ民族研究振興会」の活動およびそれが推進した巨大プロジェクト『国境地域・外国在住ドイツ民族ハンドブック』編纂の経緯・内容を明らかにし、さらにこの時期の「民族史」がシーダーやコンツェを通じて戦後の「構造史」や「社会史」に引き継がれた関連を連続と非連続の両面から論ずる。ただし、オーバークローメはナチ期「民族史」のイデオロギー的ゆがみや欠陥とは別に、その方法に「革新性」を認め、それを通じて戦後コンツェらがはじめた「社会史」とのポジティヴな連続性を見る点で本書の他の執筆者と異なる。これについては、また後に触れよう。

さて第5章（シェンヴェルダー）は、一九世紀にくらべ低下したとはいえ、社会でなお大きな声望をもつ大学教授の歴史家たちがナチ期に新聞その他のメディアへの執筆や講演を通じ、そのときどきの政治的出来事を歴史の文脈に移して解説し、ナチ政権の政策や戦争遂行にいかに貢献したかを具体的に描く。こうした歴史家の体制や戦争への協力は、公然のナチ歴史家にかぎられず、たとえばオンケンのような、政権から疎外された学者も含む広がりをもち、その論調は政治情勢にあわせ、筆者が「驚くほど無節操」というように、めまぐるしく変転した。

また第6章（アルガージ）は、日本でも現代ドイツを代表する中世史家として尊敬されているオットー・ブルンナーの代表作『領邦と支配』をめぐり、高度に学術的な著作にかくされた政治と学問の内的連関すなわち「政治的スローガンの学問的概念への変換メカニズム」を追究するという困難な、しかし興味深い課題に取り組んでいる。ブルンナーは大戦中ウィーン大学でナチのユダヤ人追放などに積極的に協力し、そのため戦後、西ドイツ、ハンブルク大学に移らざるをえなかったが、彼の学問的業績の評価は揺るがず、主著『領邦と支配』も若干の変更――短縮や概念の巧みなすりかえ（「民族」を「構造」になど）――をへて生きつづけ、いまや「名著」の評価が確立している。すなわち、ブルンナーの仕事は時代に規定された政治的・思想的偏向にもかかわらず理論や方法で革新性をもちえた「よい例の一つ」（コゼレック）だというのである。しかしアルガージはこういう政治と学問、思想と方法の安易な分離に同意せず、ブルンナーが彼の著書で用いた諸概念（「フェーデ」、「具体的秩序」、「全体史」など）やそれらをめぐる思考の型にナチズムと通底するものがあり、それらは戦後社会によりマッチした言葉や表現に置き換えられても本質は変わらなかったという。

さて第7章（シェットラー）では、ワイマル期からナチ時代に、ボン大学をはじめドイツ西部の諸大学や地方史・郷土誌諸研究所で進められた「西方研究」が、西方での「失地回復」運動や大戦中フランスやベルギーの占領行政で果たした役割が明らかにされる。ヒトラーの膨張目標が主に東欧・ソ連にあったため、それとの関係で重視された「東方研究」にくらべ、「西方研究」は従来ほとんど無視されてきたが、シェットラーは本章で第一次史料を駆使してその実態を明らかにした。とくにボン大学のシュタインバッハとペートリ、およびフランス降伏後新設されたシュトラスブルク大学でのハインペル、アンリヒ、フランツらは戦後西ドイツで活躍する学者たちのナチ政権や占領政策との深い係わりについての叙述は興味深い。

最後の第8章（ロート）は大戦中、中東欧の占領地――とくにチェコスロヴァキアの首都プラハ――で親衛隊の主導下に急進化した「東方研究」の実例を描いている。「東方研究」の推進グループには二種あり、一つは第3章でも扱われたロートフェルス周辺のシーダー、コンツェ（ケーニヒスベルク）やブラックマン（プロイセン邦立文書館長）、オーバン（ブレスラウ大学教授）といった大物学者やその後継者たちだった――彼らのポーランド占領政策やユダヤ人追放計画との係わりはゲッツ・アリィらの研究（ゲッツ・アリー『最終解決――民族移動とヨーロッパのユダヤ人殺害』山本尤・三島憲一訳、法政大学出版局、一九九八年）で明らかにされた――が、こうしたいわばエスタブリシュメントのライヴァルとして学界の周縁、あるいは学者を目指しつつもナチ運動や親衛隊の中枢で、より実践的な「東方研究」に取り組む急進派がいた。ロートはこの第二グループの代表例としてハンス・ヨアヒム・バイアー（一九〇八―七一）をとりあげ、一九三一年に博士号をとりながら三三年にはなおフリーのジャーナリストにすぎなかった一青年歴史家がその後三六年ナチ党、三八年には親衛隊保安部に加わるなかで、中東欧に散在する在外ドイツ人問題の専門家として「東方研究」の一翼をにない、三九年大戦勃発後は占領地での大量強制移住、ユダヤ人追放・虐殺などによる「民族の配置替え＝ゲルマン化」実施の選別基準を練る「民族強化学」の指導者になっていった経過を明らかにした。このバイアーが四二年三月以降プラハで、ボヘミア・モラヴィア帝国保護領総督代理ハイドリヒ（親衛隊国家保安本部長官、四一年七月以来「ユダヤ人問題最終解決」の最高責任者、四二年六月暗殺される）の信任を得て、この地域の「スラヴ学諸施設特別全権」としてドイツ＝カール大学（旧プラハ大学）も含む諸研究機関を統合し、プラハを「ゲルマン帝国」の「民族強化学」の中心にすることを目指しくり広げた人事・権限争いをめぐる記述は本章の白眉である（なお本章に登場するバイアーの保護者ハイドリヒとジックスについては大野英二『ナチ親衛隊知識人の肖像』未来社、二〇〇一年がくわしい。参照されたい）。大戦中、彼のつくった選別基準にもとづき占領地でのスラヴ系住民やユダヤ人の選別、強制移住、さらに大量殺戮がくり広げられたにもかかわらず、ロートによれば、この狂信的ナチ政治学者バイアーは戦後、「非ナチ化」審査もなんなく通り、「東方研究」の人脈ネットワークに守られて、北ドイツの一教育大学の教授として一九七一年まで平穏な余生を送ることができたという。このロートの指摘はわれわれの胸にずっしりと重い読後感を残す。

以上、本書が明らかにした第一の点は、ワイマル時代、ナチ期のドイツでは、少数の左派や自由主義者を除き、大多数の歴史家——あるいは彼らもその一部であるドイツ教養市民層の多く——が保守的ナショナリストとしてナチ・イデオロギーと高い「親和性」をもったばかりか、かなりの数の歴史家が、人種主義優生学や人権無視の人口政策学などの疑似科学を共通のパラダイムに、スラヴ人、ユダヤ人などの強制移住や大量虐殺といったナチの犯罪行為に手を貸した事実であった。近年、ナチの犯罪が、従来信じられてきたように、一握りの狂信的指導者やその追随者によってなされたのではなく、広く「普通の人々」が協力・荷担していたことが主張されて論議を呼んだが（「ゴールドハーゲン論争」）、今回明らかになったのは、医師や法律家と同じく、歴史家の多数もナチズムの政策を積極的に支持し協力したことである。これにより、ゲッツ・アリィが九八年の「歴史家大会」で行った主張、ヒトラーは「一五〇パーセントのナチ」（たとえば「ハイドリヒの教授」バイアーのような）だけでなく、シーダー、ブルンナー、シュタインバッハのように知識人中の「五〇、七〇、八〇パーセント程度の支持者」すなわち「普通の教養市民（＝エリート）」の協力も広く獲得したことにこの体制の「強さ」や「優れた効率」の秘密があったという指摘、が歴史的に裏づけられたといえよう。さらにワイマル・ナチ期の多くの歴史家の行動や言説、さらに歴史家相互の関係が明らかになることによって、いままでの史学史がもっぱら学説、理論、パラダイムばかりに目を向け平板な学説史、思想史にとどまっていたのを改め、歴史学の変遷を個人および集団としての生身の歴史家の言動を通じて、政治や社会の具体的な脈絡のなかに置き、立体的にとらえることが可能になった意味も大きい。

次に本書を貫く第二の論点は、各章で明らかにされた「民族史」「東方研究」「西方研究」などナチ体制やその政策と深く結びついた学問の意義は今日まったく否定されるべきか、あるいは何らかのポジティヴな成果があれば、それを受け継ぐことが可能かどうかという議論である。この問題は、こうしたフェルキッシュな（急進民族主義的）歴史学の潮流がゲルマン民族のヨーロッパ支配を目指し、ナチ体制、その占領政策やホロコーストとさえ深く係わったとはいえ、それが示す方法のうえでの新しさ――政治、事件、文献史料を重視する伝統史学の枠を破り、民衆の動向や社会状況に目を向け、そのため社会学・民俗学・地理学その他隣接分野の方法や成果をとり入れた新機軸――をどう評価するか、さらにナチ期の「民族史」がコンツェやシーダーを通じて戦後「構造史」や「社会史」としてよみがえり、やがて西ドイツの歴史学界をリードするに至る連続性――いわゆる戦後「社会史」の「茶色の（ナチ的）根っこ」――をどうとらえるかという問題である。これをめぐり著者の一人オーバークローメ（第4章）は、「民族史」がその民族的偏見と反西欧のゆえにナチズムに与し、そのテーマも農業生活や民族闘争、民俗文化に偏っていたのに対し、戦後「社会史」が民主主義や親西欧に転じ、そのテーマも工業社会、家族、ジェンダー問題に広がったと両者の間に非連続を見る一方、「民族史」の方法の新機軸を「革新的」innovativeと評価し、そこに連続性を認める。この考えはコッカ（ベルリン自由大教授）のような学界の指導者によっても支持された。また、これは、第6章で扱われたブルンナーの仕事を「政治的に条件づけられた認識関心も、それが生まれた時代状況を越えて価値を失わない、理論や方法についての新しい洞察を生み出せるよい例の一つ」と称えたコゼレック（ビーレフェルト大教授）の見方（本書一二五ページ）にも通じる。このように「民族史」をイデオロギーと方法に分けて評価し、方法に一定の積極的意義を認める姿勢は――とくにオーバークローメの場合――ナチズムにその政治的反動性にもかかわらず一定の「近代化効果」を見るドイツ学界の一部潮流がいだく考えと一致する。

しかし本書の執筆者の多くはオーバークローメの二分法、すなわちナチ期の研究成果での政治と学問、イデオロギーと方法をあまりに手軽に切り離すのに反対する。ロート（第8章）は、「革新モデル」や「近代化効果」について語る前に、そこで援用された人口学、民俗学、地方史、社会人類学、民族心理学などの諸方法が「極端な反ユダヤ主義、スラヴ人憎悪、女性蔑視、人種差別に熱中する民族強化理論のルサンチマンに向けて束ねられていた」ことに注目すべきだという（二三八ページ）。シェットラー（序章、第7章）も、オーバークローメら「革新性強調論者」が、ナチ期の歴史家が社会理論を使って議論したり、また国際比較したり数量的方法を駆使しただけで、すぐにその研究方法を「革新的」とみなす傾向を批判し、たとえば「西方研究」学者の偏狭で過激な民族イデオロギーが彼らに、どんな新しい方法を用いようとも——当時すでにベルギーの中世史家アンリ・ピレンヌやフランスの「アナール派」によって試みられていたような——本当に「革新的」な地域研究に向かうことを妨げていたと主張した（一七六ページ）。このため、シェットラーは当時の歴史家の文献を読むとき、学際性や方法論、テーマといった表面上の目新しさにまどわされることなく、記述の状況・思想的背景に留意しつつ、文章、議論、概念、史料を一つ一つ本来の意図と文脈にさかのぼって検討することを奨めている。じつは、このような方法は本書第6章（アルガージ）においてブルンナーの『領邦と支配』の検討で適用され、成果をあげたといえよう。

しかし一方、ロートやシェットラーの批判や議論で、学問と政治、イデオロギーと方法が逆にあまりにも一体化され、また彼らのいう学問の「革新性」も「進歩」すなわち人間の解放に役立つことが不可欠の条件にされているのは、これまた単純すぎて現実にあわないという批判が聞かれる。その意味で彼らの方法論もまだ未熟であり、学問と政治、ナチ期と戦後の連続性をめぐる議論はこれからさらに深められねばならない。しかしいま論争に加わった歴史家たちは、意見を異にするとはいえ、歴史学を政治や社会との関連でとらえ、また学問に内在する目的・イデオロギーと方法の矛盾やそこで働く歴史家個人の言説や行動も視野に入れ、立体的な「生きた」史学史を書こうとする点では一致している。さらにドイツ史学史はこれまで二〇世紀の帝政期、ワイマル期、ナチ期そして戦後の四時代をそれぞれ別個の時期のように扱ってきたが、この論争やそこで得られた成果はいまや現代ドイツ史学を明と暗、連続と断絶のいくつもの面をもつ一続きの過程と見ることをあたりまえにした。そしてこの歴史学の新しい地平に向けての歩みで、本書が最初の一里塚を築く業績であることはだれもが認めるところであろう。

最後に日本の読者に本書を紹介するもう一つの意義について一言したい。本書は、「過去の克服」でしばしば手本とされるドイツでも、第二次世界大戦中に歴史家が犯した過ちを明らかにし反省するのに半世紀かかったことを示した。しかし、時期により熱意や動機に差はあれ、また今日若い世代の一部にネオ・ナチという逆流も生まれつつあるとはいえ、この国は戦後ずっと一応国を挙げてナチの蛮行への責任を明らかにし、謝罪し、被害者への補償にも取り組んできた。本書で明らかにされたナチ期の歴史家の行動の追及も、こうした大きな流れを背景に、若手歴史家の追究・問題提起に始まって学界全体の関心事となり、一九九八年には歴史家大会の議題にとりあげられ、注目を集めた。この大会の開会の辞で「ドイツ歴史家協会」会長フリート（フランクフルト大学教授、中世史家でコンツェの弟子）は「われわれの師であり、研究者として模範でもあった人々がナチ独裁期に数々の重大な過ちを犯した。このことについてもはや黙っているわけにはゆかない」と語り、心の痛む反省とともに問題の究明を約束した。

　これにくらべ戦後のわが国では、占領軍の「東京裁判」で（天皇を除く）最高責任者たちの「戦争犯罪」が裁かれた後、日本人の大多数は「一億総懺悔」のかけ声のもとに自らも含め個人責任の追求をやめ、またアジアでの侵略、旧植民地や占領地での圧制やさまざまな残虐行為に係わる事実と責任の追及、補償をはじめ、およそ自らの責任での「過去の克服」を概ね放棄した。また歴史学界でも「皇国史観」を唱えたり、太平洋戦争中日本の「近代を超克する世界史的使命」を説いた少数の御用学者が追放された後、戦時中の国粋主義思想や人脈の影響力は、「戦後民主主義」の大波のなかに――一部保守勢力の間を除いて――瞬く間に消えてしまった。もちろん、総力戦の熱気に便乗したわが国の国粋主義には学問的ないし深い思想的裏づけなどなかったから、こうなったのも当然かもしれない。しかしこうした安易な「過去の清算」は将来に禍根を残すことになった。すなわち以後われわれの「過去の克服」への取り組みには加害者としての反省が定着せず、またその取り組みも、教科書問題に見られるように、外国からの圧力がなければ見るべき前進が起こりにくい状況が続く一方、最近では、国民の心に潜む「国民国家への郷愁」を利用して、政府が教育の場で「君が代・日の丸」の復活を着々おしすすめ、また学界の一部保守派が日本国民の姿を歴史的事実を超えて肥大化させ、太平洋戦争を「アジアの解放戦争」と美化する歴史教科書を登場させるなど「過去の克服」に逆行する一連の動きが強まっている。

　こうした現状をいかに打開するかについてさまざまな意見がありえようが、筆者はそのためにはもう一度、戦前の日本人の国民意識の形成過程、とくに太平洋戦争中から戦後の民主化過程で、歴史学、歴史家の果たした役割をふりかえることが必要だと思っている。筆者の知るかぎり、最近わが国での太平洋戦争から戦後にかけての歴史研究では、大戦中総動員体制の生んだ社会のシステム統合が戦後の日本再建、政治体制としての民主主義や社会・経済体制を特徴づける福祉国家の基盤となった、という戦中・戦後の連続性に注目するのが目立った傾向である（たとえば、山之内靖他編『総力戦と現代化』柏書房、一九九五年）。この視点は、ドイツの研究でナチズムの「近（現）代化効果」を強調する立場に通じており、それなりに意義ある研究であるが、日本でも大戦中の精神動員でナショナリズムが、日本の侵略的国家主義とアジア諸民族の解放を目指す民族主義が絡み合いつつ、いかに利用され、それに歴史家がどう具体的に係わったかを明らかにすることも有意義かつ重要であると思う。そして条件こそ違え、独裁体制下、総力戦に全面協力したドイツの歴史家たちの言動を詳細に跡づけた本書は、日本の現代史研究者にも多くの示唆を与えることが期待される。

　本書の翻訳の分担は左のとおりである。

序章、第3章、第7章、訳者解説　木谷　勤
第4章、第5章、第6章　小野清美
第2章、第8章　芝　健介

訳稿を三人でたがいにチェックした後、木谷が全体に目を通し、訳語、人名表記、文体の調整・統一をはかった。また巻末参考図版1・2の作製・説明には芝が、参考図版3および人名・団体名索引の作成には小野があたった。本書にはワイマル時代、ナチ期の非常に多くの学術組織、研究所、団体、さらにナチ党とくに親衛隊関係の諸組織名が登場するので、それらを確かめるのに苦労した。まだ定訳のないものもあるので、改善すべきものがあれば今後改めたい。読者でお気づきの点があればご指摘頂ければ幸いである。最後に、名古屋大学出版会の三木信吾氏には、原稿のまとめ、校正での綿密なチェック、装丁の選定などで一方ならずお世話になった。厚くお礼申し上げたい。

二〇〇一年六月二〇日

木谷　勤

《執筆者紹介》

ペーター・シェットラー

1950年生／マルク・ブロック・センター（ベルリン独仏歴史研究所）主任研究員

ベルント・ファウレンバッハ

1943年生／ボッフム大学歴史学部客員教授，労働者教育研究所所長代理

インゴ・ハール

1965年生／ハレ・ヴィッテンベルク大学大学院生

ヴィリィ・オーバークローメ

1959年生／ヴェストファーレン地域史研究所(ミュンスター)研究員

カレン・シェンヴェルダー

1959年生／ロンドン大学スラブ学・東欧研究学部講師

ガーディ・アルガージ

1961年生／テル・アヴィヴ大学（イスラエル）歴史学部講師

カール・ハインツ・ロート

1942年生／歴史家，医師，「ハンブルク二〇世紀社会史研究財団」共同設立者・研究員

（1999年現在）

人名索引

ア　行

アリィ，ゲッツ　Aly, Götz　13, 16, 74, 238
アンドレーアス，ヴィリィ　Andreas, Wlliy　95-96, 99, 104, 114
アンリヒ，エルンスト　Anrich, Ernst　5, 42, 44, 96, 110, 117, 162-163, 170, 186, 194, 204
イプセン，グンター　Ipsen, Gunter　18, 82-85, 92, 149, 184, 201, 241
ヴァイツゼッカー，ヴィルヘルム　Weizsäcker, Wilhelm　226, 228-229, 237
ヴァレンティン，ファイト　Valentin, Veit　1, 22, 27, 34, 54, 98-99
ヴィルジング，ギーゼルヘア　Wirsing, Giselher　45, 47, 68, 70
ヴェーバー，アドルフ　Weber, Adolf　118
ヴェーバー，ヴィルヘルム　Weber, Wilhelm　112, 162
ヴェーバー，フリードリヒ　Weber, Friedrich　40, 42, 65, 68
ヴェーバー，マックス　Weber, Max　136, 151
エーリヒ，ハンス　Erich, Hans　216, 225, 248, 256
エルンストベルガー，アントーン　Ernstberger, Anton　229
オーバーレンダー，テオドーア　Oberländer, Theodor　40, 42, 44, 55-56, 62, 65, 68, 73-74, 78, 219-220, 243, 249
オーバン，ヘルマン　Aubin, Hermann　55-56, 73, 83, 92, 112, 120, 157, 170, 191, 194, 202-203, 208
オーレンドルフ，オットー　Ohlendorf, Otto　234
オンケン，ヘルマン　Oncken, Hermann　22, 25-26, 28-29, 54, 60-61, 73, 96-97, 100-101, 105, 110, 114, 118, 156, 173, 179, 189

カ　行

カール大帝　Karl der Große　103, 168, 175, 192
カイザー，エーリヒ　Keyser, Erich　5, 79, 83, 101-102, 107, 114, 202
ガイル，グラーフ・フォン　Gayl, Graf von　51
ガイル，ピーター　Geyl, Pieter　181, 194, 196
ギエーレ，グスタフ　Giere, Gustav　46-47
クーン，ヴァルター　Kuhn, Walter　53, 73, 84, 208
クラウジング，フリードリヒ　Klausing, Friedrich　227, 253, 256
クレーマー，ルドルフ　Craemer, Rudorf　37-38, 44, 59, 68, 75, 101, 114, 186
クロー，オズヴァルト　Kroh, Oswart　212, 215
ケーア，エッカルト　Kehr, Eckart　29, 31
ケチュケ，ルドルフ　Kötzschke, Rudolf　73, 77-78, 84
コゼレック，ラインハルト　Koselleck, Reinhard　125, 148
コッホ，ハンス　Koch, Hans　212, 219, 237, 242-243
コンツェ，ヴェルナー　Conze, Werner　10, 13, 38, 47, 53, 59-60, 70, 84-86, 93, 152, 202, 241

サ　行

ザウレ，ヴィルヘルム　Saure, Wilhelm　224-226, 243
シーダー，テオドーア　Schieder, Theodor　15, 38, 41, 44-47, 59, 67-68, 72, 74, 100, 114, 123, 174, 197-198, 241
シーラッハ，バルドゥーア・フォン　Schierach, Baldur von　117, 162
シェール，グスタフ・アドルフ　Scheel, Gustav Adorf　204, 235, 242
ジックス，フランツ・アルフレート　Six, Franz Alfred　203, 205, 213, 216, 218, 242, 244
シュヴァーベ，クラウス　Schwabe, Klaus　14, 69, 123
シュースラー，ヴィルヘルム　Schüßler, Wilhelm　101, 113, 201, 217
シュターデルマン，ルドルフ　Stadelmann, Rudolf　97-98
シュタイナッカー，ハロルト　Schteinacker, Harold　54, 79, 201-203, 212, 216, 237, 243, 246-247
シュタイナッハー，ハンス　Schteinacher,

Hans　19, 59-62, 72-74, 159, 182
シュタインバッハ，フランツ　Steinbach, Franz　3-4, 7, 10, 13, 18, 83, 105, 155, 160, 164-197
シュトゥッカート，ヴィルヘルム　Stuckart, Wilhelm　164, 167, 186
シュパーン，マルティン　Spahn, Martin　105, 109, 117, 120, 186
シュミット，カール　Schmitt, Carl　17, 100, 127, 129-131, 135, 138-139, 153
ズルビク，ハインリヒ・リッター・フォン　Srbik, Heinrich Ritter von　16, 23, 28, 46, 54, 79, 101, 105-106, 114-115, 191, 201-202

タ・ナ行

ツァチェク，ハインツ　Zatschek, Heinz　226, 229
ツィークルシュ，ヨハネス　Ziekursch, Johannes　24, 34, 118
ツェーラー，ハンス　Zehrer, Hans　45
ツェヒリーン，エグモント　Zechlin, Egmond　99-100, 103, 118
テッヒョウ，ハンス・ゲアート　Techow, Hans Gerd　40, 42
トライチュケ，ハインリヒ　Treitschke, Heinrich　39
トレヴィラーヌス，ゴットフリート・ラインホールト　Treviranus, Gottfried Reinhold　44-46
ニーキッシュ，エルンスト　Niekisch, Ernst　40, 42-43, 46

ハ　行

ハーニカ，ヨーゼフ　Hanika, Josef　229, 231, 253
バーリィ，マイケル　Burleigh, Michael　82, 110, 155, 200
バイアー，ハンス・ヨアヒム　Beyer, Hans Joahim　199-200, 205-219, 221-225, 227-238, 244, 246-251, 253-254, 256-257
ハイデガー，マルティン　Heidegger, Martin　17, 173
ハイドリヒ，ラインハルト　Heydrich, Reinhard　162, 218-219, 224-227
ハインツ，フリードリヒ・ヴィルヘルム　Heinz, Friedrich Wilhelm　219-220, 250
ハインペル，ヘルマン　Heimpel, Hermann　4, 22, 108-109, 155, 162, 190
ハウスホーファー，アルブレヒト　Haushofer, Albrecht　42, 46-47, 53, 61, 68, 72-74
ハラー，ヨハネス　Haller, Johannes　27, 96-100, 105, 107, 120, 179, 192
ハルガルテン，ジョージ　Hallgarten, George　29-30
ハルトゥング，フリッツ　Hartung, Fritz　25, 100, 107, 110
バルバロッサ，フリードリヒ　Barbarossa, Friedrich　100
ビスマルク，オットー・フォン　Bismarck, Otto von　23-28, 39, 57-58, 71, 97, 100
ヒッピウス，ルドルフ　Hippius, Rudolf　222, 232, 234, 243, 256
ヒトラー，アドルフ　Hitler, Adolf　1-2, 4, 8, 14, 61, 96, 102, 105, 108, 123, 155, 160, 165, 168, 189, 193, 199, 237
ヒムラー，ハインリヒ　Himmler, Heinrich　162, 167-168, 216, 255
ヒュービンガー，パウル・エーゴン　Hübinger, Paul Egon　169, 172, 196
ビュットナー，ハインリッヒ　Büttner, Heinrich　192, 197
ピレンヌ，アンリ　Pirenne, Henri　171-173, 195-197
ヒンツェ，オットー　Hinzte, Otto　118
ヒンツェ，ヘートヴィヒ　Hinzte, Hedwig　31, 34, 36, 99, 167, 178
ヒンデンブルク　Hindenburg　96-97, 105
ファールブッシュ，ミヒャエル　Fahrbusch, Michael　16, 81, 180
フィッシャー，オイゲン　Fischer, Eugen　158, 181
フーゲンベルク，アルフレート　Hugenberg, Alfred　45-46
フーバー，エルンスト・ルドルフ　Huber, Ernst Rudolf　145-146, 151
フーフ，リカルダ　Huch, Ricarda　4, 13
フェーブル，ルシアン　Febvre, Lucien　137, 181, 183
プライアー，クレオ　Pleyer, Kleo　16, 155, 167-169, 173-175, 184, 189-190, 194, 201, 231, 241
フライアー，ハンス　Freyer, Hans　82-84, 92, 149, 201
ブラックマン，アルバート　Brackmann, Albert　7, 59, 61-62, 64, 72-74, 92, 110, 120, 195, 202-203, 208
プラッツホフ，ヴァルター　Platzhoff, Walter　27, 112, 156
フランク，ヴァルター　Frank, Walter　2, 4-5, 7, 100, 104, 139, 142, 169

フランク，カール・ヘルマン　Frank, Karl Hermann　226-228, 233, 235
フランツ，ギュンター　Franz, Günter　110, 162, 204
ブランディ，カール　Brandi, Karl　44, 55, 74, 109, 113, 191
ブランデンブルク，エーリヒ　Brandenburg, Erich　26-28, 96, 105-107
ブルクハルト，ヤーコプ　Burckhardt, Jakob　232
ブルンナー，オットー　Brunner, Otto　7-8, 10, 17, 84, 86-87, 110, 125-153
ブロック，マルク　Bloch, Marc　4, 137
ペーターゼン，カール　Petersen, Karl　81-82, 84, 93
ペートリ，フランツ　Petri, Franz　10, 84, 110-111, 122, 162, 164-173, 181, 187-191, 195-196
ベーム，マックス・ヒルデベルト　Boehm, Max Hildebert　52-54, 70, 168, 191, 201, 210, 234, 241, 257
ヘス，ルドルフ　Hess, Rudolf　38, 61, 73
ベスト，ヴェルナー　Best, Werner　190-191
ヘッチュ，オットー　Hoetzsch, Otto　63, 73, 97
ベトゲン，フリードリヒ　Baethgen, Friedrich　105, 113, 122
ヘルツフェルト，ハンス　Herzfeld, Hans　26, 30, 102, 119
ヘルボーク，アドルフ　Hellbok, Adolf　78-79, 83, 119, 152, 169-170, 194-195, 197, 201-203
ペンク，アルブレヒト　Penck, Albrecht　79, 158-159
ホルボーン，ハーヨ　Holborn, Hajo　31, 34

マ　行

マイアー，テオドーア　Mayer, Theodor　2, 7, 14, 36, 107, 109, 111-112, 160, 168, 182, 191, 195
マイネッケ，フリードリヒ　Meinecke, Friedrich　21, 25, 27, 31, 54, 57, 60-62, 74, 98, 162, 181
マシュケ，エーリヒ　Maschke, Erich　14, 37, 55, 71, 110, 114
ミッタイス，ハインリヒ　Mitteis, Heinrich　127-128, 130, 145, 148, 151
ミュラー，カール・アレクサンダー・フォン　Müller, Karl Alexander von　16, 97, 104, 110, 201-202, 215, 217
ミュラー，カール・ヴァレンティン　Müller, Karl Valentin　231, 234, 250, 255
メッツ，フリードリヒ　Metz, Friedrich　81, 160, 182-183, 186, 195, 203
メラー・ファン・デン・ブルック，アルトゥーア　Moeller van den Bruck, Arthur　43, 52-54, 59
モムゼン，ヴィルヘルム　Mommsen, Wilhelm　100, 103, 108

ヤ・ラ行

ユーバースベルガー，ハンス　Uebersberger, Hans　216-217
ユスト，レオ　Just, Leo　108, 155, 165, 187, 195
ユンガー，エルンスト　Jünger, Ernst　43
ライン，アドルフ　Rein, Adolf　101, 108, 110
ラウシュニング，ヘルマン　Rauschning, Hermann　38, 58, 63-64, 72
ラウベルト，マンフレート　Laubert, Manfred　73, 111, 114
ラウマー，クルト・フォン　Raumer, Kurt von　15, 105, 114, 123, 161, 186
ランケ，レオポルト・フォン　Ranke, Leopold von　33
ランプレヒト，カール　Lamprecht, Karl　78, 152, 156, 178
リール，ヴィルヘルム・ハインリヒ　Riehl, Wilhelm Heinrich　25, 78, 91
リッター，エルンスト　Ritter, Ernst　246
リッター，ゲルハルト　Ritter, Gerhard　14, 27-28, 30, 34-35, 98, 101, 104, 174-175, 188-189
リップル，オイゲン　Rippl, Eugen　229, 253
ルート，パウル・ヘルマン　Ruth, Paul Hermann　81, 93
レーリヒ，フリッツ　Rörig, Fritz　61, 110, 112-113
レッケ，ヴァルター　Recke, Walter　46-47, 73
レッシュ，カール・フォン　Roesch, Karl von　158, 181-182, 212
ローゼンベルク，アルトゥーア（ナチ・イデオローグ）　Rosenberg, Arthur　8, 14, 100, 103
ローゼンベルク，アルトゥーア（歴史家）　Rosenberg, Arthur　29, 31, 98-99
ローゼンベルク，アルフレート　Rosenberg, Alfred　252

ローゼンベルク，ハンス　Rosenberg, Hans
99
ロートフェルス，ハンス　Rothfels, Hans
2-3, 13, 22-24, 27-28, 34, 37, 50, 52-59, 62-64, 69-72, 74, 85, 102, 119

団体名索引

ア　行

「祖先の遺産《アーネンエルベ》」　7, 80, 110, 204, 222, 253
アドラー　43
アルターム同盟　45
アルツァイの民　48
アレマン研究所　157
移住民センター　205
一般学生委員会　40
ヴァイキング同盟　40
ヴァンゼー研究所　225
ヴェアヴォルフ　41, 43
ヴェストファーレン地方誌・民俗学州立研究所　157, 162
エアハルト旅団　40
エルザス・ロートリンゲン住民学術研究所　157, 184
エルンスト・ヴルシェ　44
オーバーラント同盟　40, 46, 68

カ　行

外国研究所兼民族学研究所　213
外国在住ドイツ人連合　206
上ライン歴史地方誌研究所　157, 160
帰国者センター　204-205
キフホイザー・ドイツ学生自治団体　43
郷土防衛団　40
グリフィン　40-41, 44, 46, 59, 68
ゲレス協会　187
行動部隊A-D　205, 219-220, 223, 249
故郷防衛（ドイツ）同盟　90
黒色国防団　40
国防軍防諜部　202, 204, 219-220, 242
国家保安本部　200, 203-205, 218-220, 222-226, 228, 230, 232-233, 237-238
国家保安本部第七局　203, 225
国境地域・外国研究所　191, 202, 208
国境地域・外国在住ドイツ人保護同盟　158
国境地域・在外ドイツ人委員会　209

サ　行

ザール研究団体　183
ザール・プファルツ研究所　157
在外ドイツ人協会　52, 59-60, 62-63, 72-74, 159
在外ドイツ人中央本部　191
在外ドイツ人民族研究所　209
在外ドイツ人民族研究センター　208
在外ドイツ人民族同盟（VDA）　202, 204, 208, 210, 241
在外ドイツ民族強化委員会　51
在外ドイツ民族研究振興会　7, 19, 80, 111, 157-159, 180, 182, 201-203, 208, 210, 238, 242
在外ドイツ民族センター　203
社会人類学・民族生物学研究所　226
自由ドイツ青年　39
シル義勇団　43
親衛隊経済管理本部　236
親衛隊保安部（SD）　3, 162, 202-204, 207, 209, 213, 219-220, 225-227, 237, 243
親衛隊保安本部　162, 205, 213, 233
人種・植民本部　203-204, 224, 237, 253, 255
新生ドイツ史帝国研究所　5, 100-101
水曜会　120
スクルド　40, 47, 68
青年国家同盟　43-45
青年ドイツ騎士団　45, 189
青年ドイツ同盟　39
西方在外ドイツ民族研究振興会　5, 160, 176, 182, 192, 194
西方ドイツ在外ドイツ民族研究振興会　160, 162, 168, 170-171
全国学生指導部　202
全国農村同盟　43
戦後史研究所　61, 73
全ドイツ協会　65

タ・ナ行

タート・クライス　45, 59, 66, 68
大戦原因研究センター　21, 29
大ドイツ・ギルド　66
地域・民族研究センター/帝国地誌財団　233
チェコ語・チェコ文学研究所　229-30
ディートリヒ・フォン・ベルン　48
帝国研究所　6, 16, 104
鉄兜学生リング　43
ドイツ・アカデミー　202, 208
ドイツ・アカデミック・ギルド　38, 41, 43-44, 46-47, 53, 58, 62, 67-68
ドイツ東《オスト》マルク協会　61
ドイツ外国研究所　202, 208, 211-212, 248

ドイツ学術緊急振興会　60, 183
ドイツ学術交流会　37
ドイツ学術振興会　111
ドイツ義勇団　45
ドイツ研究所（パリ）　168
ドイツ国民学生連合　43
ドイツ古代・中世史学帝国研究所　109
ドイツ・スラヴ研究帝国財団　225, 227
ドイツ大学リング　43
ドイツ東部同盟　62, 73-74, 202, 242
ドイツ東方研究帝国財団　204, 222
ドイツ東方事業研究所　204
ドイツ・ネーデルランド研究所　157
ドイツ・ブルシェンシャフト祖国委員会　43
ドイツ文化連盟　206
ドイツ・ボーイスカウト同盟　43
ドイツ民族強化全権本部　203-204
ドイツ歴史家協会　5, 188
東欧精神史文書館　230
東南ドイツ民族研究振興会　10
東南ドイツ歴史委員会　237
東部ドイツ文化評議会　237
東方ドイツ法研究所　229
ナチス教師同盟　187
ナチス生徒・学生同盟　43-44

ハ　行

ヒトラー・ユーゲント　43, 67
ファルケン　43
武装親衛隊　225, 230, 236
プラハ東方研究所　252
フランケン・プファルツ歴史・地方誌研究所　157
プロイセン邦立文書館　59, 183
ヘルダー研究所　70, 102, 243
ヘルマン・バルク　48
遍歴若者集団　43
保安警察　199-200, 205
北東在外ドイツ民族研究振興会　59, 61-63, 160, 182
北部在外ドイツ民族研究振興会　5
ボヘミア・モラヴィア地方史研究所　229
ボヘミア・モラヴィア民俗学研究所　229
ボン研究所　161, 175, 189

マ　行

ミュンヘン東欧・東南欧研究所　237
民族学・少数民族事情研究所　226
民族経済研究所　230
民族・帝国財団　255
民族・文化基盤研究ライプツィヒ財団　72, 79-80, 157-158, 181, 194
民族保守連合　67
メッツ研究所　191

ヤ・ラ行

ヨーロッパ人種学・民族心理学研究所　229-230
ヨハン・ゴットフリート・ヘルダー研究協議会　5
国《ライヒ》立文書館　21
ラインハルト・ハイドリヒ財団　227-233, 245, 253-255
ラインラント歴史地方誌研究所　157
ランケ協会　5
ルーマニア・ドイツ民族評議会　212
歴史家協会　55
歴史家全国委員会　21, 60-62, 73
ローゼンベルク機関　7, 110, 120
ロートリンゲン地方・民族研究所　168

《訳者紹介》

木谷　勤（きたに・つとむ）

現　在　名古屋大学名誉教授

著　書　『ドイツ第二帝制史研究—「上からの革命」から帝国主義へ』（青木書店，1977年），『ドイツ近代史—18世紀から現代まで』（共著，ミネルヴァ書房，1992年）他

小野清美（おの・きよみ）

現　在　大阪外国語大学教授

著　書　『テクノクラートの世界とナチズム—「近代超克」のユートピア』（ミネルヴァ書房，1996年）他

芝　健介（しば・けんすけ）

現　在　東京女子大学教授

著　書　『武装SS—ナチスもう一つの暴力装置』（講談社選書メチエ，1995年），『ヒトラーのニュルンベルク—第三帝国の光と闇』（吉川弘文館，2000年）他

ナチズムと歴史家たち

2001年8月10日　初版第1刷発行

定価はカバーに
表示しています

訳　者　木　谷　　　勤
　　　　小　野　清　美
　　　　芝　　　健　介

発行者　岩　坂　泰　信

発行所　財団法人　名古屋大学出版会

〒464-0814　名古屋市千種区不老町名古屋大学構内
電話(052)781-5027/FAX(052)781-0697

Printed in Japan

印刷 ㈱クイックス/製本 飯島製本㈱

ISBN4-8158-0408-7